2013年12月5日，在哥本哈根大学"玻尔学术成就百年纪念会"上发表演讲

2016年7月21日，在国家高新区瞪羚企业发展报告2016发布会上发表演讲

2016年2月29日，在2015年中关村独角兽企业榜单发布会上发表演讲

2021年6月29日，在2021中国潜在独角兽企业报告发布会上发表演讲

2016年8月23日,出席国家高新区创新双月谈第一期活动

2018年8月28日,出席创新双月谈——国家高新区30年特别论坛

2019年5月6日,在浦江创新论坛——2019科技创新智库国际研讨会上发表演讲

2017年5月10日,出席2017世界一流科技园区联盟圆桌峰会

2007年4月27日,出席中关村科技园区第一届企业家咨询委员全体会议

2007年7月5日,与斯坦福大学亚太研究中心亨利·罗文教授交流合影

2012年4月6日，出席武汉·中国光谷天使投资俱乐部成立大会

2020年5月23日，在第一次GEI新经济七日谈（现更名为"新经济五日谈"）上作主题演讲

GEI 长城智库丛书

王德禄◎著

纵论新经济

Discussions on New Economy

科学技术文献出版社
·北京·

图书在版编目（CIP）数据

纵论新经济 = Discussions on New Economy / 王德禄著. —北京：科学技术文献出版社，2023.7（2024.2重印）
（长城智库丛书）
ISBN 978-7-5235-0429-1

Ⅰ.①纵… Ⅱ.①王… Ⅲ.①中国经济—经济发展—研究 Ⅳ.① F124

中国国家版本馆 CIP 数据核字（2023）第 123809 号

纵论新经济

策划编辑：丁芳宇　责任编辑：张　丹　邱晓春　责任校对：王瑞瑞　责任出版：张志平

出　版　者	科学技术文献出版社	
地　　　址	北京市复兴路15号　邮编 100038	
编　务　部	（010）58882938，58882087（传真）	
发　行　部	（010）58882868，58882870（传真）	
邮　购　部	（010）58882873	
官 方 网 址	www.stdp.com.cn	
发　行　者	科学技术文献出版社发行　全国各地新华书店经销	
印　刷　者	北京虎彩文化传播有限公司	
版　　　次	2023 年 7 月第 1 版　2024 年 2 月第 2 次印刷	
开　　　本	787×1092　1/16	
字　　　数	442千	
印　　　张	24.75　彩插6面	
书　　　号	ISBN 978-7-5235-0429-1	
定　　　价	78.00元	

版权所有　违法必究

购买本社图书，凡字迹不清、缺页、倒页、脱页者，本社发行部负责调换

"长城智库丛书"编委会

主　编：武文生　刘志光
副主编：赵慕兰　陈文丰　王奋宇　王志辉
编　委：王　瑛　黄　波　赵荣凯　曹善平
　　　　　程淑红　马宇文　周　涛　郝　坤
　　　　　岳　渤　江锡军　袁硕平　吴　勇
　　　　　王　涛　孔伟强　高程程　王　丹
　　　　　邵　翔　吴　炜

"长城智库丛书"总序

长城战略咨询（GEI®）创立于1993年8月，是伴随着中国改革开放进程成长起来的咨询机构，是中国新经济研究、咨询与服务的先行者，是着力构建以新经济发展规律为认知基础的、为各类决策者提供咨询服务的专业智库。立业30年以来，我们根植中国本土，基于对科技的社会与经济功能、政府与市场间协同的深刻把握，形成了对新经济的敏锐感知、独立思考和深刻洞见。我们有一支高素质的咨询师队伍和庞大的专家顾问网络，有丰富的行业数据库、咨询案例库和领先的咨询方法论。

长城战略咨询（GEI®）一直致力于新经济知识的积累、传播与共享，践行"知行合一，惟新守常"的文化理念。我们先后出版过多部著作，并主持编撰有"创新中国研究系列丛书"（山东教育出版社）、"创新战略研究丛书"（广西人民出版社）和"长城智库系列丛书"（金城出版社）。在长城战略咨询（GEI®）成立30周年之际，我们推出"长城智库丛书"系列著作，以期展示长城战略咨询最新的智力成果，推动当代中国新经济伟大事业的发展。

"长城智库丛书"编委会

2023年7月

导 语

《纵论新经济》一书是通过整理集结王德禄所长在生前不同时间、不同地点就不同话题谈论新经济的博文而成的。在7月21日王德禄所长生日之际出版此书,既为纪念这位在新经济认知方面的先驱,也为继承并传播他终其一生孜孜追求的新经济思想,以告慰其在天之灵。

本书按照专题共设13章。由于全书是由王德禄所长的博文集结而成,因而整体结构及论述有些松散,读起来就像他生前在各种场合与各方不同的人谈论新经济一样,看似轻松,甚至有些随意,但依然处处透显出其深刻的思想。

王德禄所长对新经济的认识是循序渐进的,同时也有几个鲜明的历史节点,表现出这种认知的深化过程。

在20世纪90年代到21世纪初这十年间,他通过服务创业企业,特别是中关村的科技创业企业,感知到知识经济——新经济已在中国萌芽。他根据中关村科技企业的创业实践,总结提出了新经济发展的三大规律:创业、孵化、集群,并且深刻地总结出:创业式创新是中国新经济成功发展的诀窍。

在2008年全球金融危机出现后,王德禄所长通过数次赴美国硅谷及世界其他地区考察新经济,敏锐抓住了硅谷与世界各地的人脉网络这一主题,深刻触摸并总结提出了新经济的传导模式:以不同地区的人脉链接为主线,实现高端链接、区域辐射,并预言未来10年新经济会在中国崛起。

2012—2018年,王德禄所长集中了相当多的时间探索、思考"新经济范式"的理论,总结提出了新经济咨询三大法则:"80/20/4创意法则""外脑式头脑风暴法""长板论",以及新经济涌现的三大定律:"生态论""机会论""爆发成长论"。在2013年,即长城战略咨询成立20周年之际,他首次将公司明确定位于"新经济的专业咨询公司",并在2017年出版了《新经济方法》一书。在这期间,王德禄所长运用科技哲学的思维逻辑观察、分析各种新经济现象,获得了具有洞察力的理论成果。其敏锐洞察力的背后是深厚的物理学和哲学社会学功底。

从 2015 年深入研究中关村独角兽企业开始，直到新冠疫情肆虐的几年里，王德禄所长再次敏锐地感知到新经济企业已经成为中国抗疫成功的重要力量之一，感知到数字经济已经成为疫后新经济的主要表现形式及核心组成部分，感知到数据要素已成为新经济发展的基础性核心要素。由此开始深入研究由数据驱动的新经济发展规律，总结提出了数据驱动的新经济"四新范式"，即新物种企业、新场景、新赛道和新治理。"四新范式"的提出，是将"新经济范式"的理论思考与新经济的现实实践再次结合，标志着王德禄所长对新经济的认知又迈上一个新台阶。

在《纵论新经济》一书中，还可以看到王德禄所长运用新经济思想指导咨询实践的历史脉络。20 世纪 90 年代，他通过对中关村的企业及园区管理机构的咨询服务，把握住知识经济——新经济的发展规律，并开始将其运用到对国内其他高新区的咨询服务中，如天津、武汉、深圳、西安等地的高新区。在他走遍国内重点高新区之后，又开始了面向全国高新区的咨询服务，并且进一步拓展了对高新区所在城市的创新服务。这期间，他总结提出了高新区及区域创新发展的基本路径：抓住区域个性，实施高端链接、区域辐射。新冠疫情发生之后，他进一步指出，高新区的高质量发展需要不断升维对新经济的认知，即可持续的高质量发展一定是建立在对数字经济"四新范式"的把握基础之上的。

进入 21 世纪第二个十年，王德禄所长带着中国高新区发展的经验，带着对新经济的认知，频繁访问世界各地，特别是东盟各国。他每到一地，不仅会深入考察当地科技园区及科技创新的发展情况，而且会反复介绍"中国科技园区的故事"，讲"中国创业式创新之道"，并与东道国共议开展科技园区合作及科技创新合作。可以设想，如果不是新冠疫情在全球暴发打断了这一交流合作的进程，也许今日已有几个具体国际合作项目落地实施了。

在王德禄所长对新经济的认知中，对创新文化的关注与思考一直贯穿始终，他认为中国崛起的成功要素可以用"4+1"来表示，"4"即改革、开放、新技术革命和创业，"1"则是文化。他认为文化是前四大要素的纽带和内核，是更底层的内在动力。他不仅善于汲取来自创新发达地区（如硅谷）的创新文化，更善于从中国传统文化中攫取能量，挖掘其与现代创新文化的关联。他在王阳明的"心学"中感悟到企业家所必备的敢于冒险、勇于创业的企业家精神；他从区域个性的挖掘中发现了传统文化与区域新经济的关联，如"易学在川"之于成都，"稷下学宫"之于山东，终南山的"道生一"之于西安，"桐城派"之于安徽，"洋务运动"之于天津等。

新经济的思想理论本身就蕴含着深厚、丰富的创新文化底蕴，王德禄所长对新经济的认知与论述自始至终都是一个创新实践、创新理论与创新文化的统一体。

该书没有采用按时间排序的编年体写法，但是在按专题分章之后，每一章的博客选文都是按发表的时间顺序排列。为便于读者体悟博文要领，各章均有一篇导读。各章的导读由长城所①的各个业务主管撰写，他们不仅是王德禄新经济思想的受益者，而且是其思想的传承者，也是运用其思想为客户提供咨询服务的实践者。因此，在各章导读中，不仅能看到他们对新经济的深刻认知，也能感受到他们对王德禄所长的敬重和爱戴。

读王德禄所长博文，悟其新经济之道，感受甚深，叙之以为序。

赵慕兰
2023 年 5 月 29 日

---

① 指北京市长城企业战略研究所，简称"长城所"，又称"长城战略咨询"。

目 录

第一篇 辨识新经济 ………………………………………………………… 1

第一章 在创业思辨中认识新经济 …………………………………………… 2
1 中关村与新经济 ……………………………………………………… 4
2 新经济与创业哲学 …………………………………………………… 6
3 未来十年中国新经济会崛起 ………………………………………… 11
4 民间智库与新经济 …………………………………………………… 18
5 新经济时代下的创新创业之路 ……………………………………… 21
6 创业式创新是高新区 30 年的核心经验 …………………………… 23
7 双创把中国带入新经济 ……………………………………………… 26
8 新冠疫情与中国新经济的拐点 ……………………………………… 29
9 疫情加速高新区向新经济全面转型 ………………………………… 34

第二章 新经济的本质是范式变革 …………………………………………… 40
1 "科学视角主义"是新经济的新视角 ……………………………… 42
2 哈贝马斯与新经济 …………………………………………………… 46
3 哈耶克知识论与新经济 ……………………………………………… 50
4 社交化带来的六大颠覆 ……………………………………………… 53
5 《大繁荣：大众创新如何带来国家繁荣》读后感 ………………… 57
6 新经济下组织发展新趋势 …………………………………………… 60
7 新经济，新产业，新供给 …………………………………………… 61
8 新经济新在哪里：发展新经济的新范式 …………………………… 65

第三章 新经济的认知方法论 ………………………………………………… 68
1 新经济咨询方法：把脉中国新经济 ………………………………… 70
2 新经济企业战略新视角 ……………………………………………… 72
3 爆发式成长是新经济的新主题 ……………………………………… 76

	4 创新创业生态是新经济的核心机制	79
	5 新经济方法是认识新经济的基石	81
	6 认知、平台和新物种	83
	7 长城所方法论的经济学解释	86
	8 整体论是未来发展的重要理论支撑	88
	9 长城所数字化转型方法论探索研究	90
	10 数据驱动高新区高质量发展	93

第二篇 新经济范式 … 99

第四章 新经济时代的新物种与新创业 … 100

1 新经济在武汉呼唤瞪羚 … 102
2 中关村涌现了40家独角兽 … 105
3 独角兽是新经济的引领者 … 107
4 独角兽企业大量涌现是近几十年经济发展最主要的成果之一 … 110
5 光谷"互联网+"：从青桐汇到新物种 … 112
6 "哪吒"更代表中国新物种精神 … 114
7 潜在独角兽引领新经济全面爆发 … 116
8 认知升维与哪吒企业的发展 … 118

第五章 新场景是新经济的创新源头 … 122

1 场景，未来创新的驱动力 … 123
2 场景、赛道与科技创新 … 126
3 北京应打造全世界的场景创新中心 … 132
4 场景是国家科技竞争的焦点之一 … 134
5 场景四大核心要义：创意、小切口、爆发、新治理 … 136
6 打造东北场景第一城，全面拥抱新经济 … 139
7 场景驱动创新，领航新经济时代发展 … 142
8 关于国内场景创新几大误区的思考与建议 … 144
9 场景创新改变世界 … 147

第六章 新赛道是新经济的产业创新 … 150

1 中国应发展原创型新兴产业 … 152
2 宁波应该做全球引领的新兴产业 … 156

3　新赛道的若干思考 ··· 159
　　4　新赛道与伟大创业者 ··· 163
　　5　疫情促进未来产业更早到来 ··· 166
　　6　以未来研究呼唤未来产业 ·· 170
　　7　卡位新赛道，助力南京引领性国家创新型城市建设 ·················· 173
　　8　发展新赛道，推动数字赋能传统产业转型 ······························ 175
　　9　中国信创产业蕴藏极大的爆发潜力 ······································· 178
　　10　赴南京浦口共商 AI 芯片新赛道的发展 ································· 181

第七章　新治理是新经济的体制机制革新 ·· 183
　　1　高新区的创新治理 ··· 184
　　2　包容创新，审慎监管是中关村发展新经济的关键 ···················· 187
　　3　新经济、新治理与社会智库 ·· 189
　　4　中国需要出台新经济生态共治法案 ······································· 192
　　5　要用新经济新治理来发展风险投资 ······································· 194
　　6　平台经济发展的制度、治理和政策 ······································· 196
　　7　高新区管理体制机制改革创新永远在路上 ······························ 198

第三篇　新经济高地 ··· 201

第八章　新经济发源地：硅谷与中关村 ·· 202
　　1　硅谷与中关村：跨区域创业与全球链接 ································ 203
　　2　人脉、原创、自由与链接 ··· 208
　　3　关于中关村发展模式的几点思考 ·· 211
　　4　在美国考察期间的思考 ·· 214
　　5　读《硅谷百年史》有感：硅谷创新生态 ································ 217
　　6　中关村如何在全球领先 ·· 219

第九章　中国高新区的新经济实践 ·· 223
　　1　深圳高新区将建成世界一流高科技园区 ································ 225
　　2　如何理解中国高新区发展的经验 ·· 227
　　3　新经济引领高新区爆发式成长 ··· 229
　　4　中国的创新经验：创业与科技园区 ······································· 235
　　5　中国光谷下一个 30 年该怎么走？ ·· 238

6　高新区高质量发展要做到五个"新" ······ 240
　　7　我国世界一流园区的新方向和新模式 ······ 244
　　8　合肥高新区"十四五"时期要全面在线、全面新经济 ······ 247
　　9　苏州工业园区如何建设世界一流园区？ ······ 249
　　10　创建国家高新区的核心是"以升促建" ······ 253

　第十章　高新区的高端链接与辐射 ······ 256
　　1　空中飞人：全球链接与自主创新 ······ 257
　　2　新经济新丝路新尖峰 ······ 260
　　3　新经济下的高新区高端链接与辐射发展 ······ 263
　　4　生态位：高新区如何精准有效地进行区域合作 ······ 264
　　5　京津冀全创改的核心是打造三地的创新创业高地 ······ 267
　　6　港珠澳大桥如何打造珠海区域个性 ······ 269
　　7　粤港澳如何发展新经济 ······ 273
　　8　创客与京津冀新经济发展 ······ 278

　第十一章　全球科技园区 ······ 281
　　1　以色列：以创业为主的创新高地 ······ 283
　　2　中国—东盟科技合作新方向：科技园 ······ 285
　　3　莲花之城：泰国科技园 ······ 289
　　4　越南创新扫描 ······ 292
　　5　班加罗尔科技园述评 ······ 294
　　6　印度尼西亚要建100个科技园 ······ 299
　　7　在埃及考察科技园区 ······ 302
　　8　怎样在"一带一路"与发展中国家共建科技园 ······ 306
　　9　在"一带一路"上怎样开展科技园区合作 ······ 308
　　10　硅谷是可以学习的 ······ 311
　　11　共建园区共同体，寻找全球独角兽 ······ 314

第四篇　新经济文化 ······ 317
　第十二章　创新文化 ······ 318
　　1　对硅谷模式的新看法 ······ 320
　　2　自主创新重在文化 ······ 321

3	中国如何进行创新文化建设？	323
4	中关村创新文化的核心方向是原创	325
5	中关村文化是创业者的文化	329
6	中关村创新文化：创造人类美好的生活环境	333
7	新经济、新场景、新周易	336
8	一所大学激活一座城市	339
9	从联想事件说中国高技术产业发展规律	341

第十三章　中国传统文化与新经济 …… 344

1	王阳明的现代意义	346
2	跨越千年看武汉："楚"与"酷"	350
3	成都区域个性："易学在川"与"耍都"	354
4	承续稷下学宫精神，实现跨越式发展	356
5	皖南：挖掘区域个性，发展新经济	359
6	在终南山上思考西安的区域个性	365
7	在新经济时代思考传统文化的价值	368
8	合肥区域个性：为皖之中，科教先行	370
9	天津区域个性：洋务运动、劝业场与商业文化	374
10	博山：传统文化老城迸发新经济活力	377

后　记 …… 380

第一篇
辨识新经济

第一章
在创业思辨中认识新经济

本章导读

　　对新经济和创业的论述是王德禄所长咨询和学术生涯中始终放在首位的问题。新经济，在我国不同发展阶段其内涵和外在形式存在差异，而他对此的认识也在不断深化。总体来讲，他认为在进入21世纪的第二个十年，新经济作为一种经济形态，中国的新经济会在全世界崛起，这是他在硅谷举办的《硅谷中关村人脉网络》新书发布会上做的重要判断。因此，他提出新经济能够在国家和地区战略中发挥重要作用，它既是新旧动能转换中新动能的主力代表，也是国家双创战略深入发展的重要方向，更是国家高新区未来30年发展的核心所在。

　　对于新经济的本质是什么？王所长做了持续而深入的思考。他始终认为，创业是新经济的本质，每年新增创业企业数量代表了一个国家或者区域新经济的活力与繁荣程度。而创业的形式也在发生变革，无论是跨区域创业、系列创业、改变世界的创业，还是硬科技创业、赛道牵引的创业、场景驱动的创业，都应该是关注和研究的对象。他提出，创业式创新是中国区别西方创新的重要范式，通过创业带动创新，是中国高新区成功的重要经验。当然，他也看到我国创业过程中的很多不足，如解放思想不深入、天使投资不发达、知识产权保护不健全等。即使这样，他还是对中国的创业充满信心。

　　如何推动新经济发展？王所长一直在试图回答这个问题。他认为，创业需要有想法，而好的想法需要创业者具备洞见能力。瞪羚企业的大量涌现是新经济发展的重要表现形式，要加强对瞪羚企业的关注。独角兽企业是创业企业追求的目标，也是最大的创新。如何打通从想法到创业企业再到瞪羚企业最后到独角兽企业的成长路径，是新经济发展的首要问题。另外，从创业引爆的产业原创一直是王德禄所长在21世纪头十年一直坚持但很少被广泛接受的重要观点，但从现在回头看，他的想法是多么具有前瞻性。他还认为，发展新经济要落在实实在在的区域层面上，高新区毫无例外是最佳的引领区，也是最好的承载地。发展新经济，不是要另起炉灶，而是要以更开放的姿态与国际先进要素接轨。我们的高新区要做高端链接，中关村要跟硅谷链接，其他区域要跟中关村做链接。

本章共有9篇文章，都是王所长在不同场合围绕新经济和创业这个话题而做的演讲，既有疫情之前的研究体会，也有疫情之中的深入思考。但不管怎样，新经济始终是他身上的特色标签，而创业则是他内心深处的独有情怀。

（撰写人：陈文丰）

1 中关村与新经济

——在"中关村：环境、瓶颈、趋势与对策"研讨会上的发言

> 2000年12月12日，泰山产业研究院和中关村企业家俱乐部主办了以"中关村：环境、瓶颈、趋势与对策"为主题的研讨会。会议主要内容为中关村的目标设计核心价值、基本功能、存在问题及相应措施等。

一、新经济发展的三大规律

第一规律是创业。创业团队、天使投资、商业计划书、商业模式、购买股权都是围绕着创业企业而出现的新事物，创业是新经济发展的动力。

第二规律是孵化。孵化器、创业投资和生产力促进中心等都是围绕孵化而形成的工作体系。创业孵化体现了新经济的生命特点，企业从小到大，生命周期更明显，产业、区域经济也呈现出成长性。政府在环境建设方面的努力也可视为对孵化条件的营造；知识型服务业的发展也是孵化的要求。

第三规律是集聚。产业集群、专业园、科技工业园、区域创新都是集聚方式，外包、定制的发达是集聚的外在表现，非线性创新是集聚的内在规律。集聚表征出经济的生态性、企业的多样性。

二、新经济的空间

新经济的启始，不是围绕产业（包括IT、网络）形成的，主要是在空间形成的，这个空间就是硅谷。不光中国应该学习硅谷，美国其他地区也在学习硅谷，全球都在学习硅谷。硅谷出现的新事物几乎将全部取代旧事物，商业模式将比战略更重要，商业计划书将取代可行性研究，创业投资将成为金融业改革的先锋，孵化器将成为最有活力的"写字楼"。

集聚是经济全球化的空间表现形式，企业价值链上分解表现出空间上的集聚性，创业活动频繁地区、集聚效应发挥好的地区经济迅速崛起。新经济下，区域经济更加追求个性化和价值链各个环节的独特性。美国的硅谷、印度的班加罗尔、中国的新竹、中关村、深圳、温州、东莞……区域经济迅速崛起，区域成为经济增长

的聚集点。

三、中关村与创业

中关村因创业而崛起,创业精神是中关村精神的核心。创业是中关村发展的主要动力。中关村的创业高潮一浪高过一浪,应继续迎接新一轮高潮。

中关村创业高潮来源于市场化,即"高技术大街活动",是高技术产业的一种特定的形式。打破中关村"高楼深院"的最初动力,就是"电子一条街"的"高技术大街活动",中关村第一代创业者勇敢地参与了这个"高技术大街活动"。正是因为文化冲突,导致了"电子一条街"经常被称为"骗子一条街"。

中关村持续的创业高潮来源于新公司的诞生与创办。20世纪90年代中期以来,中关村几乎所有的公共场所,如各类饭店和宾馆的咖啡厅、吧间、茶室、大堂,几乎都经常有创业团队的光顾,成为风险投资商洽谈合作与技术专家讨论商业计划的场所。

中关村西区的建设对"高技术大街活动"的基于市场的创业活动将产生影响,会进一步提高创业门槛;同时国务院对中关村批示留学生归国创业[①],将极大地改善中关村创业环境,使其迎来后创业高潮。

四、中关村与孵化

从另一个角度看创业,任何成功的创业都有公共孵化因素。孵化器是新经济的旗帜。中关村已成为一个大的创业孵化平台。中关村第一代创业者中很多人现在开始办孵化器,孵化新一代的创业者。形成高水平的孵化器运营商,将是中关村进入新发展阶段的重要标志。

五、中关村与集聚

产业空间的扩张和新的集聚形态的形成给中关村带来了诸多益处。中关村需要新的高技术集聚区,这构成了一区五园的理论基础。中关村企业的集聚有利于企业间的交流与学习,有利于区域创新能力的提高,有利于中关村创造区域品牌。区域创新是企业集聚实现范围经济的根本。

---

① 2000年7月8日,《人事部关于印发〈关于鼓励海外高层次留学人才回国工作的意见〉的通知》(人发〔2000〕63号)。

2 新经济与创业哲学
——"宁波专家型企业家创业能力建设高级研修班"上的演讲

> 2012年8月24日,我应邀参加了由宁波市人力资源社会保障局和宁波国家高新区管委会联合举办的"宁波专家型企业家创业能力建设高级研修班"的开班仪式,并作为开班的首讲,做了题为"创业视角下的企业战略与商业模式"的专题培训。

关于第一部分新经济与创业,我讲了5个方面的问题:一是从制造业全球化到创新全球化;二是创业类型及创业者新趋势;三是创业的哲学及其误区;四是瞪羚企业与新经济;五是中国新经济发展的主要障碍。

一、从制造业全球化到创新全球化

现在的时代不同于以往,做成什么事情不是光看内部,而是首先要看世界。在过去的制造业全球化进程中,中国抓住了制造业全球化的契机,成为全球化最大的受益者,而宁波也是充分受益的地区之一。制造业全球化的主要理论依据是"梯度转移",主要体现在一些制造业环节向低成本地区转移,从而降低成本。可以说,以往无论是跨国公司还是全世界的投资者,都围绕着制造业全球化展开投资或产业布局,而制造业全球化的过程正好与中国改革开放的进程相吻合,中国抓住了制造业全球化的机遇,实现了中国制造在全球的崛起。

但在金融危机之后,我们已进入了创新全球化的时代。制造业全球化以"梯度转移"为理论依据,而创新全球化过程的核心是高端辐射。创新全球化有两个动力:一个是创业;另一个是创新。其中,各类资源要素的集聚不再是因为价格便宜,而是哪里有新的思想、新的商业模式便向哪里集聚。创新全球化的核心是原创技术、全新商业模式等,它们在哪里体现?就在创业中体现。

创新全球化究竟给中国带来了什么?虽然说进入创新全球化以来,中国在制造业全球化时代的价格优势不再明显,但中国的一种新的优势就是创业活跃。以往,硅谷被认为是全球创业最活跃的地区。但实际上每年硅谷新创企业有15 000家,而宁波的这个数据则高达25 000家。由此可见,中国创业的氛围是非常活跃的。尽管有很多低端创业，但创业是一种动力，而我们的这种发展动力远远大于欧美和日韩。在创新全球化时代，我们的劣势是什么？这个劣势就是缺乏原创性思想，而这种原创性思想会显得越来越重要。工业经济需要"螺丝钉"，新经济更多需要的是原创性思想。不同的时代，资源配置方式不一样，新经济最需要的就是人的创造性。

总之，中国抓住了制造业全球化的契机，现在到了创新全球化阶段，中国要以创业来参与创新全球化。在创业的过程中，中国人要进一步解放思想，参与到改变世界的伟大进程中。

二、创业类型及创业者新趋势

我认为创业主要有3种类型，即求生存创业、求发展创业、求变革创业。改革开放初期，第一代创业者是为了求生存，主要是自己没有钱，必须"下海"养活自己，包括浙江的鲁冠球等。第二代创业者是为了求发展，很多是留学生创业，如张朝阳、李彦宏等，都是求发展的创业。最新的创业，也就是第三代的创业者是寻求变革的创业，或者是为了"改变世界"，对世界某一个方面不满意，很较真地用新方式去做。这种创业的成功率低，而一旦创业成功，就很可能会改变世界。目前，这种类型的创业开始出现，宁波也有一些相关案例。

宁波的创业者或企业家有个"不好"的传统，就是"闷声发大财"。这种观念在工业经济时代还可以行得通，但在创新全球化时代是不可行的。因为这种方式会错过或淹没很多机会。现在，你要想快速成功就要给投资者讲故事、与更多的人接触、积极整合资源，而非单枪匹马地埋头苦干。以往宁波很多企业都不愿意上市，挣钱很多却不愿意让别人知道。但随着全球产业价值链的深度分解及融合，中国改革开放的前三十年这种商业机会还很多，之后这种机会就越来越少了。

现在我讲一下在全球范围内出现的三大新趋势：

第一个是系列创业者。系列创业者在把企业创办到一定程度之后，或者将企业卖出，或者聘请职业经理人继续经营企业而自己去创办新的企业。例如，硅谷橡子园的朱伟人、臧大化、王大成、龚行宪等8位合伙人，他们先后在硅谷、中关村、台湾多地多次成功创业，之后将企业卖出或交予其他人管理。系列创业者的创业企业更容易获取天使投资，因为他们有很充分的创业经验。中关村也呈现了这样的趋势，如点击的王志东、小米的雷军等。但就整体而言，中关村及其他地区的系列创业者还远未像硅谷的系列创业者那般成熟。系列创业者具有非常丰富的创业经历，对新的创业机会的把握和对社会的理解甚至远远高于大型公司的CEO。在我看来，四五十岁的人比较适合做系列创业者，而六七十岁的人更适合做天使投资。

第二个是跨区域创业。跨区域创业者指频繁来往于两个以上地区，从事创业或投资的人。跨区域创业者为什么越来越重要？因为他们能够及时把握最新的技术热点和趋势，拥有多地区的经验，了解最新的商业模式和理念，他们感知世界的能力更强。国家应该更多地引进这些跨区域创业者。

第三个是拥有改变世界的创业者。越是全球化，就越需要改变世界的创业者来开辟人类的新疆域。以前，改变世界的是政治家，后来是科学家，但是二者越来越受到国际边界、学科边界的限制，不能系统、综合地利用全球资源。究竟谁可能改变世界？我认为是创业者，他们能够用全人类的知识改变人类的生存、生活方式。硅谷为什么这么热？就在于其有一批怀着改变世界梦想的创业者。

三、创业的哲学及其误区

20世纪60年代，英国的哲学家波普尔提出其证伪主义的精髓，即"假说—证伪法"。在波普尔看来，科学不是证明什么是真理，找出错误才是科学的根本，其本质则是试错。我认为，创业也是一个试错的过程。在创业过程中，大部分技术路线要失败，然后创业失败了。实际上，失败了很正常，只有极少数创业者的技术路线正确，然后取得成功。在硅谷、中关村等创新高地，大家都认为创业失败是件光荣的事。然而，在大的范围内，当前社会各界对创业的认识还有一些误区：

第一，中国人非常灵活和聪明，中国的创业者往往要去尝试很多不相干的技术路线。实际上，这正是创业大忌，创业就是要专攻一件事，学会理性地接受失败。既然创业是一种试错，就应尝试一种技术路线，如果失败了还继续干。

第二，中国有很多天使投资人或媒体对创业缺乏认识。例如，有的投资人宣称孵化成功率高达80%。这不仅是一种近似炒作的说法，还违反了创业试错的基本原则。实际上，创业成功率最多不超过20%。

第三，中国孵化器很多，但它们的责任不应是延长在孵企业的创业时间，也不是延长技术路线失败的寿命，而是让更多的企业进入孵化器，发现好的创业者，发现之后给予跟踪支持。如果应该跌入死亡谷的企业不"死"，那么伟大的创业者就难以陆续地被筛选出来。

第四，地方政府难以建立"创业失败是光荣"的文化。前段时间，在宁波论坛上，我就讲硅谷每年新创企业1.5万多家，宁波则有2.5万多家。其中，跌入死亡谷的企业一定会很多，在新经济时代，更重要的是培育"创业失败是光荣"的理念。

第五，小微企业与高技术企业或科技企业具有不同的含义，对其也要有不同的要求。小微企业是为了生存，要想方设法求得生存；科技创业有更多的使命感，它们在探索人类新的生存、生活方式，要善于接受失败。工业时代，企业的序列是小微企业、中小企业、骨干企业（或龙头企业）、大企业。而高新区不存在小微企业，企业的序列则是创业企业、瞪羚企业、跨国公司或高技术大公司。

目前，宁波力求通过打造天使之城、培育高成长企业、推进高新区"一区多园"等加紧从创业源头、产业管理方式及产业布局上向新经济方向转型。新经济转型意味着什么？在工业经济时代，石油化工等产业是可以计划的；但在新经济时代，产业是难以计划出来的。这两种经济，前者不是试错的过程，但后者是群体试错的结果，是靠创业和试错来实现的。总之，创业是一个试错的过程，新经济的发展依赖源源不断的创业者。

四、瞪羚企业与新经济

目前，中国工业经济加紧向新经济方向转型。其中，以重化工为主导产业的宁波面临着更大的压力。新经济中谁代表增长？是骨干企业、大企业或龙头企业吗？不是，而是"瞪羚企业"，也就是宁波提出的高成长企业。

什么是"瞪羚企业"？这需要从创业说起。创业就是试错，试错就面对一个死亡谷。企业能够从死亡谷跳出来就是"瞪羚"。"瞪羚企业"发展的速度很快，以空间需求为例，开始是一间房，后来是一层楼、一幢楼、几幢楼，再后来就是一片楼。"瞪羚企业"具有成长速度快、创新能力强、专业领域新、发展潜力大等特点，是新经济最大的标志。它们主要通过技术路线、商业模式、细分市场领域等方面的创新，一旦跨越死亡谷，就会飞快、成倍地增长。

五、中国新经济发展的主要障碍

结合中国新经济发展的优点及缺点，分析一下中国新经济发展的主要障碍。从发展动力来看，中国最大的优势就是瞪羚企业数、上市企业数高于美国。目前，衡量一个高新区是否成功，主要就看上市企业数量。2008—2011年，中关村IPO数量连续4年超过硅谷；而中国这4年在纳斯达克上市的企业数量，也超过了美国本土企业的数量。但从发展成效来看，中国的大企业或高技术大公司数量却远远落后于美国。近年来，硅谷每5年能出一家改变世界的企业，如苹果、英特尔、脸谱和谷歌等。

为什么中国缺乏高技术大公司？因为中国创业缺乏原创性思想。例如，苹果的创始人乔布斯有过复杂的人生经历，而正是他丰富的经历，才使他有了更多的体验和思考，有了更多的体悟和灵感，才能对商业创意、商业机会有独到的理解和把握。所以说，第三代创业者的使命艰巨，不仅要有原创性的思想，还要有远大的抱负。

3 未来十年中国新经济会崛起
——在硅谷举办的《硅谷中关村人脉网络》新书发布研讨会上的发言

> 硅谷当地时间2012年10月2日下午，我的新书《硅谷中关村人脉网络》发布研讨会在硅谷丁丁电视台举行。这次会议由丁丁电视创办人丁维平女士主持，出席的嘉宾有硅谷安培公司创始人李心培，橡子园创投合伙人龚行宪、朱伟人和臧大化。此外，到现场的还有斯坦福大学教授、新加坡科技创业园园长叶博升，硅谷亚洲艺术中心创办人舒建华，硅谷中国无线科技协会会长黄启明，华美半导体协会会长彭亮，中华网络咨讯协会前会长邢苏星，台湾中华电信全球公司总经理杨明贤，王氏基金创办人、太平洋路德大学校董王成钊，新浪北美分公司总经理陈岸，腾讯美国人才招聘专家、Google总部前资深HR张琦，北大校友会会长苏战，精采潜龙软件技术有限公司董事长徐国栋，长城所合伙创办人、北京大学教授刘志光等。

一、在新书发布研讨会上的讲话

为了今天这个会，我提前想过要讲点什么？今天我主要讲3件事：第一件事讲在这4年写书的历程中，我有什么变化，中国有什么变化；第二件事讲我这本书里的主要观点，或者哪些观点在中国更被重视；第三件事讲下一步中国在创新方面应该怎么走。

我这本书看起来采用的是传统的写作方法，但实际上这是个互动的写作过程。我每年两次来硅谷拜访各位学者、企业家、创业者后都会写一篇博客，用博客、微博这样的方式和大家互动，将中国高新区的发展广而告之，让中国高新区逐渐被大家熟知。后来，我看到我写的那些微博和博客随时在网络上传播着，我觉得很欣慰，因为这也说明，我写书的过程也是一个完善人脉网络的过程。

与此同时，中国也发生了很多的变化：中国的高新区有国家级高新区、省级高新区两级，而这4年中，中国的国家级高新区从56家上升到104家，增长了近一倍。第二个变化是硅谷和中关村高新区之间的互动和链接有了非常明显的增加，这点也是我感觉最明显的。其中，我觉得我也立了一定的"功"，如我在国内可能会接到中国高新区领导类似这样的电话："我们高新区要到硅谷去找×××，请帮我们联系一下。"这次来硅谷让我吃惊的是，我感觉到中国在硅谷的活动比我四年以前来的时候多得多。我也能想象丁维平的丁丁电视迅速崛起，现在这么火，这都能体现出中国新经济动力的大大加强。第三个变化是中国高新区之间的联系也在大大加强。在过去，只有中关村出去学习别的高新区，少有别的高新区来到中关村学习。现在可不一样了，各地派团到中关村学习也很多了。这些省级的高新区除了到中关村以外，它们也到别的国家级高新区，如到张江、武汉去学习的次数也很多。经过了这4年，中国的高新区分出了3类：一类叫世界一流高科技园区，是中关村、张江、深圳、成都、武汉、西安这6个；中间的一类叫创新型园区；第三类叫特色园区。这还是四年前对那50多个高新区进行的分类，而现在又出了50多个这样的高新区。

接下来，我想说说这本书里面的主要观点。在这本书众多的观点中，我主要想说几个在中国更受重视的观点。第一个观点是新经济的区域崛起要高端链接，就像中关村要和硅谷链接，武汉要和中关村、硅谷链接是一个道理。现在在中国做新型区域的人都懂得这个道理：要想发展，不光要靠自己闷头招商引资，还需要高端链接，这也是这本书的核心观点。这本书主要介绍了印度班加罗尔、以色列特拉维夫、中国新竹和中关村如何通过和硅谷链接而崛起的。第二个观点是创业者分为跨区创业者、系列创业者、改变世界的创业者3种。我们在座的创业者们，尤其是来自橡子园的创业者，在他们身上所体现的最大特点是系列创业，而这个类型的创业者现在在中关村开始越来越多，中国未来的进一步发展也应靠更多的系列创业者。第三类创业者是这里面最重要或者说在中国最受到重视的一类，叫作改变世界创业者。这个观点不是我想起来的，而是在硅谷看到的、学到的。我在国内介绍了很多关于这类创业者的观点，这一观点也得到了非常多人的接受和重视。可以说在以前的中国，没有拥有改变世界的梦想的创业者，而现在已经在逐渐出现了。无论是科技部火炬中心、中关村管委会的领导还是创业者本人，改变世界成了他们新的追求。书中第三个观点是天使投资是原创不可缺少的条件。天使投资是个人对创业的支持，但从中国目前发展情况看来，天使投资很不发达。虽然我到中关村或各高新区都会重点讲任何地方都需要发展天使投资，因为只有天使投资才能把原创的东西挖掘出来。在中国目前主要靠政府投资的情况下，一些好的创业想法如果想要得到投资，必须请来许多专家来论证可行性。

第三，关于中国新经济未来。现在回忆改革开放三十年，会发现十年是一个坎。第一个十年是思想解放的20世纪80年代；第二个十年是民营企业崛起的20世纪90年代；到21世纪的第一个十年是中国制造在全球崛起的时代；而现在我们已经进入了21世纪的第二个十年，在这个十年中，中国到底又将有什么会崛起？

在我看来，答案就是中国的新经济会在全世界崛起。与之相对应的，中国也有一些相应政策，如提出了"在2020年要建立创新型国家"的目标和在20世纪就提出的"中国要走自主创新之路"。以上这些是官方说法，我个人的话，认为中国会在新经济或者创造方面走出一条路，对此我也有我自己的论据。第一，中国的创业在全世界呈现出来最活跃的态势。举个例子，硅谷在创业最活跃的时候每年创办约1.5万家公司，但中关村每年创办企业的数量是3万家。如果不管创业质量高低，仅看创业数量的话，中国是远远大于美国和欧洲的，是全世界创业最活跃的国家。在中国，我们把走出死亡谷的创业企业叫作瞪羚企业，瞪羚企业在硅谷对应的就是IPO。在中国的瞪羚企业比例增加速度很快，连续几年超30%；中关村连续五年IPO的企业数量都超过了硅谷，其中2009年，硅谷只有2家企业IPO的时候，中关村却有29家。同时，最近五年中国公司在纳斯达克上市企业的数量也大于美国公司，美国公司是110家，中国公司是145家。但是，中国至今没有出现改变世界的大公司，没有出现Facebook，也没有出现Apple。这是因为中国人创业的时候缺乏改变世界的梦想。除此之外，还因为中国的天使投资不发达，技术转移机制不通畅。上述这三方面是制约中国出现改变拥有世界梦想创业者的原因。

中国的改变告诉大家，未来十年大家去硅谷不仅仅需要学习技术，还要去和有想法、有梦想的人交流和学习——就像在座各位，你们既是天使投资人，又是具备充分创业经验的人。现在的创业，不是一般的求生存，也不是求发展，而是求变革。可以说，21世纪的第二个十年，中国能否走向新经济，孕育原创产业，并涌现出改变世界的大型企业，这取决于创新创业的思路是否能在硅谷这样的地方蓬勃发展，这种情况是很有可能发生的。

二、新书发布研讨会嘉宾及发言

龚行宪

> 人物介绍：橡子园基金Ⅲ的主要管理人、华星光通及旭钊科技董事长、玉山（Monte Jade）科技协会理事长、亚裔美国人的美好政府促进会（AAGG）创立者和主席、美国加州大学伯克利分校博士、圣克拉拉大学MBA。

我还记得王所长第一次来访问橡子园是在2005年，由于王所长在国内是做策略性的事，而我们整个公司的成功都是靠策略，所以我很高兴王所长能来到橡子园。

我们在硅谷一转眼几十年了，也看到华裔工程师慢慢变成创业家，看到橡子园慢慢做起来，看到硅谷慢慢成功。在2000年由于经济的影响，硅谷从一个高点上掉到谷底。在这段时间硅谷学到了一些东西，如硅谷要利用和亚洲的关系，所以硅谷的公司就开始世界化。以前，有很多公司几乎所有事情都在硅谷做，但是 2000 年以后就发觉行不通了，创业一定要世界化。所以在 2006 年后，我和朱伟人、臧大化新的橡子园投的公司几乎都和国内有关系。王所长写的书是说我们在国内要复制硅谷，我们要建立人脉，就像是中国人一直说的"取人之长，补己之短"。像王所长提到的 Facebook、Apple、Google 等高科技公司，几乎全是从硅谷出来的。我想这有两个原因：一个是创业的精神；另外一个是硅谷的分享精神。创业这件事本身很重要，创业家的理念分享也很重要。这些我们要融合在一起，使我们变得更成功，把自己的工作做得更好，谢谢！

李心培

> 人物介绍：1991 年，被布什总统任命为总统行政主管交流委员会委员，成为该委员会第一位华人委员。1993 年，被加州州长威尔逊任命为加州大学校董会董事，成为该校第一位华人校董。曾任加州"玉山科技协会"董事长等多个社会团体的负责人。获伊利诺伊大学学士学位、斯坦福大学机械系博士学位。

我今天也从不同的角色分析一下王所长的这本书，他在书中给我们呈现了一部很好的近代史，过去四十年硅谷经历了怎样的一个发展，大家都能借此看得很清楚，怎么往前走，历史是一个很重要的见证。我们从前到这里来都是"Hardware"，都是硬件的东西，后来就变成软件的东西，现在则变成"Social Network"的东西，变成了人跟人脉的关系，所以这是整体上的转变而不是技术上的转变。

当很多学校、研究机构没有时间可以反应得这么快的时候，这时小公司是不错的。你要问我们将来的希望在哪里，我认为我们将来的希望可能是这些海归回国创业。我们经历了在这里读书、生存的过程，现在大家都能在这里生根、在这里成家立业了，目前最主要的就是怎么样可以开花结果。如今，我们在这里是有开花结果的成就的，我们这里很多的创业、很多的中小企业都是很好的果子。这些果子，就希望王所长回国后多多介绍，你可以到这边来采摘，我们两边联合起来是有希望改变世界的。

朱伟人

> 人物介绍：橡子园基金合伙人、苏马基金董事长、美国领导论坛董事会成员、美国民主党顾问、亚杰商会（AAMA）创始主席。获得美国加州大学伯克利分校化学工程学位和 MBA 学位。

刚才王所长讲创业一定要国际化，我们发现在硅谷创业也需要国际化，假如没有国际化，就拿不到财务、技术、人才、市场方面的资源。在此时，硅谷和中国的交流就变得非常重要，中国需要硅谷的文化、硅谷的资源，以及很多尖端方面的信息；而硅谷如果还要把尖端科技往上发展，人不够，资源也不够，所以也需要中国的资源。要知道，中国这个资源真的很大。比如，美国工程毕业生比法律毕业生还少，因为念工程很辛苦，学习科技的也很少；但是在中国，每年毕业的600万～700万人中，学习科技的占很大一部分，所以双边合作非常重要。我们2006年就觉得必须要就商业模式和科技的发展尽快与中国交流，这样才能加速发展。现在我们已经把过去十年的盲目投资清理得差不多了，所以我觉得王所长的书出得太合时宜了。

臧大化

> 人物介绍：橡木科技创办人及董事长、Data Technology Corporation 创始人及董事长、Xebec 公司创始人。美国圣塔克莱拉大学电机工程硕士、国际科技大学荣誉博士。

想冒险的人都来到硅谷，不仅是因为硅谷的环境、资金、人才，而且最重要的是在这里创新理想是会被扶持的，这就是为什么世界上没有第二个硅谷。硅谷不单是思维创新，在投资方面也是抱着冒险精神，确实是一个不一样的地方。我开公司以后，希望这个理念可以帮助下一代人，希望他们可以成功，所以我们橡子园投资都是从种子基金开始的。

中国早期来美国留学的人，在医学、医药方面很多人都念得很好，如果在这里很努力，都可以做到管理阶层。然而，随着整个生命科学的发展，在美国做得很好的人，在中国可以做得更好、更快。

为了这批海归在中国的环境之下能有更好的机会，我们得为他们做出一些事情。在半导体方面，我们也做了一些，因为这里是科技之都，来自中国、印度的工程师很多。这些回到国内尝试不同领域的半导体领域的海归越来越多，在不久的将来会有很大的成果。

舒建华

> 人物介绍：硅谷亚洲艺术中心创办人。

我很幸运，王所长当时要做这个项目时，通过他的一个朋友找到了我。我对王所长他们当年决定做硅谷和中关村人脉方面宏观、微观的结合研究，感到特别的兴奋和欣赏。王所长每次来硅谷我都是他的车夫，书的创作全程我都知道。

我觉得创新社会里最核心的就是人的想象力，而纯艺术又是最重要的灵感源泉。硅谷的创造性已经很强了，但如果将来需要继续发展我觉得从原创性这一角度显得尤为重要。

叶傅升

> 人物介绍：斯坦福大学教授、新加坡科技创业园园长。

我可以说是新加坡科技创业园的创始人吧！我认为一个科技园区要成功，不光是去建设一个园区，因为人力、活力和文化是不可抄袭的，硅谷的文化是别的国家很难抄袭的。日本的筑波科技园区注重纯科学的研究，却因缺乏创新而无法取得更多成果，而香港的科技园区则试图通过引入大量商人迅速取得成功，但这种方法也是错误的，因为创新也不是一蹴而就的。因此，一个成功的科技园区需要深思熟虑，综合考虑人才培养、激发活力和营造独特文化的因素。

黄启明

> 人物介绍：硅谷中国无线科技协会会长。

在最近几年，中国和硅谷的交流在深度和广度上都有巨大的提高。我 2009 年在协会做义工，当时只接待过一个中国企业；去年我又回到硅谷，一年间接待了许多中国企业。我感觉这种交流真正地增加了，而且深度也增加了，不仅是逛逛园区，而是真正地在会议室开始谈合作。这是中国高技术公司想走向世界的第一步。此外，我感觉到另一个很大的变化是现在创业的热情非常高涨，几乎身边的人都在创业。

Victor Wang

> 人物介绍：中关村瀚海硅谷科技园总裁。

通过这本书我重温了中关村及中关村和硅谷之间的人脉，我收获非常多，前天华源的年会我和王所长也见了面。中关村在海外做科技园是刚起步的，让我觉得任重道远，很多事情都是在探索中。好在橡子园诸位积累了非常多经验，虽然前面还面临许多困难，但有各位前辈，有王所长的书，我对这个事情还是有信心的。我们正式开业才3个月，我们应该和华源、橡子园等一起，希望能在中国和硅谷之间架起一座金桥，从各个角度帮助创业的公司，不要再走我们之前的弯路，要尽快顺利达到他们的理想。

张琦

> 人物介绍：腾讯美国人才招聘专家。

很荣幸参加今天这个会，王所长写作这本书历时四年，出版不仅是一种结束，还是一种开始。我发现中美的人才交流越来越多，一方面回国的人越来越多，像腾讯、百度、阿里巴巴长期有硅谷人才需求；另一方面，许多硅谷公司如 Google 等用 L1 的签证方式把一些国内的技术人才带到硅谷。此外，书里面提到的创业也是需要人才，有句话是说"创新的第一要素就是人力资源"，这也是把一群人聚在一起做事情的过程。我希望王所长这本书以后再版的时候再加入一些内容，比如丁丁电视这样新媒体的代表，比如对中美交流起了很大作用的新浪微博等。

杨明贤

> 人物介绍：台湾中华电信全球公司总经理。

我个人和大家不一样，我在这边不是创业，台湾中华电信派我过来已经4年。其实我很少看这类书，但王所长的这本书我看得很仔细，从中受益良多。

彭亮

> 人物介绍：华美半导体协会会长。

由于我刚下飞机就直接赶过来，这本书我还来不及拜读。王所长做的这件事是很好的，大家也知道，百度的创始人李彦宏是我在大学时很好的朋友。他刚回国的时候写了一本书叫《硅谷商战》，他是从工程师的角度，从正在创业、想了解硅谷的心态的角度来写。王所长能把这么多内容写入一本书这很了不起，以后我一定会好好拜读。

4 民间智库与新经济

——在"智库筑基中国梦:中国智库国际学术研讨会"上的发言

> 2013年6月30日,我应邀参加了"智库筑基中国梦:中国智库国际学术研讨会",在会上我做了"民间智库:新经济与中国梦"的演讲,我主要讲了7个方面的内容,分别是:作为新经济智库的长城所、具有影响力的报告和对政府决策的影响、中国改革开放后的两个三十年、中国新经济之路、中国新经济的短板、未来三十年增长路径和我的中国梦。

一、作为新经济智库的长城所

我1993年下海创业成立长城所,注册的是民办非企业单位,今年正好是长城所成立20周年,已经发展到300人的规模。20年来,我们自始至终坚持的原则是独立、科学、低调,和布鲁金斯学会高调的影响力正好是完全相反的,因为我认为中国还没有形成适合智库生长的条件,所以我下海做智库就要低调。现在我们的合作方很多都是地方政府、科技园区等。

在20年的实践中,我们形成了四大业务板块:一是创新创业;二是瞪羚企业,所谓瞪羚企业就是成长得非常快非常好的企业,我参与了中国许多第一代民营企业家成长的全过程;三是高新区的客户,中国105个国家级高新区中有60多个是我们的客户;四是产业咨询。

二、具有影响力的报告和对政府决策的影响

去年我们在华盛顿考察,拜访了布鲁金斯学会和兰德公司,他们都反复强调,智库和非智库之间最大的区别在于发表的报告,长城所在这方面可以说达到了智库的标准。长城所基本每个月都会出版一期前沿研究报告,包括企业研究报告、专题研究报告、创新中国系列丛书和长城所电子期刊,都具有相当的影响力。

我们参与很多对决策有影响的研究项目,这里讲4个案例:一是"跨国公司R&D研究",这是国内最早针对跨国公司R&D研究的课题之一,推动了科技部和北京市的跨国公司R&D政策的出台。二是"中国制造系列研究",2002年我们发布

了国内第一份"中国制造"综合研究报告，这个报告一经发布，路透社等世界各大通讯社都做了报道，现在中国制造产生的影响和这个报告有很大的关系。三是参与"中长期科技规划"，我是中长期科技规划人才组的副组长。四是参与"中关村自主创新规划研究"，中关村自主创新规划由国家发展改革委牵头，几十个部委参与，长城所作为这项工作的支撑单位做了大量工作。

三、中国改革开放后的两个三十年

我认为，改革开放后的第一个三十年是中国工业经济在全球的崛起。20世纪80年代是思想解放，20世纪90年代知识分子下海创业，伴随着中国民营企业崛起，21世纪第一个十年中国制造在全球崛起。这三十年是跟随性创新，先行的发达国家承担创新风险，中国享受跟随战略的收益，是计划经济向市场经济转变，是工业经济的代表，人口红利是由大量廉价劳动力带来的。

改革开放后的第二个三十年就是中国创新经济的崛起。这三十年应该是原始创新，要研发出重大的原创技术，诞生能够改变人类生产与生活方式的新产业，出现具有国际竞争力的大企业。这时的人口红利是由创新人才带来的。

去年在硅谷和纽约，我分别做了2次千人级的演讲，发表了这个观点。那么新经济之路应该怎么走？我认为就应该是创业、孵化、瞪羚、集群。

四、中国新经济之路

中国的新经济之路，重点是让自主创新成为主旋律，要出现改变世界的大企业，要形成原创型新兴产业，最终是要将中国建成创新型国家。

新经济就是要强调创意、创业、创新；新经济发展三大规律是创业、孵化、集群。在新经济条件下，企业发展呈现出新的四阶段，即想法、创业、瞪羚、大公司。

现在中国在创业和瞪羚方面的发展已经相当好，中关村已成为世界第二大高新区，仅次于美国硅谷。在创业方面，中国的创业数量是世界第一。据统计，中国2010年创办各类企业达到176万家，2011年超过200万家，而美国2010年是78万家。在瞪羚企业方面，中国已成为全球瞪羚企业最多的国家，从2008年到2011年中关村IPO企业达96家，而硅谷只有36家。从2008年到2011年中国企业在纳斯达克上市145家，而美国是105家。从这些数据可以看出，中国的发展速度都远超美国，这些都是好的方面。

五、中国新经济的短板

中国新经济也有短板,我们没有出现改变世界的大公司,没有出现原创型新兴产业。我认为主要有3个方面的原因:一是解放思想不深入;二是天使投资不发达;三是知识产权保护不健全。这3个问题将是中国新经济发展的3个中心问题,如果能把这3个问题解决了,中国的新经济就会得到进一步发展,就可以实现全球引领。

六、未来三十年增长路径

中国未来三十年的增长在于新经济的发展,要走的路就是从原创想法到瞪羚企业到高科技大公司最后形成原创型新兴产业。中国新经济的本质就是产业原创。产业原创形成的标志就是出现改变世界的大公司,大公司从有原创的想法开始,进一步解放思想是能够产生原创想法的根源,天使投资能够帮助挖掘和实现原创想法。

七、我的和"中国梦"

最后我想谈谈我对于"中国梦"的理解,我认为"中国梦"包含3个要素:天道酬勤、解放思想、机会均等。天道酬勤是中国自古以来就认同的价值观念,解放思想是创意、创新、创造的最基本保障,而机会均等则是每个人奋斗和拼搏的条件。

5 新经济时代下的创新创业之路

——在东营"创新创业大讲堂"的演讲摘要

> 2016年8月20日,由东营市人力资源和社会保障局与东营市广播电视台共同主办的第三届东营市创业大赛正式启动,启动仪式后举办的"创新创业大讲堂"邀请我为全市创业者做了题为"新经济时代下的创新创业之路"的演讲。

赵伟: 新经济在您的心目中有什么样的特点?

王德禄: 新经济的特点是创业经济,即创业驱动了经济。比如说现在欧洲、日本,他们是研发驱动了经济的增长,即研发摆在第一位。中国的经济是什么(摆在第一位)?中国是创业摆在第一位。因为创业而使得企业做大,企业做大、有钱了才做研发。中国的创新创业这个逻辑,为人类创新创业之路找到了一条新路径,因为这在全球基本上是一个套路:就是有了研发才能有创新。只有在中国是有了创业就有了创新,就有了经营发展,就有了未来。所以说,新经济之路就是创业之路。

还有新经济发展得很快。创业基本上撬动了产业的变革,就是"互联网+"撬动了经济形态的变革,这就是创新创业生态。有一个区域要做生态创业,会出现瞪羚、独角兽企业。产业变革会出现"互联网+"的一大批新兴产业。区域经济呈现出越来越多的生态化特点。创业企业成长、产业的变革和区域的发展模式共同构成新经济的主要模式。

赵伟: 在这样一个创业大爆炸的时代,您觉得我们创业者应该具备的素质核心点在哪里?

王德禄: 原来最基本的是企业家精神,讲的是企业家敢干。现在的创业者你不但要敢干、敢冒风险,同时要有洞见力。洞见力就是你能看到这个产业在未来十年是什么样。过去是敢冒风险、敢大胆才行,现在是你要去引领变革。过去,成功需要敢于承担风险、大胆尝试,而现在,你必须成为产业变革的引领者,而不仅仅是参与者。产业变革的命运不是由旁观者说了算,而是由你站在最前沿来决定成功与失败。如果你失败了,可能这个产业的变革十年以后才能发生;要是你成功了,这个产业的变革就会快速前进。现在创业者的特质就是需要有更好地把握机会的能力,有更强的洞见力。在某种意义上,这种洞察力要比知识分子、大学老师、大企业家和政治家更为敏感和敏锐。

赵伟： 作为一个创业者，从创业到瞪羚，如何跨越这个死亡谷？

王德禄： 怎么跳出死亡谷不是重要的，重要的是，要是不合适就赶紧"死"。一个好的创业者要学会"死亡"。所谓中关村和硅谷，它的最大优点就是容忍失败。新经济创业生态最重要的就是生生死死，要支持"死"。不要补短板，如果不合适赶紧"死"，生生死死，这是创业的基本规则。

赵伟： 在东营这样一个非一线城市，各种资源并不能和中关村、硅谷相比。在这样的地域特点下如何更好地发展众创空间，以便给我们广大的创业者提供更好的服务，让他们与更多瞪羚企业甚至和独角兽企业合作，您有什么好的意见和建议？

王德禄： 东营不是一线城市，要快速发展必须找到自己的长板。东营的长板是什么？全球的石油产业在往中国转移，哪里有石油开采，哪里有油井油田，哪里就有中国的石油服务公司，这些公司中有一大批来自东营。我感觉到东营在石油科技服务领域能够打造全球的第一高地。第一高地是什么意思呢？现在的石油科技服务的第一高地是美国的休斯敦。我们要像休斯敦那样去打造第一高地。

但是我们和休斯敦哪里不一样呢？休斯敦是跨国公司为主导的石油经济。我们现在要在这儿培育以创业、瞪羚、独角兽为主导的石油企业家。我认为，东营应该打造全球一流的石油创业高地。现在东营比较重视瞪羚企业，下一步也要重视独角兽企业，尤其要注意和独角兽企业合作，然后引领石油服务领域的独角兽企业在东营出现和发展。

6 创业式创新是高新区 30 年的核心经验

——在"创新双月谈"高新区 30 年纪念会上的发言

> 2018 年 8 月 28 日上午，国家高新区"创新双月谈"特别论坛在北京召开，本次会议围绕高新区 30 年展开讨论，我在会上作了"高新区 30 年"的发言，主要讲了 3 个方面的内容：①改革开放 40 年：4+1；②高新区 30 年：3+1；③高新区未来发展。

一、改革开放 40 年：4+1

改革开放 40 年的成功经验可以总结为"4+1"。

"4"即改革、开放、新技术革命和创业。改革和开放使得中国成为国际事务的积极参与者，新技术革命奠定了中国新兴产业的发展方向，但是改革、开放和新技术革命仍然不可能让中国成为一个快速增长的国家。改革开放取得成功的重要原因之一就是创业，创业激发了中国经济的活力并使其实现快速增长，所以创业是中国改革开放最主要的经验。

"1"即文化。人类历史上任何一场伟大的变革都会引起文化的变革。改革开放以来，中国人不断学习国外先进的技术和理念，但不管怎么学，始终保持了自己文化的特色和理念。正是传统文化的创造性转化，构成了新经济文化的组成部分。举两个例子来说明中国传统文化在新经济中发挥的作用。

第一个例子，中国文化中有劝农、劝学、劝业的传统。改革开放以来，中国确立了以经济建设为中心的方针，中国政府呈现出强大的动员能力，这种动员能力深受中国传统文化的影响。

第二个例子，老子的《道德经》对创业的阐释。最近流行一本书，彼得·蒂尔的《从0到1：开启商业与未来的秘密》，从0到1成为硅谷和中关村创业者的口头禅，实质就是从无到有的创造。实际上这种说法在中国传统文化中早已有之，老子讲得比彼得·蒂尔还要深刻。老子讲"道生一"，就是说从0到1、从无到有的过程都要遵循更深层次的"道"，即新的规律。现在获得成功的独角兽都把握了新经济的新规律，伟大的创业者都必然能把握改变世界的新规律。老子的"道生一"是中国在创业哲学上对人类的伟大贡献,当前人类社会出现的伟大变革中,伟大的创业者是实现颠覆式创新的主要力量。

可以说,新经济重新激活了中国传统文化的精髓,而传统文化在中国走向新经济的过程中始终发挥着底层作用。

二、高新区 30 年:3+1

高新区 30 年的成功经验可以总结为"3+1":"3"即创业式创新、创业—瞪羚—独角兽、创新创业生态;"1"即人类步入新经济时代。

创业式创新是中国高新区迎接新技术革命的主要做法。高新区起步于中关村电子一条街,之后几乎每个高新区都有一条创业大街,创业带动了创新,这是中国创新道路的根本所在。

中国在不知不觉中涌现出大量的创业企业,高新区的企业或者走瞪羚高速增长道路,或者走独角兽爆发式成长道路,努力打造创新创业生态。这是中国改革开放以来重要的经验,而且要比欧洲、日本的经验有用得多。

这种创新创业生态以创业为基础,以研发为动能,以服务为架构;依托人才、技术、资本三循环,以自由文化、灵活机制、国际宜居为支撑,使得中关村一年出现了 70 个独角兽企业,武汉光谷每年出现 300 多个瞪羚企业,为经济增长开辟了一条新道路。

每隔几年创业就会出现一次变革,从知识分子创业、留学生创业、改变世界的创业,到现在出现了前沿科技创业;孵化也是如此,从孵化器、大学生创业园、留学生创业园到后来的众创空间。随着改革的不断深入,从高技术企业减免税收措施,到高新区技术产业政策,再到如今出台的各种创业政策,高新区 30 年的政策也在与时俱进。

高新区 30 年,不仅是中国高新区取得的成绩,更使得中国由工业经济迈向以创业为中心的新经济发展道路。创业—瞪羚—独角兽企业非线性爆发成长,大数据、云计算、人工智能产业层出不穷,科技园区成为创新经济发展的新场地,国家发展高新区的任务愈发繁重。

三、高新区未来发展

新时代我国科技创新已经进入三跑并存、并跑与领跑日益增多的历史性新阶段,科学技术在一定领域逐步进入"无人之境",开展未来研究是必然选择。未来研究是一种战略洞察和思想引领，可以洞见技术应用场景，引导企业科技创新，并在思想层面影响科技战略决策者，是国家科技战略制定的重要基础。但是我国对未来研究重视不足，虽然开展了大量硬技术预测，但还缺乏思想引领层面的未来研究，未来研究在我国也尚未形成统一的社会共识，缺乏真正的未来研究机构，亟须加强布局。高新区要重视未来研究，才能做出正确的决策。

当年中国人跟随着美国的技术革命，现在中国人要自己做未来的技术革命。现阶段出现了新的革命——硬科技创业，这是科学家深度参与创业、跨界团队高度融合、商业模式可持续、风险资本持续支持、产业配套条件成熟的创业形式。某种意义上硬科技创业也是新经济时代新研发趋势的一种表现。鼓励硬科技创业要重点打造硬科技企业的成长生态，需要有洞见力的资本、有影响力的科普、完善的新经济政策、敏锐的科技媒体和懂科技的孵化器。

目前，中国已出现了引领全球的十大新兴产业，从开始的电子商务到现在的共享出行、智能语音、人脸识别，这些都是由中国带来的新变革。从某种意义上看，人类未来将出现"超人"，这个"超人"也是新兴产业的必由之路。

现在，中美贸易摩擦及中兴事件把中国能不能继续走创业式创新的道路、能不能走前沿科技原创道路等严峻的问题摆在眼前，所以在高新区 30 年这个特别的历史时刻，要认真总结经验，只有坚持正确的道路才能走向更加辉煌的未来。

7 双创把中国带入新经济

> 2019年11月1日下午,我应邀到科技部参加双创战略研讨会,并在会上作了"双创把中国带入新经济"的发言。我认为,近年来双创引领中国走在世界新经济的前沿,也将带动成果转化进入新的阶段,未来成果转化要紧跟双创步伐。同时,未来双创要更加关注前沿科技型创业,关注伟大创业者,关注新的创新创业赛道,加强新经济制度创新,为创业者营造更广阔的创新创业空间。本文分为3个部分:一是科技成果与创新创业的关系;二是双创把中国引向新经济;三是双创未来发展的主要趋势。

一、科技成果与创新创业的关系

近十年来,中国创新创业已经达到世界领先水平,但成果转化还停留在较低水平,成果转化机构的发展还很落后,这就是目前的状况。这个阶段要解决的问题就是要让成果转化跟上双创的步伐。双创是伟大的事,是要取得重大成就的事情,成果转化是双创里面很小的事情,不能将成果转化和双创分开说,这两件事情不是并列的事情。所以,从这个意义上来说,在诊断和做法方面要重点强调成果转化要跟上双创的形势。

二、双创把中国引向新经济

这十年,中国因为双创走在了全球新经济的前沿,中国创业数远远大于全球创业数,所以双创战略研究需要总结这十年双创取得的成绩。现在全球400多家独角兽企业,有一半是中国的,可以说双创已经将中国推向新经济的前沿。中国需要更加关注双创,这是区域发展的动力源泉。刚开始成立的时候,全国高新区的税收为1亿元,现在是1.6万亿元。现在双创和成果转化也是这样的关系,依靠成果转化实施双创肯定没希望,但双创能带动成果转化走向一个新的阶段。双创下一步如何做得更好,双创服务机构、大学科技园要发挥更大作用。

三、双创未来发展的主要趋势

某种意义上来讲,双创在引领中国新经济走在世界前列发挥了重要作用,但双创下一步怎么走,我认为要解决以下几个问题:

一是提高双创质量。双创质量问题的核心是前沿科技问题。改革开放以来，我们一直在开展科技型企业培育工作并取得了显著的成绩。当前我们需要倡导的科技创业不是一般的科技创业，而是要更加强调硬科技创业、前沿科技创业。目前，以有科学家参与、有耐心资本、大投资为特点的科技创业趋势正在形成，我们的规划要跟上这个形势，要做出判断，要在新一轮高水平科技创业方面做出引领。

二是双创国际化。一直以来硅谷双创国际化水平很高，而其中最大的成就就是全球伟大创业者几乎每年都要到硅谷进行3个月集中训练，促使大量创新资源在硅谷集聚。但目前我们国家的众创空间在高水平的创业服务方面能力还很不足。所以，这个阶段我在想，过去都是全球创业者到硅谷培训，目前这个阶段应该吸引更多全球创业者到中国来训练、创业，特别是"一带一路"沿线国家的创业者，我们要打造全球创新创业新高地。为此，对于开展吸引国际创业者来中国创业的工作组织、机构要给予更大的支持。如果中国能培养出各国的新的增长点，那么中国在全球的影响力也将进一步增大。

三是中小企业里面的三类增长点。双创的快速发展使中小企业的概念也在发生变化。过去我们更多注重中小企业数量，强调"多"的概念。而现在中小企业发展出现三类增长点。第一类是伟大创业者。这一类创业者一创业就得到千万甚至一个亿的投资，这些创业者基本都是连续创业者，也是在硅谷、中关村很活跃的人。这样的创业者是科技部门下一步要重点关注的对象，他们是由投资商和科学家已做出选择的伟大创业者，他们可能会失败，但投资商、科学家已经为他们站台。第二类就是创业几年实现快速成长的瞪羚企业，他们是中小企业中高成长企业的代表。第三类是在中小企业中实现爆发式成长的独角兽企业，经过几年成长估值超过10亿美元，这个群体也应该包括达到一定估值水平的潜在独角兽企业。这三类增长点应该是中小企业里面最核心的成长企业，也是双创下一步需要关注的核心对象。这也是中国实施双创探索出的新的企业成长机制，因而需要在更广泛的范围进行更有力的宣传。

四是双创要围绕场景展开。现在有种判断称为"资本冬天"，但在"资本冬天"里必然会出现大浪淘沙的局面，即会出现大投资增多，而小投资越来越少的现象。大投资多说明围绕某个新场景、新赛道的群体性创业多，如人工智能、大数据使得创业出现了新的形势，创业更加注重场景、赛道的选择。赛道是投资商最关注的地方，是涌现独角兽企业最多的地方，是最可能出现改变世界场景的地方。现在可以说各区域的竞争就是创业赛道的竞争，同时从长期来讲，投资家、产业组织者也越来越重视赛道。

五是新经济制度为双创提供更加宽阔的舞台。现在出现的新经济企业越来越面临传统经济模式对他们的桎梏，他们需要的是更加开放的环境，要场景、要数据、要审慎监管。我们已经进入新经济，但我们的制度体系目前还是以传统的工业经济为主的制度体系，因此制度创新应重点放在新经济制度创新，其根本目标就是为创业者提供更宽阔的创新创业制度空间。

8 新冠疫情与中国新经济的拐点

——在中国科技咨询协会智慧战"疫"云课堂的直播讲话

> 2020年3月17日下午，我参加了由中国科技咨询协会组织的"智慧战'疫'云课堂"直播，发表了"新冠疫情与中国新经济的拐点"的主旨讲学，讲学内容主要有五点：第一，新冠疫情与新经济；第二，科技创新：场景、赛道和新基建；第三，新经济企业：哪吒、瞪羚、独角兽；第四，智慧城市：企业、产业与城市；第五，社会治理与产业大脑。

大家好，我是长城战略咨询董事长王德禄，很高兴能有这样一个机会和同行们谈谈疫情，我今天讲的题目是"新冠疫情与中国新经济的拐点"。复工以来，我每天都会和同事们讨论新冠疫情，期间形成了很多想法。疫情在全球暴发，已然成为一个全球性的问题。所以，我准备的这个报告是之前的内容，也许会有点过时。但我在讨论的时候也会抛出一些新的观点。下面我主要讲5个部分：第一，新冠疫情与新经济；第二，科技创新：场景、赛道和新基建；第三，新经济企业：哪吒、瞪羚、独角兽，及其在新冠疫情治理中发挥的作用；第四，智慧城市：企业、产业与城市；第五，社会治理与产业大脑。

一、新冠疫情与新经济

对新冠疫情，每个人有每个人的看法，我重点分析疫情中出现的新经济现象。第一，新经济企业在第一时间加入了抗疫队伍，尤其是瞪羚、独角兽，在疫情开始以来就没有停止过工作，它们响应的速度也是很快的。第二，新经济的平台企业充分利用网络优势来调配资源，展现出强大的调配动力和整合能力，这类企业在社会成本很低的情况下，开放、有序地按照市场化原则来调动全球资源，成为抗击新冠疫情的生力军。互联网平台企业在抗疫中凸显出的资源调配能力和组织动员能力，通过与政府的深度合作，实际上是一种国家实力升级的体现，集中展现了中国数字经济飞跃发展的实力。第三，中国这些年出现的一批人工智能企业，在这次疫情中攻坚克难、不负众望，类似无接触的测温、智能语音机器人、肺片AI诊断等新产品，用科技创新全力支持"零接触"的防疫需要和海量的人群筛选需要，极大地提升了基层疫情防控的工作效率。第四，新经济企业在极端情况下，保障了城市运行和居民生活，避免因疫情而出现社会恐慌。在线服务满足了人们的生产生活需求，减少了人员流动，降低了疫情传播风险，并为稳定经济增长做出了重要贡献。如果大家注意到国外的新闻，会发现国外很多地方出现商场大抢购等物资短缺的现象，而我们现在有强大的电商平台和外卖平台，人们并没有为这些生活用品资源短缺产生恐慌。虽然有些企业可能大家都不知道，但它们在其中发挥的作用功不可没。第五，智慧城市企业在疫情防控工作中充分利用大数据、互联网等技术手段，与政府联合创新，快速推出各类应用系统，支撑疫情监控、人员追踪、数据分析及信息公开，在短时间内改善人手不足、信息不通畅、调度不及时等问题。

二、场景、赛道和新基建

面对疫情，新经济场景又深化了一步，在无人之外又加入了非接触的场景。长城所在一年以前总结了中国的场景创新，提出了十大场景，包括无人支付、共享出行、在线直播、人脸识别智能安防、无人驾驶、新零售等，这些都是基于无人的逻辑。这次疫情的暴发使得这些无人场景发挥了很大的作用，与此同时非接触的场景又出现了。如果说无人场景是从硅谷发育、在中国壮大，那么非接触场景就是在中国发育并且壮大。咨询师们应该更加重视这个新的现象。

由于有了无人和非接触场景，未来社会将更加多样化，创新更加丰富。疫情更加催生了新经济的六大赛道，那么场景和赛道是什么关系？场景就是改变人类生存的方式。赛道就是在这方面创业的领域，是创业和投资的重点，是新业态的增长点，或者说创业者要做的就是在赛道上做场景创新，使这六大赛道涌现出更多独角兽。这六大赛道原来也存在，只是疫情让它们放大了：第一个赛道是互联网医疗；第二个赛道是互联网教育；第三个赛道是数字文娱；第四个赛道是无接触识别；第五个赛道是机器人的智能服务；第六个赛道是企业云办公。我们咨询师应该更多地关注这些赛道，而且要在赛道里培育独角兽，这是咨询师的责任。我希望下一步在这些赛道中和各个咨询公司有所合作。

另外，中央最近发布的新基建是目前最热门的话题，新基建说的是发力于科技端的基础设施。现在大家重视的是新基建的投资，而且新基建会出现很多的新机会，但是我认为新基建更多地要和创业与赛道联系起来。新基建的可能性多了以后，各种各样的力量都会参与其中，但是新经济和创业力量始终是其中最为有活力和健康的力量。2018年12月，中央经济工作会议首次提出"新型基础设施建设"（"新基建"）这一概念，随后被列入2019年政府工作报告，主要包括以下领域：5G网络、特高压、城际高速铁路和城市轨道交通、新能源汽车充电桩、大数据中心、人工智能、工业互联网。同时，新基建也提出了很多场景问题和研发问题。这都是咨询业应该参与其中的。

三、新经济企业：哪吒、瞪羚、独角兽

刚才说抗疫中新经济企业在起作用。那么新经济企业是哪些企业？长城所最近十年以来一直在研究哪吒、瞪羚、独角兽等新经济企业的创业模式和发展模式，发现越是独角兽越具有新经济的特点。应该说它们在抗疫和复工复产中起着双重作用，对于它们的作用应该给予足够的关注。

新经济企业的成长路线和传统企业的成长路线大不一样。传统企业的成长路线是从中小企业到大中型企业和规模以上企业这个线性的成长发展逻辑。而新经济企业的成长特点是非线性的。在创业过程中，会有大部分企业被淘汰，活下来的就是瞪羚企业，而后出现爆发式增长的瞪羚企业就是独角兽企业。中国能出现独角兽企业，与创业者拥有改变世界的梦想是分不开的。现在可以说疫情改变了世界，也改变了人类的生存方式，探索新的场景成了创业者的一个特点。在疫情之后，我相信中国必将涌现出更多的创业者和更多改变世界的创业者。

在新冠疫情之前，我和中国很多高新区领导都讨论过，中国的新经济里出现了一类新的企业，就是哪吒企业，即在天使轮就能获得超过1亿元人民币投资的企业。这是我在硅谷与硅谷的创业者交谈中了解的，硅谷就出现了许多在天使轮就获得超过1亿美元投资的创业者。根据这个逻辑我让长城所的大数据人员在网上搜索，搜出来800多家天使轮就获得超过1亿元人民币的企业，但还要求一定得是创业企业，而不是投资的，一定是一个有梦想的创业者，经过挑选，最后梳理出105家，而且基本上和中国新经济的城市分布一致。其中，北京26家、上海22家、杭州7家、南京7家、深圳7家。目前这个榜单还没有发布。疫情之后，这将成为我们和某些一流园区联合发布的第一个报告——哪吒报告。我最欣赏电影《哪吒之魔童降世》中的一句话：我命由我不由天。这是新一代创业者应该具有的最重要的气魄。

瞪羚企业创新速度快、能力强、业务领域新、发展潜力大。长城所对瞪羚企业做了十年的研究，中国的瞪羚企业现在是越来越多，这些瞪羚企业是创业以后跨出死亡谷进入快速成长期的企业。瞪羚企业已经被纳入高新区的统计范围中，而且已

经有了一个更加官方的报告。

最近五年，长城所每年都要发布独角兽榜单，独角兽企业将会成为新经济企业的核心，而且在疫情中这些企业发挥了重要作用。中国的新经济企业已经占据全球新经济企业的半壁江山。全球每年有新创企业1000万家，中国有500万家；全球独角兽企业有460家，中国有202家。长城所今年将发布2020年的独角兽报告，同时也会发布2020年的潜在独角兽报告，希望咨询师们关注这两个报告的发布。

四、智慧城市：企业、产业与城市

智慧城市有很多新的说法。国家卫生健康委希望能开发一款社区防控软件，比捐10个亿还重要。这说明中国虽然已经有几十年的智慧城市建设，有了很多年的防疫体系建设，但是在这次疫情防控中，新经济企业发挥了更大的作用，如阿里云推出了疫情服务软件，腾讯提供了疫情救助平台，访问量非常大。

智慧城市建设一定是新经济企业、新兴产业、智慧城市三联动的模式，如解决打车难，不是交通运输部成立一个事业单位就能解决的，还要靠新经济企业缓解，类似的"就医难""上学难"也是需要通过新经济的场景去解决问题。所以说智慧城市越来越需要新经济来支持，实现新经济企业、新兴产业、智慧城市三联动。如果从智慧城市角度来看，共享出行、智慧安防、互联网教育、互联网医疗是涌现独角兽企业最多的领域，而且这个领域的特点主要依靠市场。各地的智慧城市和相关企业或事业单位或许会改变发展模式。

智慧城市的建设需要依靠新经济企业，如上文提到防疫中我国的劣势就是家庭医生和基层医疗薄弱，我觉得一定要依靠新经济企业的新模式，搭建新平台，才能把家庭医生和基层医疗做好。智慧城市往前走一步就是城市大脑。城市大脑建设说明算力驱动的城市运转已经开始了，而且在疫情防控中做得最好的是智慧城市发展较好的城市，它们在这些方面做了很多工作。智慧城市某种意义上更多地要体现在未来的社区化。社区化有九大场景，包括教育、医疗、健康、创业、建筑、交通、低碳、服务、治理，可以涌现出更多的创业者。

五、社会治理与产业大脑

疫情防控加速了社会治理的数字化、现代化和智慧化。新的社会治理形式层出不穷，从原来主要依赖政府力量逐渐向依赖整个社会转移。在依赖社会的同时，我们咨询业就要开始发挥越来越大的作用，发挥作用的核心是参与数字治理。中国现在越来越需要的是产业大脑，只有形成产业大脑才能形成实验区的产业集群，才能形成掌控产业的新机制。

更重要的是新经济需要谁？需要伟大创业者，也需要我们咨询业人员的充分参与。新经济时代的咨询师们，要做好3项工作：第一，成为伟大创业者的导师，帮助伟大创业者成就他的创业梦。第二，要成为产业跨界的引领者。可以说，出现新经济主要是出现产业跨界，而跨界引领者绝对不是传统的企业家，而是新经济的创业者。咨询师的特点是眼观六路、耳听八方，所以我们要参与到产业跨界引领中去。第三，要成为新场景的创意者。现在所谓新场景都是改变世界的，不是由传统企业的需求引导的，是靠着人们的创意、想象力来引导的。所以，新场景的创意需要大量咨询师的参与。

9 疫情加速高新区向新经济全面转型

——在"新经济七日谈"在线培训上的发言

> 2020年5月23—29日,长城战略咨询联合盛景网联、小米、谷仓创业学院、前海创投孵化器共同举办了面向全国高新区的"新经济七日谈"在线培训。我在5月29日做了"疫情加速高新区向新经济全面转型"主题演讲,包括4个部分:第一,疫情加速百年之变;第二,新经济企业成为抗疫成功的主要力量;第三,高新区"全面在线"与数字化;第四,高新区全面发展新经济。其中,重点讲了第四部分。

一、疫情加速百年之变

新冠疫情发生之后,我每个月都要写一篇关于疫情的思考文章。上个月,我写的是《有关疫情的五大时代思考》。这个月,我计划写疫情与新经济的文章。首先,我个人做的判断是,新冠疫情加速了百年难得一见的重大变局。尽管与欧洲中世纪的黑死病疫情相比,新冠疫情所带来的影响或许不及昔日之剧变,但同样深远而广泛。黑死病疫情诞生于黯淡的中世纪,而其后的文艺复兴、宗教改革及工业文明的兴起,在历史长河中留下深刻烙印。如今,疫情暴发前,全球正沐浴在工业文明的辉煌之中,人们对工业文明赞颂有加。然而,疫情过后,我们回首发现工业文明并未给人们带来尽善尽美的体验。人们的生活匆忙而疲累,辛勤劳作,个体特色渐趋淡化。疫情过后,新的气象、新的社会秩序或将呈现:新经济将全面崛起,全球化将迎来新局面,社会发展将进入新的阶段。

二、新经济企业成为抗疫成功的主要力量

在抗击疫情过程中,中国的电商、移动支付、社交、物流四大体系,也可以说是新经济的四大主赛道对维持整个社会正常运转做出了巨大贡献。这个时候,新兴企业出现了很多独角兽企业,这些独角兽企业应对疫情主要是它们的内在机制在起作用:一是跨界,二是平台,三是自成长,四是生态圈,五是引爆点。还有一个重要因素,即由新经济企业所主导的场景创新。

长城所在疫情暴发前做过总结，中国有十大改变世界的场景，这十大场景是无人支付、共享出行、在线直播、智能化家居、人脸识别智能安防、无人驾驶、新零售、智能教育、智能诊疗、无人仓储物流。现在看来，这十大场景在疫情中发挥了重要作用。从另一角度看，因为出现疫情，中国的场景创新又往前迈进了一步，从无人走向了非接触。非接触场景最近在中国炒得很热，而且各地高新区成为无人场景和非接触场景的主要诞生地。

三、高新区"全面在线"与数字化

1. 全面在线的运行模式

疫后怎么办？当然是全面在线。过去很难在线操作的事，如招商、签约，疫后出现了云招商、云签约、云办公、云培训。最近在中关村最火的是很多企业家都在直播带货，现在每个上市公司、每个新兴企业都要和网红经济联系起来，希望高新区更加重视全面在线。不是因为有疫情才要全面在线，而是疫情加速了人们生产和生活方式的在线变化。我认为，疫后高新区的任何工作都应该在线，希望高新区都要做在线办公、在线会议、在线签约。

高新区做直播的网红平台是最受追捧的平台，大家都很重视在直播平台上带货，我也很支持这件事。高新区应该学习成都的李子柒等，他们应该成为高新区招引的对象。疫后，每个高新区都可以成为"网红"高新区，每个城市都可以成为"网红"城市。高新区能不能成为"网红"高新区，这就要看高新区有没有新观念。

长城所最近做了几次在线调查，原来这种形式的调查想都不敢想，每次调查不但要去现场，而且要历时很多天，现在调查方式完全变了，用三天时间就能把一次企业调查做得很透、很深，而且企业家都很愿意参与在线调查。

2. 数字园区的建设是新经济企业全面参与的过程

疫后，全社会向"全面在线"发展，对于高新区来说，这还不够。高新区在很多年以前就开始重视数字园区的建设，现在发展到了一个新阶段，各地都在推进数字园区建设。数字园区是通过基础设施和园区的数字化，实现产业数字化和培育新产业。

在推进数字园区建设方面，高新区应该做4件事：一是新基建，一定是疫后新基建，各个高新区都要重视新基建；二是园区和城市运营管理，每个城市都在做城市大脑，要力争在高新区做；三是园区的各种数字化服务；四是产业要数字化，尤其是数字产业，传统产业数字化和数字产业化都是"全面在线"的根本内容。疫后出现了新的变化,如淄博高新区,原来我们的合作力度很大,后来提出来要先做数字产业。我们同时也了解到很多高新区要启动数字园区的规划和建设。我觉得各高新区都应该重视数字园区的建设。

四、高新区全面发展新经济

高新区全面发展新经济有7个话题:第一,新旧动能的转换;第二,创业或者是双创;第三,企业出现了新的追求目标——"三高";第四,场景创新成为疫后高新区创新的主要推手;第五,新赛道是下一步发展的主要方向;第六,新型研发机构和科技园都将成为高新区的新的工作抓手;第七,无所不在的新治理。

1. 疫情加速旧动能向新动能转换

疫后发展的核心是加快发展新经济,加快进行新旧动能转换,用新动能改造旧动能,这是高新区的基本思想。实现新旧动能转换具体要做3件事:第一,高新区不管已经做了什么产业,所有传统产业都要重新做一遍,而且要用工业互联网的思路来做,就是在新经济条件下去做产业。这个产业可能是纺织、服装,也可能是家电,但是都无所谓,只要用工业互联网的思路,用互联网的意识重新做产业即可。实际上,就是用新经济的企业来改造传统产业。第二,要开放大企业,即大企业平台化,不管大企业有多大,也不管有多传统,都要开放。今年长城所要发布的独角兽报告,其中有21个独角兽来自大企业,是通过改革、分拆和与新经济结合而产生的,而且是由传统大企业产生的。各地高新区都应该重视大企业的平台化。这方面做得最好的是海尔,海尔把业务分拆成小碎片,其中一个是日日顺,分拆出来很快就成为独角兽企业,现在还有好几个分拆出的企业已经成为瞪羚企业,这个趋势越来越快。第三,新经济的管理制度。过去许多管理制度是在行业管理基础上做的,现在这些管理制度都过时了,因为在新旧动能转换过程中出现了大量的产业跨界,它需要新的管理制度来支撑。新的管理制度一定是跨界的,一定是生态的,一定是新经济制度来支撑新旧动能转换。

2. 全面发展新经济的核心是创业

中国开展双创已经很多年,由于双创,中国出现了新经济,中国走向了全球引领,现在全球每年有1000万家创业企业,其中中国超过500万家;全球有独角兽企业460家,中国有202家,基本上创业企业和独角兽企业中国都占全球的一半。出现这些现象有个缘起,即有4个创业动员的全球最佳模式:一是硅谷的创业训练营,这个训练营有一定的封闭性,主要是用来培育伟大的创业者,现在中国的伟大创业者有很多参加过硅谷的各种训练营活动。二是中关村创业大街，与硅谷不同的是，中关村的创业大街更加开放。可以说，中关村创业大街是创业者找投资人、找天使、找创业伙伴最主要的地方，创业大街创造出了不同于硅谷的新经验。三是光谷青桐汇，这是中国特有的一个优势，就是创业动员。光谷青桐汇的一场创业动员有几万人参加，现在光谷出现的独角兽企业、瞪羚企业都是在五六年以前通过青桐汇动员出来的创业者创办的。现在光谷每年都会出现300多家瞪羚企业，同时有5家独角兽企业，这些独角兽企业几乎都是光谷青桐汇动员创业出现的。这说明动员创业是中国创业的特点。四是美国的创业节，美国奥斯汀的"西南偏南"是全球最大的创业节，每年有十几万人参加，"西南偏南"有音乐、有创业演讲，还上映电影，只要创业者能够在"西南偏南"的创业演讲中演讲，一定会吸引很多投资者投资。

我之所以不厌其烦地讲，是因为很多高新区现在仍然没有创业动员。尽管当地有很多高校，但是跟高新区几乎没有关系。高新区要在高校里进行创业动员，要把新赛道、新的发展方向讲给大学生和课题组听，这就是高技术发展的模式。长城所现在给福州高新区、淄博高新区、沈阳高新区做创业动员，其中沈阳高新区做得最好，沈阳青青汇已经动员了很多大学老师、同学参加创业。

在4种创业动员模式中，中关村创业大街和光谷青桐汇是最容易学的，因为政府是其首要发起者、动员者。目前，中关村创业大街已经在各地高新区都有了学习借鉴的成果，如深圳、光谷都在模仿中关村创业大街，沈阳学习光谷举办青青汇。但硅谷的创业训练营就不容易学了，因为它需要组织训练的机构具有专业的培养创业者的能力和洞见力。现在长城所也在努力尝试做训练营，我们现在做的事就是发现伟大的创业者，把伟大的创业者推荐给创业导师、投资人。

3. 疫后企业新追求——"三高"

创业有了新变化，疫后企业的追求也发生了新变化，即要成为"三高"企业：高成长企业、高价值企业和高技术企业。概括来说，企业成长有了更立体的追求，既要追求增长速度，又要追求市场价值，还要追求科技含量，这基本上就是创业成功了。

①高成长企业。高成长企业成长的最好生态，应该是一种强竞争的试错环境。在这种环境中，创业企业的基数会比较大，但试错的成功率不会很高，即企业的存活率会低。但取得了试错成功的企业，一旦跨越了死亡谷就会进入高成长阶段，会出现令人难以置信的高成长率。今天上午，我参加了潍坊市的动员培训云会议，潍

坊瞪羚企业净利润复合增长率往往达到110%，但是中关村瞪羚企业最高增长率是1000%以上，光谷的瞪羚王甚至达到4000%、8000%，都是成千上万倍的成长。这说明硅谷、中关村、光谷这样的创业高地生态很好，瞪羚企业的成长速度最高可以达到万级，创新创业生态越好，增长速度越快。

②高价值企业。高价值企业以独角兽企业为代表，即十年之内估值超过10亿美元。现在各地高新区不但要关心自己的独角兽企业，还要关心自己的潜在独角兽。最近，长城所在研究另外一种企业形式，即哪吒企业。我在硅谷和创业者交流时发现，有好几家企业在创业天使轮阶段获得了1亿美元的支持，我感到很吃惊，这是最近两三年发生的事。我回国后，用大数据的方法找中国创业期间获得超过1亿元人民币天使投资的企业，找到800多家，后来从中筛选出属于真正创业者的企业共105家。现在伟大的创业企业除了已包含于其中的瞪羚、独角兽、潜在独角兽企业，还有就是哪吒企业。哪吒企业一创业就能获得科学家的支持、投资人的支持，创业就带着"风火轮"，现在这是最新的创业者，每个高新区都应该重视对哪吒企业的支持。

③高技术企业。做高新区的人都知道，每个高新区都把高企数量当作奋斗目标。最近，出现了新的趋势，就是比谁的高企技术含量更高，在中关村叫前沿科技创业，在西安叫硬科技创业，在合肥叫深科技企业，这些企业的特点就是创业期有科学家参加。它们创新的点都是在原始创新，而不是替代性创新。现在对于前沿科技企业，中关村管委会给予的支持力度很大，而且每年都进行评选，评选出来以后一半成为独角兽企业。现在中国有3个地方在进行评选，中关村、西安、合肥。现在高技术含量企业进入新的发展阶段，有更多原创、更多解决关键问题的核心技术。所以说"三高"企业的高技术不是指过去的高企，而是前沿科技企业，是硬科技企业、深科技企业。

4. 场景创新推动高新区疫后高成长

伟大的企业之所以现在能成气候，在于发展新经济，重要的是有了场景创新。场景创新的出现一定是源于伟大的企业去找最新的技术落地。现在场景创新的主体是独角兽企业，只要能技术落地，它就能爆发成长。现在各地政府都在提供场景清单，以期吸引独角兽企业落地。这个形式的逻辑是企业找落地，政府提供机会清单，这两个形式能组合在一起，场景创新就会突破得更快。上海、北京、成都、深圳、厦门都比较重视场景创新，不过现在场景创新还是在探索过程中。

各高新区做场景创新，一定要坚持4个基本原则：一是改变世界；二是独角兽主导,伟大创业者主导;三是洞见创造未来;四是爆发成长。

5. 在高新区培育新赛道,寻找产业爆发点

疫后产业发展出现了新的动态、新的趋势,一个地方产业很多,过去做产业规划面面俱到,这是错误的。产业发展一定要找到爆发点,找到趋势。现在因为疫后出现了很多新赛道,将来高新区做产业规划,传统产业的也可以做,但是重点要做新赛道,其中有几个特点:第一,能爆发,做新赛道一定要预测它在未来三五年中是否会爆发成长;第二,有海量市场,至少这个产业能做到千亿级;第三,一定是个新赛道,它不是细分领域,而是跨界;第四,一定是出现场景创新,而且赛道能不能成功,就是独角兽企业出现了多少。应该这样说,高新区是涌现新赛道最主要的地方,同时它的促进方式不是过去那种促进,一定是通过场景让新技术落地,让它的产业生态更加完善。中国的新赛道已经初步形成或者已经蔚然成风,要完善它的产业组织,要靠着产业组织创新来发展。

6. 新型研发机构与大学科技园

发展新经济要强调原始创新,其中重要方式是发展新研发。新研发的特点是科学家、投资人、企业家共同来做研发,发展新型研发机构和新的大学科技园。与传统大学科技园相比,新大学科技园是要充分地创业动员,同时有工业地产商和创业者大量参与。

7. 疫后高新区更应重视新经济治理

高新区是未来新经济的核心区,在核心区里能不能产生更新的成果,还在于治理。首先是产业共治,其次是做产业生态。而且不管有什么传统产业,都要拿出来重做一遍,做产业互联网。这就要求企业家、新经济企业、管委会、投资人共同参与整个过程,这才能够做新经济治理。总之,高新区现在是应对千年之变的领头羊,而且是中国的高新区成为引领千年之变的领头羊。在这里面高新区要做五件事,即全面在线、全面新经济、爆发新赛道、改变世界的新场景、全新的新经济治理。

第二章
新经济的本质是范式变革

本章导读

王德禄所长对新经济有着超前的认知和坚定的信念，他一直传递这样一个理念：新经济是这个时代正在发生的伟大变革，是影响未来的大事情，也是中国崛起的最大机遇之一。他敏感地预见到新经济带来的影响将是革命性的，并且饶有兴致地致力于新经济范式的认知求索。面对如此迷雾重重的新生事物，更因我们身处其中，在缺少历史的纵深视角条件下想要认清新经济之"庐山面目"，是一件非常困难的事情。作为战略洞见者，他开辟了一条新经济范式探索之路，我认为可以这样概括他的探索历程——从洞悉微观现象出发，用宏观哲学头脑加工形成中观实践理论，同时和他的客户伙伴共同把新经济理论付诸实践，通过实践进一步完善理论，于是形成新经济认知迭代，逐步达到对新经济范式的更深入诠释。

王所长对新经济现象的最初哲学思考，来自科学视角主义的启示。他说他的咨询方法论并非来源于经济学，而是物理学和哲学，这决定了他思考问题的角度比常人独特，哲学思维也让他在思考新经济范式这样复杂的问题时具备优势。从第1篇博文可以看出他思考新经济现象的方法发端，他认为面对新经济的复杂性，需要多元视角对其进行阐述和透视，而科学哲学就是一个相当有用的视角。其实，早于此前的多年以前，他就已经开始用科学哲学思想来解释新经济现象了，如他用波普尔的科学试错理论来解释创业。因此，当王所长从范岱年老先生处了解到科学视角主义理论的时候，他非常欣喜和兴奋，认为这为他的方法论找到了理论支撑，用科学哲学透视新经济范式是一条有前途的道路。

第2和第3篇博文，是王所长从哈贝马斯和哈耶克两位科学哲学家思想中得到的启发，对新经济范式进行科学哲学视角透视。他十分注重哈贝马斯的交往理论，他认为新经济让人类进入社交化时代，是更加符合人性的经济，新经济可以真正实现哈贝马斯交往理性所期待的人的生活世界回归。哈耶克的知识分工理论，则为新经济对个人的重视和强调个人自由提供了哲学来源。可以说，他前期对社交化时代的判断和感性认识，科学哲学提供了很多灵感来源。基于此，在第4和第5篇博文里，他对社交化时代新经济的规律、特征，为人类社会带来的影响及中国经济的命运又有了进一步的思考。第6和第7篇博文，是他对新经济范式认知的升华，在此他提出新经济时代组织变革的新趋势，并高屋建瓴地提出了新经济三定律，这也是新经济的三大核心方法论，同时，他对中国如何应对新经济有了更深入的思考，也对长城所在中国新经济发展中的使命和担当做了系统反思。

新冠疫情的到来加速了新经济的发展，第8篇博文代表了疫情期间王所长对新经济范式的认知愈加成熟，在此他总结性地提出了新经济的"四新范式"。他对新经济范式的思考孜孜不倦，疫情的到来让他有机会以更直观的视角深层透视新经济的本质，疫情也终止了他对新经济的继续求索。他开启了新经济思想的大门，长城所同仁对新经济范式的探索和实践还将接力下去。路漫漫其修远兮，我想继承王所长新经济探索遗志、传承他新经济坚定信念，是长城所未来之路上最大的信心来源。

（撰写人：袁硕平）

1 "科学视角主义"是新经济的新视角

> 2012年5月24日下午,我邀请了范岱年先生、王巍教授和杨德才博士到所,共同讨论咨询方法论的研究事宜。会上,王巍教授和范岱年先生提到了视角主义,引起了我的研究兴趣。会后,邀请王巍教授的学生作了主题为"科学视角主义的内涵"的报告,我对此提出了一些自己的见解。

我从20世纪90年代下海以来,赶上了中国从计划经济向市场经济的转型、从工业经济向新经济的转变。明年,我创办长城所就有20年了,我想对长城所20年的工作进行总结。在这个总结中,核心是咨询方法论的总结。近来我对咨询方法论有很大兴趣,希望能总结出更多的新意。

我是研究自然科学和哲学出身,别人下海,尤其做咨询,靠的是经济学的功夫,我觉得我是靠物理学的直指本原和科学哲学的方法论。下海以后,我经常提起的科学哲学家有波普尔、库恩和费耶阿本德。

我将波普尔的思想更多地用于新经济,重点用于创业。我认为,创业就是一种试错,新经济之所以有生命力就在于把创业提到了新的高度。人类的社会经济过程有了更多的试错,不但企业有了更多成功的可能性,而且新的产业也出现了更多的群体性企业试错。

从计划经济向市场经济的转型需要的是向欧美发达市场经济体学习,而从工业经济向新经济转型往往需要做更多原创的探索,这种转型更多地体现了一种范式的转变。范式转变是库恩《科学革命的结构》一书的核心,我在探索咨询方法论的过程中,感受到了这种范式的转变。下海20年来我一直在做这个探索,长城所在这方面也取得了一定的成果,下一步就是要对关于新经济的咨询方法论范式做更多的总结和规范。

自主创新是中国走向后工业社会时代的新提法,我认为这一提法是符合新经济的。如何实现自主创新?这当然不是一个简单的问题,也很难有一个简单的答案。但有一点我是确定的,费耶阿本德的"怎么都行"特别利于自主创新,它能够帮助我们彻底打开思路,冲破藩篱,产生创新的火花。

为了能更好地进行方法论的总结,吸收更多新的理论,5月24日下午,我邀请了范岱年先生、王巍教授和杨德才博士到所,共同讨论咨询方法论的研究事宜。会上，王巍教授和范岱年先生提到了视角主义，让我兴趣大增。我觉得视角主义这个提法和我对科学哲学方法论的理解有很多一致的地方。恰巧陪王巍教授前来的吴松峰（王巍教授的学生）的毕业论文涉及视角主义，我便安排他做一个关于视角主义的报告。6月1日上午，已经成为长城所实习生的他做了题为"科学视角主义的内涵"的报告，内容大概如下：

视角主义先后经过了莱布尼茨、康德、尼采、杜威、费耶阿本德和吉尔的发展。报告集中阐述了杜威、费耶阿本德和吉尔的视角主义思想。他们都是在科学的范畴内谈论视角主义，吉尔更是明确地提出了科学视角主义（scientific perspectivism）。

吉尔科学视角主义的核心是：科学活动中的观察、理论化过程是视角性的，科学知识同样也是视角性的。视角主义介于客观实在论和建构主义之间，程度上靠近客观实在论。视角主义从客观实在论中吸取了"面向世界"（world-oriented）这一要素，吸收了从相对主义中衍生出的主观性这一元素。这样一种复合体思想既避免了相对主义的不可通约性，又避免了客观实在论的绝对标准性。吉尔同时指出，视角主义较之其余二者更符合实际的科学实践。

费耶阿本德思想当中渗透的多元主义的元素及他对绘画、科学实验的具体探讨在很大程度上反映了视角主义的思想。杜威的"科学实用主义"（scientific pragmatism）同样渗透了视角主义的思想。

客观实在论、建构主义、视角主义的比较基本上可以对应于以下短语：绝对的绝对、绝对的相对、相对的绝对。

他的报告大致比较清楚，特别是最后3个短语式的总结——绝对的绝对、绝对的相对和相对的绝对很生动地表征了视角主义的特质，我认为他很好地把握了视角主义的内涵。当然，我对报告也提出了一些自己的看法：

第一，具有视角主义思想的主要哲学家应该还有波普尔。波普尔是证伪主义的代表者，证伪主义中一个很关键的要素是"不断试错"——强调不断更换视角以提出新的假说，随后备以证伪。

第二，我提出当代视角主义思想的根源是量子力学中的波粒二象性。量子力学对人类的贡献就在于它推动了科学的历史进程，深刻地改变了人们的思想，突破了人们传统的哲学观念，并引发了原子能、激光和计算机的诞生，而正是计算机等高新科技的迅猛发展铸就了当代新经济的腾飞。毫不夸张地说，玻尔的量子力学是当今经济繁荣局面的底层基础。

量子力学的精髓是波粒二象性，波动性和粒子性在经验上让人认为是相互矛盾的，将其集于同一物体上似乎显得不可思议。玻尔开创性地提出了一个伟大的哲学观念——互补原理，很好地解决了这个问题。深受传统哲学观念影响的人很难明白这一原理，因为它完全颠覆了人们的日常观念。

对互补原理可以这样来理解，互补的双方是不同的视角，波动性视角和粒子性视角下显现的是事物的不同方面，两个视角相互补充、缺一不可。所以我认为，互补原理不只很好地印证了视角主义的思想，甚至可以说量子力学、互补原理是催生现代视角主义的科学源泉。在这个意义上，无论是波普尔、费耶阿本德还是吉尔，他们都在意识或无意识中受到了量子力学带来的这场范式变革的影响。

视角主义是一个很具有开放性的哲学思想。一直以来在视角主义的研究上还未形成系统的认识成果，大概只有吉尔在2006年提出的科学视角主义算是一个比较完整的版本。

回过头来，我再次反思关于新经济的一些体会。我一直在讲创业、孵化和集群，它们构建了新经济的三定律：创业是新经济的动力学，孵化是新经济的生物学，集群是新经济的生态学。从"创业—动力学"到"孵化—生物学"再到"集群—生态学"，我不断地从不同的维度来透视新经济，相继维度间还有逐步深化的趋势，从而让我对新经济的认识趋于全面，也趋于深刻。随着我对视角主义的探索和研究的不断深入，我开始发现很多像新经济三定律这样对新经济的深刻认识都是源于对视角主义的经验性理解。现在我认为视角主义是研究新经济的一个新视角：

视角主义能够很好地解释新经济的种种现象、特征和规律。例如，新经济三定律可以由视角主义来说明。"创业—动力学""孵化—生物学""集群—生态学"分别是我们透视新经济的视角。其中，创业—动力学视角内部是一种"单一视角"形态，"孵化—生物学"视角内部是一种"有限视角"形态，而集群—生态学视角内部是一种"无限视角"形态。可见，视角也是分维度和层级的。在创业、孵化和集群这一脉络中，视角的数目在跳跃性增加，特别在集群阶段，信息异常纷繁，情况十分复杂，绝不能单一化、绝对化地看待问题，必须以"多视角"处理各种问题。

视角主义能够紧跟新经济强烈的动态性节奏。在工业经济中区域经济的重心是骨干企业，骨干企业是用静态的眼光看待产业组织的一个视角。而在新经济中，我们应该关注瞪羚企业。因为瞪羚企业是区域的增长源泉，这个时候看待瞪羚企业重点要看成长性，成长性本身是二维的，包含规模和时间的视角，也要看新兴产业和商业模式这两个视角。这样一来，瞪羚企业至少是4个视角竞争的结果。新经济越是向前发展，我们越需要透过多个视角去查看。

视角主义能够解释长城所20年咨询方法的有效性。我们用到的波普尔、库恩和费耶阿本德的思想中本身就渗透了视角主义的理念。长城所在特定的阶段运用特定的哲学思想，同样体现出一种视角主义的观念。长城所关于"80/20/4创意法则""长板论""关于0—100%创新"等方法在企业咨询的实践中取得了很好的成绩，这种方法论的重要性对于长城所来说在于其是否能够大量用于咨询实践。如果从视角主义来看，还会有大量视角等待人们去发掘。

最后，一个重要的事实是，知识经济和全球化带来了新经济，蓬勃发展的新经济使得企业的动态性显著增强，企业不断地出现各式各样的问题。面对新经济的复杂性，我们需要以越来越多的视角对其进行研究，灵活性在此显得尤为重要，灵活性就是快速变换看待问题的视角。长城所现在致力于开发透视新经济的新视角，而科学视角主义就可以作为这样一个新视角。它无论对于新经济，还是自主创新，抑或咨询业本身，都有着积极的意义。

2 哈贝马斯与新经济

> 2012年9月7日下午，我邀请了中国科学院政策所范岱年教授、青岛紫文公司杨德才博士、北京智慧时空科技发展有限责任公司林爱民到长城所，共同探讨科学哲学方法论与新经济的关系，分为3个主题：哈贝马斯哲学思想与新经济、库恩哲学思想与新经济、科学哲学对新经济的影响。首先，林爱民讲了哈贝马斯哲学思想与新经济，范岱年和杨德才分别进行了评论；其次，范岱年讲了库恩哲学思想及范式理论后期的演变，杨德才对范岱年讲的内容进行了评论；最后，杨德才讲了科学哲学对新经济影响的分析，范岱年和林爱民对其所讲内容进行了评论。第二天下午，我再次与杨德才、林爱民就哈贝马斯与新经济的关系进行讨论。

一、从哈贝马斯看新经济

关于哈贝马斯与新经济的关系，我认为可以从3个角度进行分析：①科学技术的角度；②交往理论的角度；③全球化的角度。

1. 有关科学技术的角度

我感觉哈贝马斯的思想是所有哲学家中对科学的表述与中国人的表述最一致的，他也曾表达过实践是检验真理的唯一标准类似的想法。这次林爱民说哈贝马斯还说过"科学技术是第一生产力"这样的话。在我看来，他的这两个论断，可以作为其对科学技术作用的分析，是理解新经济的根本。我一直认为中国所提的"科学技术是第一生产力"是发展新经济的一个重要论断，中国经济的发展与中国所倡导的"科学技术是第一生产力"的思想密切相关。随着新经济的发展，新经济越来越和制度有关，但它永远是以科学技术的发展为基本条件和依托的。

2. 有关交往理论的角度

我之所以重视哈贝马斯，是因为他的交往理论。范岱年说哈贝马斯的交往理论是在对马克思阶级斗争理论批判的基础上发展来的。哈贝马斯在交往理论中批判了资本主义，重点批判资本主义交往中给人带来的行为异化。这里包括3个方面：一是过分趋利化；二是包裹着极大的风险，因为过分趋利导致交往的本意已不是人的需要本身，而是异化为对人的支配、控制和恐吓，严重的如相互之间的核恐吓和战争；三是人际交往空间的减少，认为人是机器和工具，人与人之间的关系是嵌入大机器生产流水线上的螺丝钉，相互交往没有人性的空间存在。对此，我完全赞同。

此外，我认为交往空间减少也有经济发展的阶段性和民族性缘由。在我看来，哈贝马斯对资本主义的批判，更像是对工业经济的批判。另外，从民族性来看，西方人都是很理性的，习惯按规则办事，对于新的套路都需要研究后再发表意见，归根结底就是不够灵活，而新经济要求人灵活交往。最近，我写了一本书叫《硅谷中关村人脉网络》，在这本书中我主要写了通过人脉网络进行跨区域创业，可以说跨区域创业是人脉交往的一个部分。因而，当读到哈贝马斯的交往理论时，我感觉很亲切，也觉得很有意思。我认为，交往理论不但与经济发展的阶段性有关，还和民族性有关。例如，印度人和中国人相对来说非理性因素会多一些，直感因素强一些，所以异化反而会少一些。

哈贝马斯提出人的行为分为目的理性、程序理性和交往理性，尤其是他提出生活世界，就是要人回到生活的原初，回到生存的本真，恢复人的本性，扩大自由自主自在的相互交往。他这个理论意味着什么，我觉得他预见到了人类从农业、工业走向新的信息、知识、创意的时代。新的时代有一个十分重要的特征，那就是要广泛地扩大交往空间，物质作用要逐渐弱化，精神作用要逐渐强化。可以认为哈贝马斯是新经济的一个先驱者。

3. 有关全球化的角度

哈贝马斯从交往理论出发，强调全球的国家要对话，要理性、平等交往，同时在交往的时候，各个国家要更加开放，不能制造障碍。这其实与我所倡导的新经济时代，跨地区创业、全球链接，人才、技术、资金等创新资源要在全球范围内快速流动的全球化思想不谋而合。当然，在全球化的视角方面我们也有一点差别，哈贝马斯的全球化更多的是从政治角度分析的全球化，而我是从经济角度。但是我们的本质都是强调新经济时代，人们需要加强全球交往。

二、从新经济的未来看交往理论

对于新经济视角下的交往理论，可以从3个方面进行分析：①新经济的结构；②怎么理解新经济；③新经济现象。

1. 新经济的结构

随着全球进入新经济社会，农业占全球GDP的比重逐渐缩减，目前大概占全球GDP的3%，而制造业的占比则将由27%迅速缩减至20%，其余的GDP都是由服务业提供的，从这样一种结构来看，要大力发展创意产业才能符合人类的发展趋势。面对这一新的经济结构演变,我认为有以下几种趋势应予以关注:一是就业减少的形势将会长期存在,但人们应会创造出更加丰富多样的其他方式,如义工、"宅男"等来改进和提高社会大众的生活、工作和生存境况,这是正在浮现中的新经济能不断完善和发展的关键所在;二是创业将更加活跃,经济演进的频率将加快;三是创意产业将更加重要,只有这一产业才能更广泛地开发人的潜在能力;四是社会需要更多的社会企业家。所谓的社会企业家,就是不以盈利作为第一目标,而是以关注社会特定需求为主要目标,并且具有一定资产基础的企业家。例如,印度的小额贷款发放者明确表示他是社会企业家,而不是银行家。

2. 怎么理解新经济

关于新经济,范岱年认为目前社会科学中的经济学发展得比较成熟,同时随着经济社会进入新经济时代,经济学将形成新的范式,这一范式与传统制造业时代范式的区别在于,制造业时代能源等各类资源是会穷尽的,受物质守恒、能量守恒定律的制约,而新经济时代以信息产业、知识产权为核心,作为其基础资源的信息和知识是一种无限的资源,其不受守恒定律的制约。

范岱年说哈贝马斯将科学分为3种:一是自然科学,研究人与自然的关系;二是社会科学,研究人与人之间的关系(现象学、诠释学);三是人自己的科学,是人对自身的研究,包括思想、心理、情感,如信仰是怎么来的,心理学、认知学等属意识形态。林爱民从科学技术、社会科学和人的现代性启蒙回归3个角度对哈贝马斯与新经济进行了补充。在科学技术方面,旧有的科学技术成了一种哈贝马斯所批判的意识形态,一种对人进行支配和控制的工具理性,造成人的生活世界被严重殖民化,他反对技术控制论;而新经济的核心是信息科技,它是一种以创新和个性自主为基础的知识创造活动,这种以知识创造为基础的新经济使人能够一方面创造满足人们需要的产品和财富;另一方面也能在一定程度上达到自我的实现,并在将来进一步为人自身的解放提供相应的支撑。在社会科学方面,社会科学本身是对人的科学、人的本性的研究,只有通过社会科学的研究,才能很好地把握人的需求,指导新经济的发展,让新经济的发展与人的需求能够更好地契合、协调和匹配,同时结合制度的适应性变革与不断的科技创新,以便从异化性生产制造方式的旧经济范式向自主创造性的生存生活方式高度合一的新经济范式的转换,真正实现哈贝马斯交往理论所期待的人的生活世界回归,解救现代世界的危机,使得新经济逐渐成为更加符合人性的经济。在人的现代性启蒙回归方面,正如哈贝马斯认为的现代性是一项未完成的重建工程那样,旧的经济只是一种立足于强制性的生产制造的经济，它在一定程度上限制了人的自主性、创造性及其内在潜能的发挥；而在以信息技术革命和经济全球化为两大主要动力发展起来的新经济下，将使人在生活方式和生存方式上都变得更加广泛、自主、随性和惬意，生活即是经济，经济就是为了满足生活的需要，生活方式与生存方式在某种意义上已经变成了一体化的行为活动，即生存与生活的高度合一，这在一定程度上实现了人的本真存在和人性的回归，将逐步实现哈贝马斯对现代性重建的期待。

3. 新经济现象

随着社会进入新经济时代，社会上出现了诸如社会企业家、义工、"宅男"等一大批新的经济现象。其中，义工这一现象，体现了一种在新经济社会在保证人们正常生活需求的前提下，人们探索尝试去做自己喜欢事情的现象。现在经常被大家提及的"宅男"现象，也是一种新经济现象。究其根本是在新经济社会，有很多人感觉打工不适合他们，而选择在家做喜欢的事情，感觉更舒服，于是就成为"宅男"。这类"宅男"算是新经济的一种典型现象。随着社会的发展，可能还会发育出更多的新经济现象。

总之，与以往旧有的经济现象不同，新经济现象的出现，很大程度上已不再只是为了单纯的物质生产和制造的需要，而是在于为了人们生活、生存方式本身的自由自在及工作方式的惬意和方便，更多地具有精神生活的意味和满足。而这也将使世界走向低碳生存和低资源耗费的经济发展之路。

3 哈耶克知识论与新经济

> 在长城所成立 20 周年之际,我发动所里进行咨询方法论的总结,研究科学哲学与新经济的关系,并对重点经济学家、哲学家进行专题研究。2013 年 3 月,长城所内对哈耶克的知识分工理论进行了一次专题讨论,主要讨论两个要点:一是哈耶克的知识分工理论体现了新经济实践的要求;二是哈耶克的知识分散理论与个人的作用。

哈耶克是最早提出将"知识"问题作为经济理论核心的经济学家。提出这个问题,主要是针对古典经济学的市场均衡理论的假设,其目的是对各种各样的干预思想进行猛烈的批判,建立起牢固的自由思想体系,使真正意义上的自由主义得到延续。

一、哈耶克的知识分工理论体现了新经济实践的要求

哈耶克在 1937 年发表的《经济学与知识》中首次将"知识"问题提高到经济学理论研究中的基础性地位,把知识作为经济理论研究的核心要素。这种理论符合从传统经济向新经济转型的实践需要,是新经济存在的理论根基,在这个意义上可以说哈耶克是新经济的正统奠基人。

1. "知识分工"提出的现实基础

新古典主义经济学在继承以往经济学的基础上,将劳动分工理论发展到完备,但是如何统筹整个社会的经济状态,却又陷入了新的二律背反之中,它对社会的分析总是要求整个经济处于一种均衡的状态,但是这种一般均衡分析完全是基于一种信息假设而脱离真实经济。如果我们假设经济社会中任何人都是全知全能者,那么我们可以宣称社会处于均衡状态或可以处于均衡状态。然而在真实世界里,这种假设则是完全不可能成立的。但我们进一步进行探究的话,会发现这个假设在传统经济模式之下是非常适用的。传统经济因为创新不足,它的增长往往只是量的增加,并且需要长时间的积累。这就使得新古典主义经济学的静态假设具备了合法性。

在新经济时代,新经济的增长更多的是爆发式的质变,具有强烈的随机性和不可预测性,原来的静态假设就失去了它的现实基础。哈耶克按照劳动分工的基本原理提出"知识分工"的概念,试图来理解新经济的增长方式。他认为,任何人都不

可能知道所有的事件及事件发生的原因，每个人所拥有的知识占全社会知识总量微不足道的一部分。这便是类似于劳动分工的"知识分工"。知识分工在哈耶克看来至少是与劳动分工同等重要的问题，甚至是经济学中的"中心问题"。

2. 以"知识分工"理解新经济的增长模式

哈耶克认为，用以替代均衡分析的"完美市场"（perfect market）概念是"知识分工"（division of knowledge）概念。

由于"知识分工"的存在，单个人只了解自身或一些特殊事件的知识，对市场上绝大部分知识处于必然的无知状态。对于整个市场来说，把握全局就成为一句空谈，所以也就不可能出现某一时刻，由一些"精英"洞悉了整个经济的真实面貌，而得以对市场做出合情合理的规划。那么，经济的发展就完全成为一种自发而为的行为，市场的波动也就成为正常现象。因此，所谓的"经济计划"也就是无稽之谈。

在新经济条件下，由于知识分工的存在，虽然不可能认识整个市场的情况，但在某些情况下通过分工组合，却可以达到对某一局部的清醒认识和掌控，这样就会出现全新的经济增长点。但是又因为知识分散的作用，这种组合必然不是长久的，会很快为其他新的组合所取代。这就是哈耶克理解新经济增长的模式。

二、哈耶克的知识分散理论与个人的作用

1945 年，哈耶克发表了《知识在社会中的利用》，论述知识在社会中分布的分散性，可以将这一理论视为对知识分工理论的补充。如果说知识分工是从形式解释"计划"的不可能性，那么，知识分散则是从内容上解释为何"计划"无法实现。

1. "知识分散"的成因和含义

关于人如何获得外部知识及对知识的传播，哈耶克有自己的认识。在哈耶克看来人的感官体验是获得知识的物质基础，感官的局限性就决定了对外部知识掌握的有限性。而具体到对某一客体的认识，则运用人主观分析的能力，通过与其他客体进行比较，得到两者的差异，从而来认识新的客体。只是这样的知识是人们主观分析的抽象结果，然而由于人对事物感知的多样性，在不同的时间、地点感知是不同的，并且这一感知往往要在事后被反省和修正，带有很强的主观性。例如，30 ℃的水到底热不热的问题，这取决于现在是夏天还是冬天，是和 10 ℃的水比还是和 60 ℃的水比。所以，哈耶克认为知识仅仅是一定条件下的知识，始终并且只能相对于从事行为的个人而存在。这种知识被哈耶克称为"局部知识"或"相关知识"（relevant knowledge）。同时，这样的知识存在于个人的实践之中，并且可能缺少恰

当表达这种知识的能力，从而每个个体的一些知识相对于他者就成为"默会知识"。按照波兰尼的"默会理论"，虽然这种"默会知识"可以在小群体内通过某种言传身教的方式不言自明，但从更大的范围来看，它只能表现为一种为不同的个人所拥有的知识。正是这些方面的原因使得知识具有有限性、主观性和默会性的特点，这样的知识形态被哈耶克归纳为知识分散性。

2. 用"知识分散"理解新经济对个人的重视

按照知识分散理论，对于个人而言，每个人所掌握的特定知识（可能是独一无二的信息）会使该个人在某一时刻比别人更具优势，那么，他就会成为一段时期内的关键人物。整个人类社会的经济活动也就是由各个不同的个人根据自己掌握的信息做出行动而组成的一个网络系统。知识分工理论要求对于整体经济形势的把握需要由人们来共同完成，而具体可以得到什么样的整体知识则取决于每个人所能传达出来的知识。对于经济学研究来说，要做的不是如何配置"给定"资源的问题，而是应该如何运用知识，即创造有利的条件，让分散的知识如何有效协调的问题。

要解决分散知识协调性的问题关键就在于：一是重视个人；二是充分给予个人自由。因为所谓的分散知识是在说个人存在的独立性，而要想获得创新和前行的力量，只能依靠个人并把他们组织起来。在这种情况下，只有个人按自由意志来行动，这样组合而成的集体才能最大限度地发挥效率和机能。而不是相反地按照制订好的计划，视个人为器物进行组装。

4 社交化带来的六大颠覆

——在中关村创新论坛上的演讲

> 2014年5月14日,第17届科博会专场——中关村创新论坛在北京昆泰酒店举行。我应邀演讲的题目是"社交化:新时代与新趋势"。我的演讲实际上是发布长城所关于社交化的研究报告,重点是社交化带来的六大颠覆。

我今天演讲的题目是"社交化:新时代与新趋势"。1年前,也就是长城所成立20周年,我们在这里发布了《创新驱动三方法》报告。长城所是一个咨询机构,在总结我们20年的从业经验时,我们发现自己是个新经济的咨询机构,主要是在产业业态创新和商业模式创新方面做了20年的咨询实践。从2013年发布《创新驱动三方法》报告到现在整整一年,我们300人的咨询团队研究的一个最集中的问题就是社交化。2013年年底的时候,我们长城所做了系统的年度总结,我在总结会上作的报告题目是"全面拥抱社交化"。今天我在这里讲社交化带来的六大颠覆,实际上就是发布社交化报告。我今天的报告共分为3个方面:一是我们处于什么时代;二是社交化的基本规律;三是社交化带来的六大颠覆。

一、我们处于什么时代

2014年3月我在美国,从东到西走了一个月,发现大家都在说大数据、云计算、互联网,我很失望。我认为技术在全面地改造着我们的社会,大数据、互联网是技术趋势,但这些技术趋势带来的更大的变化是人类进入社交化时代,这是一个更加本质的变化。社交化是人和人的关系,中国人对人和人关系的思考远比欧洲人要深。我认为,社交化时代给了中国人一次新的机会。

最近埃森哲、IBM等都发布了社交化报告,每个报告我都看了,但是看完以后感觉很失望。为什么失望?因为报告的内容基本上是以大公司的IT为主,大公司的IT基本上都是集中系统式的,而现在的IT已经是分布离散式的,信息都碎片化了。我觉得,今天我们发布的报告相对来说最超前。

社交化中经常涉及的一个是去中心;另一个是信任背书。从道理上来说,就是社交化改变了人和人之间的弱关系。过去人和人不见面,关系就弱了,现在由于有了互联网，弱关系成了创新的核心。在互联网上形成新的信任，不是人和人见面熟悉的信任，而是兴趣集中在一起的信任，谁的中心也不会长远存在。

二、社交化的基本规律

我们发现社交化有3个方面的规律：一是人类进化的3个新方向；二是社交化时代人的行为准则；三是企业社交化要搭建三张网。

人类进化的3个新方向。第一，手机成为人的第六感官。我2013年到丹麦做报告，我拿着手机说，这个东西是中国年轻人几乎刚睡醒就开始用的东西。因为有了智能手机，手机突然成为人们不能离开的所有工作的中心。从社交化的现实来说，中国人用手机、和手机的亲密程度，达到全世界第一。第二，人的神经末梢发生了很大变化。由于有了互联网，有了可穿戴设备，人们感知外部、感知世界的能力大大变化了。现在的人看起来和过去的人没有什么差别，但是生存的环境本质上发生了变化。第三，我发现"90后"发生了很大变化，他们从互联网获取知识，他们对记忆的功能已经非常不重视了，他们的大脑不再是存储器，成了处理器。我们这一代人，大脑的使用基本上是从存储器开始，到了很大的年龄以后才开始作为处理器发挥作用。从这个角度来讲，"90后"更代表新的生产力，他们能创造出更多新的成果。

社交化时代人的行为准则，即分享、集聚和链接。分享什么？分享的是信息，以微博为代表。集聚什么？集聚的是知识，以博客为代表，尤其是科技博客。现在科技博客迅速在取代各种各样的门户，成为互联网上的最新领域。链接什么？链接的是人脉，现在微信更多的是在链接人脉方面起作用。

企业社交化要搭建三张网。如果一个企业做社交化，它要做哪些事？答案是要做三张网：第一是企业内部的社交网；第二是企业外部的社交网；第三是客户网。外部的社交网如何理解？在新时代，一个企业如果只有一个网站肯定是过时的，企业必须建立自己的微博、微博群。客户网如何理解？如果一个企业跟客户没有微信联系的固定通道，那么这个企业一定是过时的。内部的社交网如何理解？内部的社交网绝对不是OA，也不是过去的信息系统，内部的社交网一定是交互系统。现在市场上有多家提供内部的社交网的公司，我希望企业家多去看一看，一定要给自己的企业搞一个社交化的生态环境。这个环境主要是打破部门墙，主要是使所有的信息开放，主要是使你的组织真正扁平化，而不是在公司设计的意义上实现扁平化。这三张网具有很强大的功能。

三、社交化带来的六大颠覆

如果问社交化都有哪些根本的变化，这些变化一定是颠覆性的、根本性的。根据我们的理解，现在提出六大颠覆式变化，这只是其中的一部分，随着社交化的深入还有更深的颠覆将会涌现。第一是颠覆信息化范式，成为动态的、网络化的结构；第二是颠覆教育，由灌输式、课堂式变成互动式、碎片式；第三是颠覆商业模式，出现越来越多新的体验、让粉丝尖叫的跨界融合；第四是颠覆企业管理，现在众包成为企业管理的重要因素，它最大的变化就是组织无边界、管理扁平化；第五是颠覆研发模式，现在可以说相当多的公司在研发方面已经采用了众包式、开放式创新的研发模式，采用众包式的研发模式，一是要在全球调配研发资源，二是极大地节省了研发成本；第六是颠覆产业组织，产业的引领者已经不是过去的跨国公司，而是快速成长的瞪羚企业。

第一，颠覆信息化范式。现在基本是去中心化、碎片化、开放和众包，但是它的核心是去 IOE，I 是 IBM，O 是 Oracle，E 是 EMC，就是取消这些巨大的软件系统。这是阿里巴巴提出来的。2013 年"光棍节"之前，阿里巴巴剔除了它最后一台 IBM 主机，使用了多个分布式的计算机。现在 Oracle、SAP 这些工业经济时代的软件需要把人像机器一样训练，然后才能使用，这个逻辑肯定过时了。现在什么软件最火呢？社交化软件，小的、开放的、灵活的。例如，会议系统现在已经开发出很多软件，根本不需要去布置技术设施，安装后就可以使用。现在这样的软件越来越多，社交化软件已经成为硅谷和中关村新的创业领域。老牌跨国公司很为难，因为它们做的很多软件全部过时了。

第二，颠覆教育。现在的教育方式都是工业经济时代以来的产物，是以课堂为主的灌输式的规模化教学，这种教育一定要让位于开放、柔性、多样性的体系。最近出现了很多新的社交化教育公司，把过去要花很多钱的课程免费上网，教育领域在快速实现社交化。可以说，教育类的网上资源丰富到了任何人在任何地点以任何方式都可以得到最好的教学资源。

第三，颠覆商业模式。社交化时代对传统商业模式的颠覆主要表现为 3 个特征：一是以粉丝经济为核心；二是要有极致的体验；三是跨界融合。这也是商业模式变化的主要方式。

第四，颠覆企业管理。组织无边界和管理扁平化，我们中国有相当多的企业已经开始对社交化的组织模式进行探索，海尔、小米、新浪、乐视都是这种探索的典型代表。我们长城所做了一个内部微博——INK，需要设计一个 Logo，我们把需求发到猪八戒网上，花 300 元征集了 80 多个方案。我看了以后觉得个个都很好，比我雇人专门来干好得多。沟通方式基本上垂直的已经让位于扁平了，一个部门对客户已经变成多个部门对客户。现在企业管理方式正从正三角向倒三角过渡。最顶层的是面对客户的团队，中间是各种资源平台，最底层是职能服务层。

第五，颠覆研发模式。做众包式研发，现在全世界有两个地方最突出：一个是硅谷，另一个是中关村，都做得很火热。而且中关村有若干个众包平台，也希望大家多上去体验。

第六，颠覆产业组织。过去大公司、跨国公司一直是全球资源的调配者、产业组织的引领者。最近三五年，形势发生了根本改变，出现了瞪羚引领新的方向这样的新现象。大公司因为自身用人多、资源多，很难适应快速变化的形势，处在保守状态。但是现在，越来越多新成长的企业代表了新的产业发展方向。

我们长城所发布社交化六大颠覆，主要原因是我们对社交化新趋势的判断。很多跨国公司也发布了相应的报告，但是这些公司和它们的服务对象全部是大公司，而这些大公司对社交化新生事物的感觉和探索远不及正在高速成长的瞪羚企业。

5 《大繁荣：大众创新如何带来国家繁荣》读后感

> 2014年12月16日下午，长城所内部召开了《大繁荣：大众创新如何带来国家繁荣》读书分享会。王志辉首先分享了她的读书心得，然后大家自由发言。以下是我的发言内容。

一、活力经济是理念创新

我比较欣赏的经济学家是熊彼特和哈耶克。在他们之后，优秀的经济学家很少。不过现在终于出现了一位，就是费尔普斯。他对当代经济有自己的看法，而且比较准确。对于《大繁荣：大众创新如何带来国家繁荣》这本书，我感觉最大的遗憾是，撰写序言的这几位国内经济学家所写的观点不太准确，他们仍然用传统的经济学视角来理解这本书，但是这本书写得很好。

费尔普斯举了3个例子：20世纪20年代的英国、20世纪60年代的美国和现在的中国。20世纪20年代，英国处于工业化时期；20世纪60年代，美国达到工业化的顶峰。之后很快，在硅谷就出现了新经济；而现在是体验经济或者新经济的时代。这个时代的第一个核心是创业，第二个核心是科技园区或叫集群。虽然书里没提到集群，但是他的认识比集群还高，一下就到了熊彼特和哈耶克的高度：到底是技术重要、制度重要，还是企业家重要？结果费尔普斯还是犯了经济学家的通病：说这个重要，那个就不重要。所以在他这本书里，第一讲制度不重要，第二讲技术不重要，第三讲企业家不重要。什么重要呢？想法最重要。想法重要，这个和我的认识很一致，但是前面3个都不重要，我不大能接受。经济学家为了把自己的观点写得更鲜明，容易走极端。因为在西方，思想是市场，如果写得什么都好，就不显眼了。

想法的确重要，但是如果说制度、技术、企业家都不重要，我接受不了。我认为，想法和制度、技术、企业家之间的关系是问题真正的核心。技术是在想法之下起作用的，想法是刺激制度的，同时想法又是企业家精神的核心。所以要通过剖析它们之间的内部关系来进行分析。

二、体验经济是中国人最大的机遇

时代特点是很重要的。什么情况下才有可能出现创新生态和大众繁荣？这本书认为这个时代就是现在。

根据创业的动力，中国的创业可以归纳为 3 种：生存式创业、发展式创业和变革式创业。生存式创业是中国人创业的不竭动力，因为中国太大了。发展式创业，或者说小资型的创业，是用来满足人的体验的。发展式创业在中国刚刚诞生，而且现在越来越火。现在很多地方出现了商场开不了张的现象，这是为什么？我认为，现在是体验经济的时代，将商场做成一个平台，就能成功；如果商场只是卖东西而不提供体验，是不可能成功的。每半年我都会去大悦城看看，每次去二层的雕爷牛腩餐厅都得排队。在大悦城开的店都是以体验经济为主的，不再是过去的模式了。单纯买东西，越来越依赖线上的电子商务，反而是体验，越来越倾向于实体店。茶馆、咖啡厅、特色餐厅会越来越多。这就是体验经济，一方面人们越来越愿意回家；另一方面人也越来越需要更好的社交。

体验经济的发展，在全世界来看中国是最好的。前些天看到一篇文章，用很大的篇幅批评中国的"双十一"，认为"双十一"是个浪费资源的事情。前不久又有一个新闻，说美国和欧洲出现"圣诞购物潮"，超市和商场里都很挤。现在还去商场排队，实在跟不上时代。相比之下，中国的"双十一"是最领先的，我们是走在时代前面的。但是，中国人是很没有自信心的，所以有人骂"双十一"，搞得挺热闹。

体验经济，或者叫社交化经济，又或者叫生态经济。如果时代一下子给了中国这个机会，中国突然就达到了经济形态的最核心，我们中国能不能把握好这个机会？这本书从某种意义来说是在表扬中国，给中国开药方。所以，我认为这就是写中国的书。例如，最近很多人认为除中国外，金砖其他四国经济发展放缓，经济学家们都在炒作东盟，认为印度尼西亚是新的经济增长点。这些增长点无一例外都是人口众多的国家，而且都把中国的增长当作模板。但是人口的问题在什么情况下有意义？并不是单纯在人口基数上有意义，而是在社交化的意义下才更有意义，社交化必须要人多才能玩起来。

三、高新区如何打造活力经济

高新区如何打造活力经济呢？我们可能要做这么几件事：

现在中国的活力经济分布不均，长三角和珠三角是活力经济，环渤海经济区中的中关村发展很好，但河北白沟、山东寿光等，整个环渤海活力都不大。我最近跟河北高新区科技局的人交流，河北很大，但为什么发展不好呢？就是创业活力不足。下一步我们要从理论上挖掘活力经济，同时肯定要在高新区里先行先试，让其表现得与众不同。

第一是科技创业。高新区要有很强的科技创业。现在很多高新区都存在一个问题，即试图统计科技创业的数量，但实际的创业情况往往难以准确统计。这就错了。不管什么创业，都应该统计。你们要专门去统计各个地区的创业数到底是多少。第二，要在中国有条件的地方打造创新生态。中关村应受到标榜，对于其他的高新区，要把创业咨询做好，和创客、和新的发展结合起来。这个方面科技咨询部门要好好研究，区域咨询部门也要重视。

我看这本书比较好，我们得想办法找作者过来讲座，他是对中国了解比较深的，而且也不是从数据出发的。

6 新经济下组织发展新趋势[①]

新经济和新组织体现在技术和组织制度两个方向的演进。组织变革的过程是技术带动人解放的过程，互联网技术提高了人的自由度。现在技术的演进已经有了很大的成果，一批平台性的公司已经出现。在创业浪潮中，中国也出现了新的合伙制度。生态化自组织的管理要求出现了爆发式成长，这些进展意味着新的组织制度已经诞生并呈现出强大的生命力。

现在我们来分析新组织的五大趋势。第一，合伙化。合伙化就是尊重人，认同每个人创造的价值。合伙化将是未来组织演变最大的趋势。第二，小微化。小微化就是微创新，让组织更加人性，更容易进行组织内部人与人之间的沟通。第三，自组织。自组织是指每个人都能自主自由创新，而组织是自动自觉组织起来的。第四，平台化。这意味着IT技术尤其是互联网技术发展下，人的价值在平台上得以延展。第五，生态化。组织和组织之间形成了创新生态圈，在开放生态环境中人的价值进一步体现。没有技术的提高就没有人的解放，而没有互联网技术的解放则是有限的解放，信息化促进了人的全面解放。

新的组织制度像商业模式和战略一样重要，是增长的源泉。经济的增长、社会的发展更多的是靠制度。在新经济条件下，企业组织制度设计的重要性不低于商业模式和企业战略的设计。新经济的企业要重视组织制度的设计，因为它与商业模式的探索和战略机遇的把握同样重要。因为有好的组织制度可以把最优秀的人吸引到平台上来，按照人的特点积极去开拓新的事业，这和过去有了战略再去找人完全不一样。新的组织制度让更优秀的人更全面地展示自己的创新，去打造新的未来。

在新趋势下，新的组织以完全新的形式带来新的增长，而不是靠战略或者商业模式带来增长。新的组织形式可以带来新的商业模式，甚至新的战略方向。所以，研究实施新组织是新经济的新企业最大的使命。

---

① 本文选自长城战略咨询2015年第10期企业研究报告《新经济与新组织》所长专栏。

7 新经济，新产业，新供给

——在第 11 届中国科技论坛上的发言

> 2017 年 9 月 15 日，我参加了中国科学技术发展战略研究院主办、《中国科技论坛》杂志社承办的第 11 届中国科技论坛，会议的主题是"创新驱动发展与供给侧结构性改革"。我做了题为"新经济，新产业，新供给"的发言，主要讲了以下 3 点：①新经济三定律和新业态；②产业选择四大新原则；③新经济制度供给。

一、新经济三定律和新业态

新经济三定律包括企业爆发式成长论、新经济机会论、创新创业生态论。新经济新的发展规律对经济业态的形成产生了重要影响。

1. 企业爆发式成长论

原来政府部门对企业规模有一个"大中小微企业划分标准"，这是因为在工业经济时代，企业成长表现出一种线性增长模式。在新经济时代，企业发展呈现出"创业企业—瞪羚—独角兽—龙"四阶段跃迁式、非线性的成长路径。独角兽企业在引领产业发展方面扮发挥重要作用，是企业界、产业界、投资界最关注的话题。独角兽企业的出现意味着在这个地区出现了产业跨界，出现了产业原创。独角兽企业处于创新的前沿，其快速发展对产业选择和制度形成了倒逼。现在各高新区都在研究潜在独角兽，寻找爆发点。

2. 新经济机会论

在新经济时代，信息流动和融合加速进行，机会成为商业模式创新最为核心的要素，企业发展优先考虑的因素从 SWOT 转向 OSTW。大多数独角兽企业取得成功主要是抓住了机会，区域发展也一样。机会论要求地方政府具有洞见能力，要做好跨界领域的选择。只要出现了爆发式增长，就等于企业帮政府做出了产业选择，只需顺势而为造好生态即可。生态建设过程就是动态地把握机会，用爆发式增长来倒逼产业政策。

地方政府只要抓准了机会，三五年时间就会有突飞猛进的发展。现在中关村、杭州、成都都是善于抓新经济的典型代表地区。杭州早在10年前就在搞创业天堂，邀请高端人才到杭州创业，现在杭州已经拥有12家独角兽企业。成都在2017年专门成立了新经济委，专门抓新经济、新动能，开创了全国的先例。

中国经济发展经历了"跟跑""并跑"两个阶段，现在已经逐渐进入"领跑"阶段，进入了无人区。对于新经济该如何发展，欧美国家的经验已经基本不能借鉴。因此，地方政府需要借用专注于新经济的高端智库，来研究适用于新经济发展的新模式、新机制。

3. 创新创业生态论

新经济的发展离不开各类创新主体，这些创新主体的互动、交流、合作会逐渐搭建起创新创业的生态圈。创新要素的有机融合推动创新生态圈的逐渐成熟，一旦越过"奇点"，就会产生爆发式增长。抓机会的核心是造生态。造生态是要把创业服务做扎实，聚集一批好的创新创业资源，如高校院所、科技资源、投资机构、科技服务平台等。地方政府在产业选择还在犹豫时，应该先把生态做到一流，通过培养潜在独角兽，让企业做出产业选择。

现在中关村拥有50余家独角兽企业，数量仅次于硅谷，大幅领先于英国、日本、韩国这些发达国家。中关村的成功在于中关村的生态建设做得好。只要生态好，创业、爆发点、高成长企业就会多。除中关村以外，深圳、杭州、武汉、成都、西安等地高新区的创新创业生态建设也做到了世界一流水平，这些地区将是中国新经济发展的策源地。

二、产业选择四大新原则

新经济发展规律的改变，导致地方政府在产业选择的时候要遵循新的原则，主要包括以下四点：抓爆发点、抓产业跨界、抓科技属性、抓数据驱动。

1. 抓爆发点

企业爆发式成长标志着重大的产业机会，抓爆发点就是抓产业爆发式增长的机遇。独角兽企业应当成为地方政府做产业选择的工作抓手。独角兽企业有六大形成机制：合伙、平台、跨界、生态圈、引爆点、自成长。这6个方面应当成为地方政府抓爆发点的工作方向。例如，滴滴用了短短几年吸纳了25万名司机加入平台。成长如此迅速，是因为滴滴制定了赏罚分明、透明的激励制度，极大地调动了司机的积极性，大量的黑车司机转型为滴滴司机。

2. 抓产业跨界

数字经济、分享经济、平台经济、智能经济是最容易产生产业跨界的四大领域。数字经济依赖于中国完善的信息基础设施的形成和庞大的网民规模；分享经济是基于移动互联网产生的物品分享（滴滴）、金融分享（京东众筹）、知识分享（知乎）、服务分享（人人快递）等多种分享经济模式；平台经济作为一种新型的资源组织形式，正在成为培育新业态和新企业的基础；智能经济是推进中国制造2025等过程中产生的高级化经济形态，是发展工业与服务业的产业融合。跨界的产业生态已经成为产业发展的重要环境和条件之一，上述四大经济领域应当成为地方政府关注的重点。

跨界现象不仅仅出现在经济领域、生活领域，也出现在公共管理领域。例如，中关村独角兽"天眼查"在探索用数据监控金融风险，类似的在公共领域的探索也会越来越多。随着政府数据的进一步开放，将会刺激一大批独角兽企业的产生。中国的公共政策改革也应该在大数据时代进一步向前探索，在全球探索新的、领先的公共管理模式。

3. 抓科技属性

现在中关村在做2050年的规划，武汉东湖在做2030年的规划。这些未来的规划要靠硬科技领域的创业来实现，硬科技创业也是移动互联网创业时代之后的创业新趋势。支持硬科技领域创业者创业主要有三大原动力：改变世界、成为"超人"、追求新生活。改变世界，是指以通过技术革命来实现推动人类社会发生根本改变为宏伟目标，主要体现在航天、新能源、人工智能等领域。成为"超人"，是指以先进的生物科技强化人类器官的功能，使人类的能力大大超过以往。追求新生活，是指通过新兴技术不断改善、丰富人类的物质及精神生活方式。支持硬科技创业的三大原动力是判断硬科技创业商业前景的重要标准。

4. 抓数据驱动

基于智能终端的移动互联网、数据开放、智慧城市建设是数据驱动的三大基础，也是政府构建的创新创业生态圈的土壤。移动智能终端是数据的主要来源。中国网民数量庞大，是中国数字经济全球领先的重要基础。数据开放则是进一步繁荣数字经济、驱动新业态产生和成长的重要推动力。智慧城市建设则是数字经济新业态和独角兽企业诞生的重要领域。

三、新经济制度供给

1. 新经济时代对制度的新需求

1844年，英国通过首部《公司法》，确立了现代企业法人制度，使企业可以通过发行股票进行大规模社会融资，然后再进行钢铁、运河、铁路等基础设施建设，为第二次工业革命奠定了重要基础，对英国乃至全世界产生了深远影响。中国目前面临的形势是，以合伙创业为特征的新经济快速发展，中国需要建立以人为本的新经济制度来促进新经济的快速发展。这应该成为中国供给侧结构性改革中政策供给的重要目标。以前，我们是学习欧美的管理制度和经验，但现在中国逐渐在多个领域弯道超车并进入无人区，自己要从学习者逐渐向探索者的身份转变，要在新经济供给中做出引领世界的制度建设。中国在共享经济（共享汽车、共享单车、共享医疗资源等）、平台经济领域涌现出若干新的模式，这些新模式需要若干新的制度予以保障。

2. 新经济制度的来源

新经济制度的需求来源于创业者、瞪羚企业、独角兽企业，因为它们处于创新的最前沿。其中，独角兽企业应该是政策制定者关注的重点。因为独角兽的产生代表了产业跨界的成功和新模式的产生，它们最能感受到现有管理制度的限制，因此，为新制度的制定提供了可靠依据。春雨医生、摩拜、ofo、饿了么这些独角兽企业都对产业和社会产生了新的影响和需求，也对管理制度提出了更高的要求。长城所现在在中关村组织了独角兽俱乐部，把独角兽企业的需求集中、整理出来，和政府、学者进行共同探讨，并希望在此基础上探索出适应新经济发展的政策制度。在这方面，企业家实际已经走到了政府和一般学者的前面。新经济对于新制度的需求正指引着供给侧结构性改革的一个重要方向，如果中国能够成功建立相应的新经济制度，就有可能在该领域实现引领世界。

3. 新经济制度的特征

第一，信用约束。旧经济制度是以政策许可的方式给创业者和企业设置较高的准入门槛，限制了市场的活力；新经济制度以大数据为基础建立信用约束制度，把控风险的同时给创业者和企业以最大信任和灵活性。第二，以人为本。旧经济制度以企业为中心出台政策，缺乏灵活性和针对性，不能充分调动个体的积极性和创造力；新经济制度以创业者为中心出台政策，充分调动个体活力，有效激发创业者的创造力。第三，区域生态。旧经济体制对行业实行"一刀切"政策，未考虑区域差异，不能发挥区域优势，关联行业不能有效协同；新经济体制围绕区域形成的产业生态制定整体化、系统化的政策机制，以促进生态的整体繁荣为目标。

8 新经济新在哪里：发展新经济的新范式
——在"新经济五日谈"上的发言

> 2020年12月4日，我参加了长城所新经济在线培训产品"新经济五日谈"首期直播讲座的第五讲，演讲主题为"新经济'新'在哪里"，主要包括6个方面：①新冠疫情与百年之变；②新物种；③新赛道；④新场景；⑤新治理；⑥新经济五日谈。

一、新冠疫情与百年之变

新冠疫情何以加速了百年一遇的重大变革？倚望历史之镜，黑死病疫情来临之前，人类深陷中世纪的黑暗之中；然而黑死病疫情过后，人类社会出现了四道希望的曙光：文艺复兴、宗教改革、工业文明以及地理大发现。这些曙光为人类铺就通向现代文明殿堂的道路。

如今，新冠疫情对人类的影响或许不及昔日的黑死病疫情，却同样带来深远的影响。疫情暴发前，人类正沉浸在并不太突显个体特色的工业文明中。而疫情暴发后，人类的生产和生活方式发生了巨大转变，如"长城所新经济五日谈"所见，这也是疫情的"成果"之一。新冠疫情后出现的首道曙光，恐怕就是数字经济的迅猛崛起，中国经济产生了4个5万亿级别的主赛道，包括电商、支付、社交、物流，这4个主赛道使得中国人可以在疫情期间过上正常的生活。2020年党的十九届五中全会强调了数字要素对经济增长的作用。数字驱动企业发展，诞生了新物种；数字促进产业跨界，产生了新赛道；数字推动了科技的创新，爆发了新场景；数字赋能了政府管理，带来了新治理。这4个"新"，即新物种、新赛道、新场景、新治理，就构成了新经济的新范式。

二、新物种

疫情暴发之前，新物种已经有了发展的趋势，疫后它们的发展速度更加强劲。10年前长城所就开始研究瞪羚，5年前开始研究独角兽，疫后发现它们其实就是新物种。新物种开拓新场景，开辟新场景导致的新治理，对于政府来说就是开发新治理，对于产业来说就是新赛道，对于企业来说就是开拓新场景，对于新经济来说就是发展新动能。数据成为企业增长的一个因素，企业出现了新的涌现规律，创业企业大量死亡，活下来的企业成为瞪羚，爆发成长的则成为独角兽，而新出来的物种叫哪吒。

三、新赛道

新赛道主要是由新物种企业开辟的，是新物种企业在产业中跨界而引爆的。特点是爆发成长、海量市场、跨界、场景创新。新赛道不光是需要创业者来开辟未来，更重要的是需要未来学家洞见未来。在美国硅谷有凯文·凯利这样的未来学家，在中国有长城所这样的机构着力于洞见未来。

新赛道成为主赛道之后就会不断地裂变出新赛道。现在新赛道的生长逐渐从个别现象变为整个经济体系的变革。中国整个线上经济的发展和中国整体经济发展基本一致。电子商务这一赛道从中国领先世界开始，逐渐产生了新金融、智慧物流、网络社交，到后来的民生、数字文娱、智慧生活等赛道，疫后又发展到整个社会，如互联网医疗、互联网教育、智慧出行等。数字成为经济增长的主要动力，包括人工智能、大数据、云计算、物联网。新赛道逐渐开始往产业渗透，现在出现了产业互联网、智能机器人。更重要的是科技领域也出现了快速发展的新赛道，包括商业航天、霍尔电推、量子信息、前沿新材料等。长城所对新赛道进行了深入分析后提出，新赛道体系是目前最超前的体系，如互联网教育的主赛道有4个核心赛道，K12在线教育、互联网综合教育、智慧教育、互联网职业教育，这些赛道出现了大量的独角兽、潜在独角兽和哪吒企业。

四、新场景

数字放在科研上就出现了新场景，场景成为大家追逐的一个入口，有场景的突破才能创业成功，才能出现新物种。长城所在2018年提出了改变世界的十大场景，这些以无人为代表的新场景在整个抗疫中发挥了很大作用。疫后从无人场景到非接触场景，这是一个新的场景创新的方向，而且武汉成为非接触场景的主要研发地，我认为这些场景将涌现出更多的场景突破和独角兽。成为新场景必须是以前没有的场景，且能改变世界，它不是简单的市场需求的满足，而是市场需求加上创意，有好的创意才是场景实现的根本。新场景必须满足两个特征：一是必须有新技术满足大需求；二是必须简单。我们在与企业沟通时发现很多企业想要的场景过多，实际上只有当他发现和抓住根本场景时才能实现突破，场景做多了不一定是好事。

五、新治理

经济形态变化的根本是治理变得越来越复杂，治理的边界越来越模糊，治理的手段越来越现代化，新经济的新治理成为一个区域能不能发展新经济的根本。以前战略是说干什么，管理是说怎么干，到了新经济时代这一套已经过时了。现在不是战略和管理的时代，是创意和治理的时代。为什么"双创"这么重要，一个地方每年出现了几万个创业者，他们代表了什么？他们代表了创意丰富，代表创意不停地出现。治理是什么？治理是让各种各样的模式参与到经济与社会发展中。工业时代人都是和机器人差不多，不能放飞自我，在新经济时代人要通过创意放飞自我，成为一个自然人，在各个方面主动地参与到治理之中。

高新区之所以能成为新经济发展的核心区就是因为高新区的创业生态好、创业数量大，是实现创意的一个集中区，同时高新区还是进行新治理探索的主要地区。高新区能不能成为一个新经济的社会，这是高新区发展的一个很重要的方向。高新区的治理一共有6个原则：前瞻性、包容性、法治、共治、市场化和技术化。

六、新经济五日谈

新经济企业最根本的成功要素是认知，是认知创造价值。当我们给企业评独角兽企业的时候往往能给这个企业带来很大的动力，然而并不是所有的企业都能马上认识到自己创造性的一面，更多的是在摸黑探索，这个时候我们要帮助它去认知它所做的新场景、开辟的新赛道，这些事物的核心就是认知创新。

新经济带来的是认知的变化，是新观念、新场景、新研发、新赛道、新物种、新组织、新枢纽、新治理。现在是变革的时代，能不能认知升维是抓住新经济这个机会的关键所在，"新经济五日谈"带给大家的是认知的变化。到目前为止，这是中国新经济认知最超前的课程，它对你的成长、你的企业及高新区会有最直接的帮助。通过"新经济五日谈"，我们和新经济的探索者形成联动关系，我们希望能参与到地方新赛道的开拓、新物种的培养、新场景的实践中去，同时我希望这个课能为大家进入新经济时代提供一个很好的平台。

第三章
新经济的认知方法论

本章导读

  王德禄所长作为科学哲学家，对新经济咨询的探索始终伴随着对咨询方法的总结研究和原创，而在此过程中，对新经济的认知也不断升维、渐入佳境。从围绕中关村—硅谷的关联关系探究区域创新网络、高端人脉链接，到坚持数年跟踪研究瞪羚企业、独角兽企业群体，深入创新创业生态、爆发式成长路径等专题，原创提出创业式创新、新物种企业、场景创新范式、数据驱动"四新范式"等一系列的新概念、新理论和新方法，无不遵循了"感知新现象—总结新规律—开创新理念—洞见新趋势"的认识论基本方法。这其中，每一次的认知升维都是他思想的一次升华，充分体现了一名智者的敏锐洞察力、深邃思考力、前瞻预见力和透视本质的哲学思辨力。

  在30年的咨询实践积累中，王所长带领长城所对新经济方法论经过3次迭代，构建起"元认知—战略方法—实操工具"三层认知体系，并形成了"微观企业—中观产业—宏观区域"三观结合的长城所方法论特色。其中，生态论是新经济的元认知，即新经济生态由创新创业生态和产业生态构成，创新创业生态的重点是新创业、新研发、新服务，产业生态的重点是新场景、新物种、新赛道；战略方法包括认知驱动、价值驱动、数据驱动、生态驱动"四大驱动"，数字经济时代的新场景、新物种、新赛道、新治理"四新范式"，以及创业式创新、生态式孵化、机会论、长板论等新经济认知的各个不同战略视角，能够指引各类主体在新经济生态中运筹帷幄、突破创新。带有实操性的方法工具包括80/20/4创意法则、场景打磨画布、区域个性挖掘法等，可以在具体实践中四两拨千斤，使应用者取得事半功倍的效果。

  本章所收录的10篇博文中，既囊括了对新经济的元认知，如《创新创业生态是新经济的核心机制》；也包括一系列的战略方法，如新经济咨询三大法则——《新经济咨询方法：把脉中国新经济》、平台经济和新物种企业的认知——《认知、平台和新物种》、对数字化转型和"数据驱动四新范式"战略方法——《长城所数字化转型方法论探索研究》《数据驱动高新区高质量发展》；还有系统性地阐述新经济方法论全貌的博文3篇，如体现"三观结合"的《新经济企业战略新视角》，从新经济机会论入手论述的《爆发式成长是新经济的新主题》，重点阐述新经济方法论价值的《新经济方法是认识新经济的基石》。此外，王所长还在与客户、专家的思想碰撞中进一步深化对新经济方法论的思考，从哲学视角和经济学视角反思了长城所新经济方法论的深层思想源头——《长城所方法论的经济学解释》《整体论是未来发展的重要理论支撑》。

（撰写人：岳渤）

1 新经济咨询方法：把脉中国新经济[①]

基于新经济特征，长城战略咨询提出了把握新经济咨询的三大法则。

第一，80/20/4 创意法则。新经济条件下，知识成为经济发展中最核心的要素，咨询是新经济时代最重要的创意型工作，因此，新经济咨询要把握 80/20/4 创意法则。实现创意的有效规律是先根据 80/20 法则抓住重点的 20%，然后再从重点的 20% 中抓取最关键的 4%。为此，80/20/4 创意法则提出了在咨询项目中抓关键 4% 的三步法：一是在创意产生过程中，通过"头脑风暴"寻找关键的 4%；二是在与客户沟通创意时，通过"概念设计"生发关键的 4%；三是在最终咨询成果中，通过"战略里程碑"强调关键的 4%。

第二，头脑风暴法。新经济时代，实现战略制胜的关键在于激发创意，战略规划的过程不仅需要理性分析，也需要创造性思维，因此，新经济咨询要善于运用头脑风暴法。长城战略咨询的外脑式头脑风暴法是结合中国人特点开发的一种创意激发方法，通过外部力量的推动，以会议讨论的形式，快速激发、调动和汇集每个人头脑里长期积累的、未编码的知识，并往往由此抓住了关键的 4%。头脑风暴法可以贯穿咨询项目的各个阶段，其中，对于战略规划和"新、难、大"项目尤为重要。

第三，长板理论。在新经济条件下，由于价值链快速变化和全球经济高度一体化，只有企业的"长板"才能决定其核心竞争力和整合资源的能量，因此，企业要尽可能把长板做到最长，同时通过外包等资源整合方式来支撑其他方面的运行。新经济咨询要把握长板理论，在战略分析中识别"长板"、在战略选择中选择"长板"、在商业模式设计中应用"长板"。

包括上述三大法则在内，长城战略咨询已总结提炼出新经济咨询四大类 18 项咨询方法。

未来 20 年，长城战略咨询要成为全球一流的新经济专业咨询公司和民间智库，长城人将进一步聚焦新经济。在业务创新上，进一步深化"企业—产业—区域"的轴心联系，大力推进轴心业务的全球化、创新化、信息化、生态化发展；探索咨询业务的国际链接，探索"新经济综合解决方案"。在商业模式上，探索咨询公司的社交化运营，打造社交化知识管理平台。在咨询方法上，优化完善新经济咨询方法

[①] 本文从 2013 年 8 月 26 日长城战略咨询二十周年庆典实录中摘取。

论体系，创建咨询方法工具库，培养新经济咨询文化。在品牌建设上，强化面向企业的"长城战略"、面向科技园区的"长城创新"和作为民间智库的"长城研究"三大品牌优势。长城人为打造全球一流的新经济专业咨询公司而不懈努力，最终实现走向世界的宏伟目标。

长城战略咨询18项新经济咨询方法

类别	咨询方法
新经济咨询核心方法	1. 80/20/4 创意法则 2. 长板理论 3. GEI 外脑式头脑风暴 4. GEI 概念设计法 5. GEI 创新基准分析法
瞪羚 – 加速类	1. 瞪羚企业三梯度评价法 2. 高成长企业（瞪羚）咨询方法
创业 – 孵化类	1. 创业企业试错原理 2. 天使投资助推原理 3. 商业模式四视角法 4. 孵化器评价法
园区 – 集群类	1. 原创型新兴产业识别培育法 2. GEI 四维价值链原理 3. GEI 产业价值链分析法 4. 新经济区域产业选择法 5. 新兴产业全球创新地图绘制法 6. 专业园规划法 7. 科技园区评价法

2 新经济企业战略新视角
——从微观到中观与宏观

> 2014年5月23日，我受中关村创新研修院的邀请，给前来参加培训的企业家们讲课，我的题目是"新经济企业战略新视角——从微观到中观与宏观"，主要从微观——商业模式、中观——产业运动、宏观——改变世界3个方面来诠释企业战略的新视角。

在新经济时代，如何制定企业战略？我今天主要说三观——微观、中观和宏观，就是现在的企业家应该用什么样的视角来看待自己的企业。

以往企业家以微观为主，只关注商业模式，对中观和宏观把握比较少；但是在新经济时代，企业家不仅要重视微观的商业模式，也要关注中观产业的运动变化和宏观的经济形势。但还是应该以微观的商业模式为主，因为这是一个企业的根本。

一、微观——商业模式

在新经济时代，企业战略的重要性逐渐让位于商业模式，可以说商业模式越来越重要。如果说企业战略有8个要素，前4个要素是SWOT，后4个要素是目标愿景价值观、业务选择、商业模式和战略里程碑。任何企业都要对这8个要素做出回应。只是企业对各个要素的侧重点不一样，传统企业更重视目标，而社交化企业更重视价值观，如雷军更多的是在说价值观。

新经济最大的不同，是把原来SWOT分析中找短板的思路变成拉长板。传统经济是在劣势和威胁中做文章，让企业补足短板，是内部思维；而新经济则是看优势和机会，是找出企业的长板，是外部思维。在新经济中，任何短板都可以让外包去做，只需要去发挥自己的长板，外部大于内部，长板大于短板。对外部的机会把握越敏锐，企业就会发展得越好。

传统产业在业务选择上发生的改变是最大的。在我20年的咨询中，前10年大家干的活都很单一，很多企业家就是靠着单一的业务取得了巨大的成功。在新经济中情况就变了，是靠着"新"在市场中取胜。

商业模式变得越来越重要，但原来商业模式是处于非常不重要的地位的。跨国咨询公司对商业模式不是很关注，只是以资源配置等来代替商业模式。商业模式就是这个事应该怎么做，在做法上进行全面创新。现在出现很多商业模式，我们也做出了一个"商业模式四视角"的模型。

第一是长板。怎么找到自己的商业模式，就是把自己的长板做长。这件事说起来容易，但做起来很难，拉长板困难，找长板更困难。在找长板的过程中，需要进行头脑风暴，更要有丰富经验的投资商。这些投资商，不仅带来了资金，更多的是能看到你的长板。所有的长板都是基于对整个外部世界形势的把握和认识而做出的，世界局势发生了改变，视角就要改变。长板论不能是自吹自擂的长板，而是要能经得起考验的长板。一个新时代的企业家，他的自信和成功都应该来自长板。

第二是眼睛向外。发展一个商业模式，重点的是要往外看，首先要看基准。美国现在的基准还是以世界500强的做法，我觉得这很过时。现在看基准应该看最新的商业模式，就是从最新IPO的企业中去找。它们的商业模式一定会比世界500强新得多。其次要看瞪羚。就是去看实现跨越式增长的那些商业模式，出现了十倍、百倍增长的那些商业模式。再次要看产业行业的演变趋势。最后要看创新高地，任何一个企业，不管是做什么的，都能在全球找到自己的创新高地。这是为了去对接最新、最高端的资源，进行合作，建立人脉关系。

第三是挖掘卖点。从大视角看，人类发展包含4个阶段：买卖阶段—研发阶段—定制阶段—买卖嵌入生活方式阶段。现在就是第4个阶段，现在企业不管做什么，都需要在买卖中进行创新。最新的商业模式就是改变买卖的商业模式。新的买卖就是要嵌入人们的生活方式中。做商业模式越是超前的，就越是会出现买卖方式上的创新。

第四是创新无处不在。这就是自己与外包企业的关系，在每一个方向上都有可能出现创新。这就是眼睛向外以后，和外部的合作越来越多，所谓的创新无处不在，就是要做最新最好的事。这是一个操作上的问题。

如果说10年以前还是跨国公司引领全球产业布局的话，现在是瞪羚企业在引领全球产业布局。现在全球化越来越快，跨国公司知道最新方向，但不能全面介入，只有瞪羚企业才能做这个引领。在中关村就是由小米、乐视在引领。

二、中观——产业运动

商业模式创新必然会引起产业业态的变化。现在中国取得的成绩都与产业运动有关。产业有三大运动：一是产业价值链的分解；二是产业价值链的融合；三是新业态的出现。

第一是产业价值链的分解。中国的改革开放非常好地把握到了产业价值链的分解，中国就享受到了全球化的好处。分解就是贵的地方到便宜的地方，首先从制造业开始分解，国际上大的制造业企业往中国转移，这就导致了中国制造的崛起。伴随着产业价值链的分解，出现的是产业模块化，这成为产业的核心。我与美国飞机制造商沟通时，他就认为飞机制造和汽车、计算机制造是一样的，其实只是一个设计和组装的问题，他希望来中国做飞机的配件组装。一开始中国对计算机的研发管理是以发牌照的方式来进行的，现在又在发汽车牌照，我认为今后也会发飞机的牌照。

第二是产业价值链的融合。面对越来越具体的需求，涌现出解决方案供应商，碧水源就是其中代表，如太湖污染治理、滇池治理等，它具有很高的研发水平和核心技术，以及全世界的视野。解决方案供应商的特点就是做产业融合。

第三是新业态的出现。在2013年年初国务院发布的文件中提到了"业态创新"这个名词。这既可以理解为分解、融合，更应该理解为在大的环境变化时出现的新业态。分解、融合都可以看作业态创新，新业态则是业态创新中最新的领域。可以说35年以来是在全国范围内进行分解，15年以来是在高新区中进行融合，现在出现了新业态。新业态在各个领域中都可能出现，像众包、O2O等，新业态中的很多产业形式和产品，既是一个创业的领域，又是一个生活的领域。例如，印象笔记，只要看得好的东西，就可以直接收藏。

三、宏观——改变世界

自从硅谷喊出"活着就是要改变世界"这个口号以后，硅谷就出现了越来越多的引领变革的创业者。这些创业者在生产方式、生活方式、社会运行方式等方面来改变世界。

我们可以把企业家分成两类：第一类是改变人们生产、生活方式的企业家，如乔布斯；第二类是参与社会运行方式改变的企业家，这就是社会企业家。

在我看来，现在全球化每10年就会进入一个新时期，会产生很多新领域、新问题，这都需要社会企业家去填补、去贡献。社会企业家以社会问题的解决为出发点而创办企业，为理想所驱动，是有创造力的个体，具有持续的开拓与创新精神，肩负着企业责任、行业责任与社会责任，为建设一个更好的社会而努力。简言之，社会企业家就是"用商业手段来解决社会问题的人"。社会企业家强调理想的现实性，强调非营利的特性。一般的企业都是以营利为主要目的，兼带社会责任；而社会企业家则是以尽社会责任为主要目的，把营利放在第2位。

社会企业家活跃的主要领域就是教育就业、环境能源、食品安全、农业扶贫、公平贸易、卫生保健、老年关怀等。

对于社会企业家而言，解决这个问题需要他们的参与。然而在中国，发展社会企业家仍然面临一系列挑战，特别是中国的非政府组织发展还面临许多问题和挑战，这更加限制了社会企业家的发展空间。

从全球化的发展阶段来看，现在是创新全球化的第2个阶段——全球社交化阶段。现在社交化是要去IOE，不要这些大系统，要的是小而美的软件。不要去学IBM，而要去学小米，学习在大数据时代的生存方式。IOE旨在将人类变为机器的一部分，其是工业化时代集权主义观念的产物。

社交化有几个最基本的规律。第一，人类进化出现了3个新方向：一是移动终端成为人类的第六感官，人们无时无刻不在网上；二是人类神经末梢的无限扩展；三是人类大脑从存储器变成处理器。第二，社交化时代的三大行为准则，分享的是信息，以微博为主；集聚的是知识，以博客为主，现在主要是科技博客；链接的是人脉，以微信为主。第三，社交化企业的三张网：内部网是用来打破部门隔阂的，伙伴网是用微信与客户进行联系的，外部网是用来网罗自己的粉丝的。对企业来说最困难的就是内部网，而内部网却是最重要的，内部网是企业走向社交化的最主要通道。

社交化还带来了六大颠覆。第一是颠覆信息化范式，成为动态的、网络化的结构；第二是颠覆教育，由灌输式、课堂式变成互动式、碎片式；第三是颠覆商业模式，出现越来越多新的体验、让粉丝尖叫的跨界融合；第四是颠覆企业管理，现在众包成为企业管理的重要因素，它最大的变化就是组织无边界、管理扁平化；第五是颠覆研发模式，现在可以说相当多的公司在研发方面已经采用了众包、开放式创新的研发模式，采用众包式的研发模式，一是要在全球调配研发资源，二是能极大地节省研发成本；第六是颠覆产业组织，产业的引领者已经不是过去的跨国公司，而是快速成长的瞪羚企业。

3 爆发式成长是新经济的新主题
——关于新经济方法论的探索

> 2016年7月21日下午,长城所组织召开了"高新区瞪羚企业培育研讨会",科技部火炬中心、十几家高新区相关负责人及瞪羚企业服务商代表等就高新区瞪羚企业培育工作进行了深入的研讨与交流。研讨会由武文生主持,我在会上做了题为"爆发式成长是新经济的新主题——关于新经济方法论的探索"的发言,主要提出了四点看法:①新经济机会论:平台经济与共享经济;②企业非线性成长论:瞪羚企业和独角兽企业;③创新创业生态论;④洞见成为新经济时代战略新要求。

一、新经济机会论:平台经济与共享经济

现在全球化进入一个全新阶段,外部环境的变化速度出现跨数量级的增长,抓机会正在成为新经济下企业获得超常规发展最为核心的要素。这要求我们必须把握住时代新特征,在战略决策过程中完成从SWOT到OSTW的转变。正如马克斯·玻恩所说,量子世界是由因果与机遇联合统治的,机遇是量子世界的重要特征。从某种程度上讲,机会就是新经济发展最重要的特征,这种机会并不是靠研究得来的,而是通过判断得来的,机会判断的根源在于战略上的洞见。对此,长城所提出对新经济机会的洞见——平台战略和共享战略正在成为全球化时代新经济的最重要机遇。

从历史来看,长期以来经济的发展动力是垂直分工的不断深化,特别是经济全球化以后,产业链的分解是分工细化的动力源泉。然而现在的经济发展到了一个新的阶段,出现了平台型企业和共享型企业。在新的阶段,跨界很重要,平台很重要。我们认为,平台经济和共享经济成为新经济的主旋律,这两个主题会有很多年的发展。高新区对平台经济的研究还远远不够。下一步高新区要发展任何一个产业,都要优先考虑这个产业的平台如何,现在有什么平台,要搭建什么新平台。做平台实际上就是要做生态化的经济,在高新区里如何发展生态化经济?就是要搞平台、搞跨界、搞新业态。另外,新的平台型企业一定不是事业单位,而是由市场化的创

业者、服务机构和瞪羚企业、独角兽企业来搭建的。如何抓住平台经济和共享经济这两大战略新机遇，是中国高新区未来发展的关键。

二、企业非线性成长论：瞪羚企业和独角兽企业

新经济时代的企业成长路径呈现出非线性特征。诺贝尔物理学奖得主、量子力学奠基人玻尔在其"量子跃迁"理论中提出，量子世界的变化状态是跳跃式的，拥有以概率波的形式跃迁的特征。从根源上讲，物理世界的"量子跃迁"现象根源于速度和变化。新经济时代，信息加速膨胀，变化速度呈现指数增长，这势必会导致社会经济生活中的基本"粒子"——企业出现跃迁式增长。长城所提出"创业企业—瞪羚企业—独角兽企业—龙企业"四大跃迁式成长阶段，要高度重视瞪羚企业和独角兽企业的作用。

小米科技、大疆无人机、京东金融、滴滴打车、乐视等公司，都是新经济时代非线性成长的典型代表，它们短时间内从创业企业迅速发展成为独角兽企业。独角兽企业具有四大特征：平台、自成长、跨界和创新生态圈。2016年，长城所发布了"2015年中关村独角兽企业榜单"，榜单包括小米科技、滴滴打车、京东金融、爱奇艺等40家企业，涵盖了电商、智能硬件、互联网金融、大数据、云计算等行业，数量仅次于美国硅谷，中关村成为全球独角兽企业数量排名第二的创新创业高地。一般认为，瞪羚企业是高速成长，独角兽企业是爆发式成长。我们研究发现在瞪羚企业里面也出现了很多爆发式成长的企业。长城所刚刚发布的《国家高新区瞪羚企业发展报告2016》显示，有225家瞪羚企业是创业5年内销售额超过5亿元或者创业10年内销售额超过10亿元的企业，这意味着在中国出现了全世界成长最快的爆发式增长。2014年高新区出现了225家爆发式成长的瞪羚企业，2015年中国出现了70家独角兽企业。这两个数字充分说明，中国的新经济发展已经出现了爆发式成长现象。爆发式成长现象尤其值得关注，因为这是中国经济在新常态中出现的最大亮点，也是新经济背景下中国推动"双创"发展最主要的成果。

三、创新创业生态论

在新经济时代，创新创业生态是一个区域新经济发展的基础。爱因斯坦的相对论认为物体质量（能量）和物体运动速度有着密切关系，当运动速度越过奇点以后，质量（能量）会急剧增加。和爱因斯坦对物理世界的描述一样，产业发展也存在着这种相似的现象。新经济的创新创业生态系统形成后，一旦越过发展的"奇点"，

产业就会呈现爆发式增长。近年来，移动互联网、大数据产业、新能源产业、人工智能产业、3D技术产业、无人驾驶技术产业、生命技术与生命科学产业等都是这类爆发式成长的典型代表。长城所基于对硅谷创新生态的深入研究，认为创新生态圈主要表现为4个层次：物种——多样性的创新主体；种群——不断演进的创新集群；群落——思想引领的区域创新生态；运行——自组织与爆发式增长。每个国家高新区就是一个创新创业的生态高地，高新区只有构建和完善自身的创新创业生态圈，才能实现新经济的爆发式增长。

四、洞见成为新经济时代战略新要求

新经济时代，为什么洞见能力这么重要？因为洞见能力最重要的就是能够精准抓住机会。一个创业企业能否成功，关键在于机会抓得对不对，如果机会抓得不对，做了很大努力也不可能成功。美国硅谷孵化器（GSV实验室）负责人Marlon Evans说，硅谷孵化器最重要的工作就是帮助创业者培养洞见能力。我听了他的话感觉很对，创业最重要的就是要有洞见能力，有洞见能力的创业者才能获得天使投资。一个有洞见能力的创业者，能看到在未来5年内有效的机会，就能够引领变革，成为产业变革的创新者。所以说，现在的环境对创业者的要求越来越高，要求创业者不但要懂微观，还要懂中观，甚至是宏观，这样才能有洞见能力。

新经济时代，长城所发挥的作用越来越大，就是因为我们有洞见力，能把问题看得更加透彻。我们能有洞见力，不仅仅是因为我们做咨询，更主要的是因为我们天天面对创新，经常与创业者交流，并且帮助他们找到创新点，解决他们所面临的问题。长城所的洞见能力来自"三观"咨询，即服务微观的企业、研究中观的产业、服务宏观的区域。长城所始终都是和企业共同成长，现在我们把服务的重点重新放到了创业咨询服务上。当前阶段，创业咨询的难度比以前大了许多。现在要求要有极高的洞见能力才能够帮助创业企业，我们就是要给创业者提出他付出很多精力也想不到的观点。

作为新经济领域的民间智库，长城所长期专注于国内外新经济发展研究，以洞见穿透时代的变迁，对新的发展趋势做出准确、迅速的判断，帮助客户抓住瞬息万变的机会。新经济背景下，以新经济战略研究为基础，以新经济咨询业务为支撑，总结提出了"新经济三方法"，即新经济机会论、企业非线性成长论、创新创业生态论。"新经济三方法"将会为中国新经济的发展、为创新驱动发展、为创新创业发展提供有效的理论支撑。

4 创新创业生态是新经济的核心机制

> 2017年12月15日下午,第九期创新双月谈活动在北京长白山国际酒店召开,本次会议围绕国家高新区与新经济展开讨论。我在会上做了题为"创新创业生态是新经济的核心机制"的发言,主要包括两个方面内容:①创新创业生态是全球引领的动力机制;②创新创业生态的重点是新创业、新研发、新服务。

一、创新创业生态是全球引领的动力机制

党的十九大以后,大家关注的重点逐渐集中到中国能引领世界的领域。中国在哪些地方有可能引领?我认为中国发展新经济有可能引领,中国发展高新区有可能引领,中国创业有可能引领,中国的数字经济有可能引领。这些引领中,有一个更加根本的机制,这就是创新创业生态。创新创业生态是"十三五"提出来的高新区发展理念。现在这个理念正在逐渐深化。我希望这个理念能够成为中国走向全球引领的核心理念。

如果工业经济时代需要很多自然资源,如土地、设备、资本,那么到了新经济时代,需要的是思想、数据。中国的人多,数据就多,中国人的思想一旦进一步解放,新观念就会层出不穷。创新创业生态就是新经济下经济发展的核心机制,这个机制具有"永动机"的特点,不需要很多资源就能创造出很多的东西。像中关村和硅谷就是全世界最大的两个"永动机"。我觉得中国正在探索新经济持续发展的动力机制,如果中国取得了优势,将意味着中国拥有全球引领地位。

二、创新创业生态的重点是新创业、新研发、新服务

中国如何在新经济时代实现全球引领?新创业、新研发、新服务是核心所在。

第一,新创业。新创业的核心是硬科技创业。中关村正在做前沿科技创业,对于中关村来说,如果认定是前沿科技创业,3年拨款500万元,甚至科学家直接来创业,这是非常值得我们重视的事情。同时,创业也出现了许多中国的新特点和新物种,希望各个高新区都给予关注。

第二,新研发。新研发体现在北京搞"三城一区",中国很多高新区都在做科

学城。许多创新创业高地都在打造新的研发体系，新研发体系与旧研发体系的区别就是科学家介入、企业家介入，同时风险投资和创业者也介入。新研发在全球出现了很多未来实验室，如谷歌的未来城、中关村的无人驾驶、杭州的无人商场、很多高新区建立的大数据实验室等。新研发变革是指新的企业拿到全球最新的数据。某种意义上，中国新经济领先是因为中国独角兽企业拥有大量的新数据，非常利于科学研究。

中国高新区的发展重点是探索人类的未来，探索人类未来的生活怎么走。例如，最近成都提出全面发展新经济，全面打造七大场景。某种意义上这是中国的市长才"敢"提出的口号。打造场景是干什么？就是为创新者提供实验场所。据说成都提出七大场景后，很多独角兽企业都积极地到成都来对接。打造场景重要的环节就是把尽可能多的关卡都撤掉，交费的地方都由后台云来实现。

第三，新服务。新服务更多地体现出平台式服务，体现出第三方甚至是第四方服务的特点。改革开放以来，服务企业的工作更多的是由政府下设的事业单位来承担，这些机构在市场发育不成熟时起到一定的服务作用。而现在这些服务都成了平台，成了爆发点，甚至很多瞪羚企业、独角兽企业都出自这些领域。一个高新区生态搞得好坏，更多体现在平台的完善程度如何。一个高新区应该有10个叫得响的服务平台，有100个有影响力的服务平台。

5 新经济方法是认识新经济的基石

> 2018年9月21日,长城所在北京召开了《新经济方法》新书发布会。科技部原副部长马颂德、《自然辩证法通讯》名誉主编范岱年、中国科学院大学人文学院教授胡志强、中国科技咨询协会秘书长璐羽、金城出版社主编潘涛、青岛紫文管理咨询董事长杨德才、长城所特聘专家林爱民、《中关村》杂志马文良等专家出席会议。会上,我主要讲了两个观点:一是新旧动能转换需要认识新经济规律;二是《新经济方法》的意义。

一、新旧动能转换需要认识新经济规律

1. 新旧动能转换是中国经济发展的核心问题

2018年是我国改革开放40年,面临两个关键问题的考验:一是中美两国的贸易争端;二是中国经济的新旧动能转换。新旧动能转换的核心是中国大量存在的传统产业和新经济之间怎么转换。这个问题很大程度上决定了中国在中美贸易争端中能不能取胜。现在美国对中国进行打压、加关税,中国国内又在搞去库存,这主要影响的都是传统产业。而目前的监管政策和社会舆论对新经济企业非常苛责,新经济发展面临很多阻碍。两者叠加,对中国经济的持续增长形成很大压力。

2. 对新经济的审慎监管

新型经济企业是推动新动能发展的主要力量。目前,政府相关部门已经明确了对这类企业创新实施审慎监管的政策。然而,在监管政策的实施过程中,未能充分捕捉和适应新经济发展的规律,这可能会制约新型经济企业的发展。

3. 要认真研究新经济的新规律

现在一些地区在搞新旧动能转换的试点,但具体如何做,地方上还有很多迷茫,还处在探索期。中国的新经济和旧经济发展经历了3个历史发展阶段:第一个阶段是以新补旧;第二个阶段是各发展各的,互不牵涉;第三个阶段是新与旧发生了交叠、冲突。这个时候,政策的倾向性就非常重要了。新旧动能转换的核心是要把政策重心向新经济倾斜。具体怎么做,还是要密切关注瞪羚、独角兽这类新经济企业的成长规律,从它们发展的需求角度出发进行政策的供给侧结构性改革。《新经济方法》一书正是长城所对新经济规律的总结。

二、《新经济方法》的意义

1.《新经济方法》来源于一线实践

《新经济方法》一书收录了长城所多年来研究、总结的咨询方法论,共19章。每一章方法论都精选自长城所创办的学术刊物《企业研究报告》原稿。《企业研究报告》定位于前沿科技、产业趋势、经济规律、咨询方法等方面的研究,每一期《企业研究报告》的直接执笔人都是在长城所一线工作的咨询师。他们在所内专家的指导下,将新经济咨询服务的实践总结提升为理论和规律。因此,《新经济方法》是一本紧跟时代潮流的方法论著作,在很多方面领先于麦肯锡、波士顿等传统咨询机构的咨询方法,因为它们的方法带有明显的工业经济时代特征。

2. 新经济生态、创业试错、长板论等若干观点得到越来越广泛的社会共识

长城所提出的方法论都非常有理论性,提出之初比较超前,但很多观点已成为越来越广泛的社会共识,比较重要的包括三点:新经济生态、创业试错、长板论等。新经济时代,经济形态越来越向热带雨林这种复杂交错的形态演化,良好的创新创业生态也成为培育瞪羚、独角兽这类高成长企业的土壤。创业试错是新经济企业的发展起点。而长板论是提倡差异化、个性化发展。现在这些观点在各地区特别是各高新区都得到了较为广泛的认可。各地都在积极搭建创新创业生态、鼓励创业,对创业失败的宽容度也比较高。差异化发展也做得有声有色,如杭州创业以电商为特色、武汉以直播为特色、西安以硬科技为特色等。

3.《新经济方法》对新经济时代的政策供给有重要借鉴意义

在当前迅猛发展的新经济时代,科技不断进步,经济产业形态也在迅速演变。对各个经济行业和领域的监管也需要与时俱进,采用工业经济时代对企业的监管理念和方法来管理新经济企业,可能会限制新经济企业的发展,对我国经济结构的转型升级产生不利影响。对新经济企业也不应采取过于一概而论的监管态度,否则可能会加剧上述问题的危害。

《新经济方法》一书的核心是强调新经济时代的生态化发展趋势,鼓励试错。这一点适用于企业,同样也适用于各级政府。这本书是长城所25年新经济咨询对新经济发展规律的初步总结,尽管还有很多不成熟的地方,但在当前新旧动能转换的关键时期,这本书仍有重要的参考价值。所以,我希望有更多的政策决策者、高新区管理者及咨询界的研究人员都能看到这本书。

6　认知、平台和新物种

> 2021年1月21日，我参加了由中国科学技术协会主办、长城所等11家单位联合承办的"'科创中国'系列路演活动第81场——新经济下的平台型企业发展政策解读"线上会议，做了题为"认知、平台和新物种"的发言。

新冠疫情暴发后，平台经济发挥的作用越来越明显，可以说抗疫的成功包括平台公司的巨大功劳。中国抗疫成功部分得益于平台企业，平台经济有4个主赛道：电商、物流、社交、支付。这4个主赛道市场规模基本上都在5万亿元，中国人可以待在家里，不用出门就能维持正常生活。中国抗疫的经验技术在全球领先。疫情中，长城所做了很多关于疫情的思考，这些思考构成了认知的升华。

数字经济、平台经济、新经济来临，这些经济催生了认知升维，数字经济和平台经济的核心是认知升维后的经济。我们来回顾一下认知变化的历史：在农业经济时代，认知是千年不变或千年才能发生变化的；工业经济时代，认知是百年才能发生变化的；后工业社会，认知是几十年一变的；新经济时代来临，认知每年都要发生变化，新经济的核心是认知的变化。新一代企业家，尤其是平台经济的企业家，之所以能够取得突破，都是因为他们在认知上的超前，他们走在了这个时代的最前沿。中国的高新区、科技园区、政府官员和经济学家都要向他们学习，才能跟上这个时代。

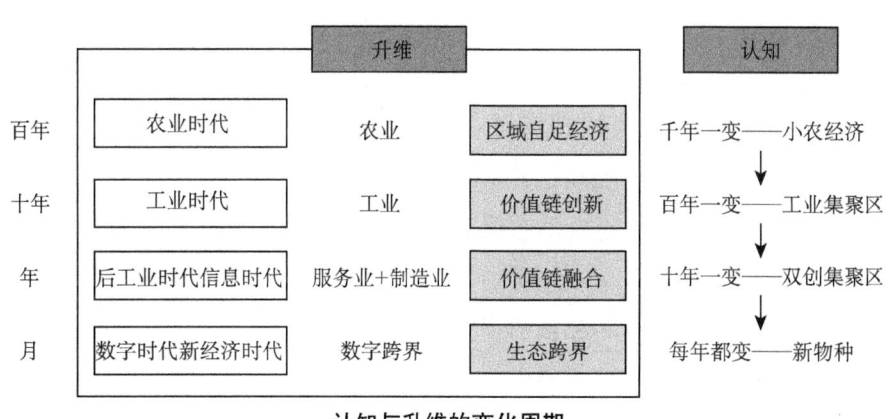

认知与升维的变化周期

新物种要参与到全社会的新治理中。现在经济上热门的，第一是新物种，第二是新赛道。云账户和优客工场都属于新物种，做的就是场景创新、开辟新赛道。新时代要开辟新赛道，就必须有一个改变世界的场景。它要想做成这件事，产生更大的影响，就要参与到全社会的新治理中。认知的变化方方面面，对于企业来说，对于高新区和城市来说，新物种、新场景、新赛道、新治理是根本，要做好这些都需要下更多的功夫。长城所今年推出了"新经济五日谈"，每一期都有5讲，一共有200多次课程。现在中国科协做科创中国，从根本上来说就是推动认知创新。另外，长城所做新经济治理或者新经济已经有10多年，疫后发现有个根本性突破，就是关于新物种。长城所前15年做中国瞪羚报告，最近5年做独角兽报告，2020年开始做哪吒报告，在疫情严重的五六月，我们做了一个课题，研究这些东西应该怎么理解，结果发现新经济出现了新物种。

生物学中物种出现有3个变化：基因、环境和隔离。新经济新物种完全是按照这3个变化出现的：第一是基因。基因变化的根本是数据驱动，数据成为一个企业成长的根本动力。第二是环境。最近这些年中国各地政府都强调创新创业生态，环境就是生态的好坏，一个好的生态更适合创业，在这样的环境下才能出现新物种。中国科协现在搞科创中心的区域试点，我觉得首先应该考察当地创新创业的环境与生态。第三是隔离。隔离主要由场景创新、新赛道和新治理构成。

关于隔离。第一是场景创新，场景创新与过去的产品创新不一样。场景创新更多的是要来自实践，而且场景需要实现改变世界的新场景。科学家应该参与到这个场景创新过程中。第二是新赛道。新赛道不是过去所说的产业。新赛道一定是跨界的，一定是爆发式成长的。第三是新治理。新物种企业要发展壮大，就要参与到新治理中。新经济时代改变了，越来越多的新物种企业参与到新治理中。平台企业最大的作用就是参与新治理，中国经济发展到高质量发展阶段，需要新治理，同时对平台企业提出了新的要求，这就是科技资源参与治理。更详细地表述，科学家有能力在治理中积极参与，这是推动科技创新在中国的重要使命，同时也是促进高水平发展的主要任务。中国科协现在准备做这个探索，希望云账户、优客工场及很多的金融企业、平台企业都能参与到这样一个伟大的创业过程中。现在看优客工场和云账户做的都是基本的创业空间和新的灵活就业，再往前做就是科学家，也需要生态化。云账户之所以能够成功，不是说它会做零工，使员工灵活就业，实际上它开拓了生态化的工作体系，这是最伟大的改变世界的场景。希望云账户能够再创办更高端的参与到科学家为新赛道、新场景服务的体系之中。

现在中国高质量发展最前沿的是中国现在有200多家独角兽企业，有200多家潜在独角兽企业，有100多家哪吒企业，它们构成了中国新经济企业的核心，而且这些企业的核心都是平台企业。在这个过程中，它们的特点是越来越走向未来，产业有越来越高的科技含量，越来越多的科技创新突破，这些都要求创业者要大量吸收来自科学界的声音和技术，科学家应该参与到新场景、新赛道、新治理中。如果这件事能完成，中国的科学技术一定会引领全球。某种意义上说，现在中国的科学技术应用已经在全球处于领先地位，但是基础研究和原创仍有很大的距离，跟着美国、欧洲去学是没有前途的，只有创造新的模式、创造新的智力，中国的原创才有可能取得突破。建议中国科协在新场景方面提出中国新时代的"两弹一星"，在新赛道方面发展未来产业，在新物种方面走在全球的最前沿。正是在这个意义下，怎么利用平台企业、培育平台企业是科创中国能否走向成功的关键之一。

7　长城所方法论的经济学解释

> 2021年7月10日下午，中国科学技术发展战略研究院院长胡志坚到长城所，我们在所内召开了《复杂经济学》头脑风暴会，与会人员各自发表了对本书的看法。我提出两点认识：一是长城所思想方法论根源于东方人的洞见力、灵活性与整体观；二是长城所的"经济学三论"：创业是动力学、产业是生物学、区域是生态学。

一、长城所思想方法论根源于东方人的洞见力、灵活性与整体观

我们长城所这些年的方法论和认知来自哪里，实际上有两个根源。

第一个根源在于我们是东方人、中国人。中国人与其他人存在一些文化差异，其中一方面展现为我们的直觉准确性高和反应速度较快。中国的企业家遇到一个新问题，不管它的企业怎么复杂，瞬间就可以改变。一个欧美的企业家要进行一个组织的变化是很复杂的。应该说中国经济在疫后复苏得快、发展得好，核心原因就在于中国人反应快。中国人天生的潜意识和直觉，在工业经济社会不一定是优点，但在新经济下却成为我们最大的优点，即现在长城所提出的洞见力，其根本就是潜意识和直觉。

第二个根源是整体观，这是东方思想的典型特色。我认为西方思想与东方思想最大的差别是西方擅于分析，对一个很小的事情也能分析得很到位。而中国人对待任何事情、任何问题永远有一个整体感。我们最近这10年重点做企业培育，走到了新经济的前沿，实际上是因为骨子里对新经济永远有一个整体感，这和东方思想也是一致的。有整体感，使得我们看待的问题有它独特的地方。

《复杂经济学》一书中关于"经济学是一个复杂的过程"的认识，我是认可的，但是我认为做创新不需要复杂思维。我们所采取的方法是抽取这个复杂过程里面的关键环节进行分析，而不去说复杂本身。一旦讲复杂，就是无穷多的意思，要排除很多因素，再去分析无穷多的因素，我觉得就容易塌陷。在20世纪80年代、90年代我想的是中国要能够跟上西方，跟上现代化的步伐。而到了21世纪后我发现，我们中国走到了创新的前沿，我们可以创造出比西方更新的知识，这是在之前从来没有发生过的。我们长城所最近10年在创新理论方法上走在了新经济的前沿。西

方研究硅谷和硅谷生态的基本上都是理论界的人,而没有把硅谷模式推广落地的主体。长城所干事是操作性的,这其中充分体现出长城所的方法论,什么是整体,什么是洞见,我们的原创思想观点都来自这里。

二、长城所的"经济学三论":创业是动力学、产业是生物学、区域是生态学

关于解释新经济的经济学理论,我认为有3个方面。

第一,创业是经济的根本动力。咱们讨论创业是技术,是永远打破平衡的主动动力,大企业不是,大企业是一个运营体系中的,但是创业和技术这两个东西是打破平衡的动力。我跟香港大学经管学院副教授郭迪说创业,她第一个反应就是创业是工商管理学,关注的是创业商业模式,但我觉得创业是经济学的事,尤其是区域经济的事。

第二,产业是经济的生物学。如果说创业是动力学,产业就是生物学,一个产业怎么适应、怎么演化,是一个产业从初创到逐渐发展、壮大、衰退的全周期过程。实际上这些年来产业的演化规律发生了3次变革:第一次是产业分解和集聚;第二次是产业融合和集成;第三次是产业跨界。我们经历了产业的这3次重大变革,这个变革的核心,应该用生物学的方法来理解。

第三,区域是经济的生态学。从区域经济来看,更多应该理解成生态。我认为一般把宏观经济问题理解为区域经济问题实际上是不对的,因为宏观更多的是国家宏观政策。

8 整体论是未来发展的重要理论支撑

> 2021年7月23日下午，中国科学技术发展战略研究院院长胡志坚到长城所，为长城所的相关人员做了《复兴动力学》培训。此次培训主要分为4个部分：能量驱动与系统进化、自然系统进化模式、人类社会系统进化模式、临界：信息化从混沌到简单有序。我就相关内容发表了个人看法，并做了总结发言：一是高新区和长城所的发展符合"费根鲍姆序列"特点；二是整体论对长城所乃至整个中国未来发展的意义；三是长城所未来发展的方向与目标。

一、高新区和长城所的发展符合"费根鲍姆序列"特点

针对自然系统进化模式模块中讲到的"费根鲍姆序列"，我发表了两个观点：

一是高新区的发展符合"费根鲍姆序列"特点。对于高新区来说，第一个分叉是高技术产业，现在处于混沌状态，混沌之后重新出来的就是新物种、新经济、新赛道、新产业。可能50年后，新物种又成了老物种，到时跨界已是常规，又会出现新事物。

二是长城所的发展符合"费根鲍姆序列"特点。长城所之所以走在前头，是由于对事物变化具有极强的敏感度。长城所成立28年来，先是经历产业分解，然后是产业融合，现在进入产业跨界。我们的贡献就体现在这个过程中，高技术服务业产生之后，很多地方处于混乱状态，我们将其视为一个新趋势，因此中关村才可能往前走。长城所的创业过程就是不断分解的过程，产业融合做了10多年，然后出现混乱，之后就又出现了跨界，跨界并非长城所的专利，当前全球都是如此，不同的是我们不仅认识到跨界，而且参与到跨界的过程中，分解和融合的过程我们都只是利用，到了跨界阶段我们是正式介入，成了其中的一分子。

二、整体论对长城所乃至整个中国未来发展的意义

一是整体论为长城所新经济时代的创新创业提供了重要的理论依据和支撑。今天仿佛一下子回到了28年前刚刚下海创业的时代，胡志坚是我当年的创业伙伴，对长城所的发展做出较大贡献，中途他虽然离开了，但多年来我们之间的联系一直未曾间断。把创新和创业摆在一起是我们开始创业时就在做的事情，如今我们又迎

来了新一轮的创新创业。之前长城所虽然一直在提创新创业，但一直没有为其找到一个比较好的理论依据和支撑，因而至今也未形成一个系统化的制度体系。今天，胡志坚基于整体论层面思考问题的方法，正好给我们提供了一个很好的理论依据。可以这样说，单就对信息多样化的掌握情况而言，长城所的同志不亚于胡志坚，但其从整体论层面思考问题的方法，却是在座各位乃至我个人都欠缺的。下一步，我们要把这套理论进行打磨包装，做出一套属于我们自己的方法论体系，而且要比之前的"新三论"做得更加响亮，更具时代特色。

二是整体论是未来中国发展所不可或缺的重要理论支撑。我认为整体论有两个特点：一是规律；二是敏感度。胡志坚所讲的3个时期可以说都是符合中国特色的，这套理论不仅能为长城所下一步的创新创业提供重要的理论依据，而且放到整个中国社会同样适用，因此值得继续探索下去。未来，谁能率先看到世界系统的结构，谁将占得先机。

三、长城所未来发展的方向与目标

第一，依托整体论打造世界一流综合型咨询机构。在7月22日国家发展改革委咨询业政策讨论会上，国家发展改革委领导的发言让我倍感激动。他们提到，未来中国要在各行各业培育一批世界一流的咨询机构，包括会计行业、律师行业等。长城所要做什么类型的机构呢？我们要打造世界一流的综合型咨询机构，所需要的就是以胡志坚的这套理论作为基础。

第二，探索并参与未来结构治理，促进未来发展。以前，学者大都是在说未来结构，而我们要做的是探索未来的结构，并参与未来结构的治理，进而促进未来的发展，因为新物种时时刻刻出现在我们的视野里，新高地也时时刻刻出现在大家的咨询之中。

第三，努力推动"资源转化为数字"的认知升维。当前，数据成为资源已经是大家公认的，但将资源转化为数字却是很多人难以企及的，但咨询可以做到。尤其在前不久召开的长城所2021年半年会上，重点就是讨论数字驱动、高质量发展。可以说，我们当前的核心任务就是将资源转化为数字，并且要将其上升到认知层面。认知是人类社会发展主要的能量来源，我们现在将大把的时间致力于务虚事情的讨论上，目的就是实现认知升维。最近比较火的小说《三体》讲的就是认知升维的问题，只是小说讲的是方法，而胡志坚今天所说的是要把握规律的规律，规律也正是我们做任何事情所必须要事先掌握的。

9 长城所数字化转型方法论探索研究

> 2021年12月6日，长城所围绕数字化转型方法论组织召开了一次内部的头脑风暴会。一方面，回顾了2021年长城所在推动数字化转型过程中对工作方法的初步探索；另一方面，也对其他机构的企业数字化转型产品和案例做了交流分享。会议激发了大家对数字化转型方法论问题的思考，也让我感觉到长城所在数字化转型过程中需要加强方法论的研究，主动发声，主动设计新的产品。

一、2021年是长城所数字化转型的元年

2021年可以说是长城所数字化转型的元年。从年初到现在，我先后组织了大数据平台产品打磨、大数据+微咨询、数字化顶层设计、数据底座建设、业务和管理用数场景等一系列的数字化转型工作。在此过程中，我们尝试对一个企业的数字化转型工作方法进行了初步探索。

在大数据平台产品打磨方面，首先从数据驱动高新区高质量发展、数据驱动城市新经济发展的目标出发，提出了根据新经济生态育成规律构建区域大数据平台产品3个版本的理论模型，即生态导向的顶层设计；其次借助数字孪生理念、小数据分析方法，围绕具有长城所特色的关键指标数据生成高新区层面、城市层面的新经济生态画像；最后从用户思维出发，提出了功能—模组—模块的平台架构方法，将数据服务和咨询服务相结合，形成了与核心业务紧密结合的区域新经济生态大数据平台产品模型。

2021年下半年，我进一步深入思考公司内部数据驱动工作的顶层设计，启动了长城所数据底座的设计、建设和推广应用工作。在此过程中，提出了"数据打通、场景驱动、以用促建"的工作方法，将长城所业务与产品的数字化与数据底座的建设相结合，应用所内丰富的业务场景资源推动数字化转型的落地，先后提出了几十个产品用数和管理用数的场景创意与实施方向。可以说，长城所在数字化转型的顶层设计方面已初步形成了一套工作方法，但在数据算法与功能实现的模型构建上仍存在短板。

二、对目前数字化转型的评价

数字化浪潮下，企业、政府都在推进数字化转型。据统计，目前只有16%的国内企业数字化转型成效显著，且大多与创业、生态化有关，利用生态感与平台化转型成功。从细分行业看，传统零售、物流和电子零件与材料三大行业数字化转型更快。除此之外，大企业数字化转型失败的案例很多，其中由跨国咨询公司主导的企业数字化转型案例大多都失败了。

为什么失败？我认为跨国咨询公司的数字化转型方案是固定架构的，主要是工具型、工程化的数字化设计，这从一开始就错了。企业数字化转型不仅是数字技术的应用，更是企业在治理、战略、商业模式、运营、管理等方面全方位的变革。当前，从地方政府到大企业、国有企业都在推动数字化改革，近期国务院国资委和北京、上海等省市纷纷提出国企数字化改革，首届央企数字化转型峰会也即将召开。但我认为，中国在数字化转型上的投资存在很多的试错，目前很多的企业数字化仍然停留在管理信息化层面。而跨国咨询公司的数字化转型方案动辄千万，却不一定适合中国企业。一方面，之前由跨国咨询公司主导的企业管理信息工程化的OA、ERP、CRM等工具，现在很多都已经过时了，而云服务、云创业才是目前数字化转型的重点。目前制造领域的企业推进数字化转型大多采用多样化的云服务，由大量的云企业来提供数字化服务。另一方面，新时代数字化的核心是业务的数字化，实现数字化转型的理论基础不是单纯对管理信息化系统的升级，而是要以业务数字化的需求来完善企业的数据底座，构建一个崭新的数字化业务生态，一个让数据作为新的生产要素来发挥作用的"元宇宙"。

三、长城所的数字化转型方法论

长城所的数字化转型探索是基于自身对新经济发展的前瞻视野和业务积累所开展的，赵慕兰把长城所数字化转型方法论总结为5个关键要素：一是制定战略，明确数字化转型的战略方向；二是打造用数场景，结合行业特点，寻找小切口切入；三是打通、梳理并重构数据底座，厘清内部数据资源逻辑；四是配备相应的组织力量，有组织有体系地引导数字化转型；五是善用工具，利用云工具和企业自身开发设计的工具进行数字化转型。

我认为，具有长城所特色的数字化转型方法论主要包括四大要点：一是生态导向。生态导向体现出数字化转型过程是动态成长的，具有类似生态系统的自组织、自演化发展逻辑。二是创意场景。创意是数字化转型中的思维方法，场景是数字化转型中的落地实践，在创新经济条件下，数字化并不只是简单地用数，而是需要充分发挥想象力去进行用数场景的创造，打造大规模用数的新业务，靠着用数去实现爆发式增长。三是数据底座。数据底座是数字化转型中的核心生产力，利用多年业务的数据积累打造核心数字资产，并逐步完善业务数据的存储、运维、展示、分析利用等功能，夯实驱动发展的要素资源。四是云原生工具。云原生是数字化转型中技术工具的新生成方式，目前的云服务市场已从单云向多云发展，即企业的云供应商从一家拓展到多家，以满足企业容灾、业务高度可用等需求，应通过与更多的云服务企业合作，活用各种各样的云服务去推动数字化转型。

四、长城所数字化转型方法论的特点和应用

近日举行的中央经济工作会议强调加快"数字化改造"，工业和信息化部发布大数据产业发展规划等多项政策持续推动数字的产业化发展，说明数字化转型已成为未来经济发展的重要主题之一。

长城所数字化转型方法论以新经济发展范式为理论依据，强调以生态为导向，以内部个性化的"小数据"为基础，通过规划面向未来的创意场景、充分利用云技术和云服务，来推动核心业务的数字化转型，从根本上实现目标用户的数字孪生。在当前形势下，长城所数字化转型方法论可广泛应用于企业数字化、园区数字化、城市数字化，是具有普适性的基础性方法论工具。如今盛行的跨国咨询公司数字化转型解决方案是在管理信息工程化基础上进行的，而大多数中国企业并没有很好的管理信息工程化基础。长城所数字化转型方法论可帮助中国的企业、园区、城市从顶层设计维度重新构建数据要素驱动的新工作逻辑，规避中国企业信息化不足的缺点，实现在数字化转型过程中弯道超车。

10　数据驱动高新区高质量发展

> 2022年7月4日，王德禄所长录制"新经济五日谈"的课程，聚焦于数据驱动高新区高质量发展。近年来，数字经济成为重组全球要素资源、重塑全球经济结构、改变全球竞争格局的关键力量，是各国把握新一轮科技革命和产业变革新机遇的战略选择。疫后我国数字政府和数字经济发展应势加速，数据已成为打破数字技术应用边界和产业局限、改变传统经济运行底层规则的关键要素。从现实条件看，国家高新区发展数字经济有人才、技术、产业、场景等天然优势。他认为，未来30年我国数字经济的发展高度，取决于国家高新区的数字化程度。课程主要围绕4个方面展开：第一，数据成为新生产要素：人类社会正在进入数字经济时代；第二，数据驱动新经济：数据驱动的经济发展新范式出现；第三，数据驱动高新区高质量发展：GEI高新区数字化转型方法论；第四，实施数据驱动的建议。

一、数据成为新生产要素，人类社会正在进入数字经济时代

数字成为新的生产要素是最近10年来人类社会发生的最本质、最重要的变化，尤其是疫情的发生使数据的作用空前增强，成为推动新经济加速发展的重要外因。首先，数据形态重新定义了生产要素。毕达哥拉斯学派提出"万物皆数"，这只是在数学层面的意义。到了当代，数据成为生产要素，体现出两大特点，即数据要素化、要素数据化。数据越来越多，成为继土地、人力、资本、技术之后的全新生产要素。数据要素在发挥作用的同时，表现出一个特点，即将所有要素数据化，包括数字的资本、数字的劳动力、数字的技术，甚至土地的使用、流转也越来越数字化。数据要素化容易理解，要素数据化却不容易理解。现在社会最本质的变化，就是各种各样的要素数据化，而数字经济的深化是由要素数据化的深化程度决定的。当前，我们已经进入数据化、平台化的发展阶段，因此可以做出一个基本的判断，尚未数据化的要素都是创业者应该把握的机会，只要创业者将这些要素数据化，并使其流动起来就会迎来爆发。

数字化完全重塑了生产关系，带来了新动能和新经济形态。新旧动能转换的本质就是数字化，这一波数字化浪潮有3个特点：第一是无限价值，与土地、资本不同，数据可以无限生存；第二是边际成本为零；第三是呈现指数增长。最近，国务

院印发了《关于加强数字政府建设的指导意见》,将数字经济发展推向新阶段。这意味着国家引导数字经济发展出现了"三足"鼎立的状态,即产业数字化、数字产业化和数字政府。我们都应该重视对其的理解。

二、数据驱动新经济,数据驱动的经济发展新范式出现

刚才提到了国家推动数字经济的"三足",实际上,长城所早在疫情开始后就花了很长时间探索数据在经济中的作用,提出了新经济的"四新范式",即数字驱动科技发展产生新场景、数字驱动企业发展产生新物种、数字驱动产业发展产生新赛道、数字驱动政府变革产生新治理。"四新范式"遵循其内在发展秩序:先出现新场景,再形成新物种,然后汇聚成新赛道,最后倒逼新治理出现。"四新范式"带来了全新的生活方式、生产方式、生产关系和治理模式。

数据驱动第一范式:场景创新是新经济爆发的原点。原来的创新都发生在实验室,随着大数据的出现,改变世界的新场景层出不穷。例如,无人支付新场景的出现带动了一系列技术的颠覆式创新,被视为中国新四大发明之一。大数据的根本变化带来了生产生活方式的变革,换言之就是场景的变革。区别于过去的需求牵引,新场景的核心是创新牵引,新经济时代要用创意创造新的生活方式,因而科学家、企业家应该把更多的精力放在场景的变革。长城所深入研究新场景并提出五大特征:创意、小切口、大赛道、简单和爆发。

数据驱动第二范式:驱动企业发展产生新物种。只要数据在企业成长中成为主要因素,就会驱动企业发展成为新物种。近年来,独角兽、哪吒企业发展迅猛,与传统企业不同,其核心是以数据作为关键生产要素实现自身快速、爆发式的成长,呈现出创业时间短、增长速度快的特点。我们接触过的新物种企业,营收一年翻一番是常规的情况,若是处于爆发阶段甚至能实现 5~6 倍的增长,这在非数据驱动的传统企业中是十分罕见的。随着新物种企业越来越多,其带来的新场景、新赛道就会呈现出爆发增长的态势。长城所在疫情前就发布独角兽报告,疫后通过深入研究发现其快速成长的根本原因是数据驱动,我们将这类企业称之为新物种企业,在新经济之下新物种企业能快速涌现。

数据驱动第三范式:新物种不停出现就汇聚形成了新赛道。在投资圈中,新赛道的概念倍受重视,"抢赛道"也时常被投资人挂在嘴边。从理论上来讲,数据驱动企业在产业间跨界发展会形成新赛道。习近平总书记在党的二十大报告中强调要开辟发展新领域新赛道。长城所在南京,发布新赛道报告,提出了新赛道体系,

开辟新赛道越来越被各界认可。这意味着对产业的认知已经发生了变化，产业已经逐渐演变为赛道。对于高新区而言，尤其要注重新赛道的发展和培育。在产业数字化、数字产业化和数字政府的新经济时代背景之下，发展新赛道应该更加重视生态评估和赛道促进。如果说过去促进产业发展首先要做的是产业规划和产业选择，那么现阶段首先应做的是进行产业生态评估和在尊重企业家、创业者与投资人意愿的前提下紧紧围绕新赛道发展"资源链接"。

新场景、新物种和新赛道体现了新经济的涌现机制。新场景、新物种和新赛道不是人为谋划出来的，是涌现出来的。我们强调"涌现"，也就是强调新经济的生态性，只有在生态环境下才能涌现出新场景、新物种、新赛道。这四大范式的关系体现为新场景、新物种、新赛道的涌现倒逼新治理的改变，出现数字政府。数字政府不是自然涌现的，而是变革的产物，即三大涌现倒逼新治理的出现。所以，我希望大家认真学习国务院发布的《关于加强数字政府建设的指导意见》，高新区要干的事不外乎这么几件：对三大涌现给出生态评估，顺势进行政策和管理变革，进而实现数字政府。总的来说，新场景、新物种、新赛道体现了涌现的机制，数字政府则体现了人为变革的力量。

数据驱动第四范式：数字政府新治理。《关于加强数字政府建设的指导意见》是对我国数字政府探索的全新总结。长城所认为，数字政府主要在两个板块发挥作用：一是城市的成长和生态发育创新；二是城市的管理和治理，体现为创新大脑和城市大脑。从参与的力量来看，平台型企业、大厂等都参与了城市大脑，但对创新大脑的参与度不高，这是高新区更加擅长的领域。未来应该由创新大脑指导和牵引城市大脑，进一步释放城市大脑在数字治理中的能量。

总的来说，新经济的认知十分丰富，既有政府文件中提出的产业数字化、数字产业化和数字政府，也有长城所比较强调的"四新范式"——新场景、新物种、新赛道和新治理。其中，更重要的是三大涌现与政策和管理的改革。而"四新范式"是全新的认知，需要认知创新来引领，所以这次"新经济五日谈"的主题叫"认知引领高新区高质量发展"，下一步我们就要在新认知上下功夫。

三、数据驱动高新区高质量发展，GEI 高新区数字化转型方法论

对高新区来说，既存在产业数字化、数字产业化，也有治理数字化，它是发展数字经济的先锋，数字化转型是其题中应有之义，核心是以创新大脑助力园区生态的培育，进而以新经济生态孕育新场景、新物种和新赛道。归根到数字生态的条件

之下，高新区数字化转型的方法论是遵循"四维导图"的生态顶层设计，即生态导向、场景牵引、平台为基和云端原生，自上而下与自下而上相结合地推动一场颠覆式创新的数字化革命，构建数字孪生体，通过数字化改革培育新物种。

高新区数字化转型有4个特点。

第一个特点：生态导向。培育园区生态要从市场主体入手，即创业主体、研发主体和服务主体。生态的机制集合了新物种培育机制、新研发运行机制和新赛道促进机制，最终实现多元共治。对应生态演进的阶段是从生态的培育到生态的成长再到产业共治。对生态演进的数字化投射所形成的数字孪生平台，能真实反映新经济生态发育情况，做到感知生态、监测生态、优化生态，从而实现对新物种企业的精准培育。

第二个特点：场景牵引。10年前园区的电子政务是以集成式软件来做产业培育，大家关注的是把线下的政务流程线上化。而现在要做的数字政府需要靠场景创新来牵引，因为政府治理的对象、环境、手段都已经变了，原有的治理模式也需要随之改变。数字政府建设是要在线上重塑一个与新经济相适应的政务工作新流程，产生与新的生产生活方式和新业态相协调的新的治理方式。数字化的过程是颠覆式创新，数字政府的新治理场景核心是让更大的创意、更新的想法去发挥作用，所以说要重视企业家精神，重视创意的作用。

第三个特点：平台为基。其核心就是在高新区数字化发展的过程中重视数据底座的作用。我们长城所有自己的数据底座，并为全国高新区搭建专属的数据底座，用来定数、汇数、用数，反映每个高新区自身的生态个性。为什么专属的数据底座成为必要呢？因为当下大部分数据是在不断、重复地使用，为了提高数据再次使用的效率，就要形成数据基础，即数据底座。数据底座的数据不断积累、沉淀，数据越来越丰富、越来越完善，使用就会越来越流畅，数据驱动发展的水平就会越来越高。因此，高新区要重视数据底座的建设和使用，用顺了数据底座自然就会增强数据驱动的能力。长城所的数据底座也在建设中不断完善，最近我们还提出设立数据岗。各高新区要建数据底座，要增加数据岗人员，形成领导用数、各部门用数的氛围，分分秒秒用数据解决工作中的需求。

在数据底座的基础上，要在云平台创造多种多样的应用。云平台加载的应用集成了创业者和高新区管理者的诉求，其使用能不断完善、丰富数据底座。云平台大部分是SaaS，各高新区云平台的数量决定了数字化的水平。

第四个特点：云端原生。高新区整体的数字化转型关键要靠云端原生工具的使用。分为3个层次：一是各个领域进行的场景创新所诞生的云端原生工具；二是大厂在云端原生平台中的作用；三是专属数据底座小数据的作用。云端原生作为实现彻底数字化转型的新工具，是近10年数字经济最新的发展趋势，我们做大数据应该更多地关注云端原生的市场化力量。

四、实施数据驱动的建议

第一是认知升维。现在是认知驱动的时代，认知就是生产力，我们的"新经济五日谈"也体现出这一点。现在很流行的话是"认知是生产力，而且是第一生产力"，这是过去没出现过的现象。所以数字生态首先要建立新认知。高新区数字化的认知可分为四维，即"四维导图"。第一维解释了为什么，这个过程重点是转变思想、建立生态思维；第二维回答了做什么，认清场景的作用，场景所带来的是数据思维，这是对过去工程软件应用系统的彻底颠覆；第三维搞清楚怎么做，要有平台思维，不但要有底座还要有平台；第四维回答依靠谁来做，即要有开源思维，催生和链接更多云端原生的新物种，垂直深耕各个领域的应用场景。

第二是绘制好高新区数字化的主要路线图。和过去做规划完全不一样，高新区做数字生态的路线是进行生态评估—数字孪生原型设计—抢赛道和产业促进。因为"四新范式"中有"三新"都是涌现的，所以新经济的生态评估在数字政府这一体系中发挥着重要作用。构建这个体系就是数字孪生的建设过程，也是新场景创新的过程。这个体系能取得成功，就是政府新物种培育和产业促进的成功。所以路线图的核心是从做规划走向育生态，从生态评估走向产业促进。

第三是实施一把手工程。因为认知变化很大，所以需要高新区全力参与到顶层设计和认知升维的过程中。

第四是重视小数据，建好数据底座+云平台。数字孪生的核心是小数据的应用，一旦有了数据底座，高新区就能干好4件事：双创生态的监测、企业培育和服务、产业促进、园区管理。所有的数都在数据底座中，数据底座已经建立好了，就等你们使用，希望在使用中把数据底座做得更完善，汇数、用数更流畅。

第五是数字政府的未来是新治理。左边有数字经济，右边有数字社会，中间有数字政府。现阶段的数字经济发展以涌现为主，我们相信随着疫情的结束及数字政府新经济政策的创新，未来会更加灿烂。

第二篇
新经济范式

第四章
新经济时代的新物种与新创业

本章导读

在新技术革命时代,王德禄所长抓住机会创办了长城所,参与了中国民营企业创业和中关村的崛起,30年里先后服务了三代创业者。在这个过程中,他一直在思考和探究中国新经济企业的成长路径和发展模式,希望能在中国培养出新一代能够改变世界的伟大创业者。基于对硅谷创业模式的持续研究和关注,他在20世纪90年代末将"瞪羚企业"的概念引入国内,随后在2015年他发布了国内第一个独角兽榜单。同年,他开创性地提出"哪吒企业"的概念,第一次用中国传统神话形象命名这一全新的经济创业企业,并开启了旨在寻找伟大创业者的"哪吒计划"。在此过程中,他对新经济企业成长规律的研究不断深化,先后提出瞪羚企业非线性成长路线、独角兽的爆发式成长规律、新物种产生的"基因突变—自然选择—种群隔离"三阶段模型,系统地描绘了新经济时代下,新物种企业从创业到高速增长乃至实现爆发式增长的机制和路径。

本章所收录的8篇博文集中体现了新经济下新物种的成长,突出了"创业—瞪羚—独角兽"的爆发式成长路径。其中,从不同对象出发,阐述新物种企业是新经济现象,指出新物种企业成长的意义和价值的有5篇(第2、第3、第4、第6、第7篇),分别是《中关村涌现了40家独角兽》《独角兽是新经济的引领者》《独角兽企业大量涌现是近几十年经济发展最主要的成果之一》《"哪吒"更代表中国新物种精神》《潜在独角兽引领新经济全面爆发》。面对区域和投资机构,阐述如何培育与促进新物种成长的有3篇(第1、第5、第8篇),分别是《新经济在武汉呼唤瞪羚》《光谷"互联网+":从青桐汇到新物种》《认知升维与哪吒企业的发展》。

在与企业、区域、投资机构的思想碰撞中，王德禄所长不断深化对新经济、新物种企业成长规律的思考，逐步建立起了长城所"新物种从挖掘到赋能培育"的业务体系。

（撰写人：马宇文）

1 新经济在武汉呼唤瞪羚

> 2014年7月24日下午,我在武汉光谷资本大厦一楼路演中心会议室,与光谷的50多家瞪羚企业进行了座谈,我主要讲了5个方面:第一,什么是瞪羚企业;第二,新经济时代产业组织的颠覆者;第三,瞪羚企业成长的三大机制;第四,用新视角看企业的长板;第五,新经济企业战略三视角。

最近我看了纪录片《楚国八百年》,感触良多。我现在所在的武汉,春秋战国时期属于楚国,是春秋战国时期中国文化发展的巅峰之地。同为强国,秦国和楚国最大的差异在于人才拔擢方式,楚国的人才选拔是贵族式的,屈原试图进行人才选拔机制的改革,提倡选贤用能不拘权贵,但改革最终失败,楚国也被秦所灭。

黑格尔曾言:"中国只有朝代的轮回,而无真正的历史。"然而,2000年后的武汉,辛亥革命的爆发似乎终结了这种循环,从而引导中国进入了一个新的发展阶段。如果说当时屈原更多呼唤的是政治人才,现在我们呼唤的则是企业家,呼唤的是改变世界的瞪羚企业。而武汉能不能出现一批改变世界的瞪羚企业,就在于大家是否能共同努力。

一、什么是瞪羚企业

首先,什么是"瞪羚企业"?瞪羚企业即上升速度迅猛的中小企业。从定义上来描述,就是成长速度快、创新能力强、专业领域新、发展潜力大的企业。在工业经济时期,经济模式固定,很长一段时期也不会出现跃进式发展。但在新经济时期,产业业态出现了快速演变,这时瞪羚的重要作用就凸显出来。

我们在和科技部火炬中心合作的瞪羚研究中发现,最近这些年中国出现了一批在创业几年之内就达到10亿元、20亿元、50亿元估值,甚至跨百亿元估值的企业。我们很困惑,原来瞪羚企业的定义是快速成长的中小企业,这么高速成长的企业,还属于瞪羚的范畴吗?答案为当然是瞪羚。特斯拉是瞪羚,Facebook是瞪羚,小米是瞪羚,阿里巴巴也是瞪羚,它们都在极短时间内快速增长。中国高新区正在出现改变世界的瞪羚企业。现在,长城所正在遴选中国10个改变世界的瞪羚企业,其中对于几个企业的看法和大家分享。

第一是腾讯。腾讯的微信是中国第一个具有全球意义的互联网产品，微信用户增长速度是全球第一。第二是小米。有了苹果 iPhone 这么伟大的产品，为什么小米还能成功？小米与苹果的差异在于苹果是乔布斯的，小米是粉丝的，小米代表着比苹果还新的商业模式。第三是阿里巴巴。阿里巴巴在美国上市引起很大轰动，原因是它上市估值超过 1000 亿美元，这个数额远远超过大部分美国国内的互联网科技企业，甚至超越 Facebook，成为中国互联网业里程碑式的 IPO。阿里巴巴是互联网时代进行产品和高技术交易的平台，因此阿里巴巴获得了极大成功。我们现在找的企业中有北京的、深圳的、重庆的、广州的，但没有武汉的。这很奇怪，在我看来，武汉是一个新的创业氛围非常浓的地方，在武汉就应该涌现出改变世界的商业模式。只有出现改变世界的商业模式，才是这一波瞪羚企业发展最大的希望。

二、新经济时代产业组织的颠覆者

第二个问题是瞪羚企业成为产业引领者。在传统产业逻辑里，跨国公司是产业引领者，但瞪羚企业颠覆了传统的产业组织逻辑。这 10 年，Facebook、特斯拉、小米这样的企业快速成长起来，它们的影响力远远超过传统跨国公司，产业新逻辑全是这批瞪羚企业在引导。所以，现在的招商引资不应该还以老的跨国公司为核心，应该以新的瞪羚企业为核心。因为瞪羚企业在全球布局快，引起的新经济增长点也非常多，瞪羚企业成为产业的引领者。现在的逻辑是，瞪羚企业最大的特点是跨界融合，有一个核心能力后，它对整个行业的看法是完全开放的。

三、瞪羚企业成长的三大机制

瞪羚企业与过去企业的战略完全不一样，它的增长靠三大机制。第一个机制是使命感，即企业的价值观，企业要变革的动力全都来自使命感。第二个机制是抓机会，过去做咨询的人到企业的目的是寻找企业的问题，帮助企业解决问题。新经济时代这种做法就完全改变了，瞪羚企业不要牢牢盯着问题，应该关注外部世界，发现机会，这比解决问题重要得多。中国企业现在寻找机会的能力还比较差。是不是好企业关键在于你对外部世界的看法是否敏感，是否能准确地把握发展机遇。现在机会比问题重要得多，机会对于瞪羚企业来说尤其如此。第三个机制是拉长板，充分发挥企业的优势，把劣势外包出去，使自身优势进一步拉长，优势更优。要成为瞪羚企业，就要成为时代弄潮儿，站在时代最前沿。

四、用新视角看企业的长板

长板，用中国传统文化来表达，就是因材施教。中国文化的要点是要扩展现有优势，而制造业文化的要点是填补不足之处。然而，由于中国传统的主要产业并非制造业，因此在工业时代，中国刚刚开始弥补不足，但受文化惯性影响似乎又有所放弃。对瞪羚企业来说，原来的SWOT分析法已经不适用了，要将视角从内部转向外部，将机会排至最重要的位置，优势第二重要，威胁和劣势次要，SWOT变为OSTW后就适用了。

至于发现长板，需要有理论创新，需要转换视角，还需要附加条件。一般来说，之所以成为瞪羚企业，至少抓住了一个增长点。一般企业出现快速增长时往往措手不及，快速增长期间患得患失，开始搞管理，错失了增长点。瞪羚企业的核心是不但要把握一个增长点，还要把增长点全面发展到位，抓住和它相同或相似的新增长点。之所以成为瞪羚企业，就是要不断思考，在创新前沿去把握增长点。

五、新经济企业战略三视角

新经济和传统经济完全不一样，传统经济只考虑微观机制，新经济不但要考虑微观商业模式，还要考虑中观产业及宏观经济形势。从某种意义上说，要成为改变世界的企业，就要有比较全面的政治经济视角，要在微观、中观、宏观上都下功夫。

从微观来说，要视角向外，发掘长板；从中观来说，要对产业价值链演变保持敏锐感知，保持较多的参与；从宏观来说，要关心大的经济政治环境。创业一定要和当时的政治经济环境尽可能更好地贴合。在这个层面上能让理念同时打动政治家、经济学家和投资者，那就是比较成功的瞪羚企业。

2 中关村涌现了40家独角兽

> 2016年2月29日,长城战略咨询在北京国际会议中心召开"2015年中关村独角兽企业榜单"发布会。发布会由长城战略咨询副总经理陈文丰主持,武文生总经理发布了"2015年中关村独角兽企业榜单"。参加发布会的有科技部火炬中心主任张志宏,中关村管委会委员刘航,美团点评、滴滴快的等10余家独角兽企业代表,中关村品牌推介系列活动的组织与承办单位代表,20余家媒体代表。我在会上做了题为"中关村涌现了40家独角兽"的发言,主要讲了3个方面:第一,独角兽是创业创新生态系建设的结果;第二,独角兽涌现也是"互联网+"弯道超车的成果体现;第三,大量独角兽的出现是中国的希望。

今天的发布会是我们长城所近年来工作的一个总结。最近,中关村管委会、科技部火炬中心都在讲创业大街、创业服务。中关村的创业大街引起了全国的关注和"大众创业、万众创新"政策的出台,今天我们发布的"2015年中关村独角兽企业榜单"就是这个创业政策的结果。

一、独角兽是创业创新生态系建设的结果

如果说在这之前美国有5个很有名的独角兽榜单,那么今天发布的是中国第一个独角兽榜单,发布了40家中关村独角兽、全国70家独角兽。美国五大榜单发布的全球独角兽在200家以内,其中中关村已经跻身全球第二,这是非常了不起的成绩。可以说这5年以来,中关村管委会主任郭洪及中关村全体人员都在全力以赴地打造创新创业生态,搞天使投资,搞瞪羚计划。就是由于在中关村出现大量瞪羚,才能在瞪羚中又出现一批独角兽。独角兽是新经济爆发成长的新现象,这个结果非常了不起。

二、独角兽涌现也是"互联网+"弯道超车的成果体现

这是个什么事,怎么理解?我觉得这个是"互联网+"新经济。因为刚才报告发布的中关村40家独角兽,无论它从事的是什么行业领域,它的爆发式增长都离不开"互联网+"。现在各个地方都在想"互联网+"的路怎么走,各地的"互联网+"路线图都没充分起到指明方向的作用,而现在以独角兽为代表的企业的"互联网+"

路线图纷纷涌现。今天这个结果几乎全是"互联网+"的成绩。"互联网+"是中国在新经济领域弯道超车的战略选择。在这个由"互联网+"引发的爆发式增长的竞技场上，位居第一的是美国，有100多家独角兽。位居第二的不是法国，不是日本，不是德国，也不是英国，而是中国，有70家独角兽。除此之外，全世界没有一个国家有10家以上的独角兽。而中国有两个地区出现了10家以上的独角兽，中关村有40家，上海有15家，很快深圳、武汉、杭州也会出现大量的独角兽。中国这些区域在干什么？中国已经出现了若干创新创业高地，这说明中国已经在新经济领域弯道超车的赛场上，有了希望。在这个赛场上，中国已经跑到第二了，日本、韩国、英国、法国都远远落在后面。

三、大量独角兽的出现是中国的希望

能否实现新经济领域弯道超车不能仅看现在，还要看以后。北京提出要打造具有全球影响力的科技创新中心，上海、深圳现在都在打造全球科技创新中心。科技创新中心的核心是形成创新创业生态，其重要标志是能不能出现独角兽，能不能出现独角兽群体？这是中国未来竞争中优势最大的一个方面。因为越多领域出现独角兽，中国就会在越多的领域引领世界。

第四章 新经济时代的新物种与新创业

3 独角兽是新经济的引领者

> 2017年3月1日下午,由中国科技体制改革研究会高新区改革专业委员会(以下简称"专委会")主办、长城所承办的第四期创新双月谈活动在长城所第一会议室举行。武文生作为专委会顾问致开幕词,陈文丰主持会议,科技部火炬中心政策调研与统计处处长程凌华等、中关村等7家高新区代表及3家独角兽企业代表参会。我参加了会议并在最后做了题为"独角兽是新经济的引领者"的总结发言,主要讲了3个方面。第一,独角兽引领新经济的一大微观机制:爆发式成长;第二,独角兽出现的两大中观机制:平台衍生、区域生态;第三,独角兽三大宏观引领:分享经济、平台经济、智能经济。

一、独角兽引领新经济的一大微观机制:爆发式成长

今天上午我参加了2016年中国暨中关村独角兽企业发展报告发布会。在发布会上,有人问我金融企业如何能实现爆发式成长?我说成为独角兽的关键是能否自成长。

自成长是什么意思?自成长就是人和人不用见面,是数据驱动。举个例子,在上午的独角兽报告发布会上,人人贷创始人杨一夫说他们一年企业贷款4000多万笔,要是一家一家谈,不可能完成这么大的业务量。一看他们就是人和人不见面的自成长模式。这种自成长模式是实现企业爆发式成长的根本原因。滴滴也是人和人不见面,用3年时间发展出25万名司机。滴滴给司机提要求,在滴滴平台上抢单、分账,干得好就奖励,干得不好就处罚,被投诉多的就淘汰。这种自成长模式使得滴滴实现了爆发式成长。

爆发点在哪里?就是上面说的人人贷的千万笔贷款,滴滴的几十万名司机。自成长的业务量一定是海量的。当出现业务量快速增长的时候,就是爆发点。当然,现在的许多独角兽烧钱支撑并加速了这个过程。

二、独角兽出现的两大中观机制:平台衍生、区域生态

从中观视角来看,独角兽出现有两大现象:一是平台衍生;二是区域生态。
第一,平台衍生。中关村65家独角兽企业中,有43家都是平台衍生而来。

平台型企业围绕产业链上下游，通过业务拆分、投资、收购等形式培育了数量众多的独角兽和潜在独角兽。为什么平台型企业能够衍生这么多的独角兽，因为它不仅能够为创业企业提供资金支持，更重要的是能够提供成熟的流量、渠道、变现等资源，这是企业实现自成长、达到爆发点的关键。

刚才听了几位独角兽企业代表的发言，我深切地感受到，独角兽已经走在了创新的前沿，对制度创新的要求更加紧迫。平台衍生就是制度创新与平台创业的高度融合。对各地高新区来说，为独角兽提供更为超前的制度创新更加重要。对独角兽来说，衍生出新的业务，找到新的爆发点，成长为超级独角兽更加重要。

第二，区域生态。中国的高新区尤其是自主创新示范区，主要提供以制度创新为引导的生态环境。独角兽应该理解，只有在高新区内才能找到更好的制度创新的环境，在高新区环境里更容易培养新业务、培育爆发点。我希望科技部火炬中心能够在区域制度创新方面为独角兽提供更好的服务。可以这样讲，现在就是个爆发点增长的时代，独角兽的目标就是成为超级独角兽，现在估值10亿美元、20亿美元的，下个目标就是100亿美元。100亿美元从哪里来？就是从制度创新来，从自主创新示范区来，从中国和全球创新创业高地来。

2016年硅谷召开创业大会，邀请我去参加。其中有个议题就是讲区域在创新创业中的作用。会议的议题是区域也是创业成功的要素之一，在不同地方创业会得到完全不同的结果。中关村是世界有名的创新创业生态区，就是说在中关村创业更容易成功。中国高新区管委会的同仁们，一定要有自信心，我们就是创新创业生态的打造者，中国出现创业大爆炸，和我们的工作有很大关系。实际上，这个现象在波特的价值链理论中就给予了解释。但是美国和纯市场经济国家对这样的理论还是非常怀疑。我认为承认价值链、承认创新创业生态的作用，就是承认地方政府在经济发展中的作用。我们长城所在20世纪90年代提出，"分解分解再分解，集聚集聚再集聚"。这种说法是典型的价值链理论在区域发展中的应用。

波特提出价值链理论后，尽管在西方有很多人在书本上给予重视，但实践上的探索很不够，反而中国的探索更多。如果说最近这些年这个理论有发展的话，就是从价值链理论发展到生态理论。区域在经济发展中的作用更强，中国的生态高地现在就是一流园区，而且在生态高地里就可以见到成果。今后，打造生态高地将成为经济发展的重要任务。根据中国的实践，应该更加坚定地认识到地方政府在创新创业生态发展中的重要作用。

三、独角兽三大宏观引领：分享经济、平台经济、智能经济

刚才我从微观、中观说了独角兽，现在从宏观说，就是发展3个经济：分享经济、平台经济、智能经济。这3个经济不是产业，而是经济，这里面的平台经济有更大的革命性。

第一，分享经济。分享经济更具发展活力，一切都在分享。我年轻时候满大街都是骑自行车的，现在突然发现自行车不用买了。共享单车一小时一块钱，很多人都在用。这是典型的分享时代，不是你"所有"重要，而是"用"重要。现在这么多办公室、住宅、球场、电影院，下一步就是分享，任何东西都可以分享，尤其是高新区。一个地方任何事情都可以分享。

第二，平台经济。什么是平台经济？下一步经济发展是从垂直分工到平台资源共享，新经济从本质上来说就是平台共享经济。我们这些所谓独角兽平台将来就是国家、区域资源共享的平台。春雨医生的重要性将日益凸显。国家卫生计生委管那么多医院，但是对资源的调配相对不够灵活，春雨医生对资源的管理相对灵活一些。

第三，智能经济。从某种程度来说，发展新经济的主要目的就是实现智能社会，在这个社会里人更多的是享受、创造，很多辛苦的劳动都会有人帮你完成，如现在机器人已经在许多领域取代人的工作，将来会更多。所以现在咨询很累，可能未来咨询就会很轻松。谢谢大家！

4　独角兽企业大量涌现是近几十年经济发展最主要的成果之一

> 2018年3月23日上午，长城战略咨询联合科技部火炬中心、中关村管委会、中关村银行在北京国际会议中心发布了《2017中国独角兽企业发展报告》《2017中关村独角兽企业发展报告》，这是长城战略咨询第二次发布《中国独角兽企业发展报告》，第三次发布《中关村独角兽企业发展报告》。下午我又参加了独角兽企业座谈会。我在这两次会上都发了言，现将发言内容整理成一篇博文，题为"独角兽企业大量涌现是近几十年经济发展最主要的成果之一"。

一、独角兽企业大量涌现是近几十年经济发展最主要的成果之一

今天的会我认为是对改革开放40周年最好的纪念，今天发布的报告是近几十年经济发展最主要最大的成果之一。因为中国独角兽大量涌现，充分体现了新兴产业跨界的最新成果，体现了中国改革开放的耀眼成就，体现了中国在全球竞争中的位势，体现了中国在全球新经济中的位势。我们长城所去年发布了《2016中国独角兽企业发展报告》，2个月以后我在硅谷发布了《2017全球独角兽报告》。中国独角兽多于美国独角兽了，这个报告引起了各方重视。独角兽成为今年"两会"的热点。

今年5月我们将发布《2018全球独角兽报告》，我们的项目组现在还在研究过程中。去年中国独角兽企业有131家，今年有164家，在全球遥遥领先，因为全球只有中国和美国的独角兽数量在100家以上，日本、韩国、法国等资本主义国家，基本都是10家以下，全球还没有第三个国家超过10家。这就是新的全球竞争趋势。在这个趋势中，独角兽代表中国在全球新经济中占据引领位置。

二、独角兽是新一代的创业者

为什么说独角兽的出现是近几十年的经济发展成果？中国走了一条创业式创新的道路。怎么叫创业式创新呢？现在全球的创业形势是这样的，中国每年出现500万家创业企业，美国每年出现200万家，欧洲国家每年出现几十万家，亚洲国家每年出现十几万家。这40年来中国有很多轮创业，中国经济发展的成绩部分得力于这些创业，创业引发创新是中国发展的主要模式。这40年里，中国出现了多轮创

业高潮。前30年中国的创业主要是民营企业、民营科技企业、留学生创业。最近10年发生了重大的变化，创业出现了新的趋势，有拥有改变世界梦想的创业者出现，变革式创业者大量涌现，平台型（大数据、云计算、人工智能）的创业企业大量涌现，最新的趋势是前沿科技创业者也在各地大量涌现。独角兽正是在这样的创业氛围中出现的。

独角兽有一个指标是创业时间不超过10年，这个指标代表什么？代表我们现在说的独角兽、瞪羚都是创业企业，它们身上仍然带着创业的逻辑和力量，和过去的百年老店、传统企业完全不一样，必须是个新的创业企业。孕育独角兽的土壤，就是我们国家高新区的创新创业生态，这个生态出现了几个变化：第一，创业者变了，创业者是伟大的创业者，有梦想的创业者；第二，增长方式变了，不是过去的滚动成长，而是瞪羚的快速成长，独角兽的爆发式成长。独角兽最伟大之处是激励新一代创业者，把中国变成创业引领的创新型国家。

三、关于独角兽研究的4个要点

发布会后，我们长城所将联合各方开展新一轮的独角兽研究。关于这项研究，我希望得到独角兽的支持。我在这里讲4个研究的重点：第一是供给侧结构性改革，在我看来独角兽提出的政策需求是站在创新最前沿的政策需求，是最为超前的政策需求；第二是场景，现在各种各样的独角兽做的最伟大的事情是创造一个原来没有的场景，改变人类生活生产方式的场景；第三是独角兽企业成长起来以后，要成为超级独角兽，那它就不能仅在一个区域开展业务，而是要在全国乃至全球开展业务，这次我们也重点研究独角兽的区域布局；第四是前沿科技创业，前10年是"互联网+"扫荡所有的行业，扫荡以后现在数据越来越多，大数据、云计算、人工智能等技术都成了独角兽企业很基础的配备技术。在我看来，独角兽企业包括前沿科技独角兽企业，也包括模式创新独角兽企业，这都需要大数据、云计算和人工智能等技术的支持，所以我认为独角兽企业都是科技型企业。

5 光谷"互联网+":从青桐汇到新物种

> 2019年1月5日,我参加了光谷第四次"互联网+"大会,"互联网+"终于登堂入室。我在会上做了题为"光谷'互联网+':从青桐汇到新物种"的发言,主要讲了3个方面:第一,什么是新物种;第二,庆祝"青桐汇"五周年;第三,光谷"互联网+"的未来之路。

一、什么是新物种

为什么只有硅谷提新物种,硅谷还是很小声地提新物种,为什么中国没有几家企业提新物种。现在中国的新兴产业开始引领全球,只要是全球原创的新兴产业就会出现大量的瞪羚和独角兽。光谷有几个原创性新兴产业,如直播、"互联网+"教育、北斗应用,还有好几个引领全球的新兴产业。4年前,光谷发现了斗鱼,这就意味着光谷突然从跟随性地区变为了引领性地区。4年来,光谷的新兴产业发展得越来越快,直播、"互联网+"教育、北斗应用发展速度都很快,政府政策有点跟不上,支持方式也有点跟不上。现在到了需要伟大创业者在商业模式和技术创新上进行原创探索的时刻,每一种新探索都有可能诞生一个新物种。所以没有新兴产业,没有原创型新兴产业,就没有新物种。有了原创型新兴产业就会出现大量的瞪羚、独角兽,就会出现若干新物种企业。

二、庆祝"青桐汇"五周年

今天大家都在说"互联网+"四周年、青桐汇五周年。青桐汇意味着什么?这轮双创有两个亮点:一个是中关村创业大街;另一个是武汉青桐汇。这轮双创还有一个特点,就是"开放"和"活动"。"开放"的代表是中关村创业大街,"活动"的代表是光谷青桐汇。现在武汉"互联网+"已经走在时代的最前沿。青桐汇开启了双创三部曲:第一是青桐汇动员创业;第二是瞪羚、独角兽企业的培育与成长,青桐汇由政府参与、社会开展活动,两者共同发挥作用,进而推动瞪羚、独角兽等企业的成长;第三是"互联网+","互联网+"使得若干的新兴产业脱颖而出。这三部曲是光谷在中国高新区走出的独特道路。趁着这次"互联网+"四周年和青桐汇五周年,我们需要认真总结自主创新道路。

三、光谷"互联网+"的未来之路

在光谷,我看好光研院,光研院基本上就是产业共同体,现在各个高新区探索的核心是新时代产业的组织形式,怎么让科学家、企业家、投资家和专业机构在产业创新中联动发挥作用。发展产业创新,最关键的是怎么动用更大的资本来促进产业发展。我看过很多地方建设的产业共同体,我认为光谷的光研院可以说是最好的。为什么说是发展得最好呢?光研院孵化出9家瞪羚企业,而且这些瞪羚企业在国际上都有影响力,每家瞪羚企业背后都是科学家,每家瞪羚企业前面都是创业者,每家瞪羚企业旁边都有投资人。这个模式是东湖以前所没有的,这是最新的概念。现在中国最热门的事就是双创升级,有几件事是我们"互联网+"必须要做的。

第一是场景。现在的研发已经不叫"研发",叫创造新的场景。成都和上海都发布场景方案,东湖也要早一点发布场景创新方案。什么是场景创新?就是政府要给企业家更多的场景,要让企业在更多的舞台上去发挥作用,所以省里的科技资源、城里的需求更多地开放给创业者。这是场景的根本。

第二是专业化创业空间。东湖有5家专业化创业空间,在国内排第一,这还远远不够,因为中关村有联想,青岛有海尔,大家都在做创业空间,东湖还没有大企业做专业化创业空间。希望东湖动员东风汽车在光谷来做创业空间,让创业者为汽车厂商提供新一代的服务,实现新旧动能转换。湖北省新旧动能转换不只在光谷,而要放射到整个省。我希望在新一轮新旧动能转换中,东湖的作用更强,企业家们的舞台更广阔。

6 "哪吒"更代表中国新物种精神

> 2021年3月19日上午,长城所组织召开了哪吒企业与未来产业座谈会。成都高新区领导班子、《哪吒之魔童降世》主创团队及10余家哪吒企业负责人受邀参加会议。我在会上做了题为"'哪吒'更代表中国新物种精神"的发言,主要讲了三点:第一,新经济时代要反抗"父权";第二,疫情过后"哪吒"更代表新物种精神;第三,成都新经济活力区有最适合新物种成长的生态。

一、新经济时代要反抗"父权"

很高兴《哪吒之魔童降世》制片人刘文章能来参加这次座谈会,尤其是他刚才发言说有一种精神叫反抗"父权",这种精神很好。去年在科协开会,记者问我疫后最大的变化是什么?我说最大的变化是跨界。跨界就是反抗"父权",就是反抗工业文明给企业制定的条条框框。新经济时代要有新制度,推进新制度的核心是要打碎工业文明的条条框框。反抗"父权"很重要,现在欧洲存在的最大问题就是工业经济制度体系过时了,但新经济发展不起来。中国大陆和美国的独角兽占了全球总量的80%,其他国家和地区都很少。日本现在有3家独角兽,中国台湾没有独角兽,这些国家和地区希望和长城所合作,帮它们挖掘、发现独角兽。这说明越是工业文明发达的地区越难产生独角兽,反抗工业文明"父权"是哪吒最核心的精神。

二、疫情过后"哪吒"更代表新物种精神

"哪吒"更代表新物种精神。《哪吒之魔童降世》上映前,2018年我在硅谷碰到两家企业,它们在天使轮就能拿到1亿美元融资,我很吃惊。回到国内后,我们查询创业企业第一轮融资多的到底有多少,发现创业企业在天使轮能拿亿元级融资的非常少,这就有很大的疑问。当时,我和成都市委常委、成都高新区党工委书记方存好见面,他说成都拍了一部电影——《哪吒之魔童降世》。这部电影很伟大,基本代表了中国创新精神的核心。从这部电影的票房来看,就像今年美国大片《阿凡达》重映一样,造成了很大轰动。我认为《哪吒之魔童降世》也可以重映,因为它代表的是中国创新精神。

长城所正式发布哪吒报告是在抗疫期间。疫后长城所所有员工都不能出差了，我们就把做了10年的瞪羚、做了5年的独角兽，以及新发现的天使轮融资超亿元的哪吒企业都归为新物种。新经济带来新物种，它是由数据驱动成长的，必须有好的生态环境，高新区就是这样的生态环境。新物种的出现必须有三大因素：首先是场景，创造出改变世界的场景；其次是赛道，要开拓新产业；最后是治理，带来新制度。

瞪羚、独角兽和"哪吒"谁更能代表新经济？原来我们认为是独角兽代表新经济。今天来看，"哪吒"更代表新经济，因为哪吒企业更新，更代表未来。长城所发布"哪吒"研究报告时说："未来已来。"你们这些企业代表的未来已经来了，而且硬科技创业更多。你们和我们国家未来产业的大趋势很一致，和我国的科技自立自强有关系。

三、成都新经济活力区有最适合新物种成长的生态

听了成都高新区管委会副主任饶程的讲话，我很激动，这是我第一次听到疫后高新区的一个新经济活力区实现了30%的增长。长城所去年增长40%，今年定的目标是翻一番。我认为新经济活力区在"十四五"期间要加速成长，新物种基本规律是每年有5～10倍的增长。由于数据越用越多，数据驱动的企业就是爆发式成长，我希望新经济活力区在"十四五"期间能够每年翻番。长城所成都业务中心重点应该跟新经济活力区进行深入合作，我认为这是成都生态环境最好的地方。

我们打造新场景意味着打造新事，成都这个地方最适合做新事。大家不要小看成都文化，这里不光有高新区，还有最好的、适合创新创业的文化，而且新经济活力区还提供了新治理的背景。新治理面向整个成都很难做成，但在新经济活力区可以做到。

我们正在和成都高新区谋划两三个月之后在成都开"哪吒"大会，到时候会有签约仪式，我也希望今天会后各家企业可以和成都高新区对接。成都新经济活力区要建设"哪吒"聚集地，希望《哪吒之魔童降世》团队可以做一个在新经济活力区展示的标识，如风火轮，以后开"哪吒"大会可以使用。

7 潜在独角兽引领新经济全面爆发

——在"2021中国潜在独角兽企业报告发布会暨苏州合作交流会"上的演讲

> 2021年6月29日上午,我到苏州参加了"2021中国潜在独角兽企业报告发布会暨苏州合作交流会"。在会议过程中,我见证了苏州工业园区与长城所战略合作签约仪式,颁发了中国潜在独角兽企业奖杯,并做了题为"潜在独角兽引领新经济全面爆发"的主旨演讲。在演讲过程中,我主要讲了以下三点内容:第一,潜在独角兽企业数量的增长意味着什么;第二,在新经济时代驱动经济发展的四大因素;第三,对苏州发展前景的期望。会后,我参加了高成长企业家闭门座谈会。

一、潜在独角兽企业数量的增长意味着什么

今年,潜在独角兽企业的数量从去年的不到300家增加到了425家,全球进入了新经济时代,这意味着全球进入了数字驱动的经济时代。独角兽企业和潜在独角兽企业体现出的一个最大的变化就是未来已来。中国的高新区今年有一个新课题,就是发展未来产业。独角兽是新物种企业,它代表了数字驱动的企业。现在是大数据时代、新经济时代,科技创新能力不断增强,效率稳定提高。这就是新经济,这就是今天我们发布潜在独角兽企业报告的价值,价值就是未来已来,价值就是新经济全面爆发。

二、在新经济时代驱动经济发展的四大因素

第一个驱动是认知驱动。现在这个时代是认知驱动的时代,如果跟不上形势,一个创业者很容易掉队。一个创业者之所以能够取得成功,大多是因为认知超前。认知驱动是在第一位的,因为进入一个跨界的时代,认知才能引领你。第二个驱动是价值驱动。新一代的企业家基本上都是社会企业家,对要干的事有强大的使命感,这个使命感驱使他要去改变世界。第三个驱动是数据驱动。新时代的核心是数据驱动,既然是核心,我为什么还要在数据驱动前加上认知驱动和价值驱动呢?这是因为,数据驱动要在认知驱动和价值驱动的基础上才能起作用。第四个驱动是生

态驱动。任何企业都要在一个特定的地方搭建好生态，同时要学会和各种各样的人合作。

三、对苏州发展前景的期望

我认为苏州应该在以下两个方面发力：第一，更好地打造创业生态；第二，培育出平台型的领军企业，就是我刚才说的估值千亿、估值万亿的企业。苏州要在新赛道上更用功，要把培育新物种作为更大的任务。只要有了领军企业，苏州的生态就会不断衍生出新的潜在独角兽企业。每家企业都会遇到治理上的各种问题，苏州只要勇于在全国率先进行新经济治理探索并推进制度创新，就会走在新经济的前面。

四、参加高成长企业家闭门座谈会

6月29日下午，我参加了"高成长企业家闭门座谈会"，10位企业家发言后我做了发言，内容如下。

我们要打造产业生态优势，主要应注重以下几个方面：第一，苏州是场景最丰富的地方，并且拥有完善的上下游产业链，能够为产业发展提供丰富的场景资源；第二，要求越高对苏州挑战越大，苏州应探索跨界创新的新经济制度，将来这个城市也是新制度的中心；第三，要逐渐打造一些新经济活力区，让创新创业者来了以后有更好的生态环境。现在我们每家先进企业在大企业平台化中都能找到很多机会。我希望未来苏州成为全球公司大企业平台化的中心。

8 认知升维与哪吒企业的发展

——在中国科学院大学明德讲堂上的演讲

> 2022年10月19日，应中国科学院大学（以下简称"国科大"）汪前进教授和莫扬教授邀请，我到国科大雁栖湖校区为300位学生做了题为"认知升维与哪吒企业的发展"的讲座。我主要讲了3个部分：第一，疫后新经济与新物种、新认知；第二，新一代创业与新一代孵化；第三，哪吒计划——寻找伟大创业者。国科大的同学们对于创新创业都有自己的想法，但是对于现今新经济的发展与新一代创业缺乏认知。在讲座中，我引导同学们思考疫情对于企业发展和创业的挑战，分享了疫情发生后新经济与新物种企业的发展趋势，并且介绍了现在第五次创业潮的特点，在演讲的最后就同学们关心的学院派硬科技创业给出了自己的建议。

一、疫后新经济与新物种、新认知

在黑死病疫情后，欧洲迎来了政治、宗教变革及文艺复兴，这些事件成为近代文明的重要来源。近年来，新冠疫情引发社会经济发展的广泛变革，其中最显著的是工业经济向新型经济的演变。创业者要理解这些变革才能找到创业的机会。如果要把握住这些创业机会，需要认知的驱动。认知升维是新经济发展的第一性原理，会诞生伟大的企业。张一鸣说认知是第一竞争力，要实现超前认知不是很容易就能做到的，只有认知超前才能取得突破，而且要求现在的创业者要对所在的行业有一流的认知。张一鸣和现在很多独角兽企业的企业家对于产业的变化都有独到的认识，并且会深入实践去改变这个行业，这是以前的企业家做不到的。以前的企业家是从市场的缝隙中找到发展的方式。现在长城所正在做的事，就是寻找最具有颠覆性理念的创业者。

让这一切成为可能的基础是数据驱动。从来没有一个时代，数据能够成为企业重要的生产要素，并且带来新的驱动力。数据驱动为抖音带来4000亿元的估值；创业者是因为相信脑海中的想法，所以打造出了像阿里巴巴这样前所未有的产品。这就是马云所谓的"因为相信，所以看见"。在新经济时代，数据带动了新的发展模式，运用好数据的驱动力是这个时代创业成功的基础。

长城所总结了新经济的四大发展范式：第一，以场景为起点，我创办的企业能否找到一个能改变时代的新场景，这个场景能够改变生产、生活和管理方式。第二，新物种是场景的结果。现在的企业核心是数据驱动，无论是"哪吒"还是独角兽，都是新经济数字驱动特点的体现。第三，新物种的聚集在某个跨界领域产生了新赛道。第四，倒逼地方政府采取新治理。这些都有很深的理论根基，是创新的新规律。

10年前，长城所把独角兽企业的概念引入中国，并使其成为现在整个市场追捧的对象，后来也在长期地培育瞪羚企业。疫情期间，我们还研究了哪吒企业，这些就是我们总结的新物种企业。在座的学生有学生态的、有学生物的，任何新物种的形成都遵循3个规律：一是内部基因变化；二是外部自然选择；三是物种的形成需要隔离。内部基因的改变来源于技术的突破、模式的创新，如数据驱动；外部的自然选择来源于中国特色的产业生态和管委会制度及市场竞争带来的优胜劣汰；隔离来源于通过场景创新、赛道细分企业产生的新特征。新物种就是这样诞生的，每年长城所都会发布独角兽报告、潜在独角兽报告和哪吒报告，这些报告的核心都基于我们对于新物种的研究。

什么是哪吒企业？前几年，我发现硅谷的很多企业在创业早期就获得了非常多的融资。我当时想，这些企业像中国的哪吒，起点很高。2019年中国上映了一部以哪吒为主题的电影——《哪吒之魔童降世》，后来我和其主创团队沟通，他们说这个电影倡导的核心精神就是"我命由我不由天"，我听了以后非常受触动，中国人都很信天，哪吒就专门反其道而行之，非常有特点。于是，我让同事调查中国创业期天使轮融资超过1亿元的企业，发现当年就有100多家。2022年，中国有323家A轮（含）前融资超过1亿元的创业企业，我们就将它们定义为哪吒企业。

随着研究的深入，我发现哪吒企业有几个特点：一是企业创始人基因卓越。这是指哪吒企业的创始人往往是精英，能做到高能级创业。二是爆发增长、自成长力强。有62家企业成立当年就成为哪吒企业，有26家成为独角兽企业，还有102家成为潜在独角兽企业，爆发增长、跃迁式发展是这些企业的特点。三是前沿科技属性强。前沿科技的属性使得哪吒企业能打破工业经济界限，创造新动能和新价值。

二、新一代创业与新一代孵化

最近一段时间，我和各个高新区、孵化器、投资机构沟通最多的就是新一代创业。我自己经历过许多次创业潮，如知识分子创业潮。后来，我也做过留学生创业者、大众创业者的创业导师。最近几年，我每年都要去中国的各个新经济高地，不是去找独角兽企业、瞪羚企业,而是和新经济高地中的创业者沟通,去了解他们的看法和新一代创业的特点。我发现新一代创业有这几个特点。

一是新一代创业由认知驱动。在新经济时代,外部环境快速变化、充满了复杂性和不确定性。创业者只有勇于突破思维定式、不断升维认知,才能跟上这个时代。

二是新一代创业由场景驱动。这里的场景不是一个简单的名词,而是一种新的思维方式,是新技术、新模式带来的生活和生产情景的变革。很多独角兽企业通过找到高价值场景实现商业爆发。例如,医渡云找到了医疗数据治理场景;能链集团找到了商用车低价加油场景;爱泊车找到了城市智能停车场景。

三是新一代创业由数据驱动。2020年,国务院发布的文件中把数据列为继土地、劳动力、资本、技术之后的第五大生产要素。数据可以驱动企业的成长、引领产业的跨界,特别是能够帮助科技型创业找到好的场景。

四是新一代创业有爆发增长的特点。很多新物种企业通过独特的商业模式实现了指数级的增长。在长城所今年发布的哪吒企业报告中,发现有4家哪吒企业的融资额超过了百亿元。

就新一代孵化来说,长城所也总结出和地方政府、企业合作的几个方法。

一是曝光大会榜单。长城所每年都会发布一些榜单,这个过程可以提升地方政府、投资人、企业家及创业者对新物种的认知,旨在从政府、资源、资本等方面全方位地扶持企业。

二是将场景与创新相结合。现在业界有着"南李北王"之称的李泽湘教授和王田苗教授正在批量孵化新物种企业,正是因为数字驱动和场景驱动,他们以老师、投资人和创业者的多重身份帮助学生找到场景。如今,传统的孵化模式正在改变,并逐渐形成"新孵化"模式。

三是以新赛道为牵引。现在中关村和深圳的创业氛围是大家都在抢占新赛道、抢抓新赛道,对于创业者来说,在哪个赛道创业比其他因素更为重要。赛道牵引是助力新赛道抢位、提升认知的工具,提供了新经济时代产业发展的新理念、新思路。

四是新媒体充分参与。长城所提出全新的媒体孵化概念,为创业者助力。例如,长城所和央视网合作的《独角兽来了》栏目,围绕场景、企业、赛道和区域展示新赛道培育主阵地——高新区,并且讲述中国创新创业的全新故事。

五是创投与创业相结合。以中科创星为例,中科创星是硬科技投资的先行者,聚焦投资,目标是打造创业的生态,在投资的同时为企业提供研发生产条件,投后提供企业服务,打造集"研究机构+天使投资+创业平台+孵化服务"于一体的硬科技创业生态。

在新一代创业中，有很多新物种企业来自中国科学院的孵化，长城所与中科创星也有很深的合作。我们发掘的哪吒企业和独角兽企业中也有很多中国科学院背景的企业，我希望在未来的榜单中能够看到在座的同学们创立的企业。

三、哪吒计划——寻找伟大创业者

今天听讲座的不仅有国科大的研究生，也有长城商学院大一的同学。借这个机会我想给同学们，给这些未来的学院派的创业者提几点创业的建议。

第一，创业要靠认知，伟大的想法能够诞生伟大的企业。同学们在接下来的学校生活中，要去见识和认识更多更前沿的技术。中国科学院掌握和研究着中国很多的前沿技术和一些发展方式，与前沿技术大咖共事，能见识到很多有利于国计民生或者非常有未来感的技术。在这个过程中，要结合认知中的3个要素，即想象力、洞见力和行动力，重塑我们的认知，这对于未来的创业有极大的帮助。第一，想象力。想象力是未来创业的起点，同学们在生活中遇到一些让人"不爽"的现象的时候，怎样通过自己的想象力去解决这个问题，这是同学们这一代"互联网原住民"的责任。第二，洞见力。推荐大家去看一下《易经》，学会从各种变化中找到未来的一些规律，真正从规律上对未来事物进行把握。第三，行动力。推荐大家看一下王阳明的著作，从知行合一的角度将我们的行动力用于我们认知的事物上。

第二，创业要靠场景，场景创新推动技术研发迭代与落地。对于高校来说，传统的创新研发模式是线性的，从科学家研究、产生技术成果到进行成果转化，至于这个成果能不能用在市场上，能不能改变企业的生产流程、供应过程，可能对于科学家来说不是关注的重点。场景驱动的作用在于以现实生活中发现的问题和痛点为起点，反向地去寻找技术、人才、市场、资本等各个要素，把资源集聚在一起，真正推动创业。

第三，创业要靠链接：资本、市场、技术与人才。同学们在未来的创业过程中也好，在工作中也好，单打独斗是没有作用的，如阿里巴巴的核心人物马云，在创业初期也不是一个人在干事，他有最厉害的"三人团"，包括他的技术"大牛"王坚、他的投资人孙正义，还有他的管理专才张勇。所以，未来你们的创业需要资本、市场、技术和人才的共同加持和作用。

最后介绍一下我们长城所服务伟大创业者的项目——哪吒计划。我们面向科学家前沿科技创业，打造了一个第四方的平台，囊括了企服机构、政务机构、平台企业和投资机构，共同为学院派创业提供服务。

第五章
新场景是新经济的创新源头

本章导读

场景是未来创新的驱动力,是王德禄所长的超前洞见。作为长城战略咨询"四新范式"——"新场景、新物种、新赛道和新治理"的起点,新场景是新经济的创新源头,场景就是引爆点。他认为,新物种是新场景创新的主体,他们每天琢磨的都是如何创造新场景,新物种创造的伟大场景改变了世界。他特别强调,场景不是需求,场景的核心是创意,是改变世界,出其不意的创意才能将新技术发展出新应用。

虽然新场景的概念最先由新物种企业导入新经济领域,但王所长认为,新场景的价值已经远远超越了对企业个体成长的帮助。场景是新经济时代的创新范式,场景把与创新相关的要素——人才、资本、技术、政策集聚在一起,产生聚变,由此产生改变世界的颠覆式创新,超级场景能够加速中国科技实现引领。此外,场景也是城市发展新经济的新路径,每个城市至少建立1个场景创新促进中心,抓"5个1"场景服务:每年"1"份场景清单、"1"个场景支持政策、"1"次场景发布大会、"1"本场景创新年度白皮书、"1"系列企业场景打磨服务。

本章收录了王德禄所长关于场景的9篇重要发言和讲演记录,汇集了许多精彩的洞见和金句。其中,第1篇提出了场景的重要价值,认为创造需求和"爆发"点是场景最重要的特征;第2篇讨论了场景创新的涌现,以及新场景与新物种、新赛道之间的关系;第4、第5篇讨论了场景作为新的创新范式的独特价值和内在规律;第3、第6、第7、第9篇分别点出了北京、沈阳、重庆、合肥通过新场景发展新经济的关键路径;第8篇专门针对当前国内场景创新工作的误区提出了改进建议。

(撰写人:黄波)

1　场景，未来创新的驱动力
——在浦江创新论坛上的发言

> 2019年5月6日，我在上海参加了浦江创新论坛——2019科技创新智库国际研讨会。本届研讨会以"预见未来：2035的科学、技术与创新"为主题，研判未来15年全球科技创新发展的大趋势及可能实现的重大突破，讨论技术创新对经济、社会和城市发展的影响及相关对策。我在会上做了题为"场景，未来创新的驱动力"的发言，主要讲了三点：第一，场景是新经济创新发动机；第二，中国引领世界的未来场景；第三，创新场景引领新经济的建议。

一、场景是新经济创新发动机

最近五六年我们一直强调全球已经进入新经济阶段，主要有两个表现：一是数据成为重要的生产资料，成为企业竞争的要素；二是企业成长路线由"小微企业—中小企业—规上企业—大型企业"的线性成长，转变为"创业企业—瞪羚企业—独角兽企业—龙企业"的爆发式成长。为什么出现这个变化？主要是因为信息已成为资源，网络使企业的边际成本为零，从而使企业爆发式成长。

说到新经济，我认为有3个关键要素：第一，新经济需要未来研究；第二，新经济需要新研发；第三，新经济需要场景引领。

第一，新经济需要未来研究。未来的发展不是靠过去的经验引领，而是由对未来的愿景引领。应对这种变化，要开展未来研究，重点做3件事：一是提高洞见力；二是引领前沿创新；三是引领科技战略。改革开放40年来，中国的学习能力很强，一直在学习美国和欧洲，但对未来的研究和预测还不够。

中国开展未来技术预测和中长期科技规划，要从3个方面着手：一是要在技术预测中增加独角兽企业场景调研。现在场景创新的主力是独角兽企业，独角兽所做的场景是改变世界的场景，我建议对中国的200多家独角兽和国外的200多家独角兽进行逐一调研，调研现在已经取得成功的场景、正在做的场景、未来15年计划做的场景，以及它们在场景创新中对制度、科技、人才的要求。二是中长期科技规划的每个专项都增加未来研究。没有未来研究，针对现在说得再准也是不够的。三是基于中长期科技规划，在中国培育10家未来研究机构。要培养中国的未来研究人才，做出中国的未来预测。同时，也希望各国的未来预测专家能够到中国这个舞台做更多的科技预测，协同推进中国走向未来。

第二，新经济需要新研发。新研发推进前沿科技研发与商业化并重，关系到战略性新兴产业的培育发展路径。各地区对研发很重视，但是现在的研发已经不是过去由科研机构主导的研发了，而是科学家、企业家、投资人多主体联合参与的新研发，实现的是对未来的把控。目前，各地区在做科学城、科技创新布局时，一定要将企业家、投资人和硬科技创业紧密结合起来。

第三，新经济需要场景引领。场景是新技术落地应用的创新实验室，也是新技术产业生态的聚合器，还是成就高技术独角兽企业的重要利器。现在大家对场景有很多错误的认识，我理解的场景主要有3个方面：一是场景不是技术的应用示范，而是实现爆发式成长的"引爆点"。现在独角兽大量涌现，就是因为它们做成了改变世界的场景。二是场景不是挖掘需求，而是通过洞见创造未来，是创业者针对问题的创意实践，创造出了大规模新需求。三是场景不是由500强企业、科学家主导的，而是由创业者和独角兽主导的。

二、中国引领世界的未来场景

中国目前已经有若干个场景，在世界上产生很大影响，包括无人支付、共享出行、在线直播、智能安防、新媒体等。同时，中国还在创造未来可能引领世界的场景，包括城市大脑、无人驾驶、新零售、智能教育、智能诊疗等。可以说，中国现在有200多家独角兽，它们每天琢磨的都是如何创造新场景。

人类社会发展有个大趋势，就是追求幸福生活、探索长寿、改变世界及让人类变身成为"超人"，我们一直在追随这个趋势。最近10年出现的两大终端全面提升了人的能力：第一个终端是手机，手机赋予人千里眼、顺风耳，提供数据大脑，帮人计算和存储。第二个终端是汽车，汽车现在做的是无人驾驶，会自己跑，能飞，还能成为机器人。上海是汽车产业很发达的城市，上海在手机这轮浪潮中不如深圳、北京，但在汽车这个第二个终端发展浪潮中，应该有所创新。我希望上海借助汽车这个终端，让人能够摆脱身体的束缚，跨越空间变为"超人"。

三、创新场景引领新经济的建议

首先，要聚焦独角兽，挖掘新经济场景与政策需求。独角兽是引领新经济创新的最重要的主体，它们现在到全国各地去落地，无非就是找两样东西：第一是场景，要求各地政府能够提供资源和空间，为独角兽的新技术和产品的测试与应用提供条件；第二是新经济的政策，独角兽发展需要的不再是传统的土地、钱、房子，而是希望政府以新经济的视角给予场景和弹性政策的支持。

其次，要设立场景实验室，推进场景持续挖掘与创新。发展新经济要面向未来，需要新研发，这是引领未来技术创新的原动力。场景是加速技术成熟、产品应用的主要手段。这时候，我们就需要建设场景实验室来挖掘生活、生产中的一些新的需求和应用空间，创造新的场景，实现新技术供给与需求的对接，通过技术验证、商业模式优化、资源链接等途径，加快新技术、新产品的商业化应用，培育出新经济。

再次，要加强新经济制度供给，重视场景对伦理提出的挑战。工业经济时期，英国起了主导作用，原因就是其建立了工厂制度，发明了有限责任公司，建立了工业经济的制度。新经济时代，独角兽需要政府建立新经济制度，这个制度与过去的经济制度有很大不同，它突出创业，强调信用约束，重视以人为本，聚焦产业生态。在制度供给之外，人工智能等新技术带来的场景给伦理提出了很大的挑战，需要有强大的伦理应对策略。建议建立预测和预警机制，出台解决方案，设立伦理问题办公室。现在北京、上海、粤港澳大湾区等都把场景创新当作主要任务，这就需要中国更加重视在伦理上的预警。

最后，建设智能城市，打造场景落地应用的新载体。面向未来15年，重点是要变，出现新事物。不是让传统企业干，也不是让事业单位干，而是应该让具有洞见力、有颠覆式创新能力的创业者干。中国未来研究很不充分，但是出了很多独角兽企业，就是因为中国有"三玄"，即周文王的《易经》、老子的《道德经》、庄子的《南华经》。中国的"三玄"使得中国人的潜意识非常强，它看起来比较虚，但实际是对直觉和洞见力的发掘。中国还出了很多的新场景尚未在全球引爆，希望上海能成为引爆全球场景创新的地方。

2　场景、赛道与科技创新

——在科技部中信所学术沙龙上的发言

> 2019年7月17日下午，我受邀到科技部中信所参加了"战略大家谈"学术沙龙，并做了题为"场景，未来创新驱动力"的演讲，王奋宇、黄波等随行，科技部战略规划司、中信所、战略院等部门相关人员参加了会议。我在会上主要讲了4个方面：第一，未来场景创新是引领科技创新的航标；第二，紧盯八大新经济创业赛道，实现爆发式成长；第三，场景、赛道是科技体制创新的新议题；第四，建议将场景方法论融入中长期规划。

对科技工作来说，场景和赛道是最近5~10年出现的新词，我今天主要讲讲场景、赛道和创新的关系。在新经济时代，几乎所有事情的逻辑都变了，一切皆有可能，对未来发展方向的把握成为研究工作的核心和关键。

最近，李克强总理说我们要催生更多的"独角兽企业""瞪羚企业"。对于科技工作者来说，我们不应再囿于传统经济的创新体系，而应打造新经济的创新体系。在新经济创新体系中，有两个词很重要：场景、赛道。

场景就是改变世界的新技术的新用法，是独角兽追求的核心领域。以前说流量为王、数据为王，最近有了新的说法，就是场景为王，场景就是引爆点。场景把与创新相关的要素，如人才、资本、技术、政策都集聚在一起，产生聚变，由此产生改变世界的颠覆式创新。

赛道是什么意思呢？赛道就是创新的最新领域，是企业家、投资人都看好的未来具有爆发潜力的领域，大家一起努力地在这个领域里面搞创新。现在投资人、创业者都在寻找最有价值的赛道。

一、未来场景创新是引领科技创新的航标

在新经济的发展过程中，中国抓住了社交化、"互联网+"和数据智能这3个重大机遇。

前些年出台的"互联网+"政策，使得中国的商业模式变革及很多产业变革都取得了很大的成果。从"互联网+"到现在的人工智能，这是历史发展的必然过程，

也是一个新的机遇、新的阶段。现在各个地区、各个创业者、各个投资商都在追场景。

现在中国已经出现了一大批场景,这些场景既实现了爆发,也面临极大的挑战。我说几个很典型的例子,如移动支付、共享出行、智能安防、新媒体、在线直播。

第一,移动支付。可以说,中国的移动支付在全球绝对领先。现在的移动支付方式正在不断拓展深化,坐飞机、乘公交可以不用票了,看电影也可以不用票了,诸如此类的场景会越来越多。最近有个很有趣的现象,有些做移动支付的企业在中国的激烈竞争中发展不下去了,就去了欧洲或东盟,却快速发展起来。但是中国的场景在国外发展还是有一些壁垒,比如在有些地区,仍是以现金支付为主,很少见到移动支付。目前正在制定的中长期规划和以前的中长期规划完全不同,以前是规划如何把国外的技术拿到中国来,这一次则是要规划如何在无人之境做原创,以及怎么把中国出现的改变世界的场景推向世界。

第二,共享出行。现在人们经常议论网约车有什么样的问题和不足。我认为这是个新事物,做科技工作的人,对新事物应该有新的思维和眼光。

第三,智能安防。这是目前在全球引起争议最多的场景之一。现在中国的人工智能企业包括场景突破点大量出现在安防领域。同时,国外则在安防领域对中国进行打压,很多搞智能安防的公司已经和华为一样被美国列入打压名单。问题的核心在于是否可以进行人脸识别,并且在识别后是否可以进行公开。一些人可能会提出"我的脸是我的,不应该在你的平台上被随意识别"的看法。当前,我国提出"只有在具有特定的目的和充分的必要性,并采取严格保护措施的情形下,方可使用人脸识别技术处理人脸信息"。这一情境具有重要的研究价值,我们应当从伦理和法律的角度进行深入探讨。如果中国能够制定出一套比欧洲和美国更为科学、更具理性的标准,将对人工智能的发展产生重要意义。

第四,新媒体。为什么新媒体在中国这么活跃?比如《今日头条》已经是超级独角兽,估值 200 多亿元,而且《今日头条》旗下涌现的新业态非常多。

第五,在线直播。这与中国人手一部智能手机有关,无论人们每天用手机做什么,都会在不同的平台上留存大量的数据。视频直播一开始只有娱乐功能,现在发展到教育、购物等领域。有个词叫"know-how",是指做一件事的技巧和诀窍,直播能把最难的技巧直观地推到人们眼前,而且还容易传播。短视频也是最近热门的场景之一。通过短视频,你会突然发现我们的世界从过去的冗长陈述变成了不到

100字的简洁表达,过去的2小时的视频缩减到几十秒钟甚至几秒钟就能呈现在你眼前。这个世界没有碎片化就没有平台,有了平台就能把碎片化的东西都编织到一起。

现在我们正在进入人工智能时代,场景的作用更大。人工智能领域最具有突破感的是独角兽,独角兽的作用越来越大,大到很多国家和地区都希望找一家人工智能企业来创造新场景,引领经济发展。人工智能正在向多领域渗透,把人工智能当作一个核心来抓是非常对的。

场景一定不再是基于原有的价值体系,而是新的体系。可以给场景分类:第一类吃喝玩乐,包括娱乐体验、新零售、智慧出行等。第二类生老病死,包括医疗、个性化教育、云康养等。第三类价值实现,包括智慧工厂、人工智能赋能的专业领域和产业大脑。从某种意义上说,产业要有大脑,创新要有大脑,区域也要有大脑,人工智能的核心是要做大脑。

未来,就是要鼓励创业者进行想象和建设创新场景。场景创新、发展新经济的最终目的就是要实现人类追求幸福生活、追求身体健康、追求超越自身能力的目标。

二、紧盯八大新经济创业赛道,实现爆发式成长

前文我通过案例讲了场景的价值,接下来讲讲赛道。首先,赛道是创业者探索的新领域;其次,赛道是投资商投资的新领域;最后,赛道是独角兽诞生的地方。赛道出现的一部分原因是人工智能的发展,人工智能把原来不搭界的领域整合到了一起。

第一是APP流量引爆。很多独角兽做APP只要能排到苹果或小米应用商店的前十,流量就会大幅增加。最近我在上海创业周遇见一位做APP的创业者,他做了一款图片处理的APP,第一轮融资就获得1000万美元。中关村、上海、深圳和杭州这些地方都出现了一批世界一流的独角兽,而且出现了一个新的趋势:投资商开始进行联合创业。这是新经济的最新现象,APP流量引爆是很多年轻人善于干的。

第二是产业互联网新连锁。我们从20世纪80年代开始做连锁经营,但现在出现了新情况,近5年开始用大数据、云计算、人工智能为连锁赋能。举个例子:汇通达估值200亿元,以B2B、B2C的模式连接乡村夫妻店,打造农村生态的网络平台,打通供应链、物流、金融等各个环节,现在这个系统有上万家夫妻店在用人工智能赋能,任何一个商品进入它的销售体系,销售额就能增长10倍。还有,瑞幸咖啡是一家典型的通过人工智能大数据发展的联合企业。利用大数据赋能,比国外

所有的咖啡店都发展得快。赛道越新，联合创业的动力越大。

第三是人工智能垂直应用。人工智能的核心就是人工智能技术的垂直应用，其在若干领域的进展都非常快。以医疗为例，运用人工智能，诊断、治疗等都能减少大量成本，大大提高医疗效率和质量。过去是以资质为核心的管理体系，以后要变成以信用为核心的管理体系。这个产业能够让很多中国人看病更容易，在这个方面我们应该向美国学习。

第四是基于 IP 的文创新体验。文创的核心是 IP。最近故宫重新发掘传统 IP 的价值，让年轻人爱上传统文化。不仅如此，故宫更是与许多新经济企业联合创新，推出了故宫 IP+ 手账、故宫 IP+ 口红等跨界的产品，取得了很大的成功。

第五是人力资源互联网赋能。科技创新中人力资源很重要。现在的人会用手机，但还不会用云。通过互联网赋能，可以帮助更多人就业。

第六是流程文档 AI 自动化。随着 AI 技术的发展，最近出现了一款新软件，叫 PRA，也叫流程文档 AI 自动化，机器经过学习可以模拟人工进行电脑操作，如从 Excel 中把数字复制出来，填写到财务软件中。这类软件发展很快，因为机器能够承担许多重复性的电脑操作，大大降低了人工成本。AI 智能化技术取代人类劳动才刚刚开始，将来会越来越多。

第七是大数据行业新应用。上海举办了一次开放数据创业大赛，其中智慧城市数据将提供给获得第一名的团队。换句话说，这次大赛的冠军将获得使用人工智能相关数据的机会。通过数据开放进行创业，第 1 名是硅谷，第 2 名是中关村，第 3 名是上海。中国数据开放进展较慢，如果进一步开放，对中国的科技创新会起到很大的作用。

第八是大企业场景孵化。主要是把场景交给创业者，最著名的例子是海尔，还有一个是平安公司，平安公司孵化了 4 个独角兽，尤其是它的陆金所估值已经超过了 394 亿元。大企业通过开放数据来支持创业，这种方式将促进场景孵化的出现。

三、场景、赛道是科技体制创新的新议题

新经济最大的变化就是数据和知识成为资源、成为生产要素。当数据成为资源时，边际成本几乎为零，这是爆发式成长的基础。现在出现这么多爆发式成长企业的根本原因，就是源于人工智能和数据成为资源。换做科技的语言就是，科技进入了无人之境。进入无人之境，就意味着要研究未来，要解决想象力的问题。现在我们的部分企业家还是在原来的套路上模仿别人，我们的研究重点往往也是研究美国

在干什么、英国在干什么，这是不够的。我认为应该加强未来研究，把未来研究的学科和队伍建立起来，尤其是要重视人工智能。未来研究有什么用？就是能够对未来更有洞见力，能够看得更远，抓住改变世界的赛道和场景。

中国在新经济的科技创新领域有两个领先优势：一个是场景；另一个是赛道。

场景就是引爆点。场景有点像过去我们说的成果转化，以前我们的成果转化都要先把技术搞出来，再考虑科研成果产业化的问题。在新经济体系中，要用全新的逻辑来做，也就是场景思维，把原来成果转化的路径倒过来，先找到新技术的应用点，有了一个好的创意，再去找资源，再去做技术研发。中国的一个大优势就是场景丰富，人多、数据多，每一个好的场景都是引爆点，场景落地可以加速技术的研发，可以倒逼出来"有用"的技术。所以从这个意义上说，场景是技术创新的新范式。

赛道就是大的创新方向，相当于以前一直在做的预研和技术选择。我们现在要用新的方法来做技术选择，也就是选择赛道。选择赛道是发现原始创新在社会经济发展中有爆发可能的领域，光靠科学家不够，一定要有社会投资人等社会经济力量参与，尊重市场的判断力。美国的技术选择也是让企业与社会充分参与的，以前我们的技术选择是由科技部门、科学家主导，社会力量参与不足，要让科学家、创业者、投资人都参与。

场景和赛道对科技体制创新提出了新问题、新视角、新方法，应该加强关注。中国要成为科技强国，应该改变想法和做法。

场景和赛道是中国最接近取得领先位置的领域，中国出现的改变世界的场景最多，超过美国；关于赛道中国说得最热闹，各界广泛关注。所以，应该把场景和赛道作为科技创新的重要抓手，要在世界上形成引领性。

四、建议将场景方法论融入中长期规划

第一，我希望人工智能未来场景实验应该在各个高新区开展，中国的几代创业者都是在高新区出现的，所以各个高新区应该成立符合本地发展特点和要求的场景实验室。比如北京中关村可以做产业大脑实验室，西安可以做机器人实验室等，各个地方要各有特色。

第二，人工智能可以让产业创新成为比企业创新更重要的创新，人工智能使场景、赛道成为中心。有的科技园区现在开始打造世界级的产业集群，企业家、投资人、科学家、创业者都联合在做产业共同体，产业组织方式需要重组和全新变革，

一个产业越新奇越要有产业基金和产业大脑。什么是世界级产业集群？就是能够把控全球产业动态，包括价格、产业的创业情况、产业出现的新业态等与产业发展相关的所有东西。在产业大脑方面，建议科技部率先部署一些项目。

第三，建议加强新经济制度创新。目前，各个领域做新经济、做人工智能都要求新经济制度创新，传统的制度是许可模式，政府允许做什么企业才可以做什么，而新经济制度的核心是信用，先放手让企业创新，如果信用不好了可以停止。

第四，以人为本，提前研究人工智能的伦理和法律问题。人工智能的出现对社会的伦理和法律规范提出了挑战，对人工智能技术不应放任不管。比如大家都在讨论的自动驾驶，如果自动驾驶的车辆突发意外，机器算法应该遵循何种原则趋利避害？谁来承担事故的责任？将来人工智能渗透到社会生产生活的方方面面之后，伦理和法律问题将会更加突出，在这方面，科技部应加强研究，为业界的创新提供指引。

今天讲了这么多，想表达的核心意思就是，场景是新经济的驱动力，是新经济范式的起点。我国已经在移动支付、智能安防等领域实现了引领。现在发展人工智能，应该继续坚持场景驱动的思路。场景资源是中国发展人工智能最重要的优势之一，在人工智能的发展过程中，不仅需要资金的支持，还需要场景创新和新经济制度创新，希望科技部能够在场景创新和制度创新中发挥重要的作用。

3 北京应打造全世界的场景创新中心

——在北京市应用场景建设思路研讨会上的发言

> 2020年6月5日上午,在长城所召开了北京市应用场景建设思路研讨会。会议由北京市科委组织,邀请了北京市科委相关领导;中关村企业家顾问委员会副秘书长刘进,以及小米集团、百度、快手、千方科技、数梦工厂、未来黑科技、声智科技、AIPARK(爱泊车)、石器、新石器等企业代表参加。长城所王德禄所长、高级顾问赵慕兰和杨跃承、副总经理王奋宇、副总经理黄波等出席会议。王所长在会上做了题为"北京应打造全世界的场景创新中心"的发言,讲了3个方面:第一,场景和赛道成为科技创新的打法;第二,为什么会出现新场景;第三,北京如何做场景创新。

一、场景和赛道成为科技创新的打法

现在中国经济发展到了一个新阶段,所有的科技创新都变了,场景创新和新赛道成为科技创新的主要打法。和过去科技示范项目不一样的是,现在好的场景一旦落地,就一定会产生爆发,一定会改变世界,一定会出现独角兽。北京成为最近十几年来全世界场景创新最多的城市,每年出现80多家独角兽。这些独角兽做的事情就是场景创新。

北京市政府要做场景创新和企业家做场景创新不是一码事,政府发布场景清单和重大任务,只是表明政府有新经济的观念和思想。在这方面,北京市政府的做法是相当超前的。政府发布清单,企业找落地点是城市发展新经济的方法。现在许多城市政府都在发布清单,有北京的清单,还有成都的、深圳的、上海的、重庆的,新经济企业需要研究不同城市发布的场景清单,看企业自身跟这些清单的某个场景是不是有一定的吻合性。不管哪个城市要发布场景清单,第一时间要看有没有使企业落地的场景,有没有改变世界的场景。改变世界的场景必须是原创,必须要创意,而不是政府对现有技术的采购。

二、为什么会出现新场景

为什么会出现新场景？第一个原因，互联网、大数据、云计算、人工智能在中国已经有了一定的基础，中国的优势越来越明显，就是人多、数据量大；第二个原因，新冠疫情暴发之前长城所发布了改变世界的十大场景，都是以"无人"为代表。我最近写了一篇文章，中国的抗疫经验怎么总结？中国的抗疫包括数字抗疫，包括电商、支付、社交、物流四大主赛道。因为这些赛道，中国人民在疫情期间的生活基本没有受到影响。因为疫情，场景从无人主赛道发展到非接触，无人场景方面硅谷领先，在中国高新区被放大。而非接触场景中国是原创，尤其是武汉。在非接触场景中，涌现出了更多千亿级的新赛道，如云办公、直播带货。在新赛道中涌现出来的明星企业往往就是独角兽企业，或者很快就能爆发成长为独角兽。

三、北京如何做场景创新

北京是全球新经济企业最多的城市，也是企业场景创新最活跃的城市，北京的企业在全国甚至全球寻找场景落地爆发成长的机会。北京应该将这种优势应用到北京这个特大城市的发展管理中。北京市最近两年也在下大力气做场景创新的政策安排，如提出场景创新的十大任务，并率先在冬奥会筹备、通州副中心建设中大力推进场景创新，发布场景清单。但是长城所在实地调研中发现，政府发布的场景清单并没有得到企业和市场的有效响应。当前，政府发布的场景清单与企业新技术落地之间的衔接，也迫切需要一批懂场景、会谋划、有企业资源链接及服务能力的"场景促进机构"来承担。这种懂场景、会谋划、有能力的场景促进机构，一类产生于平台型大企业，如阿里巴巴、腾讯、百度等；另一类就是对场景及其新赛道中的优质企业资源有把控能力的第三方专业机构（场景促进中心）。政府要借助平台型企业和场景促进中心的专业能力，实现已发布场景的落地实施。中关村拥有大量优质专业资源，也拥有具备场景设计、落地能力的大企业和专业机构，因此北京应加大力度打造全球场景创新中心。中关村更应关注改变世界的场景创新，使新场景成为驱动中关村发展的新动能。

4 场景是国家科技竞争的焦点之一

——在"场景驱动的创新模式研究"远程汇报会上的发言

> 2021年2月26日上午,长城所参加了科技部"场景驱动的创新模式研究"远程汇报会,会议采用远程汇报模式,科技部相关领导听取了汇报。我在会上做了题为"场景是国家科技竞争的焦点之一"的发言,主要提到三点,第一,场景的核心要义是"创意+爆发+新治理";第二,场景创新的主体是新物种企业;第三,未来场景计划是下一个国家级科技竞争焦点之一。

一、场景的核心要义是"创意+爆发+新治理"

我认为,场景不是需求,场景的核心是创意,是改变世界,出其不意的创意才能将新技术发展出新应用。过去围绕需求的研发是线性的,而现在为什么出现这么多新物种企业,是因为把新技术应用在了全新创意上,场景不仅是需求的满足,还是创意和技术的结合。另外,场景的目标是要爆发,如果做不到爆发,那么就不值得投资企业和创业者关注。再者,新经济时代就是以创意和新治理为主导,场景在这样的生态下发展起来也非常需要新治理,这点我们在工作中感触非常深。昨天我们与爱泊车交流,爱泊车已经发展了5年,因为疫情的原因实现了爆发,现在需要实现新治理,所以场景的核心要义是"创意+爆发+新治理"。

疫后场景创新全面加速。场景已经提出了近5年,4年前和今年的场景有什么不同?其核心就是疫后中国的场景创新全面加速,非接触场景、无现金支付,都是改变世界的场景,中国新经济发展优势就是场景创新。从全球来看,目前只有中国实现了无现金支付。中国人多、产业多、变革多,场景创新处在全球领先位置。

二、场景创新的主体是新物种企业

场景驱动的创新是数字时代兴起的一种重要的科技创新范式,不同于传统先研发后转化的线性科技创新方式,场景创新面向真实的技术商业需求,通过市场规则加速技术和商业同步爆发。场景创新是对未来的洞见,也是科技创新的航标,在催生高成长新物种的同时,将加速前沿技术的突破。场景创新的主体不是政府、科研院所，而是新物种企业，这些科技企业带着技术在不断开发新场景，通过场景的落地实现商业化和估值的爆发，倒逼技术的突破。我们看到发展非常快的智能交通、自动驾驶、人脸识别等，都是这些独角兽、科技企业创造出来的新场景，也通过场景落地实现了引领全球的爆发式成长。

场景创新是符合中国产业优势、数据优势、市场优势的新范式，能够带动国家科技力量、人民生活水平的全面提升，在新时期科技创新战略中应该加强对场景创新范式的重视和应用。

三、未来场景计划是下一个国家级科技竞争焦点之一

我们和很多创新企业接触过，这些企业都有全国引领乃至全球引领的新场景，中国有一大批企业都有意愿和能力去设计改变世界的场景，比如昨天和爱泊车交流，他们提出要设计 4 个领先全球的场景。那未来是否可能由若干家企业一起在交通、汽车、污水处理等领域设计 10～20 个改变世界的场景？中国现在比美国强的方面在于有拼多多、快手、水滴筹、趣头条等四大"下沉王"，这些企业现在做的事情还是市场里的事，下一步我们计划与快手合作，探索"三下乡"的新实践，通过企业让每个人生活得更好，这个场景的核心是解决未来社会、生活、产业等的问题，目的是创造一个全新的世界。

第二次世界大战以后，美国的曼哈顿计划、星球大战计划等科技战略关注的焦点都在太空争霸、军备竞赛等领域。20 世纪 70 年代以后，国家间的科技竞争将越来越与数字化、人民生活美好、城市发展美好密切相关。美国的信息高速公路把人类带入了信息时代，而中国的场景创新是能够改变世界、有可能成为媲美"两弹一星"的国家科技战略。场景创新是有助于中国提升国际影响力、增强科技竞争实力的重要战略，未来场景是国家间科技竞争的焦点之一，我建议制订国家未来场景计划，围绕场景创新组织重大科技攻关。

5 场景四大核心要义：
创意、小切口、爆发、新治理

——在《场景驱动创新·塑造数字经济全面发展优势》系列直播课上的发言

> 2021年4月2日晚上，我在GEI新经济五日谈《场景驱动创新·塑造数字经济全面发展优势》系列直播课上做了题为"场景四大核心要义：创意、小切口、爆发、新治理"的发言，主要包括3个部分：一是场景创新的意义；二是场景核心要义：创意、小切口、爆发、新治理；三是如何实现场景爆发。

一、场景创新的意义

2021年《政府工作报告》提出，今年经济增速预期目标设定为6%以上。然而，有机构预计2021年第一季度经济增长率大概率会超过15%，对第一季度15%的增长，很多经济学家不知道怎么解释。我为什么觉得很当然，因为疫后新物种大量涌现，新物种企业是成倍增长的。我们长城所去年增长40%，今年提出来翻番。最近成都在搞新经济活力区，去年成都增长8%，但活力区增长30%。

今年是"十四五"开局之年，也是疫后百年之变的开端。疫情期间，我们在深入研究疫情带来的新规律、新认知。人类进入新经济时代，其特点是新跨界、新赛道、新物种。总结来看，疫后出现了4个趋势：一是数据驱动企业出现新物种；二是数字驱动产业出现新赛道；三是数字驱动科技出现新场景；四是数字驱动治理出现新治理。在新经济中，场景创新是起点。改变世界的场景来自创业者的创意，如果成功引爆，企业会成为新物种，产业会形成新赛道，在这个过程中新经济发展与传统管理矛盾凸显，走向新治理。

在场景创新中，创业者成为科技创新的主力军。长城所5年之前总结中国的创业经验，主要有3个阶段：改革开放前，科研院所、大学高校、实验室是科技创新的主体；改革开放后，企业是科技创新的主体；新经济时代，创业者成为科技创新的主力军。新经济时代，场景创新已成为科技创新的新范式，原来的创新是先研发后转化，现在场景创新是真实需求引发的技术创新，技术应用的创意是起点；新物种企业是主体；真实环境是实验室；微生态是加速机制；实现技术突破与商业价值同步成长。

当前，场景创新最活跃的是新物种企业，我们对新物种企业的场景做了系统研究，提出了新经济场景体系"5D-8T"，D是指新经济企业创造新的美好生产生活方式的方向，T是新经济企业用于改变世界的新技术和新模式。我们发现，424家新物种企业运用八大技术群40个细分技术，在五大应用方向39个细分应用领域创造出304个应用场景。这个场景体系，预计今年5月在合肥发布，将成为全球第一个新经济场景体系。

二、场景核心要义：创意、小切口、爆发、新治理

过去科技企业竞争的是流量和入口，现在场景创新成为科技竞争的焦点之一。场景创新不是技术应用示范，而是爆发式成长的引爆点；不是挖掘需求，而是通过小切口解决大问题，通过洞见创造未来；不是由500强企业、科学家主导，而是由创业者、独角兽主导。总结来说，场景的核心要义是"创意+小切口+爆发+新治理"。

第一，场景不是需求研发，而是改变世界的创意，是创意和技术的结合。如新石器、快手都是创意应用于新技术的典范，快手更是四大"下沉王"之首，直接将新技术创意下沉到农村，上市即成为万亿级企业。

第二，场景不是"摊煎饼式创新"，而是从"小切口"入手解决大问题。现在的研发已经不单是解决生产制造过程或产品问题，也是要从细节入手解决社会生活方方面面的问题和体验。所以，场景创新一定是从一个非常具体的小切口出发，做好场景就实现爆发。大企业做创新涉及的方面太多，只有新经济企业能够聚焦改变世界的"小切口"，因此，场景创新的主体一定是新经济企业。

第三，场景不是技术应用示范，而是必须要实现商业价值和技术同步快速爆发式成长。爆发的场景越来越多，我们也就越来越能体会到场景带来的新机会，如涂鸦成为千亿级企业，是因为它会做平台，会做场景，会做爆发。能链聚焦职业司机低价加油场景，其最大的特点是将新经济与传统经济体系耦合，实现跨界爆发。

第四，需要通过新治理建立符合场景创新特征和规律的新规则。场景一定是跨界的，意味着过去的管理体制对其创新会产生一定的阻滞作用，新治理就是改变、完善规则，使新物种更快地发展。一个新赛道出现爆发成长，新物种会越来越多，对新治理的需求就越来越强，我们长城所也成立了新治理中心。新治理有3个词：新经济发育不成熟、发展不规范、管理不到位。我认为，这不是新经济的缺点，恰

恰是新经济的发展阶段。疫情之后还需要很长一段时间新经济才能真正走向成熟。

三、如何实现场景爆发

对企业、地方政府、国家来讲，如何通过场景实现爆发式成长、加速当地新经济发展、提升国家科技竞争力，我认为应该从以下几个方面着手。

第一，企业层面，用好场景爆发模型，发掘高价值场景。一是大企业培育新物种，大企业里面的创业者找高价值场景，如海尔把自己的业务分隔，出现很多高价值企业。二是科技企业找高价值场景，找到场景后实现爆发。我们的新物种会员服务的核心就是场景的培育，帮助企业找高价值场景，做新物种的会员管理，使其快速成长为新物种企业。

第二，行业层面，鼓励行业龙头企业、国企开放产业场景资源。行业龙头企业、国企等在数字化转型探索中会为新技术的应用提供大量的场景机会，如青岛开展的大企业平台化探索、大企业开放场景资源和科技企业开发场景创新。我建议传统产业集聚的区域都要做大企业平台化，意思是鼓励传统龙头企业开放场景，引爆新物种企业。

第三，城市层面，建议每个城市都至少建立1个场景创新促进中心，开放场景资源。我们的场景创新促进中心可以提供"5个1"场景服务：每年"1"份场景清单、"1"个场景支持政策、"1"次场景发布大会、"1"本场景创新年度白皮书、"1"系列企业场景打磨服务。同时，通过组织政企场景资源对接会，使场景清单成为招商引资的抓手，建立从清单发布、实施到总结的场景工作体系。成都机会清单发了很多，但和外地新物种企业对接不够，场景创新应该是"发布—对接—落地"的循环。

第四，国家层面，建议国家启动国家未来场景计划，谋划超级场景项目，以场景促进科技创新。近代以来全球科技竞争主题发生了3次转变，现在场景创新成为新的国家科技竞争焦点之一。我们建议在城市无人交通、超大城市治理、卫星互联网、虚拟空间的真实体验、基于真实世界的医药创新等重点领域谋划20个改变世界的国家级场景创新项目，将其作为未来的场景计划。

6 打造东北场景第一城,全面拥抱新经济

——在"沈阳城市机会场景清单发布会暨重点项目云签约仪式"上的主旨演讲

> 2021年4月22日下午,我和王志辉、曹善平、莫祯贞等一起到沈阳参加"沈阳城市机会场景清单发布会暨重点项目云签约仪式"系列活动。沈阳能举办全国第一个同时进行场景清单发布和针对清单项目企业揭榜的大会,这让我感到很惊喜。在当晚的政企对接会上,我与沈阳市市长王新伟、副市长李松林等领导就沈阳未来发展进行了交流,我认为这次大会对于沈阳未来新经济发展是一次千载难逢的机会。当天晚上,我与长城所的同事又开展了一次深入的论证研讨,围绕"打造东北场景第一城,全面拥抱新经济"又产生了诸多想法。4月23日早上,我接受了记者的采访,表达了对沈阳发展新经济的一些想法和建议。在4月23日上午的大会现场,我主要讲了三点:第一,新场景是沈阳引培新物种、发展新经济的关键手段;第二,场景的核心是创意、小切口、爆发、新治理;第三,我对沈阳打造东北新场景第一城的建议。

一、新场景是沈阳引培新物种、发展新经济的关键手段

新经济开展后各地都在做新场景、新物种、新赛道、新治理,这一切新事物都从场景开始的,沈阳应该是全国第一个召开这么隆重的场景清单发布会的城市。今年有4个城市准备全面系统地筹备发布场景清单,没有想到第一个是沈阳,这是振兴东北的一招,是特别有力的武器。做场景清单发布的核心是发展新经济。新经济和(旧)经济有什么区别?今年第一季度的数据显示,创业在各地都呈现爆发式增长,全国平均增长20%,在很多地方是30%、50%的增长,就是因为疫情过后数字经济成为新的增长动能。年后有两家公司上市很引人注目,一个是涂鸦,一上市市值就达到140亿港元;另一个是快手,一上市市值就达到1.39万亿港元。这让业界大吃一惊,一度超过百度、京东等的市值,一个创业公司市值怎么就到了亿元、万亿元?这就是新经济、数字驱动的爆发成长,是新动能。爆发成长从场景开始,所以今天沈阳开这个会,沈阳就做了领跑者。沈阳在去年新经济全国城市排名第27位,经济排名第33位,这代表沈阳的新经济走在了经济发展前头,从这个角度看沈阳很有希望、大有希望。王新伟市长也讲了"新经济不怕晚",创业三五年,百

亿企业就会很多，我们发展新经济的目的就是这个，创业实现爆发增长，但这一切从场景开始。

沈阳新经济企业确实不多，现在有两家潜在独角兽企业，没有独角兽企业，也没有哪吒企业（哪吒企业是创业期就获投资1亿元及以上的企业），我们去年发布的《中国哪吒企业发展报告2020》，T3出行在创业期间拿到了100亿元的投资，这可以说虽然投资家很谨慎，但是要投就投大的，不投小的。我们东北人有很天然的优势，就是会讲故事，能有100亿元的投资，就是故事讲得好！你的投资故事讲得好，大家就愿意把钱投给你，我希望沈阳发挥自己的优势，创业团队将来能在沈阳培育哪吒企业。

新场景是新经济的起点。硅谷出了很多本书，有一本书叫《未来呼啸而来》，它讲的就是新经济呼啸而来，场景创新和过去的创新不一样，它的基本逻辑是改变世界。"十四五"规划《中华人民共和国国民经济和社会发展第十四个五年规划和2035年远景目标纲要》再次强调了数字经济的重要性，数字成为生产要素，数字驱动的企业是新物种，数字驱动的产业是新赛道，数字驱动的技术是场景创新，数字驱动的管理是新治理。这四个"新"是新经济的四大核心。今天邀请到的十几家新物种企业，是数字驱动的企业，基本做到了市值每年翻一番，为什么这么快？因为数字成为生产要素，它呈现出边际成本为零且越用越多的特点，它的基本特征是"爆发成长"。有的企业一市值一年增长1倍，有的甚至增长10倍，某些创业企业经过五六年发展，一上市就达到10 000亿元以上时市值，这是新的机会。我也希望，沈阳能抓住机会，做好这件事。

二、场景的核心是创意、小切口、爆发、新治理

为什么先是创意？创意不是需求，创意是改变世界。创意来自想象力，是做过去人们没想到的事，如滴滴出行、无人支付这些全都是在它们诞生前无人想象到的需求，是创业者创造的新的生产生活方式。

小切口是指改变世界，是从一个个很小的地方出发。疫情之后，中国的非接触赛道快速发展，成了全世界的创新创业焦点。围绕非接触的机器人，我们沈阳也有这样的企业，可以验证小切口足以改变世界。小切口创新不是什么都干，它和原来的创新不一样，与传统的研发转化也不一样，是围绕改变世界生活和生产的某一关键问题而做的。

衡量创业者的创意和小切口有没有成功，最重要的是看新物种、新赛道有没有

实现爆发增长。纵看中国科技创新的历史演进，中国改革开放之初是大型研究所创新，其后是大企业创新，现在是创业者成为创新的主力军。各大企业也要拥抱新经济企业，开放自身所处的行业场景，让新经济企业来你的平台共同创新，最终实现新物种、新赛道的爆发增长。

最后是新治理。将来我们能不能做好新治理，这是一个重大课题。我们要去发布别人没有的、适合新物种企业成长的制度。过去我们的制度以行业管理为主，现在需要跨界的新制度。在企业跨界制度的制定方面，走在前面的有贵阳大数据、银川"互联网+"医疗相关企业，它们都是因跨界制度创新而形成的新经济企业。沈阳应该凭借独特的优势做跨界的制度创新，只有这样，才能有新物种愿意到沈阳来。

三、我对沈阳打造东北新场景第一城的建议

今天我们召开的发布会，可以说是发布、对接、揭榜这3件事情都做了，但是这只是说我们沈阳做了新场景的一小部分工作，下一步要学习上海、北京和深圳，扎实推进新场景工作。我也希望场景大会之后，沈阳在三大方面有所突破：一是城市治理；二是产业促进；三是文化创意，尤其是吃喝玩乐中的乐，要做出一些能改变世界的场景。此外，沈阳很多大企业有不少产业背景的场景，我希望沈阳能在大企业平台上利用开放的场景，在孵化新物种层面培育出自己独特的东西。

总之，当前我们沈阳能在新经济方面走在全国前列，至少在东北远远走在前列，今后则要看结果。看结果就是要出现若干个千亿级的企业，出现GDP加快增长，过10 000亿、20 000亿元，我们的沈阳就恢复了"英雄城市"的气概。

7 场景驱动创新，领航新经济时代发展

——在西部（重庆）科学城首届场景大会上的演讲

> 2021年8月25日，我在重庆国际博览中心参加了西部（重庆）科学城首届场景大会，做了题为"场景驱动创新，领航新经济时代发展"的演讲，包括3个部分：第一，新经济治理新模式；第二，新经济核心是新场景；第三，新场景关键在创意、小切口、商业爆发、新治理。

一、新经济治理新模式

这是我今年参加的第二场场景大会。这次来到重庆，让我感到变化最大的就是西部（重庆）科学城的建立，在我看来这是中国第一个跨区域属性的区域科技创新中心。如今，在全国各地争做科学城、争做区域科技创新中心的背景下，西部（重庆）科学城一定会成为各地争先拜访、学习的先进典范。

西部（重庆）科学城未来发展过程中的重要着力点有两个：一是探索新经济下的新治理模式；二是发挥新治理中智库的支撑作用。为什么是这样呢？第一，新经济生态要求探索与新物种企业发展相匹配的新治理体系，要分类制定监管规则和标准，开展差异化、动态化监管，为新物种企业打造良好的发展环境；第二，新经济生态发展需要有长期研究、持续跟踪新物种企业发展的新经济智库，为社会各界提供了解新物种企业、宣传新物种的认知新理念、新视角。

二、新经济核心是新场景

8月25日早上5点我就起床了，提前做了一些功课。我发现成都高新区是全国注册企业数量第二的高新区，重庆高新区则是全国新增注册企业数量第二的高新区，这两个数据非常重要，说明成渝地区已初步生长出我国经济"第四极"的萌芽。新经济的起源在创业，如今的创业已不是过去的创业，是围绕新场景发展新经济的创业，也是围绕在新场景周边的创业。所以，今天西部（重庆）科学城举办首届场景大会，我认为开得非常及时。通过此次大会能够让更多的创业者、新物种企业、新创办企业共同参与到西部（重庆）科学城的新经济建设中来。

说到新场景，最近长城所做了一个场景体系报告，共有 5 个方面、8 个技术，基本上形成了 480 个场景。在疫情之前，我国大概有无人支付等 10 个场景是引领世界的，到现在已经有 480 个引领世界场景，而且我们的场景不是关起门来自己研究的，而是充分让新物种企业、新创办企业一起研究的，所以在这次的场景大会上能够见到这么多的企业家代表，我认为是一个非常好的现象。

三、新场景关键在创意、小切口、商业爆发、新治理

为什么现在北京、上海、深圳都这么重视场景创新？因为场景资源已成为最稀缺的资源，成为城市吸引各种前沿技术落地的竞争焦点。我理解的场景是数字经济时代兴起的新生事物、新场景面向真实市场需求，运用商业化机制，以企业为主体，政府参与统筹各类创新资源，实现技术突破和商业爆发，其核心要义由"创意 + 小切口 + 商业爆发 + 新治理"四大关键点组成。

第一，创意。场景不是对所有的需求都加以满足，而是以独特新创意为导向，是新创意和新技术的结合。

第二，小切口。场景中小切口意味着我们不是"摊煎饼式创新"，而是从"小切口"入手解决大问题，场景具有改变世界的作用，做场景就需要找到精准的切入口，使新场景得以爆发。

第三，商业爆发。场景中商业爆发不是停留在技术应用示范，而是商业和技术融合后快速迭代直至爆发成长，商业的爆发必然会涌现一批瞪羚企业和独角兽企业。

第四，新治理。新场景能够实现商业爆发的重要因素，涉及跨界问题，因此需要通过新治理建立符合场景创新特征和规律的新规则。我希望重庆依托西部（重庆）科学城新治理的优势，尽快出台关于新治理方面的政策文件。

最后，希望重庆依托西部（重庆）科学城平台，加快推动自主创新，持续完善新治理体系，打造具有全国影响力的科技创新中心核心区。

8 关于国内场景创新几大误区的思考与建议

> 2022年4月25日，长城所组织召开了一场场景产品打磨会，重点围绕地方城市如何做场景清单开展了深入讨论。我在会上提出了当前国内场景创新工作的三大误区：一是场景清单发布重数量、轻质量；二是场景内容以当前的需求和项目为导向，缺乏创意；三是场景创新主体仍然偏向传统大企业。

近年来，场景成为培育新经济的新抓手，很多城市都在积极开展场景探索，如发布场景清单、召开场景大会、组织场景对接等。长城所在2017年就关注到场景创新这一理念，在场景创新理论和服务中开展了大量的研究和实践。我认为在各地的场景创新工作中还存在几大明显误区，制约着场景价值的进一步发挥。

一、国内场景创新工作的三大误区

经过几年的发展，场景促进创新已成为普遍共识，但是在场景创新工作具体实践中，我认为还存在以下三大误区。

第一，场景清单发布重数量、轻质量。场景清单已成为各地抓场景工作的重要抓手，但是各地对场景清单的理解还存在很大差异。有的发布场景机会，有的发布示范项目，有的注重精炼打磨，有的动辄发布几百上千个场景，数量很多，但是质量参差不齐。我认为场景清单的核心在于发布场景机会，数量在精而不在多。每一个场景机会都要聚焦一个"小切口"问题，做精准聚焦，通过"小切口"问题带动大创新。

第二，场景内容以当前的需求和项目为导向，缺乏创意。很多人认为场景机会就是政府部门当前马上就要干的重大项目，这种认知是错误的。做场景清单，核心是开发想象力，没有想象力的场景是没有意义的。场景不是现做现卖，不能将大项目落地当作场景标准，场景机会一定是未来导向型的，面向未来5年甚至10年谋划，持续滚动创新，每年都应进行强化。

第三，场景创新主体仍然偏向传统大企业。很多地方认为传统大企业是场景创新的主体，但实际上场景创新的一般规律是传统大企业与新经济企业联合创新，即由大企业提供场景机会，新经济科技企业才是场景创新最活跃的主体。我跟很多新经济科技企业创业者聊过天，发现他们很多都具有强大的想象力，能够提出改变世界的伟大创意,并通过市场化生态资源的组织,快速实现商业和技术的大爆发。

二、对各地推进场景创新工作的建议

为了更好地帮助地方在科技创新、产业培育、城市建设过程中,树立场景创新思维、用好场景创新方法,长城所基于大量研究与实践,提出了一套系统的方法论与工具。我建议大家可以从以下几方面推进场景创新工作。

第一,关注新物种企业场景创新实践。新物种企业是场景创新最重要的主体,它们提出了很多颠覆性的场景创意,也最需要场景落地的机会和资源。长城所曾经提出了改变世界的十大场景,如无人支付、共享出行、在线直播、智能化诊疗等,它们都由场景"小切口"逐渐演变成了千亿级的新赛道。现在长城所建立了新物种企业场景创新库,纳入了1000多家新物种企业的场景创新实践,它们代表了当前中国新经济的创新趋势。各地开展场景创新工作的核心是面向新物种企业的场景需求主动谋划场景机会的供给,让新物种在场景中落地,帮助新物种企业成长,进而实现新赛道培育。

第二,发布各具特色的场景机会清单。从各地实践来看,发布场景机会清单是启动场景创新工作的第一步。场景机会的挖掘是一项系统性工作,长城所结合多年的场景创新服务实践,总结出了一套成熟的场景机会清单方法工具,目前应用在合肥、重庆、天津、厦门等很多城市。各地发布场景机会清单一定要结合当地资源禀赋与城市特色,从城市、产业、科研等不同领域挖掘场景机会,面向新物种企业的场景需求发布各具特色的场景机会清单。

第三,开展常态化场景创新对接。目前很多城市做场景只是单纯地发布场景清单,但是场景创新工作,不应止于清单的发布,还要将场景落地。场景落地的关键在于场景业主方与技术方面的精准交流与匹配,地方政府在场景工作中应该建立常态化的场景对接工作机制,搭建场景供需交流平台,帮助场景需求方与供给方开展交流,促进场景创新工作落地。

第四,培育场景爆发性的企业。找到高价值场景,就能够成功地引爆新物种企业,很多独角兽企业爆发都是找到了能够引爆的高价值场景,如能链集团的职业司机低价加油场景、爱泊车的路侧智慧停车场景等。长城所非常关注新物种企业场景爆发的培育,提出了以创意、"小切口"、大赛道、简单、爆发为核心的企业场景爆发模型,帮助很多创业企业做了场景打磨,取得了很好的效果。建议各地在新经济企业培育中用好场景方法，开展场景培育，帮助有潜力的企业找到高价值场景。

第五，组织城市创新场景大会。城市创新场景大会是加速场景工作共识、展示地方场景创新成效、促进场景各类主体交流合作很好的平台。去年以来，长城所在沈阳、重庆等地联合地方政府相关部门共同举办了城市创新场景大会，都取得了非常好的效果，帮助地方在场景创新上提升了品牌影响力，也为很多新物种企业到地方开展场景创新提供了很好的交流和对接渠道。建议有条件的城市都应该以场景为主题组织创新峰会，这对于提升城市品牌与形象、完善场景创新生态、吸引新物种企业落地都具有非常好的带动作用。

9 场景创新改变世界

——在 2022 中国（合肥）首届场景创新峰会上的演讲

> 2022 年 9 月 20 日，我参加了 2022 中国（合肥）首届场景创新峰会，发表了以"场景创新改变世界"为题的演讲，主要包括 3 个部分：第一，认知升维引领新经济；第二，场景创新改变世界；第三，面向未来的国家未来场景计划。

一、认知升维引领新经济

这部分我主要讲为什么疫情后场景这么重要。

认知升维是新经济时代的价值来源。最近科技部等六部委发布了《关于加快场景创新以人工智能高水平应用促进经济高质量发展的指导意见》，说明现在中国正在引领全球经济发展。疫情之后，经济增长动力变了，原来的增长动力来自成本降低、科技突破，而现在经济增长的核心动力来自创新、创意，创意认知。对于新一代企业家精神阐释最好的大多是中国企业。张一鸣说"认知是第一竞争力"，企业缺乏的资本或人力是很容易获取的，但是其缺乏的认知不容易获取。认知是企业家在反复试验和持之以恒的探索中找到的。马云也是一个具有超强认知能力的人，反复强调"因为相信，所以看见"，这是新一代企业家的主要精神。国外的埃隆·马斯克、乔布斯、贝索斯等企业家也都具有超前的认知格局，都创建了市值排名世界前十的企业。新经济时代，不仅企业家要具有超前的认知格局，政府官员更要这样。例如，合肥这座城市在认知方面走在了全国各个城市的前面，用高认知格局驱动创新，具有很强的吸引力。

中国发展新经济具有独特优势。进入新经济时代，我国发展新经济的优势在于数据多、场景多、新物种企业多、人工智能芯片多。当前，我国大数据产业走到了新的阶段——计算的硬化，即把计算能力变成了芯片，且包含经济发展的方方面面，我希望合肥能在人工智能芯片方面走在全国前面，引入昆仑芯科技等平台企业，引导创新企业在平台上做芯片研发。

新场景是新物种诞生及新经济的起点。新经济基本上是由场景打造出来的。现在这个阶段，随时随地都有场景，这是因为数据驱动，场景就有了爆发的可能，一个新场景爆发了，就能打造新物种企业，一个新场景多次爆发，就有了新赛道。对于合肥来说，应该抓的就是新场景、新赛道、新治理。

二、场景创新改变世界

这部分我主要讲如何构建场景创新生态。

新物种企业是场景创新的主体。新物种企业是当前场景创新最活跃的主体，很多改变世界的伟大场景都是由新物种企业生产和实践的，典型例子有强脑科技、水滴公司、本源量子等，我重点说一下水滴公司。水滴公司打造了个人大病网络求助服务平台——水滴筹，一开始并没有觉得该平台会有这么大的爆发力和影响力，现在已经做了5年，每年筹款500亿元，而且这种商业模式也很超前。

企业的爆发式成长取决于找到高价值场景。我们长城战略咨询就是帮助新物种企业找到有价值的场景，很多新物种企业有10多个探索场景，但是不能每个场景都干，要摒弃掉纯科学研究、纯项目的场景。以合肥为例，城市不是给企业提供一个场景，而是要促成场景在城市里爆发。现在可以这样讲，全球能把场景作为一个城市主动力的地区不多。因为美国、欧洲等地经济生态圈里没有政府，而我国最大的优势就在于政府也在经济生态圈之中发挥作用。

构建场景创新生态的三大抓手。构建场景创新生态共有三大抓手：一是政府要做场景清单；二是生态要做场景对接；三是企业要做场景打磨。现在长城战略咨询在场景打磨上花了很多精力，我们构建场景创新促进中心的下一步工作方向就是做场景打磨，我们将全力以赴组建更大的做场景创新的团队。企业之间构建场景合作关键在于场景的反复打磨，双方能找到一个有爆发力的场景，才是合作成功的根本。

三、面向未来的国家未来场景计划

建议启动国家未来场景计划。新经济时代，拥有"全景化"应用场景的城市变得越来越有价值，主动培育和供给场景的能力，成为城市发展新的竞争点。《关于加快场景创新以人工智能高水平应用促进经济高质量发展的指导意见》发布后，科技部就提出了人工智能示范应用十大场景，国家通过场景创新提升科技创新能力的路径已经逐渐显现，希望我国能在这项变革中走在前面，从国家层面启动国家未来场景计划，谋划超级场景项目。

　　合肥是承载"国家未来场景计划"的首选之城。合肥有科技，用科技创新引领了场景创新，产业转化产生了大量场景需求；合肥有资源，多年GDP增速全国第一，城市发展进入了快车道，将释放大量场景资源和机会；合肥有能力，成立了全国首个城市场景创新促进中心，构建了场景创新工作体系和流程。我们也希望合肥能做出改变世界的场景，做出大场景，将来让世界为之震惊。

第六章
新赛道是新经济的产业创新

本章导读

王德禄所长是新经济的倡导者，也是中国新经济成长的见证者，通过对产业发展脉络的精准总结及新经济新现象的敏锐观察，不断深化对产业价值链运动规律的归纳演绎和对发展趋势的洞见，对新兴产业、新赛道与未来产业等形成独特见解。他基于对原始创新内涵的深度理解，以及产业发展逻辑、市场需求和大众生活理念等变化，创新性地提出原创型新兴产业四大形成机制。以独特视角观察和思考新冠疫情、中美贸易摩擦等国际环境及独角兽企业等新经济企业、新场景应用等对产业发展的影响，从原创型新兴产业聚焦到新赛道与未来产业，提出新赛道的涌现规律及其对传统产业的赋能机制，并为区域抢抓新赛道出谋划策，充分体现了王所长在促进新赛道发展方面已渐入知行合一的境地。

本章收录的10篇文章突出新经济条件下，原创型新兴产业、新赛道与未来产业的形成与发展意义。其中，阐述原创型新兴产业、新赛道与未来产业的内涵与机制等理论的有4篇，分别是《中国应发展原创型新兴产业》《新赛道的若干思考》《新赛道与伟大创业者》《以未来研究呼唤未来产业》；阐述外部环境对新赛道与未来产业发展影响的有1篇，即《疫情促进未来产业更早到来》；阐述新赛道与传统产业转型升级、与万亿级引领性产业集群培育关系的有2篇，分别是《发展新赛道，推动数字赋能传统产业转型》《中国信创产业蕴藏极大的爆发潜力》；阐述地方区域培育发展新赛道意义与具体路径举措的有3篇，分别是《宁波应该做全球引领的新兴产业》《卡位新赛道，助力南京引领性国家创新型城市建设》《赴南京浦口共商AI芯片新赛道的发展》。

在与不同客户、不同专家的思想碰撞中，王所长不断深化对原创型新兴产业、新赛道与未来产业的思考，逐步形成构建以新赛道与未来产业为重要组成部分的新经济产业体系的方法论。

（撰写人：郝坤）

1 中国应发展原创型新兴产业

> 本文在 2011 年 4 月发表于《科学时报》，本次选录文字略有修改。

长城企业战略研究所近期发布了《原创型新兴产业发展的规律》研究报告。报告指出，改革开放 30 年来，中国发展的新兴产业大多是跟随性产业。在未来 30 年，中国尤其是中国的高新区一定要走发展原创型新兴产业的道路。

报告分析了新兴产业形成的机制，指出原创型新兴产业是在高技术产业不断细分发展中实现的。报告还分析了产业原创、原创技术产业化、企业试错、产业试错、产业集群、机制体制创新与发展新兴产业的关系。报告以物联网、生物 CRO、移动互联网作为中国发展原创型新兴产业的重要领域，并对其给予特别分析。

报告特别指出，发展原创型新兴产业要特别关注怀揣改变世界梦想的创业者的作用。在过去几十年间，怀揣改变世界梦想的创业者在硅谷不断催生出许多原创型新兴产业和有世界影响力的大公司，引领着世界新兴产业的发展。因此，有没有怀揣改变世界梦想的创业者也是我国发展原创型新兴产业的一个关键性问题。

一、原创型新兴产业的内涵

战略性新兴产业和原创型新兴产业是新兴产业的两种类型，它们所强调的侧重点和角度有所不同。新兴产业是指随着新的技术发明和应用或者因新需求出现而催生的新产业。战略性新兴产业是指对一国竞争力或国家安全具有重大意义的新兴产业。原创型新兴产业是指那些在全球范围内还没有出现，需要通过原始创新发展起来的新兴产业。原始创新的内涵不仅仅包括技术原创，还包括了商业模式原创和市场原创。

原创型新兴产业是在高新技术产业不断细分过程中诞生的，具有原创性、不确定性等突出特征。技术原创产业是指某种具有革命性新技术在全球率先研发成功和应用，而直接催生了一种全新的产业领域，如集成电路、液晶显示等。商业模式原创产业是指在全球创造和实践一种全新商业模式而直接催生的新兴产业，如电子商务、软件外包等。市场原创产业是指受文化、观念、社会习惯变动影响，在全球率先产生、发展并占领某一新的市场需求（或细分市场）而直接催生的新兴产业，如手机短信、节能减排等。

二、新兴产业的 4 种形成机制

一是重大技术突破催生的新兴产业。由某项重大技术创新发展为新产品并培育出新的产业链，甚至开拓出一个新的产业细分领域，这是自 20 世纪以信息技术为代表的新技术革命发生以来就不断大量发生的现象。例如，已经发生的个人电脑、互联网技术；正在发生的物联网与下一代互联网（IPv6）技术、第三代移动通信技术、极大规模集成电路制造技术、高端通用芯片及基础软件技术、生物芯片技术、高通量药物筛选技术、新材料与纳米技术、航空航天技术等。

二是价值链分解与产业融合发展产生的新兴产业。产业价值链分解的实质就是产业高端领域和低端领域不断出现专业分化的过程，产业在发展的过程中不断分解出研发、增值服务等高附加值环节催生出新兴产业，如集成电路设计、第三方汽车设计、专业生物医药 CRO 等。而产业融合是以产业分解为基础，产生于为满足新的市场需求而出现的不同产业内容在同一产品上的重新组合，从而激发新兴产业的诞生，如电子交易、商旅管理、在线教育、第三方支付等。

三是内需市场扩容和消费结构升级产生的新兴产业。随着我国经济的快速增长、国内经济增长方式的转变及城乡居民收入的稳步提高，内需市场将不断扩大，将加快我国的消费结构升级，由此将会产生新兴产业，如健康管理、文化娱乐、教育培训等。

四是生活理念和方式变革催生新兴产业。目前，人类生产生活方式也在寻求根本性的突破和改变。这种根本性的突破和改变从传统的、单纯追求效率的提高生活舒适度，转向追求人类生产生活的可持续性。人类的这种追求，促使新的科学发现不断涌现，新的产品、技术不断产生，也不断诞生了新兴产业。例如，低碳能源包括可再生能源、核能、清洁煤、热泵等；高效节能包括工业节能、智能建筑、智能电网、新能源汽车等；环保技术包括污水处理与资源化、大气污染防治、固体废弃物处理；商业模式创新包括碳排放权交易、合同能源管理（EPC）。

三、原创型新兴产业的发展规律

除了技术原创、商业模式原创外，新的需求、新的市场也不断推动着新兴产业的产生。技术原创、商业模式创新和满足新的需求实际上是新兴产业原创的 3 个路径。因为只有这样，才能产生地球上从来没有过的、全新的物质、生产和生活方式。

从历史上看，产业原创在大国崛起过程中发挥着重要作用，原创型产业所产生的巨大物质财富成为大国崛起的基石。英国毛纺织业的崛起推动了封建社会向资本主义社会的过渡，促使产业革命和机器大生产时代的到来。德国汽车、铁路产业的崛起，支撑德国在短时间内完成了从一个普鲁士小国到实现统一和挑战国际体系秩序强国的过程。美国更是产业原创支撑国家崛起的典范，从电器到通信、原子能、半导体、航空航天等各个产业在美国的原创和壮大，使得美国能够从政治、军事、经济及科技等各个领域在长时间内领先于世界其他国家。当代全球的主要创新中心大都具备这样的特征，能够最快、最有效地将原创技术产业化，第一时间满足市场的需求；而在新的技术、商业模式或者需求满足的途径产生之后，相关企业得以凭借专利、新产品、服务暂时获得垄断地位，在激烈的市场竞争环境中脱颖而出，这就是"企业试错"的过程；在一家企业通过原创获得成功的同时，其他企业以不同的方式在这种原创基础上进行发展、跟随及合作，从而形成了"产业试错"；在新兴产业的诞生过程中，往往会有大量同产业领域内的企业集中在一个区域内，利用区域优势获得整体的竞争优势，从而形成了原创型新兴产业推动的产业集群。

当前的原创型新兴产业主要集中在高科技产业领域，因此原创技术是原创型新兴产业发展路径中最根本的推动力量。发展原创型新兴产业最关键的是解决原创技术产业化的问题。具体来说，就是通过多种途径使大学和研究机构的实验室技术和文章上的创新成果转化为市场上的产品。其中有几个关键环节：鼓励大学院所衍生企业；利用"最低量信息原则"让实验室和课堂里的科研人员转变成为企业研发及管理人员；利用天使投资建立实验室和市场之间的链接，并通过政府的扶持帮助，使拥有原创技术的初创企业渡过"死亡谷"。

四、原创型新兴产业中的潜力产业

在新的技术革命、产业革命及其新周期即将到来时，哪些技术和新兴产业将会改变人类生产、生活方式，引领新的产业革命浪潮，成为中国未来的支柱产业，支撑中国经济快速发展？我认为物联网、生物医药研发外包（CRO）、移动互联网、健康产业将会是中国最有发展潜力的原创型新兴产业。

其中，以"物联网"为代表的下一代互联网应用将对"中国制造"和世界经济产业格局产生重大影响并即将发生巨大变革。中国的物联网企业已经拥有相当的实力和水平，在传感器、射频识别（RFID）、设备通信和网络能力技术（M2M）等领域具有一定的产业规模。2010年，中国物联网市场的总体规模将达到560亿元。到2015年，中国基于物联网技术应用的公共管理、公共服务、智能电网等行业应用逐步发展成熟，将带动项目系统集成、服务运营、终端用户消费等多个层次的收入增长，以目前物联网产业三大细分市场——传感器、RFID、M2M的线性增长进行预测，到 2020 年将超过万亿元规模。

随着全球生物医药研发价值链的演变及生物医药产业全球化特征的进一步凸显，医药产业链分工日益明确。生物医药研发外包（CRO）可以使国际制药企业实现最佳资源配置，专注于提升企业核心竞争力，并且减少产品面市的时间和成本，因此在生物医药产业链中的重要性日益凸显。近几年，CRO 产业以 19%~20% 的增长率快速发展，2009 年 CRO 产业市场规模达到 230 亿美元，预计在未来 5 年将继续保持高速增长，2014 年市场规模将达到 330 亿美元。

移动通信和互联网成为当今世界发展最快、市场潜力最大、前景最诱人的两大业务。迄今，全球移动用户规模已超过 15 亿，互联网用户规模已逾 7 亿。随着 3G 及其演进技术的移动通信产业中承载的数据业务日益丰富，越来越多的人希望在移动的过程中高速地接入互联网，获取急需的信息，享受便捷的服务，完成想做的事情。运营商也希望能为用户提供更多的语音、传真、数据、图像、多媒体等高品质增值服务，创造更多的利润。目前，短信、原创型铃图下载、移动音乐、手机游戏、视频应用、手机支付、位置服务等丰富多彩的移动互联网应用逐渐渗透人们生活、工作的各个领域，正在深刻改变信息时代人们的社会生活，移动互联网将是未来发展趋势。

2　宁波应该做全球引领的新兴产业

——在"宁波智能终端与智慧场景发展研讨会"上的发言

> 2018年4月14日下午,我参加了由宁波市经信委与长城战略咨询共同举办的"宁波智能终端与智慧场景发展研讨会"。来自北京的独角兽企业出门问问、深鉴科技和宁波本土的奥克斯、海天塑机、吉利集团、方太、中芯国际、菲仕电机等龙头企业代表也参加了此次研讨会。会上我提出3个观点:第一,宁波要做出能够引领全球的产业;第二,大企业要进行平台化转型;第三,新经济产业体系要三管齐下。

一、宁波要做出能够引领全球的产业

在新时代,宁波经济发展的重要方向是面向新经济转型,要跟上新经济寻找新亮点,亮点之一就是要做引领全球的新兴产业。现在哪些产业能成为引领全球的新兴产业呢?宁波是世界上少有的制造中心城市,制造业的配套能力较为强大。在"互联网+"时代,宁波的竞争优势已经被杭州所超越,现在"互联网+"已经改造和影响了所有的行业。然而,新的战略机遇来了,大数据、云计算、人工智能正在改变整个产业体系,这就是我最近常说的"互联网×"。正是在这个背景下,宁波应该从过去的制造产品向制造互联网终端转型。现在全球有三大终端,宁波都应该有所推进。第一是手机终端,宁波基本上没有抢到先机,现在要补课;第二是汽车终端,汽车是一个好的移动设备,汽车终端下一步会有很多创新,宁波也在追赶这个创新;第三是家庭终端,我认为宁波能抢到家庭终端的先机,将其做成全球引领的新兴产业。

刚才长城所的副总经理、合伙人黄波讲了场景的意义,可以说新经济企业主要探索的是场景应用,技术再先进,找不到应用场景,企业也实现不了爆发式成长;一旦找到应用场景,企业便能实现爆发式成长。宁波之所以在新的战略机遇期有引领产业变革的可能,在于它雄厚的产业配套能力和民营经济的活力。

现在中关村有大量的智能家居企业,这些企业都在做数据、做新场景,但是很难和真正的制造业相连接。我们要把宁波多年以来形成的制造基础、互联网的平

台、新的场景应用连接起来。宁波要想走向全球引领就必须和杭州连接、和中关村连接、和深圳连接、和硅谷连接，只要做好这些连接，宁波的企业就能走出一条全球引领、爆发式成长的道路。

二、大企业要进行平台化转型

我这次来到宁波感到很欣慰，宁波出现了若干个爆发点。例如，奥克斯单一品牌在京东平台上一天能卖3亿元，这就是爆发点。基本逻辑就是如果不走"互联网+"的道路，这种情况便很难出现。我今天早上还听到各位企业家讲了五六个爆发点，我觉得宁波新经济爆发成长、走向全球引领不是一件遥远的事情。

听完大家的发言，我还是觉得宁波大企业的危机感还不是很强。前段时间，大润发被阿里巴巴收购，大润发的老总事后说了一句非常感慨的话："我战胜了所有的行业对手，却输给了这个时代。"如何理解他所说的输给了这个时代？因为时代变化太快，新的商业模式、新的产业跨界都是创业者完成的。一个创业团队，经过三五年的发展就有可能颠覆一个传统大企业。我们宁波的大企业好像都在进行平台化转型，甚至有场景的应用，但我感到平台化转型很缓慢。我说两个宁波的案例，第一个是吉利投资了宁波首家独角兽企业，这个事件说明宁波的大企业培育发展独角兽的路子是能走得通的；第二个是奥克斯，奥克斯虽然实现了爆发式成长，但其是"互联网+"层面的爆发式成长，不是智能制造方面的爆发式成长。

十年以前，中央电视台有很多宁波品牌的广告，但现在几乎都没有了。宁波的大企业平台化转型，如奥克斯发展还不错，但是还处于"互联网+"层面，而真正实现平台化转型要走"互联网×"，尤其是深度使用大数据、云计算、人工智能，让客户成为企业的大数据来源。现在小米的云计算不但为自己做运算，也能为所有的创业企业做运算，还能为未来的企业做运算。反观宁波，很多企业没有上云，没有做大数据，没有布局云计算，所以我对宁波大企业感到一丝担忧。在我看来，宁波的"千亿级企业培育计划"的核心就是大企业平台化转型。只有进行平台化转型，才能实现爆发式增长。而这个爆发式增长，在传统意义上不可能出现，在"互联网+"意义上有可能出现，在大数据、云计算、人工智能下必然出现。

三、新经济产业体系要三管齐下

新经济的产业体系是什么？怎么理解引领世界的新兴产业体系？它绝对不是我们理解的传统意义上的产业体系，而是创业引领的新兴产业体系。在深圳改造这个体系最大的动力是创客。创客都是小到不能再小的创业者。在中关村建立创新创业生态的是创业者,创业者遍布各个行业。宁波要建立引领全球的新兴产业,就要建立新经济的产业体系。首先,要做出引领全球的新兴产业的战略选择;其次,要在这个新兴产业的领域吸引全球的创业者,鼓励当地的创客发展;再次,在这个领域的宁波大企业要进行平台化转型;最后,要引进新业态的瞪羚和独角兽来宁波发展。只有把创业、大企业平台化转型和新业态的引进这3种力量结合起来,引领全球的新兴产业才能发展起来。

3 新赛道的若干思考

> 本文取材于2021年第4期企业研究报告《新赛道体系》预研究。

新经济时代，产业发展逻辑、企业成长路径已经发生了变化。产业生态化发展、企业爆发式成长成为新的路径，新赛道成为新兴行业代名词。现在所有独角兽都在拼赛道，专门投资独角兽的机构也会专注于赛道的投资。当前，中国和美国新经济发展已经涌现了若干赛道，未来的园区/区域将不再做产业选择，而是做赛道选择，挖掘和培育新赛道，打造新经济增长极。

一、新赛道的涌现

自2018年以来，"赛道"一词成为投资机构、投资媒体描述新兴行业时惯用的词语。深创投认为，投资赛道的选择就是指投资标的行业的选择，首先要选择成长空间大的行业，至少1000亿元以上的市场规模；其次，要选择未来增长性好的行业，考虑在未来3~5年行业增长性达到最佳状态的行业；最后，要选择有政策扶持的行业。雪球网指出，投资人喜欢用"赛道"来描述一个行业，赛道有多宽指的是市场规模，赛道有多长指的是行业所处发展阶段，赛道是平坦还是崎岖指的是行业的竞争格局。

我认为，新赛道是新经济时代诞生独角兽企业的主要行业领域，是投资机构捕获未来独角兽的主要投资领域，以及改变世界的伟大创业者的主要创业领域。长城所连续做了3年的《中国独角兽企业发展报告》，也持续关注了独角兽分布的行业领域，发现每年都有新的赛道会出现独角兽。新经济时代，新赛道具备跨界属性，有爆发式增长潜力和海量市场前景，并以独角兽的出现作为赛道成形的里程碑，而场景则为新赛道的形成提供基础设施。

二、独角兽创造出的新赛道

独角兽出现的领域都是新赛道，而中国独角兽赛道的变迁则体现出了赛道的迭代，即从商业到社会，逐步呈现新经济以人为本的特征。2016年，长城所第一次发布《中国独角兽企业发展报告》时，分布在电子商务领域的独角兽数量最多，电子商务是当时最大的新赛道；另外，在大健康、智慧物流、互联网教育等领域仅涌现少量独角兽，数量均不足10家。电子商务离不开在线支付、物流配送等环节，因此，电子商务的快速发展推动互联网金融、物流等领域的市场迅猛增长。"2017年中国独角兽企业榜单"中，除了电子商务赛道，互联网金融领域成为中国独角兽的第二大主要领域，智慧物流领域的独角兽数增长明显，拥有11家。至此，商业方向的新赛道日益成熟。随后，关乎民生的教育、医疗、交通、文娱等领域的独角兽数量不断增加，以互联网教育、互联网医疗、智慧出行、数字文娱等为代表的社会方向的新赛道不断涌现。"2018年中国独角兽企业榜单"中，智慧物流和数字文娱领域的独角兽数均接近20家，分别为19家和18家；同时，前沿科技创新领域独角兽开始占据榜单重要位置，2018年的89家新晋独角兽中近四成源自人工智能、新能源及智能网联汽车等前沿科技创新领域。

三、新赛道的涌现规律

新赛道发育的动力来自跨界，创新创业生态是孕育新赛道的良好土壤。创业、研发、服务是创新创业生态的三大核心，跨界是生态形成最本质的因素。新时代的创业者有3个重要特质，即想象力、洞见力和行动力，其中，想象力的关键是关注未来，创造出别人意想不到的成果；洞见力即预见事物的发展规律，开拓新的赛道；行动力即知行合一。研发的水平和效率决定了创业的技术含量，服务黏合研发和创业，科技服务能力越发达，生态越成熟。创业活跃、研发高效、服务完善的创新创业生态催生跨界，跨界的本质是以数据为核心生产要素，以新技术、新基建和新场景为支撑，颠覆传统行业，创新生产生活方式。当跨界行为频繁且成为稳定态，就会表现为独角兽的产生及新产业新业态新模式的涌现。创新创业生态活跃的区域/园区最易培育和涌现新赛道，也是独角兽出现最多的地方。

"创业—瞪羚—独角兽"是新经济企业成长的典型路径，也是新赛道的重要参与主体。鼓励创业是培育新赛道的起点，要鼓励创业者成为伟大的创业者，也就是有伟大梦想、能洞见规律、具有非凡想象力的创业者。瞪羚企业是发展新赛道的关键，其最主要的特征就是高成长，瞪羚企业在哪个领域集聚，赛道就出现在哪个领域。独角兽是赛道形成的重要标志，是衡量新经济发展水平的主要指标。因为每个独角兽的出现都意味着产业实现了跨界，企业实现了爆发性成长，扎堆出现独角兽的领域，说明这些领域即将爆发，有很大机会。长城所是中国最早研究瞪羚、独角兽企业，也是培育瞪羚和独角兽经验最丰富、实力最强的咨询机构，拥有最早协助地方政府实施瞪羚和独角兽计划的智库,这也是我们协助地方挖掘赛道、培育赛道的主要优势。

新赛道是新经济条件下产业生态化发展的新结果,是具有跨界属性的、有爆发式增长潜力和海量市场前景的新业态。新经济条件下,产业发展逻辑由链条式向生态化转变。产业生态的发展会不断激发新的跨界、涌现新的业态,行业中各环节横向蔓延与纵向跨界可能同时发生,进而对原有产业结构产生颠覆性的解构与重构,形成新的产业生态图谱。赛道呈现鲜明的迭代更新、裂变增长特征,当一个新赛道拥有万亿级市场规模的时候,就已经发展成为一个新产业了。随着赛道的进一步快速发展,会裂变出新的赛道。例如,从电商主赛道中已经裂变出生鲜电商、跨境电商、母婴电商等新的赛道。如果未来新的赛道市场规模也达到万亿级时,就将成为主赛道、新产业了。新型产业促进机构是产业生态化发展逻辑下新的产业组织方式,也是新赛道培育的重要组织者和推进者。

商业、社会、科技是涌现新赛道的三大方向,而且是依次递进的,越贴近人的生活需求,越先涌现新赛道。购物消费、餐饮等是百姓生活的重要构成部分,互联网技术推动线下购物向线上购物转变,电商、直播带货等赛道快速涌现,同时,电商面临的支付、物流等问题催生以第三方支付为代表的新金融、智慧物流等赛道。互联网等技术在商业领域的应用日益成熟后,逐步向医疗、教育、交通等关乎社会民生的领域渗透,衍生出互联网医疗、互联网教育、智慧出行等赛道。前沿技术的不断成熟既催生新兴原创领域,也推动传统产业升级,形成新赛道。近年来,以5G、人工智能等核心技术为代表的前沿技术企业通过技术迭代,探索、突破和创新场景,加速商业化落地进程,由算法为王转向应用为王,智能网联、智能安防、智能医学影像等领域成为独角兽爆发的新赛道。

四、赛道是发展新经济的新抓手

高新区应将新赛道作为各地中长期规划的新主题。国家高新区创新创业生态最为活跃,是最有可能涌现新赛道的区域。赛道应成为各高新区中长期规划的新主题,要围绕创业、研发、服务3个核心,大力度培育新赛道。其中,创业方面要着力推动前沿技术创业,吸引一批高水平创新创业人才和团队。研发方面要紧密结合主导产业加快发展新型研发机构,保障技术创新源头。服务方面要坚持需求导向,集聚一批平台化、专业化服务机构。同时,要持续完善园区宜居宜创环境,重点是要积极探索灵活机制。未来,高新区可探索通过设立新型产业促进机构，以生态化的思维培育生态成长环境，推动赛道内的创业、研发、服务资源在高新区集聚，形成该赛道的微生态，按照"创业—瞪羚—独角兽"的路径加快培育新经济企业群体。

4 新赛道与伟大创业者
——在长城所"赛道－创业"讨论会上的发言

> 2020年6月28日下午,长城所召开了关于"赛道－创业"的讨论会议,重点讨论了近20年来产生了哪些新的赛道,都是由哪些伟大创业者开辟的。我认为从历史进程来看,伟大创业者都是像感冒一样,一波一波出现的。例如,1998年前后阿里巴巴、腾讯的"跟风硅谷",2015年前后微信、美团的抢占"互联网风口",如今以拼多多、抖音为代表的多点新经济赛道开花。长城所未来将深化新赛道的研究,在新赛道中寻找伟大创业者。

一、跟风硅谷

20年前,在硅谷出现了全世界第一批伟大创业者,以做电脑程序为主。例如,杰夫·贝佐斯在1995年成立的全球使用最多、规模最大的网络电子商务公司Amazon,美籍华人杨致远和美国人大伟·费洛在1995年共同创立的全球首批提供互联网导航服务的网站Yahoo,3个以色列人维斯格、瓦迪和高德芬格在1996年一起创立的当时世界上用户量最大的即时通信软件ICQ,拉里·佩奇和谢尔盖·布林在1998年9月共同创建Google;大二学生扎克伯格在2004年于哈佛大学宿舍中成立的美国社交大亨Facebook等十分优秀的互联网企业。也因此在那时美国的硅谷出现了一批创业训练营,创业导师保罗·格雷厄姆(其著有《创业训练营》《黑客与画家》)便是其中一位伟大创业者。

同期我国的创业青年在美游学,看到美国新鲜事物的发展,也跟风硅谷,看到Yahoo后,丁磊在1997年于北京创立了网易、张朝阳在1998年2月于北京创立了搜狐、王志东在1998年12月于北京创立了新浪;看到ICQ后,马化腾在1998年11月于深圳创立了腾讯;看到Amazon、EBay后,马云在1999年于杭州创立了阿里巴巴;看到Google后,李彦宏在2000年1月于北京创立了百度;看到Facebook后,王兴在2005年12月于北京创立了人人网等。现在看,这些企业在当时的成功不算什么,但是后来的成功还是比较显著的,后来也有了互联网三巨头"BAT"(百度、阿里巴巴、腾讯的英文简写),BAT也都在各自的领域站住了脚:百度做搜索、阿里巴巴做电商、腾讯做社交等，"赛道"的模样初步显现了出来。

二、站在互联网风口

雷军曾说："只要站在风口，猪也能飞起来。"我认为，伟大创业者的出现像感冒一样，都是一波一波的。如果把2003年的"非典"当作一个分水岭的话，中国的创业者在"非典"前创办的企业，表面上看都是在搬硅谷的思路、抄硅谷的模式，然后再自己发展；"非典"时期，中国的电商互联网公司像京东网、淘宝网等得到了快速的发展；在"非典"后，借助我国的互联网风口，企业开始在游戏、物流、自媒体、B2C等领域有了多点开花的趋势，如做旅游的携程、去哪儿，做B2C的唯品会，做O2O的大众点评、美团，做视频的优酷、爱奇艺，做杀毒的360，做游戏的完美世界、盛大网络，做3C的小米，做办公软件的金山，做自媒体的公众号、微博等。互联网风口的赛道有了分裂的趋势，新赛道有了模样。

三、专注新赛道

2015年前后，随着智能手机的逐渐普及，移动互联成为新的风口，中国新的政策方向"互联网+""双创"等又带动了一大批的互联网创业者，这就是新赛道阶段的起点。硅谷喜欢搞训练营，对新出现领域的创业者进行打磨、投资，使他们走向成功。中国人比美国人更喜欢借鉴：看到你的商业模式我就学会了。美国的成功会引发中国的模仿式创新，甚至能有十几个、几十个创业者出来模仿，一个赛道多个玩家竞争，并且在互相学习中独创优势，这个竞争的态势就是在打磨新赛道和检验伟大创业者，这就是新经济的发展模式。

赛道的概念在近两年被炒得火热，20年来，创业公司已经由一个主要的领域拓展到了现在上百个赛道，这是一个开创式的发展过程。

互联网公司在近两年的发展方向变得更加垂直，并随着移动互联网的发展各大巨头向着手机端转型，新成立的互联网公司也聚焦于手机端，同时出现了物联网、VR、电商直播带货、共享经济、O2O、大数据等更多新的领域、新的赛道。例如，做短视频的抖音、快手，做电商下沉市场的拼多多，做线上办公的钉钉，做女生社区的美柚，做外卖的饿了么、美团外卖，做创业资讯的36氪，做知识社区的知乎，做知识付费的逻辑思维，做共享单车的小黄车、小蓝车，做求职社交的脉脉，做求职招聘的Boss直聘，做手机游戏的天美等。"赛道"被无限细分，具体赛道中伟大创业者所创办的优秀企业也出现了发展为独角兽的趋势。

四、长城创业服务

长城所最近 15 年一直在新经济咨询服务方面发力,我们开创了中国的瞪羚计划、独角兽计划和哪吒计划;我们在中国各大高新区创业高地挖掘瞪羚、独角兽和哪吒企业;我们探索开展了服务于创业企业的商业模式实验室,开创了洞见训练营和长城商学院。最近几年,我们与若干创业高地开展了各种平台式合作,尤其是在各高新区打造创新创业大数据平台。最近一两年,我们开始把注意力转向新经济的新赛道和新场景。我们召开这个会的目的就是把场景赛道和我们的创业服务更加有机地结合在一起,在新赛道、新场景中发现和培育伟大创业者。

我们要利用好我们的优势进行新赛道的研究。我们今年一定要出一个报告,我们要知道现在世界上有多少个新赛道,它们是怎么样的一个区域分布,即伟大企业已经跑出来的是哪些新赛道,正在出来的又是哪些新赛道。我们要在新赛道中寻找 5000 个创业团队,打造 500 个新经济企业,使之成为哪吒企业、潜在独角兽企业和独角兽企业。

中国的中关村、深圳、上海、杭州、武汉、成都等多个新经济高地都呈现出很强的硅谷特点,即有许多伟大创业者产生,我们长城所现在要和这些创新创业高地共同发现和培育他们,共同探索新经济发展的实践。我们有最新的理论和最超前的实践,有成熟的创业企业"场景打磨、头脑风暴、资源链接"的培育方法,我们愿意为新赛道的发展、新高地的打造、新经济的培育,与更多的企业、投资商、高新区开展生态合作,走出一条中国特色的新经济之路。

5 疫情促进未来产业更早到来

——2020年8月21日新华社记者访谈记录

> 2020年8月21日，新华社北京分社记者阳娜、盖博铭到长城所就"未来产业"话题对我进行了采访。两位记者提及，2020年以来，习近平总书记多次强调未来产业的重要性，并提出要抓紧布局。在访谈期间，我们谈到了疫情、中美关系对中国发展未来产业的影响，我发表了4个方面的看法：第一，疫情促进未来产业更早到来；第二，怎么理解当下的中美摩擦；第三，发展未来产业的挑战主要来自内部；第四，发展未来产业的三点建议。

一、疫情促进未来产业更早到来

所谓"未来产业"，这里的未来是指多久以后？不是百年以后、千年以后的未来，而是现在很多人在创业的时候就想改变世界，这就是创造未来，是我们触手可及的未来。例如，人们坐车去上班，遇到堵车，就会想象最好我的车能飞起来，这样就不会被堵住了。这就是对未来的一个设想。因此，未来产业就是更多的颠覆式创新、更多的全新的生活。

疫情之后，世界加速进入新经济发展阶段，中国在新经济方面走在世界的前头。长城所正在准备一个数字抗疫方面的研究报告，在抗疫期间中国四大万亿级主赛道，即电商、物流、社交、支付，发挥了巨大作用，使得中国的百姓在居家隔离期间能够比较容易地维持正常生活。我认为这是中国抗疫取得成功的关键之一。

到目前为止，数字行业可能还有很多故事，出现了很多场景，如无人支付。长城所在2018年发表过《中国十大改变世界的场景》。现在看来，很多场景都在这次疫情中加快了发展的步伐，如无人支付、无人汽车等。这些场景也是中国抗疫取得成功的关键。中国的企业家、创业者都在不停地探索各种各样的新生事物和新场景。可以说，中国的未来产业一直蓬勃发展、方兴未艾，而疫情进一步促进了新场景的扩大应用，很多未来产业得以加速发展。长城所今年准备要发几个报告，包括数字抗疫的报告、场景创新的报告、新赛道的报告。新赛道和场景创新的报告实际上就是关于未来产业的报告。

二、怎么理解当下的中美摩擦

现在大家对中美关系显得太紧张，也提出不少对策。我认为，现在很多的对策都有问题，而做出正确对策的关键在于要正确理解当前的中美摩擦和中美关系，具体涉及3个方面。

第一，怎么看待美国当前的反应。据我观察，美国目前的许多反应可能可以被视为处于紧急状况下所做出的反应，而并非正常时期的反应。目前的情况显示出两个主要因素可能导致了这种过度激烈的反应：一是疫情的影响；另一个是与大选相关的综合因素。对此，中国应该更从容地应对。既然中国是一个大国，我们对未来就要有信心。

第二，怎么理解目前的科技竞争。有人说美国打压中国，他们能够把软件基础和底层架构给封了，为此中国就要去发明新的，就要重新做软件了。我觉得事实上不可能这样。就好像中国当时有了火药，被欧洲学去了，我们能再把火药收回来吗？收不回来了。再如，中国现在用了阿拉伯数字，如果发明阿拉伯数字的人和我们闹翻了，说阿拉伯数字不让用了，他们能收回去吗？收不回去。

我们应该更全面理解人类的科研成果。科研成果分为以下几种：第一种是应该由全人类共享的，这种必然是国际化的，如互联网；第二种是需要有专利保护的，可通过商业手段实现扩散的，也可以构筑商业性壁垒；第三种是国防和军事领域，必然有很高的政治壁垒。所谓"卡脖子"工程，目前主要涉及后两种，即专利、国防和军事领域。但对于专利、国防和军事领域的科研成果，并不是一定能形成垄断性壁垒，而是可以通过不同的技术路线和路径去实现，如原子弹技术。如果一味盯着"卡脖子"工程，我们就很容易陷入单一技术路径的狭隘境地，甚至可能会上当。最典型的案例就是苏联和美国的冷战，因为针锋相对、大搞军备竞赛，而且苏联仅仅依赖政府投入却难以见效，最后被美国拖垮了。

第三，怎么看待中美之间的科技竞争。中国搞未来产业并不是专门为了解决"卡脖子"工程，而是站在新的历史起点上，即当前中国在科技创新的很多领域已经进入无人之境、中国的新经济已经走向全球领先。目前不管是在具有共享性的科研领域，还是在专利性的专门领域，我们都应该按照原计划加强自主创新，该做的还是要做，而不应该表现脆弱。例如，我们现在做的新型研发机构、科学城，都是在为原创产业打基础。中国做原创、发展未来产业的目的是发展自己，是为了人类未来做探索，是为了人类生活得更好。我们期待未来中国能和西方国家有更好的合作。人类的未来来自人的内心，只要我们内心保持开放、大度、宽容，我们就能走向远方，迎接未来，取得更好的成果。因此，中美两国都应该向前看，主动设计和推动形成新时期的中美新型大国关系。

三、发展未来产业的挑战主要来自内部

发展未来产业就是要把握未来，同时要学会处理风险。中国是从工业经济发展过来的，某种意义上，我们很会学习、擅长创新，但在引领发展方面缺少经验，面对未来产业的风险，我们的处理能力很弱。

中国人很聪明，也很有创新能力，再加上和国际上一直有联系，创新会源源不断。因此，发展未来产业的风险可能并不在于创新能力，也不在于美国人的反对和打压，而在于我们内部，包括3个方面：

一是对新生事物、新规律、新趋势的感知洞见能力。在未来的产业中，存在许多创新的事物，初次出现时可能会引起一些异样感，挑战传统的观念和文化，从而使人们难以接受。这种情况可能会导致许多创新被主流认知的局限所束缚，遭受误判和限制。这个问题已经在一些地方出现，即使在新经济蓬勃发展的情况下，也会被视为反面的例子并被打压。美国现在打压华为，打压抖音，恰恰由于它的打压，使华为和字节跳动成了世界顶尖的领军企业。除了华为和字节跳动，腾讯和快手也应该列入领军企业行业。腾讯、字节跳动、快手不仅是中国的领军企业，还是全世界新经济的头部企业。

二是对未来产业新打法新治理的制度创新能力。未来产业会有更多的创新，需要我们有宽容的胸怀容纳之，更需要我们摆脱对过去发展模式的路径依赖，用更大的气魄进行制度创新。我觉得发展未来产业的最大风险还是经济管理体制。我认为在中国，未来产业发展将来出现的问题很多可能会来自这两个方面：在审慎监管方面，政策支不支持直接决定了未来产业的发展。例如，在医疗领域，将来会出现很多人工智能技术的应用，能够解决很多大问题，如看片、诊断，但是现在医疗方面的准入政策还是非常严格的。在新治理方面，中国应该更开放，如社会智库应该参与到更多的新型治理中去，又如在创新的生态中研发新物种，仅仅提出来是远远不够的，必须有社会智库参与新治理的实施，才能更好地培育新物种。

三是关于未来产业，应该避免不加限制地投入资金而导致潜在风险上升。未来产业和前沿科技领域应该采取自下而上的方式，注重风险和试错，而不是从顶层规划来干预。当前，各级政府为了应对制约发展的问题，会投入许多财政资金来支

持具体的研发项目和机构，然而这种过多的资金投入可能涉及了直接干预市场的因素，可能会对产业发展造成潜在的风险。

四、发展未来产业的三点建议

对于如何发展未来产业，我提了三点建议：

第一，进行有关未来研究的前瞻布局和思想大讨论。国家发展改革委、科技部，尤其是中国科协，应该重视对未来和未来产业的研究，要鼓励未来研究机构研究和发布各种未来报告。美国在好几个地方，如纽约、波士顿、硅谷，都不断有研究未来的报告发布，引领着全球的科技与经济发展。中国对未来的研究和关注相对少，中国发布的都是产业报告，都是现实的，虽然也很有用，但是缺乏未来感、缺乏引领性。某种意义上说，研究和发展未来产业就是大国的使命和担当，我们要去探索未来的人类、国家、产业该怎么走，为此就要有大量的未来研究，甚至科幻片都应该包括在这个体系内。未来产业的发展需要营造出一个氛围和一种文化，使对未来的探索成为多数人的共识。我希望每年在北京和深圳的高技术产业博览会上，都要搞未来大会，要让未来学家走向前台。

第二，进行支持跨界的制度创新，建立新经济制度。做未来的事就必须打破现在的各种限制，进行跨界，激发新生事物的涌现。未来产业不是政府决定支持哪个产业，哪个产业就出现了，它需要的是政策更具包容性和制度创新的超前性，需要进行新经济制度的探索和实验，切忌变成一种"为未来产业而未来产业"的任务。

第三，通过未来产业引领新经济的全面崛起。新经济领域会出现很多新生事物，新事物都是要靠探索未来去实现。未来产业会是一个很强大的驱动器，驱动社会往前走。所以说，数字经济、未来产业应作为新经济的两个重点被提上议程，甚至全国都应该来讨论未来产业应该干什么、怎么干，让更多的创新创业高地涌现出更多的未来产业。

6 以未来研究呼唤未来产业

——2020年8月21日新华社记者访谈记录

> 2020年8月21日上午,我、黄波、岳渤在长城所接待了新华社北京分社调研组,回答了一些未来产业相关的问题。

一、什么是未来产业

1. 长城所对未来产业的关注

长城所一直围绕新经济领域开展研究,而新经济跟传统的工业经济是不一样的,包括对很多新兴产业的研究和对数字化方面的研究,这些研究涉及的新的产业领域,都应该称作未来产业。

基于多年的研究,长城所认为,未来产业的特点主要体现在技术创新、模式创新、业态创新、组织创新及产业演进变化方式等方面。

第一,创新范式一定是逆创新,即创业式创新;

第二,创新不再是传统的线性生长,而是生态式生长,技术、数据等生产要素充分发挥作用,创新的成果可能在任何阶段出现,也可能在多个阶段同时出现;

第三,创新的组织、主体的功能也不再是单一的,而是彼此渗透、交融的;

第四,创新周期大大缩短。

2. 未来产业与战略性新兴产业的区别

简单来说,战略性新兴产业是政府的选择,而未来产业是市场的选择。战略性新兴产业由政策引导,更强调战略性,是自上而下的,一"出生"就有政府相应的布局和政策扶持;而未来产业是自下而上的,它从市场上涌现出来,是多样化的,具有自发生长的机制,只有当它长大到一定程度政府才会发现它,进而重视它,再给予相应的布局或者政策上的扶持,但即便如此,未来产业的发展还是会更依赖市场的力量。

3. 未来产业与新赛道的区别

从产业发展的角度来看,新赛道和未来产业很相似,都是新动能的典型代表。二者的不同点在于:新赛道更强调成长的爆发性,如今年最火的电商直播和云办公,从无到有,再到几千亿的规模,只用了很短时间。而未来产业更多地体现为科技引领,是科技含量比较高、对人类的生产生活方式影响比较大的新兴产业。

4. 未来产业与世界级产业集群的关系

现在中国的首要任务是要在产业上取得竞争优势,取得引领地位,所以就要做一批引领世界的产业集群。中国的高新区特别是一流的园区现在几乎都在做世界级产业集群。

所谓世界级产业集群,一定要有几个新赛道、几个未来产业。其中有一些未来产业和新赛道是重叠的,也有一些未来产业仍在孕育阶段,是纯前沿科技领域的新兴产业。

二、以未来研究迎接未来产业

1. 硅谷的未来研究

硅谷能够领跑世界这么多年,很重要的一个因素就在于有大量的未来学家,如凯文凯利、阿尔文·托夫勒、伊藤穰一等。这些未来学家基于新技术应用对未来进行判断,每年发布未来报告,这些报告中所描绘的愿景就是硅谷的前沿科技企业所追求的目标。

美国的年轻人,在星际探索、基因复制等科幻小说中长大,然后投身到他们儿时那些"不切实际"的梦想中,把曾经的不可能变成可能。这才成就了硅谷的传奇。

2. 中关村的未来研究

中关村取得现在的成绩,也在于对未来的探索。30多年来,中关村从跟随硅谷,发展到与硅谷并跑,甚至在某些领域领跑,已经积累了丰富的逆向创新经验,形成了由投资人、创业者(企业家)、科学家共同参与的创新模式。如今,中关村也出现了很多面向未来的创业者。

然而,未来研究在中关村的发展还远远不足。尽管创业者和科学家已经在各自领域开展未来研究,但是真正顶尖的未来学家还没有出现,更没有真正意义上的未来研究机构;国内大量的未来研究停留在技术预测层面,缺乏思想引领的未来研究。

3. 加强未来研究,助力未来产业

改革开放之初,由国务院发展研究中心在全国调动了一大批人研究未来。这个未来研究使得中国看到了硅谷,看到了新技术革命,看到了我们的下一步发展方向。

今年是2020年。疫情之后,中国经济加速进入了新阶段,产业发展不再有先例可循。发展未来产业，已经成为中国产业发展的必然选择。而要做未来产业，就必须做未来研究，因为只有未来研究才能为未来产业找到目标。我国应该从现在起就重视未来研究，大力发展未来研究。

三、以场景创新迎接未来产业

1. 什么是场景

新经济领域的场景，是指由新兴技术催生的、新的生产生活模式，如无人工厂、无人零售、共享出行等。

新经济的场景可以从 3 个层面理解：从技术视角看，场景是推动创新应用的新孵化平台；从企业视角看，场景是寻求改变人类生活方式的新试验空间；从产业视角看，场景是推动产业爆发的新生态载体。

2. 为什么场景创新能迎接未来产业

未来产业要求的创新不再是线性创新，而是逆向创新。逆向创新要求科学家、创业者（企业家）、投资人、政府共同参与。这就要求创新围绕着场景进行，场景能够把原本在创新的不同阶段参与的人聚合在一起，同时又能让他们各有侧重点地共同完成场景创新。

场景创新一定要做改变世界的场景，改变世界的场景创新就是为了迎接未来。所以场景创新是走向未来的里程碑。

7 卡位新赛道，助力南京引领性国家创新型城市建设

——在"2021中国新赛道体系发布会"上的演讲

> 2021年10月22日下午，由南京市人民政府指导，南京高新技术产业开发区管理委员会、南京市委创新委员会办公室、南京市科学技术局主办，北京市长城企业战略研究所承办的"2021中国新赛道体系发布会"在南京举办。我参加了会议并发表了主题为"卡位新赛道，助力南京引领性国家创新型城市建设"的演讲，包括3个部分：第一，怎么理解新赛道；第二，怎么发展新赛道；第三，对南京市发展新赛道的建议。在会上，南京市委副书记、代市长夏心旻，中国技术创业协会副理事长、科技部火炬中心原副主任安道昌发表致辞，并一起为南京高新区和长城所共建的"南京未来产业促进中心"揭牌。我代表长城所与南京高新区等15个高新园区签署新赛道培育协议。会后，我接受了新华社的采访。

一、怎么理解新赛道

今年，我的一个最大的体会是未来已经呼啸而来，新赛道成了热点课题，那么新赛道是什么，我们如何去理解它呢？新赛道的本质是跨界，数字经济和实体经济的跨界融合是新赛道的重要源泉。新赛道是数据驱动的，疫后全球加速进入了新经济时代，进入了数字驱动的经济时代，数据是企业家们助推企业发展成为新物种的重要途径，也是驱动产业跨界爆发新赛道的关键手段。创新创业生态和产业生态活跃的区域是最容易培育和涌现新赛道的，高新区作为新思想、新产业、新物种层出不穷，创业、研发、服务资源高度集聚的区域，也就成了新赛道诞生及发展的主战场、主阵地。

二、怎么发展新赛道

一是认知升维，要加强新经济的培训，提升对新经济事物的敏感度及反应能力，同时提升对新生观念和新生现象的宽容度和包容度，只有认知的升维才能引领跨界。

二是精准选择，要把场景建设作为切入点，发现新赛道、捕获新赛道、评估新赛道，通过头脑风暴等多种形式，选择出适宜当地发展的新经济赛道。

三是营造生态，在创业、研发、服务3个方面要加大力度，做好创业、研发、服务就能催生新物种、新研发、新服务，只有活跃的新经济生态才能刺激跨界融合频繁出现，才能促使新赛道不断涌现。

四是打造新经济活力区，活力区就是一个新经济发展的高地，一个集聚新物种新场景、勇于探索新治理的新经济策源地，这样一个区域是能够不断衍生出新赛道的。

三、对南京市发展新赛道的建议

这次新赛道体系报告在南京首发可以说是对南京发展新赛道的一次重大激励，我认为未来还要在以下4个方面发力：一是要打造全国首个以新赛道和未来产业引领转型的城市；二是要通过新赛道发展未来产业，建设引领性国家创新型城市；三是要建设未来产业促进中心，在全国率先开展未来产业发展示范区建设；四是南京高新区要在新赛道选择与培育、新物种资源链接、新经济活力区建设等方面实现上下联动，打造以新赛道和未来产业为发展动力的世界一流高科技园区。

四、新华社会后采访

会后，我接受了新华社采访，围绕新赛道发表了以下观点：我认为新赛道是企业、投资商和高新区共同探索的结果，是未来最大的机会所在，我们做的工作是在总结新赛道的体系，新赛道包括了人类社会的方方面面，并且在逐渐取代过去的产业分工，新赛道只有在一线城市才有可能出现，同时新赛道也是新旧动能转换的结果。我希望南京的各级领导都要重视新赛道的培育工作，这既包括加速产业跨界融合，也包括对新物种企业的培育，我也希望和南京的创业者们合作，找到南京可能爆发的新赛道、新场景和突破点。

8　发展新赛道，推动数字赋能传统产业转型
——在清华大学"数字化赋能传统产业升级改造的应用研究及发展建议"中期课题汇报讨论会上的发言

> 2021年12月24日，我应清华大学人工智能国际治理研究院课题组邀请，远程参加了"数字化赋能传统产业升级改造的应用研究及发展建议"中期课题汇报讨论会。参会的专家还有中国科学院科技发展战略研究所副所长王晓明、国务院发展研究中心创新发展研究部研究室副主任熊鸿儒、腾讯研究院首席经济学顾问吴绪亮。听完课题组的汇报，我发表了四点看法：第一，发展能跨界的新赛道是传统产业转型的重要标志；第二，疫后新经济时代亟须对数据的认知升维；第三，产业生态化发展的主要力量是创业企业及云服务商；第四，做好新场景需要丰富的想象力。

一、发展能跨界的新赛道是传统产业转型的重要标志

"数字化赋能传统产业升级改造的应用研究及发展建议"是一个很好的课题，能够看出课题组在研究上下了很大的功夫，是值得赞赏的。我认为，中国互联网产业出现的最大突破就是新赛道的形成。现在，中关村的企业内部几乎都不再说自己是做什么产业的，而是说自己在做什么新赛道。新赛道形成的主要原因是数据驱动，是跨界。因此，我认为传统产业能否转型成功有两个标志：第一个是能跨界；第二个是新赛道的形成。

新经济企业和传统企业最大的区别是传统企业有非常全面的产、供、销等环节，是全面的，而新经济企业只是这些环节中的一个片段。因此，新经济企业能平台化、能跨界，还能爆发。

以长城所最近在做的几件事为例。第一件是在宁波做大企业平台化。我们通过开对接会的形式，让传统企业和新物种企业对接。从目前举办过的大会来看，每一次开会后，都有新经济企业和大企业在某个环节达成合作、形成新的合作公司或项目。之所以在宁波开这样的大会，是因为宁波传统大企业的环节非常多，而新经济企业做的是环节中的某一个片段、某一个场景。只有通过让做场景创新的新经济

企业与大企业对接，才能对大企业形成冲击，让新的企业、新的模式、新的跨界在这个大企业里产生。第二件是在佛山全市产业转型背景下开场景对接会，在制造业（尤其是大企业）中开放场景，推动新经济企业与之进行合作。第三件是在南京发布新赛道报告。报告显示，我们发现了80个新赛道，其中近一半与制造业转型有关，如大数据、云计算等，这些都是制造业转型的基础。

在我看来，工业互联网领域做得比较好的企业是杭州的涂鸦智能，我一直将它作为全球工业互联网的典范，也认为这是工业转型的根本。我认为，国内各区域中，在数字化赋能上做得最好的是广州，广州的每一个专业镇几乎都出现了平台公司，由这些平台公司将原有企业的某一个环节做大，形成产业互联网。比如做布匹的企业，有一家独角兽企业百布能够就织布这一环节，把上百家企业的相同环节集中整合到一起，最终形成一个产业互联网平台。

二、疫后新经济时代亟须对数据的认知升维

新冠疫情的暴发与延续使我们加速进入了新经济时代，因此需要以数据作为增长的主要要素。数据要素作用在企业上出现新物种企业，作用在产业上则体现为跨界、新赛道，这两者是产业转型的根本动力。企业转型能否成功、新兴企业能否成功，重点在于是否能够改变所在的产业。当前涌现的独角兽企业中，有很多都是由于跨界对传统产业进行了改造而爆发成长的，因此独角兽开创的新赛道是工业转型的主要动力。但这个转型与过去的信息化解决方案、类型等有所不同，这个转型必须是生态的、新认知的。数据成为主要动力所带来的革命性变化是认知的变化，必须认知升维。

三、产业生态化发展的主要力量是创业企业及云服务商

目前，各地都出现了一种新的现象，即云服务商、云原生创业极其活跃，已成了产业转型的主要力量。过去许多企业的数字化解决方案依赖于跨国公司的OA、ERP、CRM等，但这些仅仅是在企业的某个组成部分数字化，彼此并未联通。现在国内涌现出一大批有可能发展成为独角兽企业的云服务商，使用云服务商的大多为小企业及创业企业。云服务不仅可以帮助企业实现各个组成部分的数字化，而其更重要的基本功能就是打通原来各自孤立的信息岛，从而使企业真正完成数字化转型。因此，如果一个地区的企业能够用好云服务商，那么这一地区的产业转型就能取得很好的突破。

四、做好新场景需要丰富的想象力

在产业转型过程中,场景起着核心作用。场景的主要逻辑是靠想象力去创意,而不是把过去工业经济里的某一环节信息化。转型需要抛弃传统经济的做法,用新经济的做法,就要靠想象力和场景创新。现在较为成功的企业,对这一点的认知都很到位,能够很有创意地做出新场景并取得突破。对于很多大的风险投资商来说,决定某一个项目要不要投资主要是看其是否有对产业的革命性改造,如果有就很可能会进行投资。现阶段,凡是没有动摇产业根本的项目,就不太容易有大的爆发和大的市场,也就不太容易获得风险投资。

9 中国信创产业蕴藏极大的爆发潜力

——在 2022 中国信创独角兽征集启动仪式上的发言

> 2022年2月18日，我受邀参加了2022中国信创独角兽征集启动仪式并为活动揭幕。与会的嘉宾有工业和信息化部教育与考试中心副主任刘明亮、华云数据控股集团董事长许广彬、信息技术应用创新产业联盟副秘书长高华等。我在会议最后做了总结发言，主要讲了两点：第一，中国现在一个很大的任务是培育引领世界的过万亿的产业集群，信创产业就是其中之一；第二，长城所长期致力于新物种的跟踪研究，保持着前沿引领。发言结束后，我接受了媒体的采访。

一、中国现在一个很大的任务是培育引领世界的过万亿的产业集群，信创产业就是其中之一

最近5年来中国进入高质量发展阶段，中国现在一个很大的任务是培育世界领先的领军企业。2018年5月，习近平总书记在中国科学院第十九次院士大会、中国工程院第十四次院士大会上强调："要突出先导性和支柱性，优先培育和大力发展一批战略性新兴产业集群，构建产业体系新支柱。"当前中国经济已经出现了下滑的态势，而信创产业是少有的一直在爆发成长的产业之一。在这样的一个产业中，势必也将爆发出更多的新物种企业，这是我们一直关注的，也是我们希望看到的。

伴随着新物种企业的蓬勃涌现，中国在场景、大数据运用方面累积了大量经验和数据，具有很强的优势，信创产业在这样的环境下也初显爆发。同时，中国的投资环境和发展潜力巨大，最近我们在最新的中国哪吒企业研究中发现，有4家企业刚成立即获得了超百亿元的融资，中国的独角兽企业融资比美国的独角兽企业多1/3。

二、长城所长期致力于新物种的跟踪研究，保持着前沿引领

长城所多年来坚持独角兽和新物种企业的研究，积累了丰富的经验与数据。同时，我们也将独角兽企业的挖掘与培育工作结合起来，服务于新物种的爆发式成

长。我们不仅帮助企业去找准产品,还帮助这些企业做场景打磨精准赋能,我们用一套方法论帮助他们找到创意、小切口去实现场景驱动的爆发和成长。

接下来,长城所还要发布信创产业报告。今天来了很多信创的服务机构和促进机构,现在报告发布的地方还没确定,但是一定是在市场经济的前沿、信创独角兽活跃的地方发布,也希望大家踊跃参与、积极申报。最后,希望华云推动中国信创产业走向全球引领。

三、会后接受记者采访

1. 目前,中国信创产业发展到了什么阶段?

中国很少有产业能进入新经济爆发成长的阶段,这个阶段有3个显著特征:在这个产业里不断地涌现出新赛道、未来产业,在这个产业里大部分的创新都围绕着场景创新。

中国信创产业蕴藏着很强的爆发潜力,尽管在很多领域美国是超前的,但是在场景、大数据运用方面,中国优势更明显,因为中国场景丰富、数据多。另外,中国的投资环境和发展潜力都很大。举个例子,过去基本上好企业都在硅谷,但是现在中关村的很多企业是硅谷风投而来的,如字节跳动。再比如最近4家哪吒企业刚成立就被投资均超过百亿元。

2. 现在信创领域也有很多独角兽企业,如何看待这些企业的一些创业趋势及投资的趋势?

信创领域活力丰富,活力来自场景,场景创新又成为产业。现在的很多新赛道,如小酒馆、烘焙、水电费等,原来都是传统行业。

信创产业有三大动力:产品创新、疫后新经济、元宇宙。信创产业会出现持续爆发,而且会形成新的创业高潮,我希望许广彬董事长重视创业企业,现在很多事情传统企业干不了但创业企业能干。这次北京冬奥会的大部分场景都是由创业5年之内的企业承包的,冬奥会这么新鲜的事儿,靠创业企业就干起来了。

3. 很多新物种企业创业人员是高校院所的科学家,这就牵扯到体制内科研人员创业及成果转化问题。现在的成果转化政策能不能支撑新赛道创业?

现在中国硬科技创业突飞猛进,但是科技成果转化较难。推动中国硬科技创业突飞猛进的参与者大部分是中国大学生和回国创业的留学生,由于许多学校规定教师不能做企业法人,只能做科学技术顾问。

中国大学教师创业较少,与硅谷大学教师创业情况差别很大。硅谷是大学教师一旦发现有个科学成果，便带着他的学生创业，可能干了 5~10 年他又回来继续当老师。现在学校科研经费比较充裕，申请科研经费比创业容易，因此中国大学教师几乎不出来创业，但是这并不影响中国硬科技的发展，因为有不少学生在创业。

10　赴南京浦口共商 AI 芯片新赛道的发展

> 2022 年 8 月 30 日,我、陈文丰、黄波、郝坤等赴南京参加了由南京市浦口区举办的浦口数字经济发展暨南京数字芯城建设专家研讨会、中国 AI 芯片及应用新赛道研究报告发布会暨南京数字芯城启动大会、浦口区与新物种企业闭门会,并与浦口区委常委王慧共同为与长城战略咨询共建的"南京浦口数字经济创新促进中心"揭牌。

一、浦口区的数字芯城应打造成新经济活力区

8 月 30 日下午,我参加了数字芯城建设专家研讨会,并在会上做了如下发言:

国家高度重视发展数字经济,数字政府在数字经济领域起了很大的作用,从某种程度上决定了城市能否做好数字经济。长城所的"四新经济范式"(新场景、新赛道、新物种、新治理)逐渐被政府所接受。近日,科技部等六部门联合印发了《关于加快场景创新以人工智能高水平应用促进经济高质量发展的指导意见》。新治理是政府需要努力的方向,只要生态做好了,新场景、新赛道、新物种就会随之产生。

关于浦口区应如何打造数字芯城,我提以下几点建议。

第一,数字芯城应打造成为一个新经济活力区,围绕 AI 芯片构建数字生态。同时,搭建平台是推动 AI 芯片发展的重要途径,组建数字经济创新促进中心。核心任务就是帮助数字芯城构建生态、吸引资源,希望能够推动浦口成为全球 AI 芯片的创新中心。

第二,要做好企业服务工作。新时代要有新打法,产业发展的好坏关键在于人员配置和服务水平,张江的人工智能岛、北京的中关村等地都十分重视对新物种企业的服务,浦口区要做好服务,尤其重视针对芯片领域的服务。

第三,抢占 AI 芯片新赛道是具备竞争优势的,数据和场景正在以最快的速度将 AI 硬件化,中国陆续出现了一批芯片企业,中国的数据多、AI 场景多,在 AI 芯片领域是最容易取得竞争优势的。今年重点围绕 AI 芯片赛道去研究,明年举办无人机大会,后年举办自动驾驶大会。

二、南京已经成为全国 AI 芯片第四城

在中国 AI 芯片及应用新赛道研究报告发布会上，我接受了《南京日报》记者采访，主要讲了以下四点。

第一，中国目前有三大优势：一是数据多；二是场景多；三是 AI 芯片多。长城所这次在南京浦口发布《2022 中国 AI 芯片及应用新赛道研究报告》，是很有意义的一件事。

第二，南京已经成为全国 AI 芯片的第四城，未来长城所将与浦口区一起打造数字芯城，形成新经济活力区，将来新物种企业会不断在该活动区涌现。

第三，浦口区发展 AI 芯片的优势是发展速度快、有足够的空间，并且有一定高度的认知。我认为，在这个领域未来会出现更多的增长点。

第四，今年在浦口发布了《2022 中国 AI 芯片及应用新赛道研究报告》，以后每年依次围绕无人机、自动驾驶、工业机器人、服务机器人 4 个应用领域开展专项大会。

三、AI 芯片或成为未来的中国爆点

下午，AI 芯片企业与浦口区的领导举行了浦口区与新物种企业闭门会，我在会上做了如下发言。

第一，听完新物种企业的发言，我对 AI 芯片的发展更有信心。

第二，当前，中国迎来了 AI 芯片大爆发时代，涂鸦智能在全球处于领先地位，但是在中国还没有落地，期望涂鸦智能能落地浦口、搭建平台。

第三，AI 芯片或成为未来中国的爆点，浦口要高度重视。南京目前已经是 AI 芯片第四城，下一步可以在 AI 芯片领域争作全国乃至全球第一，希望浦口高新区能够以此为契机，积极抢占新赛道，在全国产生影响力，做出南京特色。

第四，今天参会的企业都非常优质、很有诚意，有些企业直接提出落地浦口，希望相关部门加强重视、做好服务。

第七章
新治理是新经济的体制机制革新

本章导读

　　王德禄所长长期关注和研究新经济和高新区，认为新经济具有鲜明的颠覆式创新、跨界融合、数据驱动、生态共荣等特点，基于工业经济思维的传统管理模式与新经济发展的矛盾愈发凸显，国家高新区作为新技术、新赛道、新物种最活跃的区域，率先面临治理的挑战和需求，新治理成为"时代之需"，亦是区域塑造未来发展新优势的关键。治理创新一方面是新赛道新物种的需求倒逼，传统的税收、土地等政策工具和产业培育手段及监管规则需要去旧立新；另一方面则是政府加快自身变革的现实需要，随着市场主体越来越集聚、多元，政府的服务能力、深度、及时性愈发受限，建立与企业发展需求和自身发展需要相匹配的管理体制机制愈发重要。

　　本章共收录7篇文章，分别从产业制度和政策、包容审慎监管、生态共治、管理体制机制等方面阐述了王所长对新治理的认识理解，充分体现了其思考的深度和广度。其中，阐述高新区新治理的有1篇，即《高新区的创新治理》；从包容审慎监管角度阐述对新治理认识的有2篇，分别是《包容创新，审慎监管是中关村发展新经济的关键》和《要用新经济新治理来发展风险投资》；从生态共治角度阐述对新治理认识的有3篇，分别是《新经济、新治理与社会智库》《中国需要出台新经济生态共治法案》《平台经济发展的制度、治理和政策》；从管理体制机制角度阐述对新治理认识的有1篇，即《高新区管理体制机制改革创新永远在路上》。

（撰写人：曹善平）

1 高新区的创新治理

——在"创新双月谈"第 5 期上的发言

> 2017年4月21日上午,"创新双月谈"第5期在长城所第一会议室召开,科技部火炬中心和高新技术司有关领导出席会议,中关村、广州、天津、济南、重庆、长治、莫干山等高新区代表参加会议。会议由陈文丰主持,中国科技体制改革研究会理事长张景安致辞,我在会议最后做了总结发言,主要包括三方面内容:一是"创新双月谈"的重要价值;二是对高新区创新治理的思考;三是高新区发展要搭建平台。

一、"创新双月谈"的重要价值

"创新双月谈"由中国科技体制改革研究会高新区改革专业委员会主办,由长城所承办。其中高新区改革专业委员会是中国科技体制改革研究会的一个二级组织。而"创新双月谈"活动,实际是高新区改革专业委员会的一个高水平交流平台,也是我们高新区创新改革的一个重要研讨方向。

"创新双月谈"承接历史、发展未来。我本来觉得自己对历史已经很了解,会上听张景安理事长提到两件事:一是发展高新区从孵化器开始,这是由前国务委员、国家科委主任宋健和原航天工业部部长、党委书记李绪鄂决策的;二是当宋健听说高新区在做招商引资后,他提出批评,他认为高新区就是要搞创业和企业成长,招商引资的数据不应该在高新区的统计指标内。我感觉宋健确实是主张高新区内涵发展创新创业。最近在国外讲中国高新区的成绩时,我总是说,中国高新区发展的经验就是以创业驱动创新,而不是以研发驱动创新。

到目前为止,"创新双月谈"举办了 5 次,今天张景安理事长在致辞中对"创新双月谈"提出了很高的要求。我们专业委员会下一步要专门召开会议,落实张景安理事长提出的要求,把"创新双月谈"搞得更有声色、更具影响。

二、对高新区创新治理的思考

《国务院办公厅关于促进开发区改革和创新发展的若干意见》(国办发〔2017〕

7号），在我看来是近10年来出台的、有关国家高新区创新治理问题的重要文件。各高新区都应认真研究和落实该文件，各高新区的创新治理问题，不仅仅是高新区的问题，也是高新区所在省市的创新治理问题。所以在落实文件的时候要与省市领导进行深入讨论，甚至出台专门的文件。

对于高新区创新治理，我在这里主要讲以下3个问题。

第一，高新区是以发展经济为主还是以社会发展为主？产城融合怎么做？这是创新驱动的首要问题，方向就是集中精力搞经济，集中精力搞创新，集中精力搞原创。

第二，高新区如何开展高端链接和区域辐射？如何开展区域辐射？这是创新驱动的核心问题。高新区的发展一定要做好高端链接，高端链接带来观念、想法、平台。高新区更要做好区域辐射。只有发挥好高新区的辐射作用，高新区建设才能有意义，高新区才能在区域经济上体现出其创新高地的意义。在这个方面，各高新区都有很多探索，应该总结经验、加以推广。高端链接和区域辐射是高新区发展的主要理论，也希望大家予以重视。

第三，中国供给侧结构性改革的核心需求在哪里？就新经济领域其主要体现为独角兽的发展。新经济制度创新在政策上的突破点是出现了独角兽，现在独角兽都在向超级独角兽转变。任何高新区如果在制度创新上有一个创新点，把独角兽引过去，马上就会出现新的独角兽。希望大家重视供给侧制度创新，现在独角兽提出来很多较新的政策需求，这些需求体现出了新经济的特点，高新区尤其要重视独角兽的制度需求。

三、高新区发展要搭建平台

《国务院办公厅关于促进开发区改革和创新发展的若干意见》（国办发〔2017〕7号）还体现了新经济的新特点，那就是平台驱动。发展产业要以搭建产业平台为核心。分享经济、平台经济、智能经济是我国产业发展的引爆点。高新区的平台性和自成长构成了高新区平台化转型的基础。高新区的发展要引进新业态、平台、科技，完善创新创业生态。

高新区发展不是完全不要招商，而是要讲究招什么商？如何招商？新经济新招商的重点在平台，高新区本身是个平台，它更需要搭建若干专业化服务平台。长城所做的瞪羚云平台，就是将一流的平台资源向各地高新区尤其是新升级高新区引进。

为什么做创新创业生态？创新创业生态就是搭平台，要让各类双创主体活跃在这个平台上，让它们做出来一些特色的东西。在这个过程中，建设创新创业生态的核心就是做平台。

2 包容创新，审慎监管是中关村发展新经济的关键

> 2020年4月9日上午，应中关村管委会邀请，我远程参加了关于新经济领域的审慎监管问题研究课题的开题会。这个课题主要围绕独角兽企业需求来研究新经济审慎监管问题。我在会上发表了三点看法：第一，中关村新经济审慎监管课题很有意义；第二，为什么对中关村新经济要包容创新审慎监管；第三，中关村应如何进行包容创新审慎监管。

一、中关村新经济审慎监管课题很有意义

中关村立这个题目非常及时，也非常好。中关村的企业在新经济方面走得很靠前。包容创新审慎监管是面对新经济提出来的，是面对产业跨界、独角兽出现这些新经济现象提出的。这次中关村提出对新经济领域进行包容创新审慎监管，我觉得很有意义。2017年1月，国务院办公厅印发了《国务院办公厅关于创新管理优化服务培育壮大经济发展新动能加快新旧动能接续转换的意见》，其中第三部分为探索包容创新的审慎监管制度，之后在电商、互联网广告等领域分别出台了基于包容创新的审慎监管政策文件。但是，这些政策文件出台以后，对创新很活跃的领域带来了一些限制性，不利于产业发展。在以工业经济为主的国家，政府官员对行业准入门槛很熟悉，但对包容创新审慎监管缺乏认识。这次中关村责无旁贷地去探索包容创新的具体方法，这件事很有意义。在这次抗疫中，新经济企业起了巨大的作用，在这个时候加强包容创新审慎监管显得更加有意义。

二、为什么对中关村新经济要包容创新审慎监管

为什么对中关村新经济要包容创新审慎监管？主要是因为产业跨界。原有的产业政策已经不适合了，产业跨界意味着出现了新业态、新赛道。大部分独角兽都是在新赛道中孕育而生。中国的独角兽都在创造新的场景，场景是创意驱动、跨界融合、改变世界的力量，也需要包容创新审慎监管的制度环境。包容创新审慎监管就是要对这样的事情谨慎，而且要开放。在中关村出现的独角兽都是在边边角角冒出来的。独角兽在制度创新上要求非常强烈。中关村要对每一个独角兽企业都要包容

创新审慎监管。凡是独角兽提出的制度变革需求,也是新经济最急迫的制度创新需求。如果监管制度能够改革,中国会在新经济方面走向全球引领。

现在中国有若干重大领域需要包容创新,审慎监管要慎之又慎,如互联网医疗、互联网教育、云办公和数字文创等。这些领域在投资商看来,已经出现了新赛道,具有很大的投资价值;在高新区看来,是高新区未来的爆发点;在管理体制上,并没有跨界的审慎监管的管理制度出现。只是在传统的管理体制下,增加了一些限制。例如,互联网医疗只能在二级及以上医疗机构进行试点,部分互联网医疗改革仅限于在三甲医院中进行探索,无法自主探索发展;互联网教育面临严格的治理和监管,数字文化创意领域采取限制版号和总量控制等手段,但并未全面实施审慎监管。这些领域仍然在传统的行业准入体系下进行,离包容创新审慎监管还有很大的距离。

三、中关村应如何进行包容创新审慎监管

我觉得新经济领域包容创新审慎监管的核心是对独角兽、跨界、新赛道、场景及新经济制度的研究。在这个过程中,核心是感知新经济。

包容创新审慎监管制度是中国新经济制度创新探索的核心,我希望中关村能在监管制度方面有所突破。如滴滴出行,有些省市为滴滴出行出台专门的政策,而北京每年都出现那么多独角兽,却很少有针对单个独角兽或业态创新的专有政策。据统计,目前已经有6家独角兽离开北京,搬到外地去了,主要原因是制度环境不完善。我希望中关村更重视监管制度研究,疫后经济一定会迎来新经济大发展,包容创新审慎监管制度不光是北京制度创新的核心内容,更应该为中国新经济制度创新提供经验。

3　新经济、新治理与社会智库

——在首届智库理论方法暨 DIIS 研讨会上的讲话

> 2020 年 11 月 2 日，我在中国科学院学术会堂参加了首届智库理论方法暨 DIIS 研讨会，并在会场上发表了"新经济、新治理与社会智库"主题演讲，主要提到三点：第一，社会智库的发展要从中国传统文化中汲取营养；第二，新经济的发展对社会智库提出了新要求；第三，社会创新治理需要社会智库的参与。

一、社会智库的发展要从中国传统文化中汲取营养

战国时期齐国的稷下学宫是中国社会早期智库的代表，其核心工作就是讨论如何治理社会与国家。从人类历史来看，大学与社会智库都是知识殿堂，二者有什么区别？大学强调知识的独立性，而智库强调知识的应用性，稷下学宫就应该是人类历史上最早的智库模式。对于中国传统文化来说，尽管其中科学性或许还有待讨论，但智库在其中的重要性是毋庸置疑的。智库在中国的历史上不仅受到重视，而且 2000 多年以来智库的发展从未中断。长城所在淄博设有稷下学宫研究院，专门研究其文化内涵。

所谓洞见，中国文化即"悟"。中国人对复杂事物的解决方案往往强调"悟"性。古有战国七雄，尽管当时局势纷繁复杂，但总有优秀的人才出现，这与"悟"息息相关。当今社会，人们的洞察力和智力还有提升的空间。面对这种情况，我们应该从中国文化和智慧中得到更多启示，事物越复杂就应该越强调"悟"性。

人类智库的产生就是为了应对复杂多变的整体环境，对产生的问题也要有足够的定力去研究解决。在中国源远流长的历史中，关于智库研究的方法论一直都有完整的记叙，如"文死谏、武死战"，意思是智者为了坚持理想而付出和牺牲。所谓公理，无论是中国文化所流传的，或者是学习西方而来的，都应该考虑如何将中国文化与科学公理相结合，这也决定着当今的社会智库该如何发挥最大作用。

二、新经济的发展对社会智库提出了新要求

当今经济环境变化迅速,企业、产业不断成长,生产要素也在不断变化。企业成长路径从传统线性模式向高成长式瞪羚企业、爆发成长式独角兽企业方向转变。长城所常年观察并研究新经济现象,已连续 10 年发布《中国瞪羚企业发展报告》,连续 5 年发布《中国独角兽企业发展报告》,今年又发布了新的《中国哪吒企业发展报告》。这些企业都代表着新经济下的新物种,更是中国经济的新面孔。智库能不能对经济产生影响,取决于能否为社会带来新的认知和应用。在当今的经济环境下,由独角兽企业开拓出了新场景与新赛道,新场景是可以改变世界的场景,新赛道使得原有产业出现了新的产业跨界。解释这类现象的本质也是智库的一次认知革命。场景应该如何总结?改变世界的场景应该怎么命名?这要求智库与合作企业参与其中并反复讨论。

智库的发展方向应该取决于经济社会的需求,新经济社会要求更加多样化的智库服务。中国的新经济在全球处于领先位置。虽然全球各国都在努力发展新经济,但是除了中美以外,日本、韩国等主要发达国家的新经济发展都缺乏动力,这也从另一个方向印证了中国在新经济方面的探索非常成功。我曾经前往美国与其他智库和咨询公司重点探讨方法论,不管是麦肯锡、安达信,还是兰德,基本还是原来那一套服务于工业经济的旧方法,并没有创新。美国的咨询公司在发展区域经济和产业经济方面缺乏经验,在国内竞标时往往处于下风。这也从侧面证明了中国经济的发展模式和美国不一样,在组织方式上也不尽相同。10 年以前国内掀起了去"IOE"行动,并建立了分布式的服务器,分布式技术的广泛应用也保证了类似"双十一"高流量活动的流畅运行,去"IOE"的过程实际上就是中国 IT 崛起的象征之一。

三、社会创新治理需要社会智库的参与

发展中国智库,并且做一个新经济高端智库依然是长城所的重点。这要求我们不单单要为经济服务,还要为国家服务,因此不能按照西方的套路布局,而是要根据中国的新经济需求来发展。几个月前长城所与新华社做了深度交流,认为当今全球产业链的发展非常快,而中国由于整体市场环境稳定且新冠感染疫情控制得力而占有先机,产业链整合使得中国经济发展水平不断提高。中国很多城市在打造高端生态,并通过下沉爆发来振兴产业,在经济增长方面走在了前列。

社会治理需要社会智库的参与,智库产生的根本内因就是治理的需要。中国的经济政策不断地在宏观、中观与微观之间互补协调。应该看到的是,工业经济制度

与新经济制度不可避免地会发生冲突，解决这个问题的关键要看智库，而智库更应研究其中的内因，所以洞见就成为新经济智库的核心竞争力。在经济活动中，智库不但要发声，还要参与到共治中的某一个方面或环节，参与到治理过程中去。智库要参与到高新区产业共治中，与企业家、投资人和科学家一起协商讨论。越优质的项目越是要有智库参与其中，协助多方优化治理结构。在这些方面，中央已多次对智库与咨询提供了很大的政策支持。

中关村是中国新经济咨询的发源地，也是全球新经济智库的发源地。新冠疫情的发生加速了新经济智库的变革，特别在"十四五"时期，中国必将涌现出更好的新经济智库，能够在新治理方面发挥更大作用。面对百年未有之大变局，中国更要有定力，运用软实力构建起自身的新经济制度体系，这需要中国本土社会智库的积极参与和智慧贡献。

4 中国需要出台新经济生态共治法案

——在"新经济新治理务虚会"上的讲话

> 2021年2月8日下午,长城所组织召开了"新经济新治理务虚会",会议采用线上线下相结合的方式,科技部原党组成员张景安、博客中国CEO方兴东受邀参加了会议。我在会上作了"中国需要出台新经济生态共治法案"的发言,主要讲了四个方面:一是我为什么要关心新经济新治理话题;二是中国需要为平台公司出台新治理的文件;三是新治理要干什么事;四是中国的新治理需要出台生态共治的制度。

一、我为什么要关心新经济新治理话题

这两年,尤其是疫后,长城所在新物种的培养、新赛道的发现、新场景的挖掘这三个方面下功夫很多,这些企业本身都面临新治理的问题。比如,前两天和云帐房企业交流,他们就是做零工的平台,创业5年营收达到360亿元,为国内就业提供了很大的支持。再如,快手几乎是让所有产品都"下乡"。快手一上市就进入了中国互联网公司的前五。实际上快手做的事就是"三下乡",如果去问农村的老大爷,他不知道百度、腾讯,但是他知道快手,因为快手的东西便宜,而且农村相当多的人通过快手走向了全国,所以说快手从一定意义上代表了农村先进的生产力。这些企业是平台企业,他们做出许多政府想做的事情。实际上,他们已经参与了中国新经济的新治理。

二、中国需要为平台公司出台新治理的文件

疫情之后我们做了一个判断,中国的平台公司、数字公司对抗疫起到了核心作用。平台公司日益增长的实力,让我们国家有了更强大的力量,但是如果对这种力量使用不当,将适得其反。现在国家针对平台公司出台的文件仍是管理为主,而没有将这些平台企业视为与政府平等、形成生态圈关系的重要组成部分。中央文件重点是关于治理现代化的要求,但是各部门各地确实还没有真正的新治理文件。下一步平台企业的发展都将面临治理问题,希望国家能参与到平台公司治理的过程中

来，要出台真正的新治理文件，看云帐房、快手这样的企业在哪些方面需要支持。

三、新治理要干什么事

新治理要干什么事？核心是让做新经济的企业参与治理。曾经上海对滴滴在上海的运营出台了文件，它是支持新经济的，然后滴滴在上海的规模马上翻番，滴滴在上海雇用了5万名司机。现在可以说只要是平台企业，都需要在治理方面有一个共建共治的要求。在治理方面，我希望长城所能和国家市场监管总局对接，因为我们希望所面对的这些新物种企业都能健康发展，希望它们能正面参与到治理中。在工业经济时代，出台这种文件不用企业参与，但是在新经济时代，就要把企业吸收进来，把方向说清楚，这样才能实现共治。为此我们要做好两个方面：一是在各省市能够有突破；二是能够和国家的产业政策、经济政策协调起来。现在需要在交通、教育、卫生等领域出台各种各样的治理现代化的文件。我希望长城所新成立的新治理研究中心能够为中国在全球做出来几个新经济新治理的模板。

四、中国的新治理需要出台生态共治的制度

我原来只重视美国和中国的新经济治理文件，但刚刚听了方兴东的讲述，我意识到欧洲在这方面也有出色的表现。我认为欧洲的新经济治理能不能成，不在于他们的产业发展多好，而在于治理的方式。如果说美国在第二次世界大战后引领了全球创新靠的是《拜杜法案》，中国在新经济时代做到全球领先就要靠新经济新治理的制度领先。若我们能够制定适用于中国新经济生态的相关法案，就有望实现全球领先地位。这样的法案应该是强调共享和共治的。很多高新区希望长城所帮助他们培育新物种、培养新赛道、做新治理。现在这只是个想法，我们还是要找对方向，不要跑偏了。新治理应和我们现在做的新物种、新赛道、新场景直接配套。在新经济中，中国怎么领先，只有靠新治理的创新，这和国家提出的治理能力现代化是一致的，要尽快破题。

5　要用新经济新治理来发展风险投资

> 2021年5月，我参加了一个风险投资座谈会，讲了3个观点：一是数据驱动企业成为新物种；二是数字驱动管理是新治理；三是政策驱动助力中国未来发展。

一、数据驱动企业成为新物种

我们最近做的好多事都和投资有关系。第一件事是我们最近要再准备一个《全球独角兽企业发展报告》，在分析投资人情况之后，发现有一半是中国投资机构，有一半是美国投资机构，其他国家很少。这个逻辑是什么？比如，红杉在全球投资了 90 多家独角兽，其中 80 多家在中国，体现出中国的风险投资能力正在引领全球。

中国的投资商很积极，普遍在投资新物种，有好项目大家都抢。快手一上市市值就是约 1.3 万亿港元，比百度、小米规模还大，还有涂鸦智能，一上市市值达约 1000 亿元人民币。这说明疫后市值、数据驱动已经成为一个现实。数据驱动的企业现在是投资的重点，数据驱动企业成为新物种，新物种企业规模的增长速度基本上是每年翻番，甚至是翻 5 番、翻 10 番。数字驱动产业出现新赛道，中国的新赛道已经超过了美国。数据驱动技术成为新场景，新场景是什么？是从小切口做起来改变世界。

《富足》里面提到 DIY 车库创业，认为创业能改变世界。目前中小企业性质也在发生改变，大学生在这个实验室里做的事是要改变世界。我们目前对接的清华的创业项目就是在改变世界，而且越做越热闹，这个情况在中国非常普遍。

二、数字驱动管理是新治理

数字驱动管理是新治理，这是长城所在新冠感染疫情期间做的总结。前段时间我们做了一个分析，我国第一季度的经济增长数据和我的预测完全一致，说明中国的企业受到疫情刺激，出现了颠覆式创新，新增创业企业数达到 50%，投资的好几个指标值也很高，而且现在说的还是相对保守的数据。今年长城所在天津发布了《中国独角兽企业研究报告 2021》，发布会召开前出现了一个新局面，100 多家独角兽企业争着抢着要去发布会上发言，这和以前完全不一样。

三、政策驱动助力中国未来发展

我对此次座谈会提了三点建议：

第一，新阶段发展风险投资一定要体现出新治理的特点，现在全中国在走向全球领先之路，如全球科技成果转化、新商业模式、前沿科技，尤其是数字驱动。长城所今年要发布新场景报告，是因为中国已经成为全球场景创新中心，创新力度比美国要大得多。在今年新发布的全球独角兽企业中，中国的独角兽企业有251家，美国有240家，其他国家则很少，日本只有两三家，这是全球的竞争态势。我现在很担心的是国家出台的政策还相对保守。比如，我跟企业讨论的是抢新赛道、做新场景，但企业更多考虑"六稳""六保"的政策要求，对新发展考虑不多，这很容易使中国的竞争优势受到影响。再如，近期对金融风险的管控，平台公司的融资功能是重要的监管对象，但是我们在考虑监管的同时应该认识到平台公司的积极作用。事实上，平台公司是我国在全球最亮的品牌之一。

第二，中国要实施新的投资制度，平台型企业、数据驱动企业爆发式增长的项目将会成为新的投资重点，监管时要把白名单留出来，把好的项目甄别出来。

第三，真正给中国未来经济增长带来正面影响的是这些写《富足》的人，他们认为由于DIY、指数型技术，以及各种资源通过数字化的优化配置，未来全球养100亿人是没问题的。疫情之后，我们现在到底是应该乐观看未来，还是悲观看未来，决定了中国经济能不能在全球领先。

6 平台经济发展的制度、治理和政策

> 2021年6月9日下午,长城所组织了《广东强化反垄断监管推动平台经济健康发展的路径研究》课题的企业和专家线上座谈会,中央网信办专家委顾问高新民、广州唯品会和深圳货拉拉等平台企业相关负责人受邀参加了会议。我在会上主要谈了三点:一是国家要创新和完善支持社会企业发展相关法律;二是平台企业要联合政府开展平台治理;三是各地要积极出台支持跨界、平台经济发展的政策。

一、国家要创新和完善支持社会企业发展相关法律

这个课题是广东省人民政府发展研究中心委托长城所研究的,我很关心,也参与过很多次讨论。平台企业具有很强的社会属性,参与到越来越多的社会治理领域当中,也让中国出现很多有很强大能力的社会企业家。既然是社会企业,本身就应该更加受到政府重视,参与到政府相关政策和制度建设当中。而现在的法规体系对承担了社会责任的企业缺少有关法律地位、相应的税收制度等方面的规定,现有的在民政系统注册的"民办非企业单位"的法律身份,并没有清晰地给社会企业应有的权利和责任,对其也缺少相应的税收制度支撑。因此,我认为国家要创新和完善支持社会企业发展相关法律,补全原有制度,让社会企业、社会企业家的作用和能力更好地发挥。

二、平台企业要联合政府开展平台治理

平台经济具有极强的生态性,各类主体在平台上构建起了更为复杂、高度社会化的局部市场。政府以往针对单个企业市场的监管模式,在理念、手段及人员结构等方面都不能很好地适应新的需要,平台企业要想更高效率、更及时地处理平台上的纠纷和各种问题,就要主动制定相关平台规则、自我规范文件,即合理地制定平台各个利益相关方的行为准则、规章制度、内部处罚规程等,并积极与政府交流、向政府备案,实现共同治理和监管。

三、各地要积极出台支持跨界、平台经济发展的政策

各地面临向新经济转型的任务,对于平台经济发展,除了使用监管手段之外,更应该注重促进性政策手段,要在对违规的审慎监管和促进发展方面找到合理的平衡点。确实也有一些城市探索与平台企业合作,给予了企业一定政策,在经济社会发展方面取得了很好的成绩。在我看来,好的政策对于各地发展新经济与跨界有很大的影响,但目前整体来看,由企业、政府、市场化机构联合出台的政策还不够"火热",希望广东可以与唯品会、货拉拉探索在相关领域出台政策,如果很吸引人的话,也能够吸引更多的优质平台企业到广东发展。各地也都要出台支持跨界、平台积极发展的政策。

7　高新区管理体制机制改革创新永远在路上

> 2021年，长城所成立了新治理研究中心，重点研究高新区管理体制机制、治理创新等方向，所里也承担了一系列的研究课题，我们发现管理体制对于高新区来说是最重要之事，以此谈谈我个人对管理体制的认识。

近年来，我走访了全国多个高新区，不少高新区领导都会谈及管理体制的事情。我认为，管理体制机制改革创新是国家高新区30多年发展的重要经验之一，是高新区建设发展的根本保障。

高新区管理体制机制在全国是超前的，同时，高新区也是我国新经济发展最活跃、产业生态最领先的区域，往往率先面临政府治理创新的需求，需要持续开展适应时代和自身发展阶段的改革调整。

一、管理体制机制是高新区首要之事

首先，要认识到管理体制机制的重要性。建设高新区是党中央、国务院为推动科技体制改革、推进国家改革开放和社会主义现代化建设做出的重大战略部署。高新区按照"中央引导、地方推进"，实行"科技部指导、地方政府领导、管委会具体管理"的管理模式。

地方政府作为建设高新区的责任主体，充分发挥高新区先锋引领和试验田作用，按照"小政府、大服务"的理念，在职能定位、组织架构、领导干部配置、财税体制、关键性权限等方面对高新区予以支持，建立机构精简、人员精干、高效服务的管理体制和运行机制。在我看来，这种管理体制机制极大程度解放和发展了生产力，为高新区增强自主创新能力、培育发展高新产业营造了一个相对独立而良好的发展环境。可以说，管理体制机制是高新区最重要之事，是高新区成功的根本保障。

二、高新区管理体制机制改革一直在路上

相较于行政区，高新区本质上是功能区，实行不同于行政区的管理体制和运行机制，是我国公共管理改革过程中的新探索。高新区30多年的建设发展历程，也是管理体制机制持续改革创新的过程，整体来看，大致可以分为三个阶段。

第一阶段（1988—2000年的"一次创业"阶段）：初步形成"领导小组+管委会+公司"管理架构。在这个阶段，高新区还处于发展初期，高新技术产业发展基础总体薄弱，需要强有力的管理机构创造发展环境，大多高新区采取集中授权、封闭管理的模式，初步形成了具有中国特色的"领导小组+管委会+公司"管理架构，实行"决策层—管理层—服务层"管理模式。

第二阶段（2001年至十八大以前的"二次创业"阶段）：深化"精简、高效"改革，积极探索经济与社会统筹管理体制机制。随着中国加入WTO，创新驱动、内生增长的重要性愈加凸显，科技部要求高新区管理机构要按照"精简、高效、优质"的原则不断推进职能转变，以适应新的变化。同时，随着高新区的不断发展，产业规模持续扩大，就业人口持续增长，因而产城融合成为现实需求，对新发展空间、社会事务管理提出了需求、构成了挑战。为此，一批高新区开启了新一轮管理体制改革，积极探索一区多园、托管街镇、政区合一等模式。

第三阶段（十八大以来至2020年的"创新驱动发展"阶段）：着力推进市场化改革。这个阶段，高新区面临着要素成本制约、政策优势减弱、发展活力不足等困境，特别是面临新经济发展的新形势、新阶段，企业对创新创业的服务需求日益增长，面向服务型政府的改革日益迫切，因此积极转变政府职能、引入市场化效率机制势在必行。一批高新区开始积极探索符合新时代要求的行政审批、组织机构、人事管理、薪酬激励新机制等领域的改革，构建精简高效的管理服务体系。

总的来说，我认为高新区管理体制机制是动态的，发展过程中既有"小动静"的"修修补补"，也有"手术"式的彻底改革。无论何种改革力度，随着外部发展形势、高新区发展阶段与战略重点，以及主要领导认识的变化，管理体制机制也会随之调整。

三、长城所陪伴高新区改革创新

长城所的28年，是陪伴高新区发展的28年，也是持续参与高新区管理体制机制演变历程的28年。早在1995年，长城所就承接了北京新技术产业开发试验区（中关村科技园区的前身）的一区多园发展模式课题，后来陆续承接了襄阳、连云港等高新区的管理体制机制研究课题。《国务院办公厅关于促进开发区改革和创新发展的若干意见》（国办发〔2017〕7号）出台后，高新区迎来了一轮新的改革热潮，长城所陆续为成都、东湖、合肥、郑州、株洲、佛山、大连等多个高新区提供管理体制机制咨询服务，在"管委会+公司"、一区多园、政区合一、法定机构、组织机构设计、岗位设计、聘任制、绩效考评、薪酬激励、国有平台公司改革等方面积累了丰富的理论和实践经验。

高新区是我国新技术、新产业、新物种最活跃的区域，进入第四个 10 年，率先面临新经济生态对管理体制的新需求，其战略定位、功能使命、发展逻辑也有了新的内涵，呈现生态共治、数据驱动、平台引领等导向，迫切需要建立与外部时代特征和自身发展需求相匹配的管理体制机制。2021 年，长城所成立了新治理研究中心，重点研究开发区管理体制机制、治理创新等方向。面向未来，长城所有志于与各高新区一同持续探索管理体制机制改革创新，构建适应新时代新阶段的新治理模式。

第三篇
新经济高地

第八章
新经济发源地：硅谷与中关村

本章导读

王德禄所长对美国硅谷和中国中关村的研究已久。从20世纪80年代到90年代初，他在《自然辩证法通讯》和《中国民办科技实业》杂志社供职时就知之并进行了探究。自2008年他首次访问硅谷后，又有了一个全新且深入的视角，即硅谷与中关村的人脉网络和创新创业生态研究。

他认为，硅谷的能量辐射至世界各地，主要依赖人脉的作用；中关村能够成为中国新经济发展的领先之地，也源于学习硅谷，与硅谷建立了活跃的人脉联系。同时，硅谷最重要的成功因素在于多年来逐渐形成的创新创业生态，而一个地区、一个国家想要成功学习、复制硅谷的创新创业生态，也必须依赖与硅谷之间人脉交流的形成。

本章选了王所长的6篇博文，其中第1、第2篇集中阐述了他了解、挖掘硅谷与中关村人脉网络以及其写作《硅谷中关村人脉网络》的过程；第4、第5篇主要写的是对硅谷创新创业生态的认识，以及从对美国东西部文化与生态的差异分析中所看到的以中关村为代表的新兴产业发展和创新创业文化的出现是中国发展新经济的希望；第3、第6篇，则是直接分析了中关村的发展模式与前景并提出了相关建议。

细读这6篇文章，无不浸透着王所长对以硅谷和中关村为代表的新经济发展规律的真实且深刻的见解，期望各界读者都能从中受益。

（撰写人：赵慕兰）

1 硅谷与中关村：跨区域创业与全球链接
——在乔治·梅森大学的演讲

> 2010年12月9日下午，我应David M. Hart教授的邀请来到华盛顿的乔治·梅森大学做了主题为"硅谷与中关村：跨区域创业与全球链接"的演讲。王作跃教授帮我全程做了翻译。来听演讲的绝大多数是美国人，他们都是科技政策等方面相关的专家，也有华人学生。我的演讲受到了大家的欢迎，后来Hart教授告诉我，美国的同行很少从全球链接的角度来看全球创新，我为他们提供了一个新的视角。以下是根据演讲录音整理出来的内容。

各位下午好！

我一年以前到硅谷进行了一个月的采访，回到北京以后就在准备写本书，叫《硅谷中关村人脉网络》。这次演讲的内容是我写这本书的一些体会。我将在接下来的演讲中讲3个问题：第一个是美国和中国、硅谷和中关村；第二个是硅谷与中关村的多层次互动；第三个是我这本书的核心思想，即全球链接与创新全球化。

去年我第一次到硅谷，感到很惊奇：硅谷是华人登陆美国的地点，而128公路是欧洲人登陆美国的地点。我去圣荷西的市中心，这里曾经有5个中国城，都陆续被烧毁，之后又重建起来，加州的第一个州政府也在这里。也就是说，在硅谷，第一波集聚的人是中国人。

第二次世界大战以来，中国有3次华人留美高潮。虽然百年以来，中国一直有学生留美，但是真正的高潮出现在第二次世界大战以后，当时有近10 000名中国人出国留学，其中有7000人到美国。这批人中，在20世纪50年代有1500人从美国回到了大陆，还有5000多人留在了美国。到20世纪60年代，中国台湾有15 000人左右留学到美国，拿到了博士学位。这些人中，绝大部分是从大陆到台湾，又从台湾到了美国。20世纪80年代掀起了第三次留美高潮，20世纪80年代和90年代大陆一共有35 000人在美国拿到了博士学位。在第一代人中，有杨振宁、李政道；第二代的代表人物是田长霖；第三代则有很多创业成功者，如百度的李彦宏。

在第一次留美高潮里，从大陆到美国的创业成功者中，最成功的是李信麟和李心培。20世纪60年代从台湾到美国的，有很多人在硅谷创业成功，其中龚行宪、臧大化最为典型。基本上，台湾在硅谷创业成功的人都是系列创业家，他们创业、公司上市，然后卖掉，再创业。我认为中国的创业者在美国做上市公司的CEO的优点不突出，而做系列创业者则优点突出，所以有很多中国人成了硅谷的系列创业家。从20世纪90年代开始，大陆在美国留学的人不断创业成功。第一个人是朱敏，他的公司卖给了思科，赚了35亿美金。朱敏之后，在硅谷每年都有中国人创业成功并在纳斯达克上市的案例。就是在金融危机最厉害的时候，纳斯达克仅有两个来自硅谷的上市公司，其中有一个是谢青的公司。

刚才讲的是概况。其他区域只有拥有像硅谷一样广泛的人脉，才能复制硅谷的模式并取得成功，人脉网络是复制硅谷最基本的要素。这就是我要讲的第二个问题。我们知道，学习硅谷第一个成功的是新竹。新竹为什么能成功？这是因为第二次世界大战之后留在美国的5000多名留学生中，有200多人在硅谷；20世纪60年代台湾有10 000多人到美国，其中有上千人留在了硅谷。这些人在台湾和硅谷两地跑，是新竹成功的人脉网络基础。

"千年虫问题"给了印度机会，在硅谷最成功的外籍人就是印度人和中国人，印度人的人脉网络关系帮助印度的班加罗尔成功了。犹太人由于在风险投资领域有绝对的话语权，因此和硅谷有天然的联系，比中国人和印度人的关系还要紧密，所以以色列的高科技产业发展迅猛。第4个与硅谷有丰富人脉关系的就是中关村，因此中关村后来居上，成功地复制了硅谷的模式。

但是中关村学硅谷，一开始完全是学习。因为那时中国刚改革开放，第一波中关村企业者学硅谷的时候，和硅谷根本没有太多的产业联系。1980年，陈春先到了硅谷以后很激动，回去就在中关村创办了一个技术服务部。当中关村有100多个创业者以后，中关村就办了一个管委会。管委会的第一个领导是胡昭广，他任职前就曾到硅谷学习。在这个过程中，硅谷的公司在中关村成立分公司，让中国人代理他们的品牌。中国人发明了电脑的汉化技术，正是汉化技术帮助中关村实现了创新的起步，但他们都还是在表面上学硅谷。中关村第一代创业者都是做汉化起家的，如联想、方正、四通等。

到了20世纪90年代中后期，硅谷突然发现中关村的研发资源非常丰富，他们纷纷到中关村设研发中心。当时在中关村雇用一个研发人员的费用，仅相当于在硅谷招聘一个研发人员的1/5。中关村和硅谷第一次产业合作是王志东创办的新浪网，他应用的风险投资创业思想是在硅谷形成的，具体的风险投资是由四通和硅谷投资人共同进行的。

互联网是硅谷和中关村有广泛产业联系的第一个产业。21世纪初，美国出现了网络泡沫破灭。这时在硅谷的很多互联网公司，只要是中国人开的，纷纷迁回中关村，他们在中关村都取得了巨大的突破。这也说明跨区域创业是非常重要的。我们知道，在互联网泡沫之前，硅谷就有很多移民创业家；在互联网泡沫之后，中关村产生了很多跨区域创业家。在中国，把这些人叫留学生创业者；在美国，哈特在文章里说他们是移民创业家。我们现在说的跨区域创业中，很多一部分是移民创业家，他们的公司既在硅谷有业务，又在中关村有业务。

刚才说了，20世纪90年代，在硅谷成功的大陆人中，最为知名的有3个，一个是朱敏，一个是陈宏，一个是邓峰。现在仍然有一批人，他们在硅谷是成功的创业家，是哈特认为的移民创业家。因为在硅谷的中国人很多，就在创业家的带动下形成了跨区域社群。中国每个著名的大学在硅谷都有校友会，每个行业都有中国人的行业协会。我讲讲去年我到硅谷收获的经验，就在我到硅谷的第二天，有两万中国人知道我到了硅谷，知道我要研究"硅谷与中关村的人脉网络"。当时，我每天晚上要请5个大学的校友会组织者吃饭，每天都要请，最后还没请完。

这些留学生和跨区域创业者的典型，现在在中国都很有名，如做集成电路的邓中翰、做通信的陈大同，还有百度的李彦宏，百度曾经是纳斯达克上市公司中股价最高的国外互联网公司。现在这些创业者基本上集中在互联网、软件、集成电路、生物制药等领域。

现在硅谷一共有300万居民，有45万人说中文，其中有5万人是从中国大陆到美国的留学生，在这些人中出现创业成功的案例越来越多。中关村现在有105万人就业，其中有1.2万人从各国留学回来，共创办了5000家留学生公司；在这1.2万人中，约有5000人是从美国留学回来的，他们创办了2300多家企业。而那些在硅谷创业成功的人，到中关村基本上都变成了风险投资商。他们的经验就是硅谷的经验。

中关村和硅谷的人脉网络，主要有3个特点：①创业是这个人脉网络的核心功能；②跨区域的社群支撑了跨区域创业；③跨区域创业者都成了新产业的组织者。从这个概念上来说，全球链接是实现创新的关键。

最后说说我这本书的结论。

人类的全球化将分成两个阶段，以物质、低成本制造、大宗商品为主的全球化是第一个阶段的全球化；而以人的流动、创新的思想和商业模式的流动为主的全球化，也就是创新全球化，是第二个阶段的全球化。第二个阶段的全球化进程在金融危机之后就开始了。

目前，美国在全球具有两个主要引领地点，一个是华尔街，另一个是硅谷。然而，美国应当抛弃以华尔街为中心的传统思维，转而推动以硅谷为核心的全新理念来引领世界。这是因为硅谷正成为全球化的第二阶段中心，是创新全球化的焦点所在。

现在中国和美国，即硅谷和中关村，正在3个领域实现跨区域创业：第一个领域叫生物CRO（生物研发外包），第二个领域叫物联网，第三个领域叫清洁技术。

现在全球要想出现新的产业，要跨区域创业，不能在一个地方自己做。硅谷可以说为未来人类提供了模板，中关村将和硅谷一起去创造新的产业。

谢谢！

（自由问答）

问题1：您觉得中国政府在跨区域创业中起了什么作用？

王德禄：中关村管委会、上海张江高新区管委会、深圳高新区管委会等政府派出机构起了很大作用。比如，中关村管委会在硅谷设立了办事处，凡是中国要在硅谷和中关村创办公司的跨区域创业者，办事处都给予他们全力支持。这些政府机构专门支持跨区域创业。在科技管理方面，在全国层面上，中国应该学美国；但在地方层面上，美国应该学中国。

问题2：中国大陆和中国台湾的企业家之间有很多合作吗？

王德禄：很多！而且最近五六年，中国台湾的成功企业家到大陆创业的更多，因为大陆机会更多。现在在硅谷的玉山协会，曾经有大陆人当主席。中国台湾在硅谷成功的人，现在有1/3在硅谷，1/3在中国大陆，1/5在中国台湾。

问题3：我听到最近硅谷有很多问题，最大的问题好像是新的思想不能转化成产品。从您的研究和经历来说，您觉得硅谷面临的最大问题是什么？

王德禄：硅谷面临的最重要挑战之一是清洁技术的产业化。尽管硅谷在清洁技术研究方面与政府部门保持协调，但硅谷与政府合作的历史并不十分融洽。我对此表示担忧，他们虽然研究清洁技术，却可能难以与美国政府良好合作。相比之下，中关村的企业与中国政府合作的情况要更加顺利。这是因为任何一项清洁技术的实施都与政府监管息息相关，因此必须与政府展开合作。

问题4：您的演讲很有意思！硅谷和中关村的比较很有意思。过去10~15年有很多变化，尤其是房价的上涨，使很多公司迁出硅谷，迁出中关村。在这个变化中，这两个地区有没有什么异同？就是在应对这个变化，尤其是房地产上涨这个问题上。

王德禄：我认为和房价上涨的关系不大。因为现在硅谷所有的创业想法，只要足够好，都采取烧钱的模式，都不再是滚动式发展的模式。如果滚动式发展，房价很关键。但是对于和滚动式发展对应的烧钱模式，就无所谓。中关村现在正在从滚动式发展往烧钱模式过渡。滚动式发展就是靠自己的积蓄慢慢往前发展，烧钱就是一个好的想法，就会有很多人给你投资。现在中关村的360公司，刚开始很长时间一分钱不挣，但是很有影响力，就是一直靠风险投资的钱在烧着。

问题5：中关村在学硅谷，是不是也在学风险投资？这方面也是完全一样的吗？在硅谷，风险投资不光是给你钱，也参与很多管理方面的事情。二者这种风险投资的管理是否也一样？

王德禄：也一样。但是中关村和硅谷不一样的地方就是中关村的天使投资非常不发达。

问题6：风险投资是资助中国本土的创业者还是美国留学回来的创业者？还是两个都资助？

王德禄：现在硅谷的风险投资到中国，主要支持中国的风险企业，但是他们支持留学生的企业更多。今年，中关村有36家上市公司，其中有6家在纳斯达克上市。

2 人脉、原创、自由与链接

——在《硅谷中关村人脉网络》学术研讨沙龙的发言

> 2012年4月13日下午，清华大学公共管理学院为我的新书《硅谷中关村人脉网络》办了一期学术研讨沙龙。此次活动由清华大学原党委书记方惠坚教授主持，我与赵慕兰主讲，科技部火炬中心副主任杨跃承和中国与全球化研究中心主任、欧美同学会副会长王辉耀做点评。在赵慕兰介绍了《硅谷中关村人脉网络》的写作背景和主要内容后，我做了关于本书中心思想的演讲，题目是"人脉、原创、自由与链接"。

一、人脉

先谈谈人脉，经常有人问我，你这本书写的人脉是不是中国的"关系学"。我说，不是，但也是。事实上，在《硅谷中关村人脉网络》这本书整个的探索过程中，都没有涉及中国"关系学"庸俗的一面，而是探讨了人脉关系积极的一面，将研究视角放在了人脉对创业成功的作用上。从这点来说，中国的"关系学"如果强调积极正面的一面，摒弃其庸俗的一面，会对新经济发展有重大的贡献。

硅谷的能量能辐射至世界各地，主要是依赖人脉的作用。我们发展新经济依靠硅谷辐射出的力量，这应该是一个生态地学习硅谷的过程，而人脉可以说是这个生态的学习过程中的关键。为什么说这是一个生态的学习过程呢？基本上，硅谷的区域辐射是遵循这样的机制开展的：首先，辐射地的移民在硅谷形成移民社区，移民社区中有许多创业者，其中一些成为创业家，在硅谷获得巨大成功；然后，硅谷成功的创业者到辐射地进行跨区域创业，辐射地和硅谷形成清晰的产业联系。新竹、班加罗尔、中关村全都是遵循这种硅谷辐射机制发展起来的。现在世界上很多地方想学习硅谷，如果不能做到生态地学习硅谷，而依旧机械地学习硅谷，就不可能成功。

人脉网络中承载的内容或要素就是人、钱、技术，并且，这三者应该是"循环"的，在这方面，硅谷是最成功的。我多次访问硅谷，发现硅谷的高校为硅谷培育了许多高素质的员工和创业者；硅谷的高校又十分开放，如斯坦福大学吸引了很多创业成功的企业家返校,像这样从产业界返回高校的咨询教授约占教授人数的一半,形成了人的循环。大学衍生企业、大学技术许可办公室、大学与企业合作研发将大学的技术流向企业,创造了价值。与此同时,硅谷产业界的动向和技术需求,也通过大学教师和多种方式的合作反馈到大学,从而影响大学的科研与教学方向,由此完成了技术的循环。在资金循环方面,在硅谷涌现了很多伟大的创业者,他们在初创企业时,缺乏资金、技术与经验,但天使投资人给了他们资金与经验上的帮助。等这些创业者创业成功之后,他们也会开始做天使投资,也会给高校提供源源不断的科研经费,从而完成资金的循环。形成了这样三个循环,就是硅谷最成功的地方。

二、原创

原创是《硅谷中关村人脉网络》这本书的另一个重点。在我们改革开放的前30年,很多产业在做跟随性创新,但结果是缺乏原创性技术,无法掌握产业主导权,即使在规模上超过发达国家,价值链上也会受制于人。所以,今后30年我们要做自主创新。自主创新的核心就是原始创新。我认为,在现在这个阶段要实现自主创新需要3个条件:一是重视科学技术;二是重视商业模式;三是创新思想。改革开放以来,科学技术在中国受到了前所未有的重视,"科技是生产力,而且是第一生产力",这样的提法,在全世界都是很超前的。现在随着中国经济的发展,科研经费也在不断地提高。重视商业模式这一条,在中国也是较为突出的。当今是商业模式创新的时代,中国被国外学者认为是典型的重商主义。我觉得重商主义也很好,重商主义的结果就是重视商业模式。但是,中国在商业模式创新方面仍然有较大的欠缺,主要的缺点是来自个人的天使投资不发达。因为天使投资是原创之母,天使投资人能更好地挖掘并推动实现创业者原创的思想。自主创新的第三个条件就是思想解放,这可能是我们中国目前最欠缺的。

三、自由

2011年,中国的专利数量第一次超过了美国;此外,中国的风投规模自2006年来也一直仅次于美国,位居全球第二。香港大学的许成钢教授说,欧洲、日本、韩国都不是创新经济,创新经济只有美国有。然而,不可小视的是,中国也正在走创新经济的道路,这个从我们的专利和风投情况就可以看出。然而,由于我们中国创新自由度不够,在很大程度上抑制了原始创新。所以,中国如果想要出个

Facebook、出个乔布斯，还是很难的。所以我认为，中国要想真正地走自主创新道路，建设创新型国家，就要深化体制机制改革，增强自主创新能力，要不然我们的自主创新只能是叶公好龙式的创新。

四、链接

现在是一个全球化的时代。我们提倡眼睛向外看的核心就是与世界链接。《硅谷中关村人脉网络》这本书就是在讲硅谷和中关村如何链接。《硅谷指数2010》指出，硅谷成为创新栖息地的4个关键因素分别是全球链接能力、吸引人才的能力、持续的技术进步和创新，以及州政府和联邦政府的作用。其中，全球链接能力是硅谷经济获得长足发展的核心原因所在。

中国要想崛起，核心就是要和硅谷这样的世界创新之都、全球的创新高地建立链接。而且，不仅仅是中关村要与硅谷链接，全国其他高新区和新兴产业的集聚地也要根据自己的产业特点，与自己产业的全球创新高地去链接。而建立链接依靠的就是跨区域创业与建立人脉。我认为中国能不能崛起，就是看两点：一个是原创——这需要更大程度的改革；另一个是走向全球，和全世界创新高地进行链接。我们中国不但要有一个中关村，还应该再涌现若干个和中关村一样有活力的地方。只有当中国有若干个原始创新的高地，才能实现真正意义上的中国崛起。

3 关于中关村发展模式的几点思考

> 2013年8月22日,我应邀参加海淀区委主办的"中关村发展模式"座谈会,会上我谈了我对于中关村发展模式的几点思考:一是中关村与硅谷的区域个性;二是中关村学习硅谷的独到之处;三是中关村政府派出机构的作用;四是中关村成功发展的三种模式。

一、中关村与硅谷的区域个性

中关村与硅谷的区域个性中差异最明显的地方就在于:基于美国实用主义的精神,硅谷的法律环境非常适合创业者的生存和发展,因为凡是法律没有禁止的都可以去尝试、去创新,但是硅谷却不重视对区域整体的研究,缺乏对硅谷区域创新的理论总结;对于中国而言,所缺乏的是允许试错的法律环境,但中关村的优势恰恰是硅谷的劣势,即非常强调和重视从整体来研究一个区域,中关村善于学习成功地区的经验,更加善于在理论上进行总结和提炼,如区域创新理论。之所以这样,是因为中关村作为后发展地区,想要实现跨越式发展,追赶先进地区,就必须首先在理论上超前,在思想上领先。

硅谷与中关村之间的差异还表现在对待原创想法的态度上。从每年的创业企业数来看,海淀是2.6万家,多年来一直比硅谷高,但是去年硅谷创业企业达到了4.6万家,是过去每年的3倍。出现这种变化最大的原因是硅谷对新想法很重视,对更伟大的想法更重视,并且有大量的天使投资支持从想法到创业这一环节,因此催生出大量的创业企业。这就是中关村和硅谷的最大差别,比如,乔布斯的"活着就是为了改变世界"这种想法在硅谷很常见,但是在中关村对颠覆性的想法支持很不够。同一个想法,在中国评价就是可行与不可行,但是在硅谷的评价就是太妙了或是没新意。

二、中关村学习硅谷的独到之处

现在全世界都想学习硅谷,建成一个新的硅谷,他们的做法就是建大学城。比如,纽约在罗斯福岛上设立应用型大学打造自己的硅谷,俄罗斯在斯科尔科沃打造莫斯科的硅谷,但他们还需要懂得硅谷成功的真正原因。

最近一些美国研究区域经济的学者来到中关村之后就很震惊。比如，MIT 教授史蒂夫·伯兰克说："我在全世界范围内看过很多创业集聚的地方，但北京最让我吃惊，这里的创业环境已经达到了硅谷的水平；北京已经成为硅谷在全球唯一的竞争对手。"这些说明中关村的成功正在逐渐被世界所接受。

我认为中关村学习硅谷的独到之处在于两个方面。一是从创业开始发展。中关村本来就没有什么基础，只能从创业起步，如陈春先的创业，并且中关村附近优质的大学资源带来了源源不断的创业原动力，这是其得天独厚的条件。二是形成了以创业为核心的硅谷——中关村人脉关系网络。硅谷的成功在于创新创业的生态环境，其他地方只学硅谷的一方面是没有用的，最重要的是学习硅谷的生态环境。中关村不仅学习硅谷的核心做法——创业，更重要的是建立了与硅谷广泛而活跃的人脉网络，通过人员的流动，将硅谷的生态环境一点一滴地成功移植到中关村。

三、中关村政府派出机构的作用

我认为硅谷与中关村最大的不同就在于政府派出机构——管委会所发挥的作用。在中关村的发展历史中，有几个里程碑不能不提，即海淀提出倾全区之力打造中关村、正式打出中关村品牌、中关村推出一站式服务等。

目前中关村管委会发挥作用的地方还有很多。比如，"先行先试"的政策现在仍然需要，中关村发展到了新的阶段，仍然面临很大的挑战，并且出现了许多新的情况，在这种情况下，中关村怎么发展、怎么创新，需要管委会拿出勇气来继续"先行先试"，这是一个巨大的考验。

例如，相比硅谷而言，中关村关于创业的法律环境还不是很好，这里改革的空间还很大，这就需要管委会起作用。因为在中国创办一个企业需要注册资本、法人代码申报、税务登记等程序，这些对创业者来说都是巨大的障碍，这种注册方法其实就是认为创业企业都能成功创业，然而现在应该为创业者提供更多试错的机制，在试错阶段就不应该有注册资本、法人代码申报、税务登记等，而仅仅缴纳注册费，这样注册一个公司几小时之内就可以办到。现在中关村最紧要的是改变创业环境，简化创业程序，因为只有创业多了，才能有大公司。现在广州、深圳已经走在了前面，中关村要做这个尝试。

四、中关村成功发展的三种模式

我在《硅谷中关村人脉网络》一书中总结了几种硅谷发展的模式：第一，创新创业是硅谷的灵魂;第二,一流高校和科技园的支持;第三,发达的天使投资网络;第四,崇尚系列创业者;第五,独到的商业模式;第六,全球人脉网络的辐射;第七,从创业到创新的经济循环。

我认为中关村的模式可以从三个方面来总结。

第一,创业是中关村崛起的核心。在新经济时代,创业是经济发展的动力,中关村顺应了这一时代潮流,并且充分进行全球人脉链接,发展至今,中关村已成为全球仅次于硅谷的最优创业栖息地。

第二,充分的市场生态环境是中关村不断壮大的条件。中关村在发展中形成了以创业为中心、以充分的市场竞争为基础的生态环境,大量的创业者、天使和风险资本、各种中介服务机构在其中自由地流动和发展,诞生出新公司和新业态,这些新元素在经受住市场的考验和锤炼后,不断成为中关村壮大的新鲜血液。

第三,管委会是中关村顺利前行的助力。这里的前提是政府必须承认市场的作用,顺应市场的潮流和趋势,不能凭自己的好恶进行选择和判断。在中关村管委会不仅是政策的制定者,更是中关村创新和前行的参与者,它们直接参与到中关村改革发展的过程中,这就是中关村发展的历史经验。

4　在美国考察期间的思考

> 2014年3月，我前往美国，进行了为期三周的学习考察。三周时间内，我沿着美国西进运动的道路，从东海岸到达西海岸，分别拜访了波士顿、纽约、华盛顿及北卡罗来纳州的罗利和硅谷。三周时间内，我和十多位专家探讨了全球新经济的发展、美国的东西差异、创新和创业、社交化的发展等方面的问题，参观了MIT媒体实验室、美国企业公共政策研究所（AEI）、北卡三角研究园、哈佛大学、杜克大学等，与波士顿大学的科恩教授和曹天予教授、哈佛大学的傅高义教授和麦克法夸尔教授、哥伦比亚大学的科尔教授及美国科技政策专家萨特米尔等人进行了广泛的交流。另外，我在哈佛大学和硅谷分别做了题为《中国的希望》和《社交化时代的颠覆式创新》的演讲。

一、美国东西差异

1. 萨克斯尼安看硅谷和128公路的差异

萨克斯尼安是美国研究科技园区的专家，也是我的老朋友。她1995年出版的《区域优势》一书在全世界都有很大的影响，书中的核心内容是比较硅谷和128公路之间的差异，她认为硅谷和128公路的差异主要是两种文化之间的差异：东部是稳定的科层制的文化，而西部则是一种灵活的网络文化。萨克斯尼安在书中写道：硅谷和128公路被看作分别位于美国东西海岸的两个电子工业中心和发明创造中心。从表面上看，它们的显著区别在于：东部人常穿夹克、系领带，而西部人则爱穿牛仔裤和T恤衫。然而两地经济上的差异要远比穿着品位的不同深远得多。它们是建立在完全不同的社会结构和行业实践基础上的两种体系。

硅谷有一个以地区网络为基础的工业体系……该地区密集的社会网络和开发的劳工市场弘扬了不断试验探索和开拓进取的创业精神。各公司之间开展激烈的竞争，与此同时又通过非正式的交流和合作，相互学习技术和变化中的市场营销方法；松散联系的班组结构鼓励了公司各部门之间及各部门与公司外的供应商和消费者之间进行横向交流。在网络系统中，公司内各部门职能界限相互融合，各公司之间的界限和公司与贸易协会和大学等当地机构之间的界限也已被打破。

相比之下，128公路地区是少数几家比较一体化的公司主导的。它的工业体系建立在一些独立公司的基础上，而这些公司已把各种生产活动内部化了。保守秘密和忠于公司等惯例支配着公司和顾客、供应商及竞争者之间的关系，增强了鼓励稳定和自力更生的地区文化氛围。公司管理的层级保证了权力的集中，信息往往由上而下垂直流动。公司之间的界限、公司内部各部门之间的界限及公司和当地机构之间的界限，在这种以独立的公司为基础的体系中泾渭分明。

2. 三年前我看美国东西差异

2010年12月9日下午，我应 David M. Hart 教授的邀请来到华盛顿的乔治·梅森大学做了主题为"硅谷与中关村：跨区域创业与全球链接"的演讲。在那时我就谈到了美国东西差异，那时我认为硅谷和128公路之间的差异受东西方文化差异的影响：

128公路是欧洲人登陆美国的地点，而硅谷是华人登陆美国的地点。欧洲人登陆的128公路发展新经济没有成功，而华人登陆的硅谷却成为全球新经济之都。欧洲人带去美国的是严谨的科学文化传统，中国人带去的是中国大而化之的文化传统。再对比128公路和硅谷，看来东方文化对新经济的兴起是有一定影响的。

3. 从东到西看差异

在这次美国行中，我从东部一路访问到西部，其间我和大量的学者、经济学家进行交流，我感受很深的一点就是美国的东西差异即将成为不可忽视的矛盾，并且对美国东西差异也有了更新的认识：美国东部是工业经济的中心，而美国西部则是新经济的中心，美国的东西差异就是工业经济和新经济的差异。

在以波士顿、纽约、华盛顿为核心的美国东海岸城市中工业经济的思想依然很浓。比如，波士顿坐拥哈佛大学、麻省理工学院、波士顿大学三所大学，拥有丰富的科研资源、人才资源，但是该地区并没有很好地把这些研究成果、研究资源转化成为经济增长点。反观硅谷地区，拥有大量怀揣着"改变世界"梦想的创业者，他们无时无刻不在创新、创业，能够很好地把实验室中地的研究成果转化为能够带来利润的产品。这也正是硅谷能够成为新经济发轫之地的主要原因。

二、中国的希望

1. 哈佛演讲：业态创新和社交化

2014年3月13日，我受邀来到哈佛大学做了《中国的希望》的演讲。我从三个方面讲了我对中国经济和希望的理解。一是怎么理解中国经济；二是中国的希望：新经济与新业态；三是社交化让中国更有希望。

2. 硅谷演讲：社交化时代的颠覆式创新

2014年3月29日，我在硅谷的丁丁电视台《创业讲台》栏目上录了一期节目，围绕着社交化时代的颠覆式创新，我讲了4个方面的问题。一是全球化与社交化；二是社交化与中国的希望；三是社交化时代的创新思维；四是颠覆式创新：社交化思维的核心。

正是在这次演讲中，形成了我对美国东西差异的最新看法并提出了对中国新经济的启示。

3. 美国东西差异对中国新经济的启示

世界经济中心最早形成于英国，接着转移到德国，又跨过大西洋在波士顿登陆，工业经济在美国发展了100年，成就了美国的崛起，美国成为世界经济的中心，美国东部达到了工业经济的顶峰，这就是世界经济中心的转移过程。

现在硅谷的新经济正在崛起，硅谷已经成为全球的创新之都。那么硅谷的新经济往哪里走？它会在美国从西往东来一次"东进"吗？还是向西越过太平洋，对亚洲的新兴市场形成强力辐射？事实上，印度的班加罗尔、中国台湾的新竹及北京的中关村依靠着硅谷新经济的辐射都已经发展起来了，反而美国东部文化似乎不能容纳硅谷新经济的"东进"。

我这次在东部考察提出美国东西差异这个问题时，美国的智库、大学教授、企业家都没感觉，反而他们对硅谷多有批评，他们没有意识到硅谷已经把纽约和波士顿远远甩在了后面。比如，波士顿人会说"我们的钱都是'老钱'，是一辈辈攒下的钱"，但是，新经济是用新观念创造财富的时代，不是用老钱发挥作用的时代。当我听到波士顿人发出这种自豪感的时候，我就感到美国东西部的这种差异可能很难改变，因为那是一种基于过去成功和荣耀之上的自豪感，美国的东西差异也可能成为制约美国东部未来发展的重要因素。

我在美国看到了它东西部的差异，正是在这种差异中，我思考了中国经济的希望就是要去发展新经济。而新经济的核心就是业态创新和社交化，这些都是硅谷新经济的产物。中国只有在业态创新中才能找到新机会，而社交化时代的到来会加速业态创新，并且其本身就是新经济的最新表现。所谓发现中国的希望，也是作为中国人的一种期望，更是寻找中国自信心的一种态度。

5 读《硅谷百年史》有感：硅谷创新生态

> 2014年9月12日下午，长城所进行了《硅谷百年史》的读书会，主要由赵慕兰分享读书的心得。在赵慕兰分享之后，我说了几点想法：一是怎么来理解"生态"；二是硅谷创新生态能不能学习；三是长城所对创新生态研究的积累；四是打造创新生态的几个关键点。

一、怎么来理解"生态"

关于"创新生态"的概念，现在有多种用法，有"创新生态系统"，有"创新生态体系"，有"创新生态环境"。长城所当时研究区域创新的时候，是用"网络"还是"系统"曾有过一番争论。我认为用"系统"肯定不对，只要一说"系统"，就容易变成工程式的理解，就把创新生态的活力给肢解了。如果用"创新生态环境"的话，我认为也不准确，因为环境像是外部，而生态则是一个内外交融的整体。当时研究区域创新时，为了避免这些问题，我们使用了"网络"概念。

而现在我认为就只用"生态"这个词本身，既没有系统，也不加环境。什么是生态？生态就是有很多看不见、说不清的道理在里面，生态中的非线性增长或引爆点是无法预期的。

二、能不能学习硅谷创新生态

现在最大的背景就是全球化导致区域崛起，那么在全球化的大背景下，硅谷的创新生态能不能被学习？我认为肯定能学习。这是中关村和中国高新区为人类新经济的发展做出自己贡献的机会。

赵慕兰说的让我感到最有意义的是区域创新生态的结果就是让区域远离平衡态。远离平衡态就是区域中的增长规模不受区域空间限制。中关村、武汉光谷、成都高新区已经大大远离平衡态，可以说中国发展比较好的高新区都已经远离平衡态。凡是生态，人类都不可能全面掌握，但是只要掌握其中的关键部分，就可以推动创新生态建设，使之远离平衡态。

三、长城所对创新生态研究的积累

长城所做过很多属于创新生态的研究,出版了《区域创新》和《中国增长极》这两本书。《区域创新》对创新生态网络有了比较多的描述。

第一,在"物种"方面,长城所原创了加速器,总结了苗圃在创新创业中的特殊地位。《中国增长极》对产业组织,尤其对"物种"培养有很多论述。打造"生态"最重要的就是物种多样性。物种越多,生态性就越强。

第二,在"种群"方面,这就是我们经常做的创新集群和产业集群。长城所的立所之本就是产业研究,这在生物学上叫种群,对高新区来说就是集群。中关村与浙江的集群不一样,其核心就是中关村的产业集群呈现更多创新性,更像创新集群,浙江更像产业集群。

第三,在"群落"方面,在生态底下说群落,就是区域创新。对于区域创新,可以说我们是最早的提倡者。我认为群落就应该理解成区域创新,现在区域创新也是我们比较重要的业务。下一步区域创新业务要更多地使用创新生态的概念。

这三点说明长城所对区域创新的认识比较深入,相对于硅谷创新生态的自发式成长,我们对中国高新区创新生态的形成有很多理论上的支撑。

四、打造创新生态的几个关键点

第一,要重视思想的力量。在赵慕兰的报告中强调创新生态的能量是思想,听到这个说法我很激动,因为这些年我一直在强调思想的力量,原来思想是区域崛起的动力源。

第二,要构建以远离平衡态为目标的创新生态。什么是平衡态?凡是能够预测出来的增长都是平衡态,凡是不能预测出来的增长都是远离平衡态。

第三,要抓住非线性、爆发式增长的契机。在创新生态中非线性增长的关键是瞪羚企业,抓瞪羚企业就是抓非线性增长。

6 中关村如何在全球领先

——在"中关村科技园区 30 年"联合调研工作启动会
暨首次专家研讨会上的发言

> 2018 年 4 月 25 日下午,我和陈文丰应中关村管委会邀请到裕惠大厦参加了"'中关村科技园区 30 年'联合调研工作启动会暨首次专家研讨会"。出席会议的还有科技部火炬中心主任张志宏、科技部政策法规与监督司副司长唐玉立、科技部高新司副处长王光辉、科技部政策司处长侯琼华、科技部火炬中心高新处处长李志远、中关村管委会主任翟立新等。我在会上做了"中关村如何打造新时代世界一流园区"的发言,主要讲了 5 个方面:一、如何总结改革开放 40 年;二、新经济出现的两个新现象;三、中关村面临的两大挑战——未来把控、国家综合力;四、全球创新的两大趋势;五、中关村的发展愿景。

一、如何总结改革开放 40 年

今天很高兴参加这个会。关于改革开放 40 年的话题很热闹。中国改革开放 40 年可以总结为 "4+1","4" 即四大成功经验:改革、开放、新技术革命、活力经济(创业),"1" 即中国文化创新。其中,新技术革命和创业是中关村的重中之重,中关村与其他地方不同的是中关村涌现出了新时代的新文化,这和中国的传统文化有很大区别。凡是人类伟大的变革,如启蒙运动、宗教改革、工业革命,都会引发文化大变革。

中关村在改革开放中的主要经验是新技术革命和活力经济,并且在这个方面有了成功的探索并总结出新的经验。经验之一,在中国探索出了一条发展中国家发展高技术产业的独特之路,这就是创业式创新。经验之二,在中关村探索出了一条独特的创新创业生态,这种生态更加具有全球意义。中关村的创新创业生态在创业数量、IPO、瞪羚企业和独角兽企业的数量方面与硅谷不相上下。

最近在硅谷和中关村出现的新情况是爆发式成长越来越多,大额投资越来越多,这种情况非常值得中关村进行深入的研究。

中关村的创新创业生态在世界上是独一无二的。它和硅谷最大的差别是中关村有一个管委会，在中关村的创新创业生态中，创业和企业成长为其主体，除此之外还有大学、研究院所的科技赋能，更有创新创业生态的服务提供商在其中发挥着黏合剂的作用，除此之外，中关村的创新创业生态背后还有政府的规划及其政策变革的力量。但另一方面，中关村创新创业中的很多情况是管理人员所不知道的，中关村的领导一定要有对生态的尊重意识。硅谷的生态研究者认为，创新生态不是人为能随便干预的。政府只能增加氧气、增加雨水，也就是说创业生态环境里有点干旱了，你要增加水，但是不要轻易把森林砍了，换成别的树木。人们要敬畏生态，不要轻易改变它。在改革开放40年总结中，中关村的发展尤其具有意义。

二、新经济出现的两个新现象

第一个现象是新场景越来越重要。由于科学的发展，大数据、云计算、人工智能发展很快，中关村出现了很多过去人类生活中没有的新场景。现在中关村出现了很多独角兽企业，每个独角兽企业都发展出至少一个突破性的应用场景。现在人类场景的突破点主要发生在硅谷和中关村。要研究场景创新，最重要的是调研最新成长起来的企业对场景的需求。在我看来，场景创新突破了过去的单项科技创新，成为综合创新的试验场，同时，场景也是进行供给侧结构性改革制度创新的主要方面。

第二个现象是创业出现的新现象。我说得最多的是前沿科技创业，目前西安的前沿科技创业最热闹。中关村在前沿科技创业方面也下过不少功夫，应该认真总结并加以弘扬。

三、中关村面临的两大挑战——未来把控、国家综合力

中关村也面临很多挑战：第一个是对未来的把控力不够；第二个是中关村还不能以综合国力进行全球竞争。

第一，对未来的把控力不够。现在美国有相当多机构专门研究未来发展趋势，但是在中国这样的机构很少，如中国科学技术发展战略研究院在做技术预测，经常会发一些报告。科技部应该重视未来，中关村更应该重视未来。中国进入"无人区"后什么在起作用？就是有洞见力的未来研究报告在起作用。中国之所以能够走到现在，得益于当年美国做新技术革命的研究，当年大趋势和新技术革命的书在中国很流行，很多中国的高技术产业受这种研究驱动，我个人也是因为新技术革命驱动下海的。现在中国的未来研究很多都是说外国人怎么说，希望以后在中关村出现更多

的未来研究机构,当把握未来的时候,是中国人怎么说、怎么想。

第二,中关村还不能以综合国力进行全球竞争。国家科技计划对中关村的开放度不够,科技计划对高新区的开放到时候了,为什么?现在中关村在做全球领先的新兴产业,需要进行产业原创和技术原创。而科技部的科技计划都是以实现科技原创为目标的。现在到了科技资源全面向中关村开放的时候了,而且不只是科技部,各部委都应该协助中关村进行全球竞争,无论是跨界、爆发式成长,还是场景创新方面,只要中关村发展全球领先的新兴产业,中国就应该全面支持中关村。不光是科技部应调配科技资源,发展改革委应调配其他资源,也应该调配相关部门供给侧结构性改革的资源。只要这样,全球领先的新兴产业就一定会取得成功。

四、全球创新的两大趋势

全球创新到底处于什么态势?有几个指标,第一个是独角兽企业的指标,第二个是创业指标。

第一,关于独角兽企业的发展趋势。如果独角兽企业作为全球最新的创新趋势,只有中国和美国独角兽企业数量超过100家,除此之外,其他发达国家只有几家,没有一个发达国家超过10家。我认为,独角兽企业的全球布局就是全球创新趋势的一个重要指标。现在中国各界对这个趋势重视不够,很多人抱着怀疑的态度。

第二,创业的全球趋势。现在创业的全球趋势是中国每年有500万家新创企业,美国每年有200万家新创企业,欧洲各国每年分别有几十万家新创企业,其中法国每年有50万家,英国每年有60万家,亚洲各国每年分别有几万家新创企业,其中泰国每年有6万家,印度作为一个大国,每年只有15万家。现在创业的作用更体现在新经济的新动能培育上,中国是现在全球创业最为活跃的国家,中国的创业经验值得全球各国,包括"一带一路"发展中国家和欧美发达国家学习。

五、中关村的发展愿景

下一步中关村应该怎么走?中关村的定位应该是新时代世界一流园区、新经济全球引领区。要想实现这个目标,应该有一个总目标及若干分目标。总目标是新经济全球引领区,中关村应该是全球新兴产业跨界的爆发地、改变世界新场景的策划地和试验地。以下为若干分目标。第一个目标是要建设一批世界一流的大学科技园,现在中关村由若干大学科技园和若干专业园组成,未来中关村更多靠大学创办科技园区。我认为大学要办的第一件事是办一流大学科技园,第二个目标是中关村要成为前沿科技创业的集聚区,在"三城一区"中的"三城"应该做前沿科技创业,不断出现原创性的成果。现在中关村要做的事情是成为世界领先科技园区,当前中关村的创新创业生态已经是一流的,要增加若干新的内容,让中关村在全球的影响力更大。

第九章
中国高新区的新经济实践

本章导读

　　如果说中国的改革开放是世界经济史上最波澜壮阔的画卷，那么科技园区无疑是其中的核心经验和产物。王德禄所长始终认为，发展新经济，要落在实实在在的区域上，高新区则是最佳的引领区，也是最好的承载地。他带领长城所从20世纪90年代初研究中关村，从此开启了与中国高新区共同成长的28年，见证了中国高新区以燎原之势引领中国新兴产业的崛起，引领中国科技创新从跟跑、并跑到领跑世界，见证了中国一代又一代创业者的前赴后继。高新区作为科技工作者的家、创业者的城，创新是底色和基因，这与长城所有着天然相符的气质。科技园区是他的又一个特色标签和独有情怀。

　　王所长始终在思考中国高新区的发展之路。疫情前，他经常飞赴硅谷和全国各地的高新区，按照他知行合一的方式，观察高新区、服务高新区。在长城所2006年出版的《中国增长极——高新区产业组织创新》一书中，对中国高新区的发展可以总结为：基于各地区域个性，深入推进科技体制改革和建设服务型政府，深度融入全球化，探索以"创业—孵化—集群"为核心的内生增长机制和产业组织创新，最大限度地促进科技和经济结合，辐射带动区域经济社会发展。

　　近10年来，以中国科技园区为主体的新经济发展走在了世界前列。这是王所长一直倡导和期望的。他认为中国高新区的发展进入了下半场，高新区核心就是要做引领，无论是培育新的增长点还是推动新旧动能转换，核心都是在"新"上做文章。他将新经济的发展逻辑或打法总结为"四新"，即"新场景赋能—新物种涌现—新赛道形成—新治理护航"，新场景和新研发是新经济的起点，场景突破引发新物种涌现，催生新赛道，倒逼适应新经济发展要求的新治理体系。在这个闭环中，科技创业是重要的实现方式，良好的创新创业生态和产业生态则是培育发展新经济的土壤。

本章共有10篇文章，都是王所长在不同场合、不同阶段围绕高新区这个话题而做的演讲。既有对深圳高新区、武汉东湖高新区、合肥高新区、苏州工业园区等世界一流高科技园区的研究思考，也有对新升级高新区的建议指引。他始终站在时代前沿，以异于常人的洞见力，为高新区的发展摇旗呐喊。如果说新经济是他身上的最大标签，那么科技园区是这一标签的最佳贴放地，也是他寄予厚望之所在。

（撰写人：王志辉）

1　深圳高新区将建成世界一流高科技园区

> 2009年1月3日下午，深圳市高新办主任张恒春一行到北京召开"深圳高新区发展规划专家研讨会"，科技部火炬中心主任梁桂和处长杨跃承、中国科学院科技政策与管理科学研究所王胜光研究员、长城所顾问赵慕兰和我应邀参加，我在会上做了发言并提出三点感想。

记得在1996年，国家高新区所在市市长会议召开前夕，我为北京市政府副市长胡昭广准备发言稿，题目叫"高新区高起来、新下去"。2007年，长城所为深圳高新区做"深圳高新区创建一流园区行动方案及规划"，我在给刘应力副市长做汇报时，感到高新区的科技水平越来越深，也建议深圳高新区用"深高新"这个品牌。深、高、新，三个词全是形容词。在深圳高新区建设世界一流高科技园区的过程中，能否做到深、高、新，能否让"深高新"这个品牌在世界上叫响，确实需要做大量的工作。

从与深圳高新区一起制定"深圳高新区创建一流园区行动方案及规划"至今，外部环境发生了三个重大的变化。

一是金融危机席卷全球，珠三角地区因为经济外向度高，是我国受影响相对较大的地区。从这次金融危机来看，深圳当年发展高技术产业、发展高新区的决策是多么重要。

二是珠三角地区掀起新的思想解放，汪洋任广东省委书记后，反复强调广东应该解放思想。金融危机发生后，他明确提出不救落后生产能力，他促进珠三角产业结构提升的决心和力度可见一斑。

三是深圳高技术产业逐渐从科技创新走向了经济的主战场。由于形势的发展，高新区担负深圳市经济增长和产业结构调整的重任日益加重，这就要求高新区发展高技术产业的视野更宽、力度更大，不但要坚持内生式增长的基本模式，还应该考虑启动一批重大项目、重大工程，做大做强产业实力。

此外，我还有三点感想：

第一，从2006年为深圳高新区做咨询、做研究工作开始，我感到，深圳有较好的市场经济机制和决策机制，但是缺少对决策有足够支撑能力的研究，尤其是面向未来发展所需要的决策依据。

第二，此次高新区做发展规划，应该做好产业研究，特别是做好细分产业的深入研究，描述出产业的技术路线图，弄清楚产业的发展阶段，真正找到促进产业发展的方法，并提出促进产业发展的重大项目。

第三，深圳的民营企业在很长一段时间内没有进入政府的视野，现在的管理体制更像一堵墙，把民营企业阻隔在外面，这个逻辑不对。我认为，深圳高新区不但要打开这面墙，而且要引导民营企业走高技术道路，依托民营企业的动力发展高新区。现在深圳市、深圳高新区在引入大学、科研院所等科技资源方面热情很高，但吸引民营企业参与高新区建设方面的力度较小，高新区应该研究如何借助民营经济发达这一优势把高新区做得更有特色。

2 如何理解中国高新区发展的经验

> 2014年4月15日,"2014中国(北京)跨国技术转移大会——科技园区与创新集群专场"在北京国际会议中心举办,专场由长城所承办。我作为第一个发言人,围绕着"如何理解中国高新区发展的经验"讲了4个方面的内容。第一,中国高新区成功的前提:改革开放和新技术革命大讨论;第二,中国高新区的哲学思考:创业、孵化、集群;第三,中国高新区的组织创新:政府派出机构;第四,中国高新区的新机遇:在平坦世界上创造尖峰。

一、中国高新区成功的前提:改革开放和新技术革命大讨论

到2013年中国的改革开放已经进行了35年,在这35年中,我认为有三大经验:一是改革;二是开放;三是新技术革命[①]。改革开放使得中国成为一个国际社会的积极参与者,新技术革命大讨论使得中国真正摸到全球发展的脉搏。1984年全国轰轰烈烈地进行了新技术革命大讨论,可以说现在一系列的创新成果,包括高新区的成立、高技术产业的发展、创新驱动战略的提出,无一不是得益于那场新技术革命大讨论。

二、中国高新区的哲学思考:创业、孵化、集群

我们总结中国高新区发展的核心经验,可以归纳为六个字:创业、孵化、集群。这20多年来就是因为把握住了这六个字,中国高新区才能不断茁壮成长。创业是新经济发展的动力学,孵化是新经济发展的生物学,集群是新经济发展的生态学,它们在微观、中观、宏观三个层面和企业、产业、区域三个角度来全面阐释了区域发展的核心经验。

从创业看,中国已经成为全世界创业最活跃的地区,从数据统计上可以看出中国正在形成新一轮的创业高峰。

从孵化看,一个创业型的社会,一切的社会资源都可以被用来为创业做孵化服务,这里的"孵化"主要是指社会大环境。现在孵化器已进入第三代,以前的孵化器更重视的是硬件设施,而现在更注重软环境,更重视理念,更重视把天使投资引

---

① 自2015年起,王德禄所长将三大经验增加为四大经验,即改革、开放、新技术革命和创业。

入孵化器。

从集群看，这是新经济模式的最核心体现。有了集群，一个区域就有了生命力，新兴产业就能更好更快地发展起来。

三、中国高新区的组织创新：政府派出机构

中国高新区的组织经验是最重要的经验探索，其中政府派出机构在高新区发展中的作用十分突出，政府派出机构也能在组织创新方面有更强的创新力。

中国经济之所以能崛起，起主要作用的是中国的3000个产业集群，包括114个国家级高新区，这些成为中国竞争力的核心。最近我们对全世界的科技园区做了研究，前10位高新区中国大陆占了7位，而且都是国家级高新区。究其原因，一是我们持续不断地学习硅谷经验，二是创业不断涌现、高技术企业不断发展壮大，三是火炬中心和各地高新区不断努力。

高新区发展过程中，一直在进行产业组织创新，从孵化器、风险投资、加速器、产业联盟、专业园、产学研结合、技术转移到现在的天使投资、苗圃等，可以说中国的高新区在产业组织创新方面逐步走到了世界的前沿。

最近正在探索的苗圃和天使投资培育的是新一代的创业者，是能改变世界的创业者，是进行颠覆式创新的创业者，他们将为中国在全球竞争中取得一席之地，并发挥出重要的作用。

四、中国高新区的新机遇：在平坦世界上创造尖峰

未来中国高新区的核心就是要把握全球发展的大趋势，向上游要延伸到创业之前的想法阶段，向下游要把产业扩展到全球，做全球链接。中国高新区的未来不是在中国，中国高新区越来越需要有全球化的眼光和人脉，越来越需要和硅谷靠近。中关村要和全球的创新高地进行链接，要具有更强的辐射能力，要在高端链接和强力辐射方面形成资本、人脉和技术的多向流动，既要做好高端链接，又要做好低端辐射，只有这样才能在平坦世界上创造新的尖峰。

3　新经济引领高新区爆发式成长

——2016年度部分国家高新区主任培训班

> 2016年11月23日下午，我应科技部火炬中心邀请，在北京大兴给"2016年度部分国家高新区主任培训班"做了培训，来自全国68家高新区的代表参加了培训。我演讲的题目是"新经济引领高新区爆发式成长"，分为四个部分：第一，洞见是新时代的新主题；第二，新经济与创新增长方式；第三，新时代新机遇；第四，爆发式成长。

今天有机会和大家交流高新区下一步怎么干，对我来说机会很难得。时代发展很快，很多想法都要重新思考，高新区的工作本身就是站在时代前沿。我主要讲四个部分。

一、洞见是新时代的新主题

首先，我讲讲洞见。洞见很重要，对创业者是这样，对区域是这样，对领导是这样，对产业组织者更是这样。这一部分我主要讲三个方面：第一，洞见是新经济动力来源；第二，洞见的四大作用；第三，创业者的四大要素。

洞见是新经济动力来源。最近这两年我重点都在讲洞见，全球两大新经济爆发式的增长区域，也是思想、洞见的高地，一个是美国硅谷，一个是中国中关村。当年硅谷、中关村的核心能力从哪里来？如果10年前是资本、技术，那么现在是思想。硅谷之所以成为创新创业生态，因为有洞见能力，洞见是思想的根本。过去硅谷重视文化，文化核心是质疑权威，现在变了，是能看透产业未来的变革，能引领产业变革。当它能看透产业变革时，在常人看来就是颠覆式创新，但是对于创业者来说，它不是在干现在的事情，是在干未来10年引领的事情。硅谷和中关村相比，硅谷最大优势是思想，颠覆式思想源源不断，有改变世界的梦想，在穿透时代，看向未来。新经济时代，核心是从事情跟着钱走，转变到钱跟着思想走。世界一流高科技园区都应该打造创新创业生态，让新思想源源涌现，让资本、人才、技术围绕着新思想转。

实践洞见能力要从三观入手，三观包括宏观、中观、微观。高新区领导一般是从宏观和中观看问题，从中观看产业发展规律，就是跨界，企业一般是从微观看问题。洞见能力核心来自创业者，创业者的商业模式创新代表了整个产业未来走向，就是新业态，到了微观看问题，就是现在讲的抓机会。

某种意义上，抓机会成为新经济的根本，机会抓住了就成功了一半，很多企业抓不住机会，因为外部变化太快，企业想干事情的时候，形势已经变了。爆发式成长的爆发点就在于抓机会，机会抓到了，很快就能找到爆发点。

洞见的四大作用：第一，快速甄别机遇与威胁；第二，能高效快速决策；第三，识别个性与独特竞争力；第四，探索新规则并抢占新制高点。

什么是伟大的创业者？伟大创业者有四大要素：第一，有改变世界梦想的使命感；第二，有洞见能力，能看透未来；第三，能引领产业变革；第四，有无与伦比的创新速度。这是出现独角兽企业最根本的原因。新经济时代，最伟大的人除了科学家和政治家，还有创业者。科学家受专业领域的限制，通常进行深入研究，越钻研越专，专到特定领域。政治家做事受边界、国家的限制。创业者既能跨越领域，又能跨越国界，伟大的创业者要去改变世界。希望高新区重视这四条。

如何培养、发现洞见能力？高新区要发展几个方面：第一，要发展智库；第二，要发展能培养创业者洞见能力的众创空间，而且要发展为创业者服务的高水平众创空间。

二、新经济与创新增长方式

下面我讲讲创新增长方式，这一部分我主要讲五个方面：第一，活力经济；第二，创业驱动创新；第三，众创空间；第四，劝学、劝农、劝创业；第五，创新增长方式。

第一，活力经济。改革开放30多年来的成功经验可以总结为四个：改革、开放、新技术革命、活力经济。活力经济在中国体现为五轮创业潮，即乡镇企业创业、城市个体户、知识分子下海创业、留学生创业、全民创业，后三轮创业都是在高新区发生的。

中国高新区在这方面有成就，就是中国出现了三代科技创业者：20世纪80年代出现了新希望、华为、联想等创业者；90年代出现了BAT等创业者，以留学生创业为主；现在出现了小米、斗鱼、滴滴打车等创业者。2015年中关村出现了40家独角兽企业，今年中国很多高新区还在不断涌现独角兽企业。这说明中国经济很有活力，就像10年或20年以前的硅谷，每隔10年出现一代新的创业者。高新区如何培养新一代的创业者，这是高新区发展的根本。中国改革开放最大的成果就是三代科技创业者的成功创业。

第二，创业驱动创新。总结中国的成功经验，还有一条，那就是中国和欧美不同，是创业驱动的创新。在欧洲、日本，创新和研发连在一起；在中国，创新是和创业连在一起的。这件事对我影响比较大的是，最近几年我到东盟很多国家参观，科技园区很多都是研发机构，创业者使用的地方很小。东盟国家科技园采用的是日本筑波模式。

第三，众创空间。5年来，中国不失时机地发展众创空间。我认为众创空间是把想法、创意进行磨炼。5年前，中关村做新一代孵化器，是帮助新的创业者打造创业计划书。现在的创业者有了新的想法，要在开放的环境下互动，打磨商业模式和商业计划书。新经济时代企业发展主要是把想法作为一个独立的阶段在产业组织方面给予重视，使中国的高新区成为世界一流高新区有了条件。

第四，劝学、劝农、劝创业。中国传统上有两劝：劝学、劝农。现在中国有能力发展市场经济，这个能力就是动员能力，在传统的历史中，政治家都能劝人上学，劝人做农业，现在这个时代要劝创业。新经济时代对新的政治家提出新的要求。与欧洲国家、不发达国家相比，中国劝创业能力很强，劝创业成为新经济的发动机。例如，缅甸、柬埔寨等发展中国家的经济体系是欧美国家的自由经济体系，没有劝创业的制度，不管干什么事情都会遇到重重阻力，很多事情做不起来。中国的创业经济在全球领先，而且出现在高新区。高新区官员是做创新创业生态的，是做劝创业的。如果高新区领导能够从国外吸引创业者，能从各地吸引更好的创业者，能把国外先进的理念引进高新区，这样的高新区领导就是成功的。高新区领导的第一任务就是劝创业，这不同于其他地方的行政官员。能够出现伟大的创业是高新区的核心。

第五，创新增长方式。中国创新创业从跟跑、并跑到领跑都有进展。杭州G20峰会上中国提出要创新增长方式，这说明中国的发展有了底气。中国的底气从哪里来？中国在三个方面拿了一百分：基础设施建设、科技园区发展、科技创业。这三个方面是全球认可的。在"一带一路"倡议方面，中国现在重点做基础设施建设；在科技园区发展方面，中国的经验受到各国，尤其是发展中国家的重视；中国的科技创业远远超过世界上其他国家，但是并没有在全球得到广泛认可。这需要我们做更多的努力，要把中国的创业推向世界，让世界的创业者都到中国，也要把中国的创业经验推广到"一带一路"沿线国家。

三、新时代新机遇

中国现在有三个领域出现了原创产业，引领全球的产业：电商、社交化、直播。电商是在杭州，社交化重点在深圳和中关村，直播重点在武汉。中国这三个领域已经在世界领先，成为世界发展的方向。只要出现原创、引领就能出现爆发式成长，就能出现瞪羚企业、独角兽企业。我在这里讲另外三个更大的领域，这就是分享经济、平台经济和智能经济。

第一，分享经济。分享的第一轮是分享所有权。互联网没有出现的时候，所有权是根本。现在互联网时代，所有权和使用权分离，使用权是根本。科技领域的科技服务是下一步分享的点。分享将来是资产分享，还有能力分享，包括能力、知识、服务。举个例子，分享不只是在中关村发生，任何地方只要有好的创业者就会出现分享，如律师分享。

第二，平台经济。现在新经济核心是从垂直分工到平台共享，结果是跨界大量出现。平台经济是从强调产业链的上下游，转变到逐渐强化产业生态。可以说，创业型平台公司正在取代跨国公司成为产业引领者。以前高新区把500强企业引进高新区当作很伟大的事情，现在时代变了，与BAT合作更重要。

平台出自想法，最大体现是流量，根本是自成长。流量达到一定值，爆发点就出来了。爆发式成长的核心是平台。流量的根本是达到预知，实现爆发式成长。过去制造业有个微笑曲线，现在这条曲线已经被信息化打破，出现了众包研发，制造业以平行平台为主。现在引领全球变革，制造业变革的是深圳、珠三角的创客，他们在引领制造业的变革。制造业的第一个爆发点产生在中国，产生在深圳。未来10年，每个高新区都要寻找各自的爆发点，我们要有信心，中国不是跟着别人走，要通过思想、选择来做原创、找爆发点。平台有很多种，各种各样的要素都在以平台形式集聚，如众创服务平台有猪八戒网，众筹平台有众筹网，创客定制平台有硬蛋等，这些领域都会成为中国创业的重要领域，希望各高新区能够重视。

新的阶段发展新的产业，和过去发展新产业不同了，做产业就要做产业的技术平台和众包研发平台，要做培育瞪羚企业的平台，要在这个产业领域进行平台招商，让全国各地的平台在这里发展。过去招商是招某个企业，现在是招一组企业，看最后能否培育出爆发式成长的企业。这个套路就是平台成为高新区产业组织的根本。高新区要站在平台的角度去考虑高新区产业发展怎么样。各地都应该有发展平台经济的政策。新经济新招商将成为招商最新的趋势。

第三,智能经济。智能经济是在平台形式之下、互联网形式之下发展起来的。其核心价值是新一代信息技术与先进制造的跨界融合,可能会产生全新业态、原创型新兴产业。人类文明在发展,传统产业是一维产业,加互联网是二维产业,加智能经济就是三维产业。云计算、互联网要有大数据思维,通过计算找到数据之间的关联性,过去计算机智能主要靠人工推理,讲的是因果关系,现在是数据+算法。我国的智能经济有三大识别处在世界前沿:语音识别、人脸识别、图像识别。因为中国有最大的数据库,最大的手机用户群。尽管手机智能牵动着无数的硬件,但是根本是数据量。未来智能经济将是全国高新区争抢的新产业,中关村,尤其是世界一流园区,将会在智能经济领域诞生很多原创公司。

智能经济是传统经济和新经济的结合点,希望各高新区重视发展智能经济不同的领域。中国有可能引领世界智能经济前沿的九大智能经济:智能无人系统、智能服务机器人、智能可穿戴设备、虚拟现实产业、智能创新设计、信息安全产业、大数据、云计算和空天地一体化信息网络。

智能经济使得中国的高新区找到爆发点,某一个产业、某一个业态在高新区爆发。要找爆发点靠高新区领导的思想,靠高新区伟大的创业者。

四、爆发式成长

最后我讲讲爆发式成长,主要包括四个方面:第一,企业出现非线性成长;第二,创业;第三,瞪羚企业;第四,独角兽企业。

第一,企业出现非线性成长。非线性的根本是跨界,各地要培养创新创业生态,才可能出现爆发式增长。良好的创新创业生态有5个特点:一是便于获取和利用丰富的创新资源;二是易于招聘人才,尤其是高端人才;三是便于拓展市场或本身就是大市场;四是创业文化浓厚,包容失败;五是创业导师、资金等资源易获得。如果说非线性成长最典型的地方是硅谷,那么第二就是中关村,现在中国出现独角兽企业的地方越来越多,中关村排第一,上海排第二,这也是改革开放以来上海在新经济方面第一次走在全国前列。最近杭州、武汉、天津陆续出现独角兽企业。只要出现爆发式增长,一定会出现伟大的创业者,出现产业原创。

第二,创业。创业的大部分结果是失败,创业成功率和新经济成反比。创业环境好,就会有很多新的创意。以美国为例,美国的众创空间有一个很大的特点,它是美国批量"生产"创业者的地方,一定是洞见能力很高的人才能去做众创空间,这跟中国完全不一样。中国是政府支持,洞见能力次要。中国众创空间的特点为创业服务机构扎堆发展、创业活动频繁开展、实现全球高端链接、创新创业政策高度集成。现在各地众创空间集聚区不断出现，如北京的中关村创业大街、宁波的众创空间、杭州的梦想小镇、深圳的创客广场。各地都在做众创空间。

第三，瞪羚企业。创业企业跨过"死亡谷"成为瞪羚企业。瞪羚企业有三大成长机制：使命感、抓机会、拉长板。中关村10年前开始启动瞪羚计划，武汉5年前开始启动，很多高新区都有自己的瞪羚计划。对于众创空间，高新区自己就可以干，但是瞪羚计划需要请更专业的团队来做。

第四，独角兽企业。独角兽企业是中国近几年出现的新现象，是经济出现爆发式成长后出现的。独角兽企业有三大成长规律：一是平台、生态圈；二是自成长；三是跨界。以中关村为例，中关村是国内最早关注和研究独角兽企业的区域，也是全国独角兽企业最集中的区域。根据长城所2016年发布的《2015中关村独角兽企业发展报告》，截至2015年底，中关村共有独角兽企业40家，居全球第二。

最后，回顾一下我刚才讲的四部分，可以总结为五点：第一，只有原创才能实现爆发式成长；第二，分享、平台和智能经济对中国高新区实现弯道超车提供了最大机遇；第三，中国高新区在未来发展中重点要寻找爆发式成长点，寻找引领世界的细分产业；第四，只要出现独角兽企业，只要出现爆发式成长，只要出现产业原创，就是世界一流高科技园区；第五，希望中国能涌现出更多世界一流高科技园区。

4 中国的创新经验：创业与科技园区
——在"可持续发展创新战略国际大会"上发言

> 2016年12月19日，我应联合国亚太技术转移中心和巴基斯坦科技部的邀请，到巴基斯坦首都伊斯兰堡参加了"可持续发展创新战略国际大会"。我在会上做了题为"中国的创新经验：创业与科技园区"的发言，向与会各国代表介绍了中国通过鼓励创业和发展科技园区，发挥后发优势、实现弯道超车的成功探索。我一共讲了四个问题：第一，中国的成功经验是创业；第二，动员创业能力是新经济的发动机；第三，创业驱动创新是中国成功的秘诀；第四，科技园是创业高地。

一、中国的成功经验是创业

诺贝尔经济学奖得主费尔普斯认为，经济在于活力，而不是在于研发。中国改革开放以来获得的巨大成功来自改革、开放、新技术革命、活力经济四大因素。而活力经济在中国的体现就是创业。自改革开放起，我国涌现了三代科技创业者。20世纪80年代创立的华为和联想代表了第一代科技创业者，90年代出现了以阿里巴巴、百度为代表的第二代科技创业者，进入21世纪以后又出现了以小米和斗鱼为代表的第三代科技创业者。三代创业者的出现是活力经济的集中体现。

2015年，中国每年创业企业数量是400万家，美国每年创业企业是200万家，欧洲每个国家创业企业是几十万家（英国60万家、法国50万家），亚洲部分国家创业企业是几万家（印度12万家、越南10万家、泰国6万家）。

2014年，中国大学生创业人数达48万人，全国众创空间数量为2300家。2015年全年新创企业吸纳就业人数2000多万人，天使投资200亿元人民币，科技企业孵化器孵化面积达8000万平方米。

2015年，美国独角兽六大榜单涉及230家企业，分布在全球22个国家，其中中国有37家。经过我们长城所的研究，2016年初发布了《2015年中国独角兽企业榜单》，中国共有独角兽企业70家。截至2016年11月底，中国已有独角兽企业121家。

二、动员创业能力是新经济的发动机

动员创业能力是新经济的"新政治"。中国传统政治中有"两劝",一是劝学,二是劝农。到了新经济时代,劝创业成为中国政治的"新劝",其主要内容包括商事制度改革、鼓励跨区域创业、建设众创空间、发展天使投资、营造创新创业氛围等。分析中国创业的成功经验,也是劝创业的成功经验,我认为创新的因素包括创业文化、创新的想法及科技园这一创新创业平台。改革开放以后,中国的政治生活全面转向经济建设,创造一个有活力的经济制度的决策,是动员创业的政治前提。改革开放以后,动员创业能力是中国经济的发动机。在新经济时代,动员创业能力成为新经济的发动机,显得尤为重要。

三、创业驱动创新是中国成功的秘诀

中国创业驱动创新走了一条不同于欧日的创新道路。欧日是从研发到创新,再到经济增长。而在中国是创业推动经济增长,在此条件下再增加研发投入。在欧日,创新总是和研发联系在一起,而创业创新是中国创新政策的核心话题,两者总是联系在一起。

发展中国家运用后发优势,通过承接先进国家的成熟技术和产业转移,规避原始创新的风险,继而通过基于本地市场的技术二次开发、模仿创新、集成创新等逆向创新实现弯道超车。回顾中国创新政策的3个阶段,早期政策主要支持大公司设立研发中心,后来转向推动中小企业创新。最近几年,在创新驱动发展战略下,支持创业成为创新政策的核心。最近,中国的科技政策有了更丰富的内容。中国科技发展进入了跟跑、并跑、领跑并行的发展阶段。实际上,跟跑、并跑、领跑并行既是中国的学习进程,也是中国科技进步的路线。

新经济时代,企业的成长经历创意、创业、瞪羚、独角兽4个阶段。伟大公司来源于创意,好的创意是创业企业成长为伟大公司的关键因素,把"从创意到创业"的预孵化环节从传统创业环节中独立出来是必然趋势。区域崛起由爆发式增长带动,瞪羚和独角兽正是这种爆发式增长的重要体现。

现在中国领跑世界的三大产业有电商、社交媒体和直播。阿里巴巴、腾讯分别是电商和社交媒体的代表,而斗鱼是直播产业的代表。未来,中国将在共享经济、平台经济和智能经济三大领域引领世界。过去是跨国公司引领的垂直分工的经济,现在是创业者引领的经济。所有权和使用权的分离首先从房子、汽车开始,下一个爆发点将出现在专业领域,如维修分享、律师分享、会计师分享。这一过程中,以

"互联网+制造"和"互联网+服务"为两大基本组织模型的创业型平台企业将逐渐取代跨国公司,云服务平台、众创空间平台、众包服务平台等将成为未来要素集聚的重要平台。而传统产业与互联网、智能共同形成智能经济,其中语音识别、人脸识别、图像识别将会是智能经济的三大爆发点。

四、科技园是创业高地

中国的实践表明,科技园区可以成为发展中国家的创业高地、改革的试验田、科技资源高度集聚的创新高地。鼓励创业、推行火炬计划、高端链接、发展新兴产业、发展瞪羚和独角兽企业、打造创新创业生态是中国发展高新科技园区的6个主要成功经验。

第一,鼓励创业。新经济三大定律是创业、孵化和集群,创业是其中的核心。鼓励创业、动员创业是中国改革开放最重要的经验。

第二,推行火炬计划。火炬计划主要包括两大内涵:一是政府支持建设包括科技企业孵化器、高新技术产业开发区、技术市场在内的高技术产业化平台;二是出台扶持科技企业发展政策,如认定高新技术企业、提供税收优惠、设立科技型中小企业技术创新基金等。

第三,高端链接。中国通过与更高级别的创新高地对接,获得新的发展思路、发展机遇,以及一流的创新创业人才、技术、理念和模式,从而促进科技园区的发展。

第四,发展新兴产业。传统的产业集群是相似或产业链上相关产业在空间上的集聚,高级别的集群是同一地理区域内企业以合作互补为目的的集聚,而更高级别的集群是产业生态的建立,表现为生态圈内主体的互联互通、平台型企业的重要位置、生产网络化、去中心化。在这样的生态系统中,通过产业分解、产业融合和产业跨界形成新产业。

第五,发展瞪羚和独角兽企业。中国很多省市都出台政策,为瞪羚和独角兽企业的成长提供支持,目前中国已经有10个园区出台了针对瞪羚和独角兽企业的政策。

第六,打造创新创业生态。各地政府在园区发展过程中逐渐开始重视创新创业生态的重要性,在政策法制环境、创新创业环境、科技服务环境三大方面推动这一生态系统的形成。这一生态是开放式的,通过吸引外部人才、知识、资本等促进园区的发展。

5 中国光谷下一个30年该怎么走？

> 2019年2月26日，我参加了东湖高新区举办的"世界光谷战略研讨会"，做了"中国光谷下一个30年该怎么走？"的发言，主要讲了3个方面：一是全球已经进入新经济时代，独角兽企业是新经济最主要的代表；二是中国光谷在场景营造、前沿科技创业支持方面有待加强；三是中国光谷下一步该怎么走。

一、全球已经进入新经济时代，独角兽企业是新经济最主要的代表

我在研究新产业、新经济的过程中发现，目前全世界在做新经济的只有美国和中国。现在全球竞争，在中国叫新旧动能转换，在全球叫新经济的发展壮大。我们最近做了一个统计，全世界的一流园区中，中国的中关村、深圳、中国光谷等园区的排名快速提升，但是中国的台湾新竹等园区的发展逐渐放缓。

我认为，独角兽企业是新经济最主要的代表。独角兽企业的出现说明了一个地区产业出现了跨界，也说明这个地方出现了全球引领的新经济产业。目前，全球出现了300多家独角兽企业，欧洲一半国家没有独角兽，中国有10多个省出现了独角兽企业，这说明中国已经走在了全球新经济的前列。

二、中国光谷在场景营造、前沿科技创业支持方面有待加强

东湖高新区（又称"中国光谷"）和其他园区相比，对发展新经济的反应比较慢，在场景营造、硬科技及前沿科技创业等方面的探索不够。

成都全面发展新经济，做的规划就是产业生态规划，出台的文件与发展场景相关。成都高新区也出台政策，大力吸引各地独角兽落户，而且是一企一策，企业落户首先提供的就是场景。

西安硬科技创业发展得风生水起，虽然西安与中国光谷相比还有一定的差距，但是西安制定了硬科技专项支持政策，而且硬科技创新创业氛围很好，在全国乃至全球具有很大的影响力。5年前中关村就开始支持前沿科技创业，对通过申请的项目或企业一次性给予500万元支持。今年出台了新政策，对颠覆性技术创新累计支持金额最高可达1亿元。西安和中关村需要的是突破性的技术研发，

而且要做到自主可控。

三、中国光谷下一步该怎么走

中国光谷的发展目标是建成"世界光谷",要做全球新经济制度创新的领先者,要从以下4个方面发力:

第一,搭建全球领先的场景。新经济条件下,企业的成长不仅需要依靠市场的力量,还需要依靠政府的场景创新,尤其是独角兽企业对场景创新提出了更高要求。例如,中国光谷的某个潜在独角兽企业要做高速公路自由通,就需要政府进行场景支持,越是传统的产业越需要打造新的场景。中国光谷要通过与大企业联合创新等方式来做全世界没有的场景。同时,要对新经济新业态实施包容审慎的监管。

第二,加强新一轮大学科技园建设。中国大学和全球大学对比,其特色就是拥有全球领先的大学科技园。我认为,大学科技园的创业导师比大学老师更伟大、更能跟上时代,应该让大学科技园成为独角兽的发源地。

第三,推动新型产业技术研究院再创新。中国光谷有九大工研院,其中光电工研院已孵化的89家企业中有瞪羚企业7家,有希望培育出独角兽企业。但是从总体来看,经过了近10年的发展,工研院的发展力度有些弱了。在新时代,九大工研院需要重新规划和发展。

第四,着力打造产业共同体。产业共同体要联合科学家、企业家、投资家及中介机构等多样化的资源,是中国未来产业培育的大方向。中国光谷要围绕光电产业、生物产业打造一批产业共同体。同时,积极推进新研发,在研发阶段就让投资家、企业家和创新政策都介入。

6　高新区高质量发展要做到五个"新"

——在国家高新区（合肥）高质量发展座谈会发言

> 2019年4月26日，国家高新区（合肥）高质量发展座谈会在合肥举行，合肥市副市长朱策，合肥高新区管委会主任宋道军，科技部火炬中心高新技术企业处副处长周力，中国高新区研究中心主任王胜光，中科大资产管理公司董事长王兵，中关村、上海张江、武汉东湖、苏州工业园等高新区代表参加了本次会议。我参加会议，并作了"高新区高质量发展要做到五个'新'"的发言，提出国家高新区下一步高质量发展应注重新观念、新研发、新创业、新产业、新治理，并针对合肥高新区的发展给出了诊断结果和改革建议。发言分为3个部分：一是两个故事的启示，二是对合肥高新区的诊断和改革建议，三是高新区高质量发展的关键是要做到"五新"。

一、两个故事的启示

"先行后知"是高新区高质量发展的根本。100年前，孙中山去找胡适的老师杜威，求解很多人行动力差，知易行难，不敢"行"，怕犯错误，杜威说所有的"知"都是从"行"来的，没有"行"就没有"知"，通过这个故事，我觉得要提倡先行后知。今年是改革开放40年，五四运动100年，中国崛起快速发展的原因之一是中国人的行动力极大增强。我认为第一类"行"的人是创业企业家，他们往往在只有一个懵懵懂懂方向的时候就开始创业，完全搞清楚再去创业可能就失败了。第二类"行"的人是高新区管委会主任，他们通过研究新经济、发展新产业，参与到创新的前沿。创业者和高新区都是"先行后知"的探索者，"行"就是要活力四射，活力和行动是高新区高质量发展的根本。

中关村创业第一人陈春先是从合肥出发的。我一来合肥就想到了陈春先，陈春先在中关村创立了第一个公司叫北京等离子体学会先进技术发展服务部，但他当年是从合肥的等离子体研究所出发，带团队去硅谷考察后才在中关村创业的。如果当年陈春先把等离子体服务部放在合肥，可能事情会发生很大的变化。有些事看似偶然，实则偶然中又带着必然。我说历史是多么巧合，30多年之后，现在我们在合肥探讨国家高新区高质量发展。现在合肥高新区又走在了创新的前沿，成为世界一流高科技园区，但是安徽省、合肥市并没有给予足够的重视，要学习中关村和武汉东湖的经验，省、市要将高新区放在第一位。

二、对合肥高新区的诊断和改革建议

近10年合肥高新区发展得非常快，最大的成果就是培育出来科大讯飞，也因此成为世界一流高科技园区。但合肥高新区目前存在三大缺点：第一，空间小；第二，规模小；第三，创新创业生态发育不完整。

第一，空间小。合肥高新区几乎是世界一流高科技园区中空间最小的，仅128平方公里，去掉合作园区，实际上只有80多平方公里，我认为空间小做不了大事。

第二，规模小。目前，合肥高新区的GDP没有达到千亿规模，新经济还不是主导，说明新旧动能转换还没完成。

第三，创新创业生态发育不完整。创新创业生态最大的特点是服务完整，充分发挥社会资源为高新区服务，在企业培育、产业促进（产业联盟）、智库服务等方面共同打造一个完整的专业化服务体系。中关村和东湖既有社会服务机构，又有各种社会服务机构的联盟，行业活动基本上都是社会服务机构来干，合肥在这方面还有许多需要完善的地方。

我认为合肥高新区要进行两个改革：一是要加强绩效考核改革，这方面要学习济南高新区，按照企业发展的模式，让高新区的人充满竞争意识；二是动用更大的社会力量构建完整的生态体系，在产业治理、区域治理上实现共治。

三、高新区高质量发展的关键是要做到"五新"

一是树立新观念，加强开放链接。我认为全世界发展新经济的只有美国和中国。5月9日长城所将发布《2018年中国独角兽企业研究报告》，中国有202家独角兽企业，美国有156家，英国有17家，印度有13家。长城所这些年共发展了两个先行指标：高成长指标是瞪羚企业数量，爆发性成长指标是独角兽企业数量。这两个先行指标也可以说是新经济的先行指标。希望合肥高新区在这两项先行指标中勇于超前，这比高新区排名还要重要。

合肥高新区去年挖掘了80多个瞪羚、1个独角兽企业。瞪羚、独角兽企业的出现需要进行高端链接，要和高端投资人、新兴产业企业家频繁地沟通。对合肥来说，更重要的是与硅谷、中关村、深圳、上海张江、杭州、武汉东湖去做高端链接，进行资本、技术、人才方面的合作，在这个过程中最重要的是进行思想的交流。

二是要做新研发，做好新型研发机构和科学城。北京发展"三城一区"，建三大科学城，就是在做新研发。与传统研发不同，新研发要求立项时投资人、企业家、科学家就共同参与。是否能建立新研发的体制和新模式对高新区是一大考验。现阶段高新区做新研发有两个任务，一是发展新型研发机构，二是建设科学城，这是高新区发展的关键。高新区尤其是一流园区，如果科学城没做好，这就有问题了，因为很多最新的增长点都是来自科学城，所以希望大家能重视这个事。

三是开展新创业，支持前沿科技创业和动员创业。首先，要学习中关村的颠覆式技术创业。中关村大力支持颠覆式技术创业，西安的硬科技创业也成了新标志。未来评估科技企业最重要的标准是属不属于前沿科技企业，是不是颠覆式技术创业。在这个发展阶段，高新区应该重视前沿科技企业。另外，要动员创业。我认为东湖青桐汇、中关村创业大街、硅谷训练营、奥斯汀的"西南偏南"是全世界四大创业活动，东湖青桐汇的每一次活动市长甚至省长都会参加，他们起到了很好的动员创业的作用。15年前杭州做创业天堂，成就了现在的杭州，10年前东湖做青桐汇，现在出现了5家独角兽企业、300多家瞪羚企业，所以每个高新区都要高度重视动员创业。

现在合肥的合创汇做得很好，但是力度还是不够。东湖青桐汇在大学里组织一个活动，有1万多人参加，他们请北京的大咖来分享，让很多创业者路演，来分享他们的创业故事和商业模式，这就激发了创业。我希望合创汇能够升级，能够去科大、合工大、安大去举办大型的创业会，让省长、市长站台，这样才能激发创业活力。

四是培育新产业，关注传统产业与新技术的跨界融合。目前，贵州在做大数据、银川做互联网+医疗，都在培育新产业，传统产业都要与互联网和人工智能等新技术结合。中关村出现的无人驾驶、杭州的无人商场，都是传统领域应用新技术的结果。合肥人工智能的基础非常好，中国人工智能企业的毕业生有一半来自科大，合肥高新区也提出打造人工智能第二总部，要结合家电、汽车等传统产业，将人工智能融入其他产业，打造引领世界的新产业。

五是探索新治理，加强新制度供给，动员社会力量开展联合治理。首先，要加强新制度供给。如果早期中关村没出台"1+6"政策和很多的新经济制度创新，就不会出现这么多的瞪羚、独角兽企业。贵州发展大数据，一年推出了 12 个相关的新制度来支持发展；银川发展互联网+医疗，一年推出了 8 个相关的制度，这些制度环境的打造成为吸引众多新经济企业落户发展的重要条件。高新区要在先进制度方面领先，才能招引更多的瞪羚、独角兽企业。另外，新治理还要求政府利用社会力量来支持企业，这个时候治理模式需要很大的变化。

7 我国世界一流园区的新方向和新模式

——在 2019 建设世界一流高科技园区工作座谈会上发言

> 2019 年 6 月 4 日，我参加了科技部火炬中心主办的 2019 建设世界一流高科技园区工作座谈会。会上，我做了"我国世界一流园区的新方向和新模式"主题发言，主要讲述了两点：一是我国建设世界一流高科技园区的 4 个新方向；二是建设世界一流高科技园区的 4 个新模式。

一、我国建设世界一流高科技园区的 4 个新方向

我国世界一流高科技园区的建设目标一直在变化。2006 年世界一流高科技园区刚提出时，主要有两个目标：一是高新区能够实现内涵式发展；二是高新区能够涌现出"原创"的引领世界的新兴产业。这两个目标很快完成后，又开始了"双创"和世界引领的产业目标。但是现在世界一流高科技园区的新方向是什么呢？应该说，现在最大的变化是已经进入新经济时代，世界一流高科技园区的目标是什么、应该怎么干，都已经发生了根本的变化。我在这里提出世界一流高科技园区的 4 个新方向：

一是世界级的研发中心。目前，国家高新区应该有国家级的研发中心，而世界一流高科技园区都应该有世界级的研发中心。因此，首先应该做的事情就是建设新型研发机构、建设科学城，开展前沿科技创业。我认为在科学城建设方面，北京走在了全国的前面。北京这几年一直在建设"三城一区"，即中关村科学城、怀柔科学城、未来科学城和北京经济技术开发区，还决定拿出 1000 亿元培育九大高精尖产业。现在各地纷纷开展科学城的建设，新型研发机构和前沿科技创业成为各地高新区的重点工作。

二是世界级的产业集群。这是习近平总书记在党的十八大上提出来的，这个事情比较难，不是简单地发展产业原创就能干成的。世界级的产业集群是要干出一个新产业，要干出一个 5000 亿元、10 000 亿元的新产业，这样才是世界级的产业集群。假如说干出一个二三百亿元的产业，那不叫世界级的产业集群。中长期（2021—2035 年）或"十四五"期间，中国要解决的大问题是怎么能做出多个万亿

级的产业。对国家来说是培育万亿级的产业，对高新区来说是培育万亿级的世界级产业集群，有几个新概念值得关注：一是探索产业共同体，现在成都在探索产业共治、杭州在做产业大脑。二是培育头部企业，培育万亿级的产业集群涉及的企业一定是头部企业，我们每个高新区里面都应该有像华为和阿里巴巴这样的头部企业。目前在我们的世界一流高科技园区里确实存在头部企业比较弱的情况，这就需要下一些功夫。三是改变世界的场景创新。全球场景创新方面中国现在做到了第一：无人驾驶、共享出行、在线直播、智能安防、新媒体等场景都在引领世界，这些场景都是在高新区里完成的。下一步可以在高新区里做场景创新，因为只有场景创新才能够引发潜在的机遇，进而使企业实现爆发式成长。现在上海、北京都把场景创新当作大事在抓。场景创新都是由在各个高新区在做，世界一流高科技园区的第三个新方向就是做引领世界的场景创新。四是做引领世界的创业创新。要培育出来引领世界的、引领新经济的头部企业或平台性企业。在这个方面，我们的高新区有的做得很好，有的还有很大的差距。

二、建设世界一流高科技园区的4个新模式

一是未来引领。目前，全世界原创最多的就是硅谷，现在中国的武汉东湖、中关村也在做，但是还远远不够。中国能不能在未来的发展中发挥引领作用的关键是对未来的研究。未来研究是高新区有能力且应该积极从事的领域，同时应该支持未来研究机构发展，并组织未来技术发布会，以促进创新技术的交流和推广。

二是生态发展。"十三五"时期大家都在讲生态，但是现在的生态依然被放在目标的层次上，而非指标的层次上。什么是生态发展？中关村的创新生态基本上都由服务企业在干，而不是管委会在干，这就是最大的指标。在这方面，中关村和武汉东湖做得很好，高新区管委会不管做什么事情都要调配社会资源，而且高新区里就有很多服务机构。如果一个地方的服务机构都是事业单位，基本上生态化很差；如果服务机构能服务出上市企业、独角兽企业，说明这个地方的生态化很好。因此，在下一个发展阶段，生态不是一个口号，而是一个评价方式，或者说是一个现实的可以被评价的对象。

三是前沿创业。我刚才提到世界一流高科技园区要发展科学城，在高新区一定要出现前沿科技的创业者，这个时候科学城和新型研发机构的投入就有价值。科学城的目的是什么？科学城的目的不是为了做研发，而是为了爆发式成长、跨越式成长。

四是智慧发展。未来最核心的概念就是大脑，产业有大脑，区域也有大脑。这个大脑是干嘛的？这就是人工智能最高层面的技术形态。经过多年发展，我们在"互联网+"、大数据、云计算、人工智能等方面都已经到了智慧化发展的阶段，对高新区而言，也就是要做智慧园区。

8 合肥高新区"十四五"时期要全面在线、全面新经济

——在合肥高新区"十四五"发展战略咨询会上发言

> 2020年6月6日上午,长城所协助合肥高新区举办了"十四五"发展战略咨询会,邀请了科技日报社原社长张景安、国家发展改革委宏观经济研究院院长王昌林、国务院发展研究中心创新研究部部长马名杰、中国科学技术发展战略研究院院长胡志坚、中国科协创新战略研究院院长任福君、中央政策研究室经济局原巡视员白津夫、科技部战略规划司规划处处长吴家喜等知名专家参会。我在会上做了"合肥高新区'十四五'时期要全面在线、全面新经济"的发言,主要讲了3个方面:一是当前开发区发展需要重点关注的一个事件;二是谈直播带货;三是对合肥高新区"十四五"发展的4点建议。

一、当前开发区发展需要重点关注的一个事件

现在浙江全省在做各类开发区的改革,值得关注。5月9日,浙江省委书记车俊、省长袁家军召开全省开发区(园区)改革提升推进会;5月20日,浙江省发布《关于整合提升全省各类开发区(园区)的指导意见》,提出要打造园区新高地,把浙江1010个园区整合成150个。其核心是整合开发区,把特色小镇也纳入园区中。这是个非常大的工程,现在是浙江省各个部门的头等大事。与此同时,全国各地有不少省份也开展了相应的工作。我认为这个事情代表着疫情后中国要把改革开放以来做得好的东西做得更好。

二、谈直播带货

疫情后,经济发展呈现全面在线、全面新经济等特征。我只讲讲直播带货,最近很火爆的是地摊经济,高新区的"地摊经济"具有特定的价值。中国高新区就是起源于高技术大街活动,即高技术的地摊经济。高新区的地摊经济共有3次巅峰经验:第一次是当年中国从中关村到深圳都有一个电子一条街,在大街上卖电脑和电子设备;第二次是电商和创业大街;第三次是现在的直播带货。云办公和直播带

货是疫情后出现的两个新赛道，北京还出现了直播学院，我认为这两个事情非常重要，因为这代表着高技术企业能不能跟上在线经济。

三、对合肥高新区"十四五"发展的4点建议

第一，要加强市场培育，关注直播带货新模式。合肥高新区应该把直播带货这个新赛道认真做起来，把卖货放在第一位，要放在研发前面。我认为合肥高新区要做大，首先是把市场培育起来，其次是做好研发，要处理好市场培育和研发投入的关系。现在高新区的中小企业都在做网红，直播带货的情况意味着企业能否跟上新经济。

第二，要做新研发，开展面向市场的研发。"十四五"时期，高新区应该走新经济发展道路。当前，中国和美国在新经济发展道路上有的一拼。这个时代，合肥高新区要做新经济的研发，要开展企业家、科学家、投资人同时参与的研发，要做市场导向和市场为主体的研发。

第三，要培育新增长点，培育新赛道和新场景。中国近10年来经济快速发展，出现了4个重要的主赛道：电商、支付、物流、社交，这4个主赛道都是万亿级的。疫情后又出现了很多千亿级新赛道，我认为新赛道、新场景是各个高新区要格外重视的事情。

第四，要争取省市支持，提高高新区的战略位势。科技部火炬中心把合肥高新区纳入世界一流高科技园区建设序列，但目前合肥市的战略比较分散，有经开区、新站、科学城等，功能区很多，相比湖北省一直把东湖高新区作为核心，合肥高新区位势并不高，所以希望安徽省、合肥市提高合肥高新区的战略位势。

9 苏州工业园区如何建设世界一流园区？
——在苏州工业园区建设世界一流园区专家研讨会上发言

> 2022年2月10日，我作为专家受邀给"苏州工业园区建设世界一流园区专家研讨会"录制了视频，主要谈了对世界一流高科技园区和对苏州工业园区的认识，就苏州工业园区如何建设世界一流高科技园区提了5点建议：一是苏州工业园区一定要认知升维；二是苏州工业园区要打造世界领先的头部企业和世界级产业集群；三是苏州工业园区要打造全球领先的创新创业生态高地；四是苏州工业园区要做场景创新的系列工作；五是苏州工业园区要开展在全国乃至全球有影响力的独墅湖论坛。

我国发展得好的几个世界一流高科技园区有一些共同的特征：一是认知领先，主要是对新经济的发展趋势、规律认知领先，对疫情后数字经济的爆发态势认知领先；二是已涌现出由头部企业引领的世界级产业集群；三是形成了不断涌现新物种企业、新赛道、新场景的创新创业生态与文化。

相对而言，苏州工业园区在这3个方面有着较大的差距。苏州工业园区如何加速建设成为世界一流高科技园区，我认为一定要在以下5个方面下功夫：

一、苏州工业园区一定要认知升维

苏州工业园区如何打造世界一流高科技园区？疫情后，可能会引起人类社会的千年之变，很多事都会发生本质的变化，最大的变化就是新经济的到来。新动能的出现使得数据驱动成为重要的驱动力。我希望苏州工业园区在这次变革中抓一件事，就是认知升维。认知升维就是要认识到事物的本质，认识到客观的规律性。有了认识升维，才会采取高质量的正确行动。如果说中关村和苏州差别比较大，那就是认知上的差别。

苏州工业园区有一个很大的优点，就是办事能力很强，而且目标要做到世界第一。近年来，中关村成立了创新处和创业处，他们的工作就是每天和世界上伟大的创业者对接，他们的认知跟随着这些伟大的创业者而提高。创新处和创业处的成立使得后来中关村的创业氛围越来越好，涌现越来越多伟大的创业者，现在中关村的头部企业越来越多。以抖音为例，抖音作为一家杰出的企业，在中国市场上取得了超越硅谷其他企业的成就，硅谷的创业者都非常羡慕它。中关村出现了一批引领世界的企业，这是怎么来的？是源于对创新创业生态的认知的升维。认知作为驱动力应跟上时代，使得生态驱动和数据驱动成为主要的发展模式。总结起来就是3点：认知升维走颠覆式创新之路；数据驱动搞新业态、新赛道；创新创业生态搞各种各样的创业服务。

二、苏州工业园区要打造世界领先的头部企业和世界级产业集群

新一轮发展中，高新区在国家和地方的区域发展中起到了核心领头作用。这一轮高新技术的发展，基本上都在打造头部企业、世界领先的产业集群和发展新经济。从这个趋势来看，苏州工业园区在企业方面有以下两点是很独特的。

第一，现在苏州工业园区涌现潜在独角兽企业的居全国第三，原来的排名一直是中关村、上海张江、杭州，现在是中关村、上海张江、苏州工业园区。今年有一个更新的趋势：在我们将要发表的《2022年中国潜在独角兽企业研究报告》指出，中国呈现出来的也是中关村第一、上海张江第二、苏州工业园区第三。这样的趋势体现出来苏州有可能成为全国第三个创新创业高地，政府要特别给予重视。

如果说新物种企业的涌现是苏州工业园区最大的亮点，那么苏州工业园区最大的缺点也在这个方面。目前苏州的头部企业仍然很落后，没有一个"叫得响"的世界领先的头部企业。如果创业者更多地在苏州工业园区持续涌现，苏州工业园区有可能在变革中先行一步，也就有可能培养出头部企业。长城所在多地筹备成立了新物种培育中心，我愿意在苏州做试验，和苏州工业园区一起建立一个新物种培育中心，重点培养头部企业。希望这些事能在苏州开花结果。

第二，苏州工业园区的新兴产业和新赛道出现得很快，但是至今没有一个万亿级产业集群，而且制造业色彩太浓。应该说现在新物种企业和头部企业引领的万亿级产业集群也是中国新一轮的创新高地所追求的目标。万亿级产业集群与世界领先的头部企业及新物种的涌现是相辅相成的关系，这两个方面做好了就能体现出苏州工业园区的发展趋势很好。

三、苏州工业园区要打造全球领先的创新创业生态高地

世界一流高科技园区在未来发展中应该怎么布局？我觉得苏州工业园区首先要按照全国第三的优势来布局，要把有关全国的《中国哪吒企业发展报告》在苏州

发布，让苏州提升信心。当前，苏州要学习的目标有两个：一个是深圳，另一个是杭州。苏州要借鉴杭州的创业天堂政策体系，学习深圳市场化的高技术产业发展道路。学习这两个地方不意味着我们要在短时间内超过这两个地方，学习的一个最主要的方向就是要成为具有国际水准的创新创业生态。中关村有很强的本土化创新创业色彩，上海有很强的高端工业体系色彩，苏州工业园区就应该以很强的国际色彩让全球的人在里这创业。现在苏州已经是工业产值超过上海的制造业大市，怎么让全球的科学家在苏州创业？从国际化发展水平看，我认为北京、上海都没有苏州工业园区的国际化基础雄厚，因此我希望苏州能打造一个全球领先的创新创业生态高地，成为跨国创业最多的地方。

四、苏州工业园区要做场景创新的系列工作

在新经济时期，场景创新已成为科技创新新示范的起点、新物种企业诞生的沃土、新赛道产生的加速期。当前，科技部越来越重视场景创新。这次冬奥会可以说出现了很多爆发式场景，长城所也在中间起了作用，最大的作用就是一直给北京市科委和北京市政府强调冬奥比赛场景必须采用新物种，要让企业去做场景。现在不管是雪地还是冬奥里面的上百个场景，几乎清一色的都是由中关村和各地出现的瞪羚企业、独角兽企业来做的。长城所也在帮着合肥做城市场景清单和系列场景创新推进工作，我建议苏州工业园区也要开始做场景创新的系列工作，从场景清单的谋划、发布，到资源对接、揭榜落地，再到组织场景创新促进中心，不断推进场景创新的各项实施工作。长城所有个团队到了苏州的前沿，但是现在发挥的作用还不强。我和他们说，希望他们能够参加苏州工业园区的班子会，能够经常把长城所在各地做的场景创新系列工作和新赛道、新治理、新物种等相关的认知工作及创新型的服务工作和苏州工业园区对接。也希望苏州工业园区管委会的工作也做一些调整，要在新治理、新场景、创新创业、创新生态和宣传方面的工作做得更多一些。

五、苏州工业园区要开展在全国乃至全球有影响力的独墅湖论坛

去年，长城所在苏州工业园区发表了《2021 中国潜在独角兽企业研究报告》，这个报告影响很大。苏州成了全国涌现新物种企业的第三高地，这对苏州来说非常不容易。同时，我们要搞更大的活动。苏州工业园区现在建了一个独墅湖，我觉得很好，我建议要开展独墅湖论坛，并把这个论坛做成类似中关村论坛的规模和高度。长城所参加了几次中关村论坛的讨论，中关村论坛越来越有广泛的国际性，越

来越变成一个国际论坛了。我想独墅湖也应该按照这个逻辑，假设能充分地体现中国创新，苏州可以和科技部合作，把这个事做成一个很有影响的、在高新区里面数一数二的、有全国乃至有全球影响力的论坛。通过论坛把世界一流的专家、投资者、大企业、颠覆性创新的科学家都请到这里来搞活动，要彻底改变苏州创业者和政府的认知，走向引领世界。做这样的论坛可以叫新经济的新打法。

总之，我希望将苏州工业园区打造成中国的第三大科技园区，而且是中国唯一全球色彩最浓的科技园区。也希望通过一流园区的打造，让苏州市跻身中国一线城市。

10 创建国家高新区的核心是"以升促建"

> 2022年3月5日，我在北京参加高新区咨询部"高新区升级产品打磨会"。会上，我提出当前省级高新区创建国家高新区的核心是"以升促建"，主要提了五点建议：一是"举全市之力"建设国家高新区，以新观念引领高新区发展；二是以数据驱动建设高新区，夯实高新区发展"数据底座"；三是寻找高新区传统产业中的爆发点，重视新技术、数字经济对于传统产业的促进作用；四是招商引资与创业孵化并重，增强高新区内生发展动力；五是加强"三高"企业培育，蓄好优质企业"源头活水"。

一、长城所服务高新区升级经验丰富

长城所作为中国高新区咨询第一品牌，自2007年开始服务宁波高新区升级以来，积累10多年升级辅导经验，成为国内最具实力的升级服务机构。一是服务数量最多，服务近90家省级高新区创建国家高新区。在服务高新区中取得的创建成功率表现极为出色，已成功协助创建了50多家国家高新区，占新升级国家高新区总数的一半以上。其中，2017年批复的10家国家高新区中，长城所参与9家的升级指导工作；2018年批复的12家国家高新区中，长城所参与7家的升级指导工作。对于江阴、安康、抚州等创建成功的高新区，持续提供"十三五"规划、"十四五"规划、特色园区、"一区多园"、争先进位、企业培育等系列服务，以上园区在2021年国家高新区总体排名中分列45名、58名、86名，均创历史新高。《国家高新技术产业开发区"十三五"发展规划》提出，到"十三五"末，国家高新区数量达到240家，原则上优先在地级市布局。截至2022年3月，全国已有国家高新区169家。长城所将发挥以往成功经验，继续深度服务高新区创建工作。

二、高新区升级核心是"以升促建"

高新区升级核心是"以升促建"，重点是实现观念上、打法上、模式上的"以升促建"，做区域创新高地、产业高地、改革高地。

一是务必"举全市之力"建设国家高新区。"以升促建"的高新区普遍存在产业层级不高、管理体制不优、"双创"资源有限、资金人才不足等问题，更应集中全市力量推动高新区"以升促建"工作，将升级国家高新区作为全市头号工程，将最好的政策、资金、创新资源等向高新区倾斜，给高新区配置最好的土地空间和干部，支持高新区在体制机制改革上"先行一步"。

二是以"国家高新区"领先观念打破常规旧有思维。"以升促建"的高新区前身多为经开区、工业园区，转型为高新区后，在思想、观念上普遍滞后于高新区发展要求，要实现"以升促建"跨越发展，必须深化对高新区发展规律的认识。加强培训学习，开设线下线上结合的高新区升级大讲堂，加强对高新区升级的形势、政策、规律和趋势的深入理解和认知。开展国内先进高新区考察交流，学习先进地区的经验，不断提升园区发展理念和能力。

三是重视大数据平台建设。"以升促建"的高新区普遍存在产业组织方式传统、统计体系不健全、治理方式落后的问题。大数据平台建设是完善园区统计体系、提高园区治理效率的有力抓手。应积极搭建区域创新创业大数据平台，对本地"双创"资源充分摸底，形成区域创新创业生态画像，通过数据构建"双创"主体之间的链接网络，一方面查漏补缺，完善统计，构建本地"双创"生态系统，另一方面提升数据洞见能力，发现优质项目，提供精准服务。

四是借助专业智库力量促进升级工作加速。"以升促建"高新区要借助专业机构的丰富经验和资源优势，联合专业智库加强发展战略研究和产业研究工作，按照"先战略研究、后编制规划"原则，实现"以升促建"规划的战略性、前瞻性和可操作性。发挥专业智库、研究机构等市场化力量的经验和专业性，共同开展规划编制工作，做好高位部署和系统谋划；借助专业机构，导入优质资源。

三、对高新区"以升促建"的若干建议

从升级工作抓手来说，高新区"以升促建"应着重实施以下几点。

一是找到传统产业中的爆发点。实现传统产业和新兴产业和有机融合是高新区"以升促建"产业升级的重要工作。应科学认识产业发展的新规律、新动态，参访学习传统产业转型成功的高新区，研究出台针对本地传统产业挖掘优势资源、链接高端资源、促进转型升级的政策措施。鼓励和帮助本地传统企业采用云计算、大数据、物联网、人工智能等新兴信息技术，通过新兴技术和传统产业的跨界融合寻找新的爆发点。

二是开展新经济招商。新经济招商的核心是打造完善的**创新创业生态圈**。引进科技资源，包括引进高端创业人才、新型研发机构、专业化科技服务机构，培育高

成长企业的种子。引进平台资源，积极从中关村、深圳、上海张江、杭州等创新高地引进创业孵化平台、投资平台、创业服务平台等核心生态资源，助力科技型小企业、高新技术企业、瞪羚企业的诞生。

三是加快建设"双创"平台载体。创业孵化是推动高新区可持续发展的重要动力。围绕"以升促建"高新区的主导产业，加快建设一批综合性和专业化众创空间、孵化器、加速器等孵化载体。采用"异地孵化＋本地加速产业化"模式，探索在创新高地建立异地孵化器、飞地园区等，解决高新区"双创"资源吸附能力有限的难题，孵化引培一批适合本地产业的高科技创业项目。

四是大力培育"三高"企业。大力培育高技术、高成长、高附加值的"三高"企业。建立科技型中小企业、高新技术企业、瞪羚（潜在）企业遴选机制。从企业研发投入、成长性、获得风险投资等方面制定"三高"企业评选标准，为"三高"企业提供针对性的扶持政策。创新金融支持手段方面，通过设立专项引导基金、银行贷款贴息、无抵押贷款等形式降低融资难度。借助头脑风暴会、专题培训会等活动，定期向"三高"企业提供企业管理、知识产权、科技成果转化等服务。

第十章
高新区的高端链接与辐射

本章导读

　　创新全球化时代，"高端链接与辐射"成为新的规律，哪里有新思想、新商业模式，资源要素便向哪里集中，技术、知识、信息、资本、人才等创新资源要素在全球范围加速优化配置，给世界经济注入了新的活力，也为区域合作拓展了新空间。在中国高新区的兴起与发展中，与全球创新高地的高端链接是重要推动力量。中国高新区30多年的经验与积累，正在推动着"一带一路"倡议、东盟科技园区的发展。王德禄所长洞见了创新全球化时代要素流动的规律趋势，并身体力行，成为知识要素传播的"空中飞人"，把硅谷、以色列等全球创新高地的先进经验带到中国，又把中国科技园区的成功经验传播到"一带一路"沿线国家与东盟地区。通过跨区域高端链接与辐射，使创新资源加速流动、创新系统深度融合、创新环境逐渐改善、创新生态日益开放，从而实现开放创新生态的构建，带动高新区发展提质增效，引领高新区迈向新高峰。

　　本章收录的8篇博文展示了王所长对于创新全球化和新经济时代背景下区域协同发展规律的洞见。其中，从全球化视野进行阐述的有2篇，分别是《空中飞人：全球链接与自主创新》和《新经济新丝路新尖峰》。从城市群层面进行阐述的有3篇，分别是《京津冀全创改的核心是打造三地的创新创业高地》、《粤港澳如何发展新经济》和《创客与京津冀新经济发展》。从城市层面进行阐述的有1篇，是《港珠澳大桥如何打造珠海区域个性》；从高新区层面进行阐述的有2篇，分别是《新经济下的高新区高端链接与辐射发展》和《生态位：高新区如何精准有效进行区域合作》。

（撰写人：程淑红、周涛、孔伟强）

1 空中飞人：全球链接与自主创新

——在清华大学公共管理学院建院十周年专题论坛上的发言

> 2010年10月25日，我应邀参加清华大学公共管理学院建院十周年的专题论坛。会议由清华大学公共管理学院院长薛澜主持。国家外国专家局原局长马俊如、中国科学院原副秘书长王玉民、中国软科学研究会常务副理事长孔德涌都出席了会议，中国科学院研究生院管理学院副院长柳卸林、中国科学院科技政策与管理科学研究所所长穆荣平作了精彩的演讲。我作了题为"空中飞人：全球链接与自主创新"的发言。主要讲了3个内容：全球链接与创新地图；人脉：空中飞人与跨区域创业；创新的串联、并联和自主创新空气。

一、全球链接与创新地图

《硅谷指数2010》中，提出硅谷成为创新栖息地的4个因素：全球链接能力、吸引人才的能力、持续的技术进步和创新、州政府和联邦政府的作用。值得注意的是，《硅谷指数2010》第一次提出将州政府和联邦政府的作用作为创新栖息地的因素。

硅谷与全球建立的链接包括了人才、风险资本、技术转移，并且这些链接也在继续扩展。首先是人才链接，硅谷发展历史上的一个重要因素来自该地区移民企业家的卓越贡献，他们中的很多人以学生身份从世界各地来到这里，建立了他们的网络并维护与自己祖国的密切联系。人才链接奠定了硅谷强大的风险资本和技术转移全球链接的基础。

从人才角度看，硅谷的理工科人才60%以上是外国人，其中以色列人在硅谷影响更大。这点与中关村差别很大，中关村大部分是中国人。从风险资本的角度看，风险投资基本在全球范围流动。近年来，硅谷风险投资领域发生了重大变化，其中最显著的是中国成为来自硅谷的风险资本流出的主要国家，并且增长速度非常迅猛。风险投资追着创新走，中国的创新活动使风险投资更多地流向中国。但从硅谷与外国发明家的合作专利来看，在专利合作数排名中中国居第7位，甚至不如以色列、印度。

对中国来说，建立全球链接是建设创新型国家的关键，核心是建立广泛的人脉网络链接，进而实现与全球技术级相链接。应该让中国人走出去，到世界各地的创新聚集地，进而带动信息、风险资金、技术专利的链接。中国人广泛地分布在世界各地。据不完全统计，中国人在美国的人口数量达到337.6万人，在日本的人口数量为60.7万人，在印度的人口数量为18.9万人，在非洲的人口数量为40万~60万人。可以说中国具备了建立全球链接的基础和优势。

世界创新地图正在演变。原来大家都知道巴黎是设计之都，伦敦是创意之都，硅谷是高技术的聚集地，现在越来越多的创新区域出现在世界创新地图上，如中国台湾的新竹、印度的班加罗尔、中国大陆的中关村等。由于中国是个发展中的大国，因此与全世界的技术界广泛建立联系尤为重要。从这个角度上说，我们需要更深入地研究全世界的创新地图，做更全面的链接。尤其是中国的产业集群与世界的技术级建立链接和耦合，是中国建设创新型国家的最大任务。

二、人脉：空中飞人与跨区域创业

中国在历史上以"中央之国"自居，对走向世界做全球链接是不予重视的。但是依靠需求形成的丝绸之路成为中国与世界陆路链接的重要通道，郑和下西洋是中国与世界建立水陆链接的一种尝试。在郑和所使用的世界地图《天下全舆总图》上，美洲和非洲被标注为"食人国"。从这张地图可以看出，中国对建立全球链接毫无动力，甚至对外面的世界有很多恐惧。因此，随之发生的禁海令也成为中国近代以来屡屡受辱的重要原因。工业文明的崛起，基本上是欧洲国家依靠海上霸权实现的，因此蓝色文明被认为是现代文明的标志，实际上今天的全球链接已经不再是海上链接，而是空中交通。现在世界上有很多"空中飞人"，他们是打破区域约束建立全球链接的主要动力。

1840年以后，很多中国人到世界各地谋生；近代以后，出现了一批又一批的留学生；现在，随着中国经济的发展，越来越多的人出国旅游；上文中所说的"空中飞人"，则更多的是指商务人士和跨区域创业者，这些人才是"空中飞人"和产业组织者的主体，对建立全球链接具有实际意义。例如，我所认识的很多在硅谷的中国人，基本上一半的时间在中关村或中国其他地区，一半时间在硅谷，最常见的生活状态就是通过飞机两地跑。不仅带动了信息的流动，也带动了风险资金、技术专利的流动，因此说跨区域创业带来的全球要素链接主要是人脉、信息流、技术转移、风险资金。

三、创新的串联、并联和自主创新空气

在研究创新的发展阶段时,我常说创新分为 3 个阶段:第一个阶段创新是串联时代,是创新的一个环节带动下一个环节;第二个阶段创新是并联时代,是多条路径同时开始创新;第三个阶段则是无处不在的创新,宛如空气般普及。中国已经经历了串联、并联的时代,正在探索第三个阶段的创新,即空气般无所不在的区域创新。中国正在积极进行自主创新,但我认为只有与全球建立紧密联系,才能真正实现自主创新。只有通过人脉建立全球链接,使中国与全球的技术创新级建立链接机制,才能实现中国自主创新战略,建设创新型国家。因此,我们要学习犹太人,他们鼓励年轻人"走远一点、待久一点、想深一点"。我们更要发挥中国文化的优点,让中国的下一代走出去,到世界各地去,"读万卷书,行万里路,交一万个朋友"。

2 新经济新丝路新尖峰

——在第九届丝绸之路市长论坛上的发言

> 2014年9月4日,我应邀参加了在乌鲁木齐举行的第九届丝绸之路市长论坛。在论坛上,我作了题为"新经济新丝路新尖峰"的主题发言,主要内容有以下4个方面:一是丝绸之路就是全球化;二是新丝绸之路新在哪里;三是怎么打造新尖峰;四是乌鲁木齐东链西接。

一、丝绸之路就是全球化

怎么来理解丝绸之路?我认为从现代的视角来看丝绸之路就是全球化,丝绸之路是人类历史上最早的全球化。为此我总结了人类4次全球化浪潮:第一次就是丝绸之路的出现,这是2000年之前的以东西方商队和使节为主体的全球化,这时是哪里文明程度高就到哪里去,其核心是进行以丝绸为主的商业贸易活动;第二次是500年前的地理大发现,这时以探险家和传教士为主体,是哪里财富多就到哪里去,其核心是以寻找黄金等财富为主的殖民活动;第三次是冷战后开启的全球化浪潮,这时以跨国公司为主体,是哪里成本低就到哪里去,集中表现为工业品生产和消费的全球性流动、世界贸易组织的建立;第四次是现在正在进行的创新全球化浪潮,这时是创新资源(人才、技术、资本)在全球的流动,是哪里创新创业活跃就到哪里去,表现为新的想法、大量创业和社交化时代的到来。那么在当前全球化深入发展的世界中,如果想要获得长远的发展,就必须要依靠新观念和新思想来推动。

二、新丝绸之路新在哪里

新丝绸之路的"新"主要在于新经济,在新经济中重要的是抓住新机会、新想法,实现新的创业。现在全球最大的机遇就是创新全球化,此外还有一个机遇就是社交化时代的到来。新思路重点就是要应对这两大变化。

抓住新机遇和新想法的核心是创业。创业有3种类型:求生存的创业、求发展的创业和变革式的创业,要实现创新驱动,只有变革式的创业(改变世界的创业)

才能做到。在全球化中，一切创新资源都将围绕着创业而运作，创业成为创新驱动最根本的动力。

三、怎么打造新尖峰

如何打造新尖峰？城市在某种意义上就是集聚的结果，也是不同时代的尖峰区域。在新经济条件下，要创造新的优势，实现区域的崛起，让城市做得更好，就需要充分发展区域个性。

《世界是平的：21世纪简史》提出，全球化使生产要素加速在全球流动和优化配置，导致了"平坦的世界"。《硅谷指数2007》又提出，虽然全球竞争的场地是扁平的，但各地区依然可由其自身专业化和竞争优势的相对强势和弱势表现出来——在扁平世界上创造出"尖峰"。因此，所谓的区域个性就是在全球化使世界变成平的情况下，一个地区的竞争力取决于自身个性是否突出。

那么区域个性如何实现？这就需要进行全球链接。《硅谷指数2010》中提出，硅谷的能力来自4个方面：第一是全球链接的能力；第二是吸引人才的能力；第三是创新技术进步；第四是政府的支持。其中，全球链接就是以人才为主要载体的技术和资本的全球化流动，其基础是区域专业化，本质是全球化。

所以说区域个性是使区域成为世界尖峰的必要条件。对一个区域来说，其增长的核心是依靠着区域创新进行，而这也就符合了新经济发展的一般路径，即想法、创业、瞪羚、改变世界的企业，下一步就是要继续挖掘区域个性。由区域个性带动的集群式发展，也导致了区域崛起。

丝绸之路上的各个城市主要是在冷兵器时代崛起的，在人类进入热兵器时代和冷战时代，丝绸之路上的各个城市崛起的动力并不多。现在人类进入后冷战时代和新经济时代，核心是有新思想，大家来到乌鲁木齐参加丝绸之路市长论坛，说明大家对新的思想碰撞和人脉链接很重视，因为这是城市发展的力量源泉。我也愿意和各位进行更多的交流，在新丝绸之路上让自己的城市崛起。

四、乌鲁木齐东链西接

乌鲁木齐地处欧亚大陆的中心位置，也是丝绸之路上最重要的城市之一。乌鲁木齐打造个性尖峰需要重点发展乌鲁木齐高新区，需要向东链接国内各个高新区，向西链接中亚、西亚和欧洲各大城市。

向东看，乌鲁木齐需要与全国107个国家级高新区互动，应该依托高新区，承接高技术产业向丝绸之路进行转移。

向西看，要充分利用乌鲁木齐与中亚地区的经济资源优势互补效应，打造中亚高技术市场战略联盟，依托乌鲁木齐相对优势的区位条件、经济条件、基础设施条件，与中亚地区各国一起打造更多产业高地。

3 新经济下的高新区高端链接与辐射发展

> 本文选自长城战略咨询 2016 年第 4 期《企业研究报告》中《高新区区域辐射带动模型研究》所长专栏。

金融危机后,世界从制造业全球化进入创新全球化阶段,新的区域高地在崛起,新的全球创新中心在形成。区域经济链接和辐射的根基发生了根本性变化,过去制造业全球化主要遵循"梯度转移"规律,基本以跨国公司为主体,在全球进行工厂布局,资本等生产要素和物质商品都向低成本方向流动;现在,创新全球化的规律是"高端链接与辐射",技术、资金、信息等创新要素以人的创新创业活动为动力,在全球范围内快速流动,哪里有新思想、新商业模式,要素便向哪里集中。创新中心之间,往往会通过创新创业生态"场",建立双向、多层次、网络化的有机联系,其中,"人"是两地创新生态中最重要的联系媒介,贯穿形成两地链接与辐射的核心。

通过研究,可以总结出一个新经济下的高新区高端链接和区域辐射模型。模型包括两个部分:一个是高端链接,重在对接创新高地,建立两地创新生态联系,如中关村、新竹与硅谷的链接;另一个是区域辐射,空间扩张辐射重在扩大高新区经济规模,为辐射地传递理念、营造环境,如中关村对 52 个高新区的区域辐射模式,即 20 世纪 90 年代国务院批准设立了 52 个国家高新技术产业开发区,四通、联想、方正等早期发展起来的中关村企业借此机遇,在全国各地的高新区设立分公司与分支机构,积极开拓新的外地市场;产业原创辐射重在通过人、产业组织传递,在辐射地生成爆发式成长的原创型新兴产业,如硅谷对班加罗尔软件外包、新竹集成电路的模式。

制造业全球化的过程正好与中国改革开放相吻合,中国抓住了制造业全球化的机遇,以人口红利和低成本竞争实现了中国制造在全球的崛起。在创新全球化阶段,中国的竞争优势应该放到创新创业上,高新区正是一批崛起的区域创新创业高地。以人为核心、以创新创业为动力、以创新生态联系为本质的区域高端链接和辐射模型,应该成为高新区和区域经济发展的新指导。

4 生态位：高新区如何精准有效地进行区域合作

——在第十五期国家高新区"创新双月谈"上发言

> 2018年12月5日，科技部火炬中心和长城所在佛山高新区联合召开了第十五期国家高新区"创新双月谈"，主题为"区域创新合作的新模式"。我在会上做了"生态位：高新区如何精准有效地进行区域合作"的发言，主要讲了3个方面：一、佛山的区域个性；二、生态位，让区域合作更精准；三、怎么做生态型区域合作。

一、佛山的区域个性

最近几年，中国有一个亮点就是粤港澳大湾区。大湾区对准美国纽约湾区、美国旧金山湾区和日本东京湾区，现在这4个湾区被称为"世界四大湾区"。粤港澳大湾区尽管提出不久，能否在新经济方面走在四大湾区之首却是一个值得思考的问题和努力的目标。正是在这样的背景下，我们在佛山召开"区域创新合作的新模式"会议具有特定意义。

在新的历史时期，提出了很多新的问题：高新区如何高质量发展，如何引领中国的新旧动能转换。面向2035年的高新区未来发展规划呼之欲出，也意味着高新区的发展模式也一定会探索更多新的创新模式。刚才记者来找我，说佛山高新区怎么干？我说没有粤港澳大湾区、港珠澳大桥之前，佛山高新区就是在国内的创新型园区梯队，有了粤港澳大湾区、港珠澳大桥，佛山高新区的定位有了提升。现在佛山高新区居全国高新区第25位，佛山高新区下一个目标就是成为粤港澳大湾区里的新增长点，这要求佛山高新区力争进入国家高新区的前10名，也力争成为世界一流高科技园区。

在粤港澳大湾区、深圳、广州的位置摆定后，佛山等一批自主创新示范区就应该成为新的经济增长点。在这个意义上，佛山可被视为珠三角经济发展的先驱。佛山在明朝、清朝时期就是中国的四大镇、四大集聚区之一。新旧动能转换应该成为粤港澳大湾区的增长动力。因此，佛山高新区有望成为粤港澳大湾区的第三个增长极。

二、生态位，让区域合作更精准

我们这次讨论区域合作，区域合作有哪些重点？方向、模式、打法是其中的3个关键点。第一，生态位正是为区域合作的方向提出了理论依据；第二，要找那些能看得见、够得着的高端区域进行合作，这是下一步区域合作的基本模式；第三，前30年高新区之间区域合作的经验是什么？就是相互学习，相互分享。刚才中关村协同公司所讲的"一司一金一中心"这种特殊打法，正是中关村与全球高端区域进行区域合作的主要打法。

区域合作有多重要？对高新区来说，区域合作第一重要。高新区就是在一个地方去打造创新创业高地。而创新创业高地怎么打造？一定要和其他的创新创业高地对接，才能提升自己在全球创新生态系统中的地位。中关村为什么发展起来了？就是因为和硅谷对接。中关村一发展起来，武汉等一些世界一流高科技园区马上就出现了。所以在现在这个阶段，区域创新合作是每个园区都需要认真思考的问题。

生态位是生态学理论中的核心概念之一，指一个种群在生态系统中，在时间、空间上所占据的位置及其与相关种群之间的功能关系与作用，表示生态系统中每种生物生存所必需的生境最小阈值。随着全球创新网络加速构建、创新活动与产业组织关系趋向于生态化，区域经济发展系统的生态性特征越来越突出。借用生态学中的生态位概念，我们提出了"创新生态位"，用以解释和指导新时期的区域合作。具有不同生态位的区域之间实行有效合作，可以提升和优化自身生态位，从而获得更优的发展空间。这正是跨区域合作的根本驱动力。基于创新生态位的区域合作，不仅仅是要素资源互补方面的合作，而是更加具有生态性的多元化、多维度、多方位等特征，进行自组织的合作。

三、怎么做生态型区域合作

第一，中关村的区域合作。现在大部分的区域合作仍停留在招商引资方面，在3年以后，所谓区域合作将越来越成系统。我现在看到的高新区里面直接做区域合作的机构并不多，但是做招商引资的机构有很多。中关村是一个真正做区域合作的典型：已经与80多个区域开展了合作，基本上都是由采购中心、协同中心来做的。中关村的一个采购中心管的是与国内各地区的合作，协同中心管的是在国外的各种布局，而且这个事情主要是由协同中心负责，我们将来会和中关村协同中心做更多接触。

第二，做高端的区域合作，即区域协同。高新区不能光做招商引资，招商引资是低端的区域合作，未来要多做高端的区域合作，做区域协同。高新区要学习中关村，中关村成立了一个公司叫作协同中心，别小看这个名字，这是中国第一个把协同当作业务来办的，不是当作口号来喊。我一听说这个协同中心就很兴奋，马上去沟通。就是因为它的职能是做协同的，所以它的会议是协同会，这个位势多高！协同这个事越来越重要，所以未来30年，各高新区都要成立协同中心、区域合作中心。这个部门高于招商部门，可以是政府部门，也可以是二级机构。

第三，高端资源链接。高新区能发展得多高，在于协同做得有多好。我今天听佛山高新区说，短短两年，佛山高新区从第54位上升到第25位，就是因为创新协同做得很好，他们几乎每个月都跟中关村有若干场活动，而且国内很多资源都到这儿来创业。我觉得可以这样讲，区域合作的协同也是高端资源链接，是我们高新区未来的发展方向。原来高端链接仅仅是一种说法，现在关于这方面的打法要越来越清楚，而且各个地方要探索各种不同的模式。每个地方不在于你这个位势多低，而是在于你多能闯。越是创新型园区、新成立高新区，这个任务越艰巨。

5 京津冀全创改的核心是打造三地的创新创业高地

> 2018年5月21日，我到中国科协参加了"京津冀系统推进全面创新改革试验2018年第三方评估启动会"，听取了京津冀三地领导的发言。在我的发言中，除具体的评估外，还提出京津冀"全创改"的重点是打造三地的创新创业高地。

一、京津冀三地如何打造创新创业高地

中关村之所以能够取得现在的成绩，主要取决于与硅谷的链接。这种高端链接共有3个方面：第一是人脉链接，主要是创业者；第二是资本链接，主要是天使投资；第三是技术链接。现在中关村已经成为世界第二大创新高地，中关村取得的最大成绩是不断地涌现独角兽企业，2017年涌现出70家独角兽企业。我认为，要在天津和河北打造新的创新高地。天津高新区和滨海新区对这方面的工作比较积极，河北的雄安新区及石家庄、保定、廊坊正在努力。三地打造创新创业高地最核心的工作就是和中关村进行高端链接。天津高新区已经涌现出来3家独角兽企业，而且基本全是中关村的独角兽企业到天津开拓新业务，58到家、乐道互动、奇思科技都是如此。现在有个感觉，中关村这么多独角兽企业，往全国各地辐射，却没有辐射到河北的石保廊。现在京津冀说的事情很多，高端链接做得不够，投资做得少，人脉做得不够。

二、在京津冀创新高地构筑创新创业生态

京津冀合作打造创新创业高地的中心工作是在创新创业高地建设创新创业生态。现在全球两个创新创业生态是第一流的，第一个是中关村，第二个是硅谷，天津高新区和滨海新区、河北的雄安新区和石保廊重点要和中关村做人脉链接。记得刚开始发展京津冀合作打造创新创业高地的时候，我提出来中关村"一区十园""天津十园""河北十园"，打造一个中关村"一区三十园"的跨省的管委会，我当时想得很天真，到处说，后来京津冀越来越变成政府的事情，民间和社会的力量越来越薄弱。我认为，京津冀"全创改"的评估也要做一个顶层设计的评估。党的十九大

以后，中国的经济发展进入"两新一高"，即新时代、新经济、高质量阶段。在这个阶段，京津冀合作的策划也需要进行全新的顶层设计。

三、关于京津冀创新高地的两点建议

第一，河北、天津都要打造新经济的创新创业高地。在京津冀现在的运作中，每个地区都应该打造几个和中关村高度链接的创新创业高地。我认为这种链接是以人脉为主、观念为主、天使投资为主，而不是以投资为主、政府为主。

第二，在河北、天津打造跨界的新兴产业。现在全国各个创新创业高地做的主要的事情就是产业跨界和培育独角兽企业，应该说只要培育出了独角兽企业，实现了产业的跨界，就实现了新兴产业的崛起。现在新兴产业进入了新的局面，大数据、云计算、人工智能成为主旋律。基本上这些产业在任何产业领域实现跨界以后都实现了引领全球的新兴产业，现在中国已经有了10个引领全球的跨界新兴产业，河北、天津都要打造引领全球的跨界新兴产业。

6　港珠澳大桥如何打造珠海区域个性

> 2018年底，我开启了近几年最长的国内行。12月3—7日，我来到广东，拜访了容闳、康有为、孙中山的故地，考察了佛山、珠海、肇庆高新区，游览了佛山祖庙、肇庆六祖禅院等景点。这篇博客是专门写珠海区域个性的，也是对这次广东之行的系统总结。

一、珠三角之行：探访中国第一次"改革开放"的足迹

2018年是戊戌变法120周年，容闳诞辰190周年。从容闳到康有为，再到孙中山，珠三角是中国第一次"改革开放"的摇篮，所以在2018年即将结束的时候，我特意来到珠三角，探访中国第一次"改革开放"的足迹，拜会了容闳博物馆馆长杨毅，并参观了唐国安纪念馆、康园（康有为故居公园）和中山纪念堂（孙中山第三次掌权时期的总统府旧址）。

由于"一口通商"，珠三角成为中国自明以来与西洋文化接触最深的地方，也就很自然地成为孕育中国第一次"改革开放"的地方。近代将中国引向世界的3个伟人——容闳、康有为、严复，其中容闳、康有为都是广东人。

生于珠海的容闳是中国第一个接受美国高等教育的人，并促成了中国公费留学生的派遣，被公认为是"中国留学生之父"。容闳的历史地位不但具有近现代意义，而且在中国和世界历史文化的坐标上也具有创史意义。如果说西汉的张骞开辟了丝绸之路、唐朝的玄奘到西天取得佛经，那么清朝的容闳则开启了近代以来国人留学美国、助力西学东渐的进程。

作为戊戌变法最重要的领导人，康有为的历史功绩不可磨灭。戊戌变法尽管只维持了短短的103天，没有像日本的明治维新一样，带领中国走上近代工业化道路，但却是一次思想启蒙运动，促进了思想解放，对社会进步和思想文化的发展、促进中国近代社会的进步起了重要推动作用。

同样也是广东人的孙中山，作为亚洲第一个民主共和国最重要的缔造者，大概是近代中国最知名的人物。他是中国近代民主主义革命的开拓者，倡导"三民主义"，创立《五权宪法》，为改造中国耗尽毕生的精力，被尊称为"中华民国国父"。

无论是深圳的开发、珠三角的崛起，还是现在粤港澳大湾区的规划、港珠澳大

桥的修建，都是从容闳、康有为、孙中山的故乡开始。或许，正是中国第一代"改革开放"的领军人物，带领珠三角迎来重新成为世界第一的大好机会。

二、珠海行

这次到广东，我提出要到珠海，因为这里是容闳的故乡，我认为在这儿实现中国崛起很有历史意义。此行在珠海的时间虽然只有一天，但是内容丰富。

12月4日早上，我与珠海市科技和工业信息化局局长贺军见面交流，我觉得珠海现在最重要的就是要发挥粤港澳大湾区"桥头堡"的区位优势，寻找新旧动能转换的爆发点，具体可以抓四件事。第一，大企业平台化，做专业化众创空间，开放成为创业者平台。珠海现在就可以做的两个事情：一是制定出台专业化众创空间政策，做培训；二是吸引众创空间到珠海落地。第二，在传统产业找爆发点。现在进入了工业互联网时代，传统产业要和新经济结合，就是新旧动能转换，从互联网角度来说就是传统企业要尽量和互联网结合，从地方政府角度来说更重要的是黏合两边。珠海在传统工业经济上有一定基础，又是旅游城市，更应该做新旧动能转换。另外，现在比较热门的一个事叫产业共同体，即由原来的企业创新、政府做工业园，转变成现在的科学家、投资家、孵化器、中介都在产业发展中起作用。我认为珠海也可以在这方面多努力，因为科技与金融结合是现在的大趋势，一方面是恢复创新基金，另一方面是让资本大规模地进入科技产业，进入新经济，产生的最大变化就是科技与金融结合，从组织方式上就是产业共同体的探索。第三，出台前沿科技创业的支持政策，包括前沿科技创业的重点、吸引哪类项目等。第四，建立"潜在瞪羚—瞪羚—种子独角兽—潜在独角兽—独角兽"的高成长企业培育体系，并吸引超级独角兽企业、独角兽企业落地珠海。可以将情侣路打造成为珠海的创业大街。

随后，我来到珠海高新区，与梁培忠主任等有关领导探讨高新区未来的发展方向。我认为珠海高新区现在要在港珠澳大桥项目中找到自己的定位，并承担起重要的新旧动能转换任务，未来高新区要这么干：第一，站位高，在粤港澳大湾区里找爆发点。粤港澳大湾区的目标是成为世界第一的大湾区，珠海高新区要研究未来中国的爆发点，结合现在的产业基础，让它在珠海爆发。第二，做好空间规划，做世界一流的事，打造世界一流的产业。珠海很漂亮，要把像商汤科技、小米这样的好企业引过来，现在这个时代最重要的不是研发，而是场景、功能。

三、容闳、唐国安

1828年11月，容闳诞生于珠海。1847年1月，在美国传教士布朗（R. S. Brown）的资助下，容闳前往美国留学，后考入著名的耶鲁大学，获文学学士学位，成为中国受过美国高等教育的第一人。他本可以在美国找到很好的工作，但强烈的爱国心和振兴中华的美好理想，驱使他毅然返回祖国，为中国的近代化四处奔波。他先是为洋务运动贡献聪明才智，后又在中日甲午战争中为抗击日本侵略竭尽全力，之后投身戊戌变法，晚年支持孙中山领导的辛亥革命，可以说他是一位与中国近代进步事业相始终的先进的中国人。容闳的不朽业绩促成了中国公费留学生的派遣，被公认为是"中国留学生之父"。正是有了他的拓荒之功，才逐步形成了近现代中国日益高涨的留学潮。容闳是中国走向现代化的第一人，珠海也应该成为中国走向现代化的标志。

12月4日下午，身兼珠海容闳与留美幼童研究会秘书长、容闳博物馆馆长和唐国安纪念馆馆长的杨毅陪同我参观了唐国安纪念馆。本来我也想参观容闳博物馆的，但是杨毅告诉我，容闳博物馆正在修整，无法参观。杨毅亲自为我们做了一个小时的讲解。据介绍，当年120名留美幼童按省籍分布，广东84名、江苏22名、浙江8名、福建3名、安徽2名、山东1名。广东是留美幼童的大省，而珠海就有24人，其中在唐家湾出了民国第一任总理唐绍仪，还有清华学校（清华大学前身）第一任校长唐国安。唐国安曾任上海圣约翰书院教席，上海《南方报》编辑、主笔，后入清政府外务部为司员、候补主事、主事，两次出任国际禁烟会议中国代表团代表，参与"庚款留美"事业的筹划，历任外交部、"游美学务处"会办，清华学堂副监督、监督，以及清华学校第一任校长。史学家对唐国安的评价是：以其渊博知识致力于新闻、外交和教育工作，是清末民初留美教育事业的承前启后之人，所主持的游美学务和清华学校工作，是容闳留美教育计划的"复活和延续"，为清华的发展打下良好基础。

四、港珠澳大桥与珠海区域个性

粤港澳大湾区和港珠澳大桥大幅提升了珠海的位势，港珠澳大桥帮助香港、澳门联通大陆，并把全国的资源链接在这，然后连向全世界。珠海作为粤港澳大湾区、港珠澳大桥的关键节点，要在新的历史阶段重新找准自己的定位，要在港珠澳大桥含义之下找新的定位。到了珠海，不光看珠海，到了珠海就是到了全球，要有这样的感觉。

目前珠海传统经济的影子还比较深，思想观念没打开，实现转型、实现新旧动能转换是当前的重要任务。珠三角各个城市的爆发点各不相同，但是有一个方面是共通的，就是新经济走多快，爆发性增长就有多快。珠海必须要看清大势，在专业化众创空间、传统企业爆发、前沿科技创业、增长点的培育计划、吸引独角兽企业这几个方面打造爆发性成长是关键。

7 粤港澳如何发展新经济

——在粤港澳大湾区国际科技创新中心建设培训会上的讲话

> 2019年4月1日,我受广东省科技厅邀请,在粤港澳大湾区国际科技创新中心建设培训会上作了"粤港澳如何发展新经济"主题发言,主要讲了6个方面:一是粤港澳大湾区的时代意义;二是新动能培育的4个机制;三是旧动能转换的两大机制;四是新经济三方法;五是新经济企业成长路线:创业—瞪羚—独角兽;六是产业创新共同体。

自去年以来,中国有两大热词,即"改革开放四十周年"和"粤港澳大湾区"。几乎所有的战略研讨会都将粤港澳大湾区设为首要议题。下面围绕这个热点话题,谈谈我的看法。

一、粤港澳大湾区的时代意义

2018年12月,我在珠海、佛山、肇庆、广州待了一周,深入思考粤港澳大湾区的时代特点。当时我专程去了容闳故居、康有为纪念馆和孙中山纪念馆。为什么要去这3个地方?我认为粤港澳大湾区是中国崛起的标志,而最早看到中国崛起的就是这3个人,他们又都在粤港澳大湾区的范围内。容闳是西学东渐的先驱者;康有为全面系统地阐述了现代化;孙中山则是实质推动中国现代化进程的人。我认为这3个人是粤港澳大湾区的精神根源。

今年是"五四运动"100周年,100年前孙中山拜访杜威时,提到"知易行难"使人们害怕在行动中犯错误而无所作为,应该提倡"知难行易"。杜威听完孙中山的阐述和想法后,颇受触动,提出"先行后知"。中国之后的现代化进程也是按照"先行后知"开展的,没有"行"就没有未来,中国崛起的原因之一是行动力的增强,高新区高质量发展也要靠"行"。粤港澳大湾区很能"行"。现在看来,珠三角的崛起全靠改革开放以后的行动能力,现在粤港澳大湾区的建设,需要更多的原创,需要更多的研发,需要更伟大的创业。这些都是对"行"的要求,但是粤港澳大湾区的发展需要在"行"和"知"的循环上有更多的迭代。当前,粤港澳大湾区已成为世界第四大湾区,但我认为粤港澳大湾区更应该成为全球最具活力的创新创业基地。粤港澳大湾区一定要按新经济的思路去发展。

二、新动能培育的 4 个机制

新动能培育有 4 个机制，即新研发、新场景、区域个性和"四新经济"。

第一，新研发。主要有四大特征：以前沿科技创业为核心、研发和商业化同时发生、科学家和企业家紧密结合、风险资本持续支持。新研发表现最典型的案例是中关村。中关村一直保持对前沿科技创新的敏感性，于 2016 年启动了面向全球的前沿技术企业挖掘和培育工作，对符合条件的前沿技术企业，按照企业设备购置、房租、研发投入等项目实际支出费用不超过 30% 的比例，给予不超过 500 万元的资金支持。截至 2017 年，中关村已发掘 5 批共 51 家前沿技术企业，其中包括地平线、寒武纪、旷视科技等 10 家独角兽企业。

第二，新场景。新经济时代，场景不是一个简单的名词，更是一种新的思维方式。以新技术、新模式带来新的生活和生产情景的变革，以互联网、大数据、人工智能为代表的新技术快速发展，催生了大量具有前沿性、科技感、体验感和创造性的新场景涌现，如无人零售、无人支付、无人仓储物流、在线直播、共享出行、个性化教育、个性化媒体、智能化家居、人脸识别智能安防、智能化诊疗，这些被称为改变世界的十大场景。我认为，场景可以从 3 个层面理解：从技术视角看，场景是推动创新应用的新孵化平台；从企业视角看，场景是寻求改变人类生活方式的新试验空间；从产业视角看，场景是推动产业爆发的新生态载体。在新的经济发展阶段，以市场应用为核心的场景已开始成为新兴产业爆发的原点，也将越来越成为产业发展所依赖的稀缺资源。

第三，区域个性。区域个性是一个区域在长期发展中逐步形成的，区域自身最强、明显优于其他地区且不易被超越的特质，核心是在一定条件下能形成全球影响力，创造其他地区无法取代的竞争优势和地位。塑造区域个性就是要在充分考虑区域的地理条件、城市性格、文化特征、风土人情、资源禀赋等特点的基础上，因势利导寻找和培育新的增长点，引导其形成适合新动能培育发展的创新创业生态。现在中关村的创新创业生态位居全球第二，仅次于硅谷。我认为粤港澳大湾区将来也要打造具有全球影响力的创新创业生态，特别是深圳、广州、东莞、佛山等地都应该大规模地建设"双创"生态，让这里不断出现伟大的创业者和创业企业。

第四，"四新经济"。即数字经济、智能经济、平台经济、共享经济四大促进产业跨界融合的新经济形态。发展新动能的关键在于以技术创新为引领，以知识、技术、信息数据等新生产要素为支撑，以"四新经济"为核心的新经济能否快速发展。"四新经济"能激发区域跨界、领域跨界、技术跨界，将催生更多新产业、新业态。

三、旧动能转换的两大机制

以上是培育新动能的 4 个机制，那么旧动能该如何转换？

第一，产业跨界融通，在传统产业中引爆增长。在旧动能衰退后，传统产业需要通过应用新技术、对接新模式创造出爆发点，进而衍生出非常可观的新动能。传统产业通过跨界创新，可以培育出新的业态、焕发新的活力，如汽车制造、零售、医疗等传统产业，与大数据、人工智能等跨界融合，催生了无人驾驶、无人商场、互联网+医疗等新业态，成为传统产业领域新的爆发点。新旧产业融合成功与否，关键是看有没有爆发点，能否实现爆发式成长。

第二，大企业平台化转型。平台化转型是传统大企业应对颠覆性创新的重要机制，主要包括双创战略投资、研发众包、专业化众创空间、"互联网+平台"、创新生态圈等 5 种主要模式。传统产业中的大企业只有以平台思维、互联网思维、产业生态思维主动谋求战略转型，全面重构企业发展模式，才能培育新的增长点，实现新旧动能的接续转换。目前，由大企业平台孕育孵化具有新兴业态属性的瞪羚和独角兽企业已成为中国经济发展的一大亮点，如海尔集团孵化出海融易、众海汇智，海信孵化出海信医疗、亿联客等瞪羚企业。去年我们发布的《2017 中国独角兽企业研究报告》，有 10 个独角兽企业是传统企业孵化而来的，如五星控股孵化出孩子王、汇能达，北汽集团孵化出北汽新能源，中粮集团孵化出我买网，首汽集团孵化出首汽约车等独角兽企业。

四、新经济三方法

新经济三方法包括生态论、机会论、爆发式成长论。

第一，生态论。创新创业生态是新经济发展的源头。基于对全球创新创业和高成长企业的持续观察，我们提出"创新创业生态 3+3+3"模型，即"三核心""三循环""三支撑"。"三核心"即"创研服"，创业是生态发生器，研发决定创新创业浓度，服务黏合研发和创业。"三循环"指人才、资金、技术三要素的循环。"三支撑"包括创新文化、灵活机制和国际宜居。创新创业生态具有很强的产业包容性，产业生态是创新创业持续发展的结果。

第二，机会论。新经济时代，繁荣生态孕育无限机会，抓住机会就会实现爆发式成长，因此创业者要不断修炼，提升自身的战略洞见能力，敏锐把握技术、市场和产品发展趋势，率先抢占科技创新发展的奇点，合理运用合伙、跨界、平台、生态圈、自成长和引爆点等爆发式成长机制，实现跨越式发展。产业组织者要时刻把握技术突破、需求升级、产业跨界和规制变化等新产业生成与发展机会，找准产业发展新方向。区域管理者通过制定宏观战略规划，全面把握新经济时代地区所面临的外部机遇，将外部机遇与自身区域个性长板相结合，实现区域特色发展，换道超车。

第三，爆发式成长论。新经济条件下企业爆发式成长现象的不断涌现，必然引起新产业新业态的出现及经济发展新领域的爆发式增长。这对于原创性新兴产业的产生、传统产业的颠覆式变革和区域经济的跨越式发展都具有重要意义。企业成长表现出非线性特征，具体表现为：一是一个技术突破或是模式创新就可以促成一个新产业；二是涌现出大量的瞪羚和独角兽企业，它们成为新时代的产业引领者；三是每隔三五年就会出现一个引领世界的高技术大公司。可见，技术路线的多样性和创业的多样性是爆发式成长产生的必要条件，爆发式成长是创新创业生态集群追求的最终结果，而培育瞪羚、独角兽企业是实现爆发式增长的关键。

五、新经济企业成长路线：创业企业—瞪羚企业—独角兽企业—龙企业

新经济条件下，企业不再按照传统"微型企业—中小企业—大企业"的线性成长路线发展，而是"创业企业—瞪羚企业—独角兽企业—龙企业"的爆发式成长路线。

从广东省企业的整体情况来看，发展新经济任重道远。2018年，全省高新技术企业约4.5万家，排名全国第一；瞪羚企业377家，排名全国第二，但近3年数量连续下降，可能被江苏、上海反超；独角兽企业24家，排名全国第三，次于北京、上海。这3类企业群体中，高新技术企业的增长率一般是10%~15%，瞪羚企业的增长率是20%~40%，而独角兽企业的增长率达100%以上。从广东省3类企业的数量及排名情况可以看出广东省发展新经济的动力不足。我认为粤港澳大湾区的一号工程就是打造区域个性和创新创业生态，营造创新创业氛围，培养出一批伟大的创业者和创业企业。

我们总结了全球创业的四大最佳实践。第一是光谷青桐汇。湖北省和武汉市领导多次参与青桐汇活动，与创业者面对面交流。青桐汇的本质是劝创业，激发了

百万大学生的创业热情,使得创业企业大量涌现,成就"光谷双创模式"。第二是北京中关村创业大街。创业者在创业大街更容易找到合伙人、天使投资、创新技术和市场空间,使这里成为全国创业最活跃的地方。第三是美国奥斯汀。奥斯汀"西南偏南"大会是全球创业者的节日,涌现出大批创业团队及高估值产品。第四是硅谷训练营。硅谷训练营旨在提升创业者的"洞见力",吸引了来自全世界各地的创业团队。我认为这些做法都值得粤港澳大湾区学习借鉴。如果有可能,我愿意和大家一起参加青桐汇的活动,去创业大街看看,或者组团参加"西南偏南"大会。我们甚至可以在粤港澳大湾区举办一个超越"西南偏南"大会的创业品牌活动,一定会产生很大的轰动效应。

六、产业创新共同体

2018年的互联网大会上,腾讯、百度、阿里巴巴等共同提出产业互联网。可以说,过去20年互联网的形态是消费互联网,未来20年互联网将由赋能全产业的产业互联网主导。产业互联网的本质是通过"互联网"这一工具,作用垂直细分产业,以满足用户需求为出发点,紧密实时链接产业链的上中下游企业,通过数据驱动和资本赋能,打破企业之间的无形利益壁垒,实现企业在地理空间和网络空间的集聚和融合,平等合作、利益共享,智能配对完成交易,形成产业创新共同体,这是新经济与实体经济高级融合的形态。

珠三角是全球创客的发源地之一,也是全球最好的新经济的制造体,但缺乏前沿性的研究和规划。未来,可以原来的专业镇为基础,探索试点产业创新共同体,让传统的专业镇在产业互联网的赋能下重新焕发生机与活力。

最近全国很多地方都在研究大企业平台化、硬科技创业、瞪羚独角兽企业培育、新型研发机构、产业创新共同体等,这些在粤港澳大湾区都有很好的发展前景,长城所愿与大家共同探索、共同成长。

8　创客与京津冀新经济发展

——在 2019 京津冀创客峰会上的演讲

> 2019 年 11 月 16 日，我受邀参加了由深圳柴火众创空间、河北省科技企业孵化协会主办，河北省科技厅等单位协办的 2019 京津冀创客峰会，并在会上做了"创客与京津冀新经济发展"演讲，主要包括 3 个方面：第一，京津冀需要建设创客中心；第二，创客、创业教育与大学科技园；第三，新经济企业非线性成长。

中国经济发展过程中有两个人很重要：一个是陈春先，他是学物理的，在硅谷考察时看到美国的科技专家可以创业，于是离开中国科学院物理所，在中关村创办了第一家创业公司，后来他成了中关村电子一条街的代表人物，引导中国改革开放走上了科技创新这条路；第二个是柴火众创空间总经理潘昊，他在"双创"引领新经济中起了很大作用，是中国首批搞"双创"的代表人物。下面我主要谈 3 个方面。

一、京津冀需要建设创客中心

先说一说我对创客的理解。创客与创业是有区别的，创客是"偏制造""偏产品设计""偏软件共享"。现在中国的创业非常活跃，出现了很多创业类型：一是创客，二是前沿科技创业或硬科技创业，三是伟大的创业者。创客为什么重要？因为创客是中国制造升级的产物。创客有两个功能：一是引领平台型公司的发展。发展新经济一定要出现若干平台公司，任何产业要想出现爆发式成长，这个产业就要出现平台公司，这些平台公司就是独角兽企业。现在中国经济出现了很多独角兽企业，每家独角兽企业的出现都意味着产业出现了平台公司、实现了跨界，独角兽企业在产业中起到了引领作用和平台作用。二是创客推动产业分工体系的变革。为什么制造业如此发达的经济需要创客？因为他们是革命者、是改变者。他们虽然不懂传统产业的基本要求、不懂传统产业的规律，但是懂得做出什么样的产品更加符合人们的要求。创客都是平台的建设者，中国需要大量的创客，尤其是京津冀地区。河北是中国制造业的重阵，很多产业基本处在衰退之中，怎么能抑制衰退？怎么能实现新旧动能转换？怎么能带来变革？这就是需要创客去"搅浑这潭水"。小小的创客为什么能够起这个作用？这就是《道德经》上所说的"上善若水"。如果说硅谷重视《从0到1》，那么中关村就重视《道生一》，"上善若水"就是《道德经》里所阐发的创业九大规律之一。

由于创客、"双创"在发展中的巨大作用，中国创业已占据全球的半壁江山。中国每年新增创业企业500万家，美国新增200万家，欧洲各国新增几十万家，亚洲其他各国新增十几万家甚至几万家，创客改变了经济体系，正引领中国走向新经济。中国创业占据半壁江山有两个指标：一是创业数量，二是独角兽企业数量。现在全球共有独角兽企业405家，中国独角兽企业就有202家，占全球独角兽企业的一半。创业的最大成果是出现了瞪羚、独角兽企业。可以说在新经济方面，中国在全球处于引领地位。创客还有一项重要功能是改变传统的制造体系。目前，创客已经在珠三角改变了制造体系，建立了全世界最灵活的制造模式。为把粤港澳大湾区建议成为世界一流的湾区，珠三角地区的创客发挥了重要作用，从根本上改变了该地区的创业环境。现在出现了一种观点：国内三大创业高地中，珠三角已经发生了变化，长三角正在发生变化，而京津冀的情况相对较差。京津冀地区的制造体系以传统制造业为主，创业氛围较弱，最大的问题是工业体系过于陈旧，需要新的力量来打破它，而创客是打破这种状况的关键，河北地区需要通过更多杰出的创业者来推动创客文化的发展。

二、创客、创业教育与大学科技园

中关村的前沿科技创业得到了政府的大力支持，目前又出台了新政策，条件允许就能获得1亿元的投资。现在北京中关村、西安等地对前沿科技创业、对高质量的创业提出了越来越高的要求，各种创业载体呈现出越来越强的活跃性。现在中关村最缺乏的是创客，这是京津冀的弱项。这次河北能开一次创客主题的大会，我非常认可。

26年前我从中关村下海创办了长城所，这26年来，长城所做的工作就是支持创业、支持创业教育，我们的客户主要是各地的高新区，在高新区里做新兴产业，培育瞪羚、独角兽企业。我是三代创业者的导师，第一代是民办科技企业，如柳传志等；第二代是BAT企业；第三代是现在出现的独角兽企业。最近长城所在宁波财经学院成立了长城商学院，今年招收了90名学生。在中国改革开放40年，尤其是中国高新区发展的30年中，大学科技园在其中起了重要的作用。从它们成立到现在，我和大学科技园的这批人有很多联系，还经常去大学科技园讲课。我想利用这次机会在河北说说这件事。改革开放 40 年中，河北的大学科技园发展得比较落后，对河北的新经济没有起到太大作用。在新经济中，大学应该起到更加积极主动的作用。首先，河北的大学都应该积极去创办创业型大学，美国最好的创业大学是麻省理工学院、斯坦福大学，还有很多不知名的大学，他们为美国创业者提供了很多帮助。中国搞了一轮研究型大学、一轮应用型大学，现在中国最需要的是创业型大学。我希望河北把发展创业型大学作为一种发展方向，以此来提高河北的新经济发展。现在中国的科技园发展得很厉害，但是大学科技园取得的成绩有一半来自大学。让很多外国人很吃惊的是，中国出现的独角兽企业中，有 10 家独角兽企业是在大学科技园中创建出来的，如清华科技园的商汤科技、快手、第四范式、寒武纪、WiFi 万能钥匙，华工科技园的卷皮等，好多大学科技园培育出了独角兽企业。最近科技部会同教育部联合印发《关于促进国家大学科技园创新发展的指导意见》，现在进入新一轮大学科技园的申报，我希望河北高校积极申报大学科技园项目，进入新一轮的大学科技园建设。同时，我也希望河北的大学科技园建设做得更快更好，能培养出来若干独角兽企业。

三、新经济企业非线性成长

新经济时代，数据成了企业的生产要素，所以它使企业爆发式成长成为可能。在新经济时代企业的成长路径变化了，已经不是过去的"中小企业—大企业—龙头企业"，成了"创业企业—瞪羚企业—独角兽企业"。创业中大公司一旦活下来，就会快速成长，部分为爆发式成长，这成为新经济时代企业成长的主要路径。京津冀协同发展一体化已经说了好几年了，我认为仍然没有破题。为什么没有破题？第一，缺少活跃的创业氛围。现在创客进来首先就是"搅浑这潭水"，只要"搅浑"了，不再以传统产业思想来指导经济，才有可能搞新经济。第二，培育瞪羚、独角兽企业。第三，要建设世界级的产业集群，打造新经济的新高地，石家庄高新区、雄安新区都要打造经济新高地。

第十一章
全球科技园区

本章导读

中国要继续往前发展，必须要有国际视野，王德禄所长积极探索推进新经济咨询国际化。对于国际化咨询，他的思考起步于对硅谷、以色列等全球创新高地经验学习研究，发展于面向海外分享中国科技创新发展经验，壮大于促进以开放创新为内核的国际科技合作——一方面是推进与全球创新尖峰建立高端联系，另一方面是强化对外辐射与合作。他认为，科技园区是中国近30年来飞速发展的诀窍。他以科技园区为切入点，考察走访了美国、以色列、印度、马来西亚、泰国、菲律宾、埃及、印度尼西亚、柬埔寨、巴基斯坦、越南等地，观察学习创新尖峰发展经验，向"一带一路"沿线国家分享中国经验。在这个过程中，他于2019年以长城战略咨询牵头发起组建了"国际科技产业园区共同体"，以搭建全球科技产业园区交流分享和资源链接平台，倡导"一带一路"沿线国家科技园区深化合作。

本章收录了王所长的11篇文章，围绕全球科技园区和创新高地，记录了所长走访全球的见闻和科技园区建设合作的建议。其中记录所长与各国园区交流思考的有6篇，分别是：《以色列：以创业为主的创新高地》《莲花之城：泰国科技园》《越南创新扫描》《班加罗尔科技园述评》《印度尼西亚要建100个科技园》《在埃及考察科技园区》。从宏观视角思考全球科技园区合作，特别是"一带一路"科技园区合作的有5篇，分别是《中国—东盟科技合作新方向：科技园》《怎样在"一带一路"与发展中国家共建科技园》《在"一带一路"上怎样开展科技园区合作》《硅谷是可以学习的》《共建园区共同体，寻找全球独角兽》。跨时6年的5篇文字围绕"一带一路"科技园区合作同一主题，合作重点从"科技园区的软硬结合"、工作机制到寻找全球独角兽企业，以及对国际上两类科技园区发展的不同模式的分析,反映了所长对"一带一路"科技园区的长期关注,以及新经济咨询对不同时代背景下全球科技园区合作重点判断的迭代升级。

(撰写人:王奋宇 宋瑶)

1　以色列：以创业为主的创新高地

> 2013年10月20日至25日，我在以色列进行了为期一周的访问，与以色列孵化器、风险投资机构、研究机构的负责人进行了交流。我形成了一个想法：波士顿、伦敦、巴黎等地是以创新为主的全球创新高地，而硅谷、中关村、以色列是以创业为主的全球创新高地。

《硅谷优势》一书用"创新与创业精神的栖息地"这个说法来概括硅谷的特征。根据相关研究，硅谷企业总数大约是3万家，平均每年新创企业数为1.3万～1.5万家，同时也会有1万家左右的企业被淘汰。正是在不断的创业当中，"硅谷神话"被世人所熟知。过去几十年间，怀揣着改变世界梦想的创业者遵循技术原创、商业模式创新和满足新的市场需求的产业原创路径，在硅谷不断创造新的技术和新的商业模式，催生出许多原创性新兴产业和具有世界影响力的大公司。如罗伯特·诺伊斯创办了Intel公司，催生了集成电路产业；史蒂夫·乔布斯创办了Apple公司，推动了个人电脑产业的快速发展；拉里·佩奇与谢尔盖·布林创造了影响世界互联网产业发展的Google公司；马克·扎克伯格创办了Facebook公司，推动了SNS网站的兴起。特别是20世纪90年代以来，硅谷每隔5年左右就会出现一个从创业企业发展到改变世界的高技术大企业。根据《硅谷指数2013》公布的数字，2012年硅谷新创企业数量达到了创纪录的4.6万家，这意味着硅谷仍将引领全球新一轮产业变革。

中关村和硅谷有着相似的创业精神实质。30年来，中关村出现了一批对中国的产业结构升级产生重要影响的企业，例如联想、百度等。20世纪90年代以来，中关村差不多每隔一段时间就能够出现一个"令人兴奋"的新增长点，这些新增长点往往就是由一些创办时间不长的新企业所引领的。例如，新浪微博、奇虎360、京东商城、小米科技等。与硅谷类似，中关村的创新创业服务也正在发展为一个独立业态。例如车库咖啡、3W咖啡、36氪、点名时间等。

《创业的国度：以色列的经济奇迹》一书让世界了解了以色列。根据世界经济论坛公布的报告，以色列已经进入了创新驱动的发展阶段。根据相关研究，以色列高技术企业超过4000家，平均每2000人拥有一家企业，密度为全球最高。2010年，以色列的风险资本占GDP总量的0.18%，高出第2位风险投资大国（美国）0.09个百分点。目前，以色列已经拥有60多个风险投资基金，资金总额超过100亿美元，在全球规模仅次于美国，而以色列人均创业风险投资位居世界第一位。以色列科技孵化器规划委员会每年收到大约1000个新创高科技企业的申请，这个数字可以认为是以色列每年新创高技术企业的数量。在这1000个新创高新技术企业当中，大约有100家可以进入以色列的孵化器，政府将为这些进入孵化器的企业提供约85%的经费，最高可达60万美元。

如果判断以创新为主的创新高地和以创业为主的创新高地哪个更重要，我认为，现在从知识到创新之间的链条越来越短，波士顿模式的创新会慢慢过时，而硅谷模式，会越来越在世界上起引领作用。如果对这3个创业为主的创新高地进行比较的话，硅谷呈现更多的是改变世界的商业模式，以色列呈现出更多的技术创业风格，而中关村更多的是改变中国的新业态。随着全球一体化，这3个地方的作用将更加凸显。

2 中国—东盟科技合作新方向：科技园

> 2014年9月17日，中国—东盟科技创新政策研讨会在广西南宁举行。我本来计划于16日下午飞赴南宁参加这个会议，但是由于台风"海鸥"的造访未能成行，于是我只好远程参加会议。我在17日上午的开幕式上致辞，这次研讨上，我们与来自老挝、柬埔寨、缅甸、泰国、越南、菲律宾、印度尼西亚等国科技政策研究人员和代表共同签署了《中国—东盟科技创新政策研讨会联合宣言》，标志着"中国—东盟科技创新政策研究协作网络"正式成立。我在会上做了题为"中国—东盟科技创新政策研究协作网络：科技园政策探索"的主题演讲。

以下是我的演讲实录。

大家好，今天我来和大家分享中国科技园建设的经验。我1993年从中国科学院下海创办了长城企业战略研究所，见证了中国科技园区的发展和中国高新技术产业的发展。我们研究所在科技园区发展方面有很多经验，现在我们机构一共有300人，其中100多人在做科技园区的规划。

今天我主要讲三方面内容：一、中国科技园区发展历程和现状；二、中国科技园区建设的经验；三、关于东盟各国开展科技园区科技政策的思考。

一、中国科技园区发展历程和现状

20世纪80年代开始，中国开展了一场新技术革命大讨论，讨论的结果是创办科技园区。这么多年来，中国各地都在做科技园，国家已认证114个国家级的科技园区。

东盟国家关注中国，更应该关注中国的科技园区。科技园区占地面积小，但贡献的GDP却很大。根据长城所的研究，目前全世界十大科技园区中，中国就占了8席。这十大科技园区分别是：第一是硅谷，第二是中关村，第三是以色列，第四是深圳，第五是武汉东湖，第六是西安，第七是广州，第八是上海张江，第九是台湾新竹，第十是成都高新区。我去欧洲、印度、韩国、日本的高新区看过，几乎都是很小的规模。新经济是以区域为主的生态经济，工业经济则以跨国公司为主，所以新经济在全世界没人比得过中国。现在欧洲有几个地方也在搞新经济，但都很小。

原来美国研究硅谷的人说：全世界只有一个硅谷，但看了中关村创业之后，他们改变了态度，认为中国已经开始了创新经济。

二、中国科技园区建设的经验

（一）遵循"创业—孵化—集群"的新经济模式

中国科技园区的发展，遵循"创业—孵化—集群"的新经济模式，而不是跨国公司投资的发展模式。

首先是创业。创业和创新不分家，"创业—孵化—集群"这种模式的根本就是创新，创新、创业使得动力源源不断，因此中关村经历了20多年快速发展，现在依然发展很好。这是一个特定现象，说明高新区创业是科技发展的主要动力。

然后是孵化。探究中国科技园的发展历史会发现，很多科技园刚开始都是孵化器，比如武汉、西安、深圳，只有北京、上海是从卖电脑起家的。孵化器是政府支持创业的场地，由于有了很多孵化器，我国就出现了大量创业企业。

最后是集群。高新区能否发展起来，就看能否形成集群。现在中国的一流园区都是产业集群，不但集聚了某个产业的优势力量，而且还能在一个产业的基础上发展出另一个产业，不断创新突破。

（二）突出区域个性，塑造创新生态

我们最近从生态学的角度总结出：科技园区的成功与否，要看是否形成了创新生态。创新生态的特征如下：①输入新思想；②远离平衡态；③实现非线性增长。输入新思想就是输入以创业改变世界的梦想，资本和技术都会跟着思想走；远离平衡态用物理学术语说就是要负熵，要让系统保持活力；非线性增长就是爆发式的成长，要在一夜之间成为新亮点，最主要的表现就是瞪羚企业，瞪羚企业往往呈现的就是爆发式的成长。

创新高地要有新物种、新种群、新群落。新物种就是新业态的企业和服务型企业，比如苗圃、孵化器、加速器等；新种群是产业集群和创新集群；新群落则是完整的区域创新。做高新区永远要谈创业，中国是全世界创业企业最多的国家。统计数据表明，2010年，中国创办了176万家企业，美国创办了78万家企业，印度只有10万家。今年李克强总理在多个场合都在说大众创业，万众创新，中国经济发展的根本动力就在于创业。中国人想过好日子，就要出现改变生活现状的创业者，要出现变革式的创业者，比如小米和阿里巴巴。

创新高地要有区域个性，是由区域长板发展出的区域个性。什么是长板？就是这个地区要比其他地区突出的优点。区域要找出自己的长板，发展区域个性，用新兴产业打造区域个性。比如中关村的区域个性是社交化，东莞的区域个性是IT制造，光谷的区域个性是光产业，淄博的区域个性是非金属材料。所以我们做高新区要选择代表区域个性的产业。

（三）支持瞪羚企业群体的发展

实现非线性成长的企业就是瞪羚企业。如今在纳斯达克上市最多的是中国高新区的公司。金融危机以来，硅谷的瞪羚数量远低于中关村的瞪羚数量，中关村每年有几十个IPO企业，这些企业就是瞪羚企业。

（四）注重高端链接

高新区发展不能只有规划和人才，还必须要与世界最新的变化、最高端的资源链接。世界上有三大创新高地：硅谷、以色列、中关村。中关村早期创业者陈春先，原本是中国科学院的科学家，他发现美国科学家可以下海创办企业，就自己也创办了企业。之后中关村第一波创办企业的人都去硅谷学习；第二波企业家很多是硅谷留学回国的；第三波企业家是在硅谷创办了企业，再回国的。

中关村有今天的发展就是因为有丰富的高端链接，包括与日本、英国等国的链接。做科技园就是要打造创新高地，要高端链接。硅谷自身也很重视高端链接，班加罗尔、台湾新竹、中关村的发展和硅谷的高端链接密不可分。每个科技园都要重视高端链接与区域辐射，高端链接都要围绕创业，要能吸引人才和资金。东盟各国离中国的南宁高新区、昆明高新区比较近，所以东盟各国要做科技园就要重视与这些地方的链接。

三、关于东盟各国开展科技园区科技政策的思考

（一）东盟怎么进入新经济

金融危机之后，世界进入创新全球化阶段。传统上经济比较发达的国家中，例如日本、韩国，其经济模式不是创新全球化模式推动的新经济，而是大企业推动的经济，周期比较长。

经济中出现的最新趋势叫社交化，是第二次世界大战以后出现的最大的趋势。这个趋势的显著特点是人和人的接触方式变了：阿里巴巴是全球在互联网做买卖的人最多的地方，小米是通过粉丝做买卖。东盟有些国家基础设施较差，不适合采取

传统的经济发展模式，但是人多，都有社交化的基础。因为自然环境好，是宜居地区，所以泰国、印度尼西亚都适合建设创新高地，而且是建在大学的边上。东盟要创新全球化、社交化，要打造创新高地，要有更多的创业企业和全球链接。

（二）科技政策应从哪些方面入手

新经济下针对科技园区的科技政策要重视这4个方面：创业、瞪羚、高端链接、园区建设。

1. 要鼓励科技人员创业

鼓励科技人员创业有几个途径：一是鼓励留学生回国创业。中关村最早的政策是留学人员归国创业就给资金支持；二是支持创业基础设施建设，如创业苗圃、车库咖啡和孵化器等；三是支持天使投资和创业者的培训。

2. 支持瞪羚企业发展

支持瞪羚企业发展首先要制定明确的关于瞪羚的界定标准，以此来确定哪些企业是瞪羚；其次是要提供科技、金融、人才等方面的专项支持。

3. 重视高端链接

长城所与中国各个国家级高新区都有很广泛的合作关系，希望东盟国家除了与世界各国的创新高地有广泛的链接之外，还与中国的科技园区进行多样化的链接。

4. 园区建设

园区建设不仅是硬件的建设，还必须包括法律建设、科技园区发展规划、科技园区产业规划、科技园区管理模式等方面，这些都很重要。

今天有幸与大家进行交流，也希望我们以后会深入合作。

3 莲花之城：泰国科技园

> 2014年11月，我出访曼谷，考察了泰国科技园。这个科技园是泰国科技资源聚集的创新高地，也是泰国经济爆发式增长的希望所在。在曼谷停留的短短一周里，我两次到泰国科技园考察，并且参加了他们正在举行的东盟科技园、孵化器管理培训。

一、泰国科技园的前世今生

泰国科技园位于曼谷以北30多公里的巴吞他尼市。这个城市的名字意为"莲花之城"，过去很是偏僻的，很多曼谷的科研人员都不愿意到这里来工作，现在却是曼谷周边最炙手可热的地段之一。泰国科技园是一个充满热带风情的现代化园区，紧邻泰国国立法政大学。很多年轻的泰国学生穿着统一的校服在没有围墙的校园里穿行，很有活力。泰国国立法政大学在泰国的地位就像中国的北京大学一样。泰国科技园的部分土地就是这个大学捐赠的。泰国科技园一共占地80公顷，一期建筑面积约14万平方米，为泰国国家科技发展署（NSTDA）、4个国家研究中心和60多个租住企业提供了研发办公空间。2013年才刚刚完工的科技园二期建筑面积超过12.4万平方米，目前企业和研究机构入驻率约70%。在泰国科技园约3300名常驻员工中，1300多名是全职研发人员。

我看到泰国科技园里有一幢白色小楼，名字叫"创新花园"。它是一个能容纳20个创业企业的孵化器。紧挨着它的"创新集群一号"办公楼还可以容纳20～30个创新创业企业。我一走进这栋办公楼就看到很多年轻的创业者在公共空间里边喝咖啡边讨论问题。在这种轻松而充满活力的氛围下，思想很容易碰撞出创新的火花。泰国科技园里已经出现了一些优秀的创业型企业，尤其在环保绿色材料领域有专长。如果能充分发挥它们的示范带动效应，通过政策加大对创业的支持，改善创业环境，吸引国际天使投资，泰国将会走上更加持续而高速的发展轨道。

NSTDA的负责人带我参观了泰国科技园，并且向我讲述NSTDA建设运营泰国科技园的故事。早在1989年，建设泰国科技园的议题就进入了内阁讨论日程，但是当时泰国政府不知道如何建科技园，也找不到合适的机构负责科技园的运营。1991年NSTDA成立后，建设科技园的任务就落在了它的身上。NSTDA认识到，依托某个大学建科技园具有很多局限性,无法真正打造全国性创新高地;而泰国科技园的发展在当时又不被日本、韩国的专业科技园管理公司看好。权衡之下,NSTDA决定独自负责科技园的建设和运营。

2002年泰国科技园刚建成时,泰国政府下了大决心,要以泰国科技园为中心把巴吞他尼市建成泰国的科技之城。NSTDA首先带头从曼谷迁到了泰国科技园,随后,很多高校、科研院所、科技管理机构也逐渐搬到了巴吞他尼市。经过十年的发展,泰国科技园已经发展成了研发、办公和配套设施一应俱全的综合研发型园区。科技园周边形成了一个由十多所高等院校,众多实验室以及顶尖科研院所包围的创新资源密集圈。在这个创新圈中产生的科研成果能够在周边预留的产业发展基地快速转化投产。到2011年,园内机构、企业的研发性支出已经超过泰国全国研发支出的11%,产生了约198亿泰铢的经济效力。很多跨国企业在园内建设研发中心,入驻的国际企业占到总数的30%。泰国科技园内逐渐形成较完善的科技服务体系和开放式创新平台。NSTDA也通过学习先进科技园的管理经验,与国际科技园协会等组织密切合作,培养出一批科技园专业管理团队。

二、泰国科技园的未来蓝图

NSTDA的负责人向我介绍,泰国科技园二期已经在2013年正式完工。这个二期工程将研发工作空间和生活休息空间有机地结合在一起,最大限度为科研人员营造出良好的创新工作环境。泰国科技园的主席Janekrishna先生说:"如果泰国科技园一期的主要任务是为创新建造容器,那么二期就是要想办法把这个容器装满。将政府和社会的创新资源进行整合,打造一个开放创新平台是未来的工作重点。当这个容器装满的时候,这些创新的资源就会溢出来,带动科技园周边的发展。最终,科研教育资源高度密集的巴吞他尼市会在科技园的积极影响下成为一个科学城,驱动泰国科技和经济的发展。"

我认为泰国科技园的未来希望在于创业。未来经济增长最快的地方一定是创业最活跃的地方。亚洲国家最缺乏的不是技术,而是创业的精神。东盟国家,尤其是泰国,受益于人口红利与社交化,如果加强创业孵化,一定会加速成为世界的新增长点。中关村从海淀电子一条街开始,发展成为全球闻名的中关村科技园。泰国科技园的创新创业溢出效应也可能带动巴吞他尼市成为世界著名的科技城——"莲花之城"。

三、正在编织的泰国科技园网络

泰国的科技资源大多集中在曼谷地区，地方政府力量不强，在科技上投入不够。为了形成全国性的科技创新网络，NSTDA 和科技园促进署开始积极建设和推广区域科技园。现在，除了泰国科技园外，还建成了另外 5 个区域科技园，它们分别是清迈的北部科技园、孔敬的东北科技园、宋卡的南部科技园、春武里的空间技术创新园和阿玛塔科学城。除阿玛塔科学城是与工业地产商联合投资、管理、运营之外，其余 5 个科技园都由政府管理。虽然这些区域的科技园大多还不是实体园区，但是它们整合了区域内的大学、科研院所资源，与曼谷和巴吞他尼市的科技创新高地互动，逐渐编织成了一个全国性的创新网络，未来会有很大的发展空间。

我感到泰国的科技园很有前景。东盟国家受益于丰富多样的发展模板，过去有日本崛起做榜样，现在有中国模式做参考。泰国科技园受日本科技园的影响比较大，如果能积极地与中国的科技园、高新区进行对接，形成链接中国—东盟的科技园网络，在强调科研的同时加强孵化和创业，一定能成为驱动泰国发展的"莲花之城"。

4 越南创新扫描

> 2015年3月7日晚上,我们经过老挝万象转机到达越南河内。在越南的3天时间里,我们拜访了越南科技政策研究所、和乐高科技园。

一、访问越南科技政策研究所

2015年3月9日,我们一行4人访问了越南科技政策研究所。该所属于国家级研究机构,其使命是为国家服务,全所员工60余人。该所业务主要有4个研究领域:国家科技战略、科技人力资源、科技投资与金融、科技创新创业。该所自2011年起就与我国科技战略发展研究院建立了战略合作关系,并设置了一年两次的双边工作会议制度。

在交谈中,谢永正所长表示十分愿意借鉴中国成功的经验,如支持创业和建设孵化器的经验,设立并发展科技园区的经验,把科技创新带入社会经济发展之中的经验等。谢永正所长特别感兴趣的问题是:长城所这样一个民间咨询机构,是怎样创业起家的?是怎样为政府提供咨询服务的?他还表示,可以通过中越间的合作,把成功的经验扩大到中南半岛各国。

谢所长介绍了越南科技园发展的情况。越南有3个国家级科技园:和乐高科技园、西贡科技园和岘港科技园。除了这3个国家级科技园,越南各省市也在积极地建立地方科技园。他也希望我们能参与越南各省市科技园的规划建设。我们和谢所长交谈了双边的合作意向并邀请他加入中国—东盟科技创新政策研究网络。

二、访问越南和乐高科技园

2015年3月10日,我们访问了位于河内中心市区以西35公里的和乐高科技园。和乐高科技园管委会阮副主任和参加过我们2014年科技园培训班的Phạm Mạnh Linh先生接待了我们。阮副主任介绍说,和乐高科技园于2000年开始建设,目标是建成"未来科技城"。按规划,该园面积为16平方公里,分为3个功能区:一是教育培训区,将建成FPT大学(由越南最大的电信公司投资建立)、河内科技大学和日本—越南大学等3所高校和几个职业技术培训中心;二是研发孵化区,现建有日本资助的空间技术研究中心等十来个研究机构,以及一座政府出资建设的孵化器，入孵企业约 30 家；三是工业区，已入驻 50 余家企业，其中 22 家已运营。

从管委会工作人员带我们参观的建成区来看，相对于 16 平方公里的空间，已入驻项目占地不多。整个园区依然显得空旷。目前，日本政府已资助 5 亿美元用于提升园区内的基础设施建设。

通过交谈我们了解到：和乐高科技园管委会直属于越南科技部，管委会主任由部长任命，所有工作人员都是政府公务员，其管理体制与中国台湾的新竹科技园相似。管委会副主任表示：科技园的发展比较缓慢，碰到一些困难，因此也很想学习中国科技园区发展建设的经验。我们也邀请他成为中国—东盟科技创新政策研究协作网络的成员。

这次访问给我的总体印象是和乐高科技园建设缓慢，主要原因在于他们学习、引进日本筑波的模式，重研发而轻创业，而且其官办体制也已然导致其内生动力的欠缺。

5 班加罗尔科技园述评

2015年5月23日至26日,由我、赵慕兰、张东、李姝4人组成长城所考察团,赴班加罗尔进行了为期3天的考察,对班加罗尔的发展产生了一些直观的印象。2009年,我们做世界一流园区研究时,班加罗尔是我们研究的一个重点对象,对其进行了系统的研究。依据这些情况,我对班加罗尔做出如下评述:一、班加罗尔是全球化的产物;二、班加罗尔的问题是创业不活跃、跟不上全球产业变化的速度;三、中国高新区与班加罗尔的合作恰逢其时。

一、班加罗尔是全球化的产物

通过考察,我了解到班加罗尔是印度的大学及研发机构最为密集的地区之一,被印度人称为印度的"IT首都""科学技术首都"。在班加罗尔有10所综合性大学和70多所技术学院,有印度最大的几家风险投资公司,如TDICT、DRAPER、WALDEN、NIKKO、E4E等,有大约30万软件专业人员在30多个园区工作。关于班加罗尔软件产业的发展,我认为有两点必须给予格外重视。

1. 班加罗尔是经济全球化抓机会的产物

关于班加罗尔IT产业、特别是软件产业崛起的原因,已有很多人做了研究和总结,人们普遍形成的共识有5点:第一,印度拥有得天独厚的英语语言优势。印度独立之前曾有200多年英国殖民时期,英文为当时印度的官方语言。即使在1947年印度独立之后,也因其国内有106种语言,500余种方言,且没有任何一种语言被印度的大多数人所使用,因而至今英文仍然是中央和邦级政府的两种官方语言之一(另一官方语言是印地语)。第二,印度的教育,特别是其独立之后近70年间建立的在数学、计算机、通信等具有优势的高等教育体系,为IT产业发展培育了大量优秀人才。第三,印度国内高等人才的低工资水平在国际IT市场上占有明显的成本竞争优势。第四,印度政府自20世纪60年代开启的鼓励到发达国家的留学政策,自20世纪80年代末90年代初开启的IT产业基础设施建设,90年代末全力推行的IT软件发展系列政策,均为印度IT产业发展储备了资源和条件。第五,也是我最为看重的,即在经济全球化背景下,班加罗尔软件产业与美国硅谷之间密切的产业联系。其中，最重要、最直接，也可以说最重大的产业联系和发展机遇就是当年以美国为代表的IT领域中急迫需要解决的"千年虫"危机。为解决这一危机，催生了已在印度萌芽、进而实现了大规模高速发展的IT软件外包服务产业。应该说，前4个因素更多是历史性的、印度国内的基础和条件，而第5个则是具有导火索性质的、机遇性质的因素。在全球化背景下，如果抓不住这个机遇因素，则前4个因素很难直接发挥其效应。

2. 专业园区发展模式促进了班加罗尔软件产业集聚发展

走遍印度各大城市，发现其基础设施建设相当滞后。特别是公共交通、现代通信和现代化的办公楼宇等方面，不尽人意。但是在班加罗尔，却有30多个内部基础设施完善、公共商务环境发达、整体环境建设美观整洁的IT产业园。班加罗尔的高技术大公司，无论是外资的、内资的均设在其中，享受着产业园之外无法达到的良好发展环境。

我认为，这是印度和中国这样的发展中国家，在整体经济发展相对落后的状态下，发展高技术产业和新兴产业十分有效，甚至是唯一有效的发展方式，即创造一个局部优化的产业发展环境，让新兴产业和高技术产业在其中实现跨越式发展，进而再带动周边地区实现整体快速发展。

3. 以班加罗尔电子城为代表的园区自治管理模式，值得我们重视

5月26日上午，我考察了班加罗尔电子城。负责管理电子城的产业协会主席Rama女士接待了我们。据介绍，该电子城有880公顷，现在有180家电子科技企业入驻，其中国际著名大企业有惠普、微软、西门子等，印度本土最著名的软件公司Infosys也在其中。该电子城从启动建设至今已经有30多年历史，其开发建设模式是：由邦政府下属的电子产业促进公司做规划，邦政府从私人手里购买土地，然后根据规定要求把土地分别卖给入驻的大公司，由大公司投资建设，由园区入驻企业组成的产业协会负责基础设施建设、保养公共设施、维护园区内公共安全、开展企业间各类互动活动等。目前，班加罗尔先后建立了30多个产业园区，大多学习借鉴这个模式。这些基本情况，我原来也有所了解，但是我没想到，也是最让我吃惊的是：自2013年开始，邦政府对电子城的管理机构——产业协会授权，使其成为一个自治的准政府机构。目前，该自治机构拥有邦政府授予的征税权，所征得的税款用于园区内基础设施的建设和维护，有关治安、教育、医疗等社会管理工作也由该自治机构承担。这样的园区自治模式在卡纳塔克邦是第一家，也是目前为止唯一的一家。问到州政府为何授权，得到的答案也让我们意外：因该园区内知名人士被选为邦议员以后，宁愿留在本地而不愿去邦首府工作，为了让他们更好地发挥作用，就授予了该园区自治权。我认为，对园区授权自治，是符合近年来发达国家分散化公共治理的发展趋势的。

另外，在考察中不止一人提出，现在许多在大公司工作的年轻人，工作 4~5 年以后想出来自己创业。这一点让我看到了未来班加罗尔发展的潜质。

二、班加罗尔的问题是创业不活跃、跟不上全球产业变化的速度

尽管当前班加罗尔被人们称为"印度的硅谷""印度 IT 之都"，但我也深刻感受到班加罗尔发展中存在的问题。

1. 班加罗尔科技园中小企业不多，创业不活跃

例如，在我们参观的班加罗尔电子城里，8.8 平方公里范围内仅有 180 家电子科技企业。在有名的班加罗尔国际科技园（ITPB）0.28 平方公里范围内，也只有 160 家企业入驻。在班加罗尔全市，大约有 5000 余家高技术企业，其中 IT 企业 2000 余家。相比较中关村海淀园内目前拥有九万余家高技术企业，且近几年每年新增近万家创业企业，班加罗尔明显存在中小企业不多，创业不够活跃的问题。

同时，以国外大公司主导的外向型软件外包产业发展的目标，满足的是境外市场，且决策主导权在国外大公司，产业发展随境外市场变化而起伏波动。当国外大公司原有的市场被新兴的移动互联网企业侵占、替代之日，也必然是为国外大公司服务的产业衰退之时。

也正因为这些问题的存在，在班加罗尔的孵化机构也存在数量不多、面积有限的问题。在我们访问班加罗尔期间，无论是邦政府的经济投资发展促进办公室还是其民间咨询机构，都表达了希望与中国合作建设孵化器的愿望。

2. 移动互联网崛起大潮中，新产业、新业态发展明显滞后于中国

当前移动互联网新技术大潮席卷全球，新产业、新业态应运而生。凡是能够抓住这一浪潮带来巨大商机的企业和国家，就能够在未来世界经济发展中占有一席之地，甚至占据制高点，引领新的全球性产业发展。在近几年兴起的、站在投资人角度寻找最具投资价值的"独角兽企业"研究中，移动互联网领域中的企业成为投资者最青睐的企业。在不同研究者提出的市场估值达十亿美元以上的独角兽企业名单中，以移动互联网领域的企业居多，其中，又以美国独角兽企业数量 129 家位居全球第一，占约一半以上；而中国的独角兽企业有 24 家，位居第二。独角兽企业的研究，反映的恰恰是谁在移动互联网大潮中抓住了商机。而这些名单中，印度仅有

7家企业，显然印度企业在抓住移动互联网商机中比中国企业慢了一拍。

移动互联网企业发展的历程并不长，其起源与软件企业和第一代互联网企业有着极为密切的渊源关系。依照印度软件产业在世界IT产业中的历史地位，原本不该如此滞后。之所以出现当前的状况，一方面与本篇前述两个原因相关，另一方面也与政府在某些方面的意识观念落后，对产业发展趋势不敏感，政策不到位直接相关。

政府没能像二十世纪八九十年代预见软件产业发展趋势一样制定有效的促进政策。首先，近二三十年来，印度政府没有充分认识到中小软件应用开发企业对国内相关产业发展的积极促进作用，缺少充分的支持中小企业发展的配套政策。其次，单纯依赖商业地产商开发IT产业园的单一发展模式，忽略了政府，特别是发展中国家的政府应承担的对国内新兴产业培育、培养和引导的使命，使IT产业园的发展缺少前瞻性的发展规划的引导。第三，对本次席卷全球的移动互联网产业发展趋势、特点不敏感，没有像中国各级政府一样积极行动，实施诸如扩大完善企业孵化器，建设企业加速器、科技城，设立新兴产业发展扶持基金等有效的政策措施和环境方案，从而使幼小的移动互联网企业处于自生自灭状态。第四，没能看清在移动互联网产业中，制造业与服务业相互融合发展以及以专业化服务为主导的新趋势，仍一味强调要引进发展IT制造业。

三、中国高新区与班加罗尔的合作恰逢其时

深入分析班加罗尔软件和互联网产业发展重新崛起的路径，可以看到席卷全球的移动互联网大潮刚刚涌起，慢一步并不等于丧失机遇；虽慢一步，但若与弄潮先行者紧密联手，并且充分发挥历史积淀的资源与产业优势，则仍将能挺立潮头，重新崛起！

1. 合作的机遇是班加罗尔重新崛起的机遇

在移动互联网全球化时代，中国政府和企业已经在电子商务、智能政务、智能医疗、智能教育等众多互联网+服务领域和互联网+制造业领域做了产业发展规划与布局。而这些众多领域的发展必须要有移动互联网、大数据、云计算等高技术的支撑。印度软件产业近十年一直沿着价值链高端发展，当前已经在高技术含量的大数据、云计算等领域有着深厚的积淀。中印双方在这些产业价值链的高端开展合作，定会带动两国在移动互联网的各个应用领域中互有你我，共同占据发展先机，实现互利共赢的合作目的。

2. 软件人才是中国园区与班加罗尔合作的基础

在移动互联网的产业价值链高端,最重要、最宝贵的创新资源是人才。印度在软件和互联网产业中高端人才的积累,是支持两国合作目标实现的重要条件。在中国移动互联网产业重点布局的高新区内,在印度班加罗尔等印度南部科技园区里,双方通过多层次的人才交流与具体项目合作,将是双方优势互补合作的新范式、新途径。

3. 中国科技园区与班加罗尔合作前途无量

目前,中国高新区中已经重点布局发展移动互联网产业的有中关村科技园区、深圳高新区、广州高新区和成都高新区等。在这些园区中,企业是产业发展的主体,市场需求引导着产业发展,政府的责任是为企业和产业发展创造良好的环境。这些科技园都可以成为中印新兴产业合作发展的载体,无论是中国企业进入印度,还是印度企业进入中国,都可以通过科技园区之间的合作建立通道,促进企业在园区集聚发展。同时,中国移动互联网领域的领军企业,如华为、阿里巴巴、小米等,已经采取行动进入印度合作发展,今后会有更多的与之配套的中国企业将随之与印度当地企业合作,中印企业将共筑产业发展生态圈,实现双赢的合作发展。

6 印度尼西亚要建 100 个科技园[①]

> 2016 年 3 月 7 日到 9 日，我、赵慕兰和国际业务部的张东、蔡斯嘉一行到印度尼西亚（以下简称"印尼"）考察访问了 3 天。期间，我们访问了印尼技术与评估局、印尼科学研究院（以下简称"印尼科学院"）、印尼科学与高等教育部、印尼发展规划部、雅加达研究委员会和中国驻印尼大使馆科技事务部等机构。所到之处，几乎无人不谈现任总统佐科·维多多提出的印尼要建 100 个科技园的宏大计划。

一、印尼科学院负责的科技园

3 月 7 日，我们拜访印尼科学院总部，副院长布邦（Bambang Subiyanto）教授、创新中心主任若切曼（Nurul Taufiqu Rochman）博士、印尼科学院负责园区研究的研究员马耐克等接待了我们。

对方首先谈到科研成果转化问题，尤其对农业科技园问题很感兴趣。访问团重点介绍了中关村科技园的经验。交谈中，我们了解到，印尼总统计划建设 100 个科技园的任务被分派到各地区、各部门，其中，要建 4 个国家级科技园，印尼科学院要负责 1 个。为此，印尼科学院决定首先在科研院所集中的芝比农启动科技园建设。承担该科技园规划任务的是马耐克先生，他于 2013 年长城所举办的科技园培训班中第一次接触科技园，现在已为科技园草拟了一个规划，但如何实现这个规划却依然感到茫然。为此，我介绍了国际科技园两大不同的模式，即美国硅谷模式和日本筑波模式，并介绍了以中关村为代表的中国科技园学习硅谷模式的经验。布邦等人对我的介绍十分感兴趣，并说他们学习日本模式已经学了十年，但没见实际成效，因此十分愿意学习借鉴中国成功的经验，包括建设科技园的经验和推动科技成果实现转移转化的经验。

二、雅加达科技园规划

3 月 8 日下午，我们访问雅加达研究委员会。该研究委员会总主席简先生、交通与城市分会主席洁马然先生、城市环境专家阿蕊女士等共计 10 人接待了我们。

[①] 王德禄所长于 2016 年两次赴印尼考察，现将其两次考察所写博文合为一篇。

雅加达研究委员会是雅加达市政府的咨询参谋机构，有关雅加达市发展的规划、政策等需要政府部门决策的事项首先交由该委员会研究并提出建议。他们介绍说，雅加达市也要负责1个国家级科技园的建设，并给我们展示了名为"技术创新城"的科技园规划设想。

代表团向对方介绍了中国科技园区发展的经验，先在北京中关村科技园区做试点，试点成功后再将中关村模式推广到全中国，在全国创建了52个科技园。雅加达在印尼科技园的发展中也应该起到试点的作用，并将积累的科技园区发展的成功经验向印尼全国其他地区推广。

在雅加达如何发展科技园呢？应该采取中关村的一区多园模式。凡是在雅加达地区建的科技园不管是否归雅加达直接领导，都应该属于雅加达的科技园。另外，我们介绍科技园区成功与否不在于规划，而在于创业。当雅加达成为一个创业的城市，雅加达科技园才有可能成功。对方表示将向雅加达市长汇报本次会谈成果，以期获准在雅加达科技园区建设与发展中应用中关村一区多园的模式，将雅加达建成创业的城市。

三、印尼100个科技园的进展

同年10月12日至13日，我作为特邀嘉宾参加了印尼首届国际科技园区大会，发表了题为《中国科技园发展经验》的讲话，并与芝比农科技园、万隆技术园和水产科技园的代表进行了交流。

芝比农科技园位于雅加达南部，面积200公顷，拥有以生物技术为主的不同领域的专业孵化器，以及技术转移中心等中介服务机构，基础设施完善、多所高校环绕，是印尼目前最领先的国家级科技园。万隆技术园是由印尼电信公司于2010年投资成立和运营的，处于起步发展阶段，面积5公顷，目前区内已有十余家信息通信领域的创业企业，发展态势良好。海洋渔业部的水产科技园位于雅加达郊区，海洋渔业部对100个科技园计划非常支持，原计划建设10个科技园。位于雅加达的水产科技园已经完成了基础设施建设，下一步怎么走？海洋渔业部和科技园的经营者都十分困惑。本来他们想邀请我去园区交流一次，但由于我要赶往菲律宾而未能成行，我感到十分遗憾。

我邀请这些科技园的代表到中国参观考察、参加中国科技部的"东盟科技园区培训班"。我认为，印尼的科技园区拥有很好的发展前景。印尼和中国有着深厚的历史渊源，时至今日，华人在印尼经济中仍扮演着重要角色。现在中国的"一带一路"倡议为印尼提供了更多机遇。只要印尼的科技园区积极学习中国经验、充分运用中国创新资源，就一定能取得巨大成功。在与印尼科技园相关人员交流时，我也感受到他们的很多难处和困惑。我认为，中国科技园的经验还有很多地方需要和印尼做充分的交流。

四、硅谷和筑波两种不同的科技园发展模式

由于东南亚各国（包括印尼）在科技园的概念上受日本影响很深，所以在与印尼各个单位交流中我都重点介绍、分析硅谷—中关村科技园模式与日本筑波科学城模式的不同，强调发展中国家应当走硅谷模式。两种模式不同之处主要有以下3点。

第一，硅谷—中关村模式以创业为主，筑波模式以研发为主。而只有创业才是实现技术转移推动经济发展最有效的形式。

第二，硅谷—中关村模式以地方为主，多元参与，包括大学、研究机构、地产商、社会组织等；筑波模式由中央政府负责，一抓到底。

第三，硅谷—中关村模式采用激励科技人员的机制和制度安排，筑波模式则阻断了科技人员自发内生的动力。

因这3点显而易见的不同，硅谷和中关村逐渐形成了内生动力强大的创业生态系统，并且对经济发展产生了直接的创新推动作用。而筑波仍然无法改变科技与经济两张皮的局面，对经济的影响力始终是间接的。

我认为，当前发展中国家搞科技园区建设，一定要以推动经济发展为首要目标，因此一定要学习借鉴硅谷—中关村模式，而不是筑波模式。

7 在埃及考察科技园区

> 2018年3月17日至21日，应埃及塞西总统办公室邀请，我启程前往开罗参加"埃及第一届国家科学研究会议"，拜访埃及负责国家科技发展的政府部门、著名大学、科研机构及科技园区等。

一、拜访埃及科研院

3月18日上午，我拜访埃及科研院，与院长Mahmoud M. Sakr教授和负责与中国合作事务的Shaimaa交流。Sakr教授首先感谢我能受邀来到开罗参加会议，并向我详细介绍了埃及科研院所承担的国家科技发展的五大职能：①智库，为埃及国家科技发展献计献策，制定战略规划和政策；②基金管理，管理科技创新基金，用于资助埃及创新创业项目；③实验室管理，负责埃及国内科研实验室的管理和联合实验室的组建工作；④专利与孵化，包括技术转移、技术转化及孵化等工作；⑤科技活动，包括组织科技相关展览展会等。然后，Sakr教授又向我介绍了埃及科技园的情况，当前埃及的科技园发展处于起步阶段，2016年科研院启动了孵化器、科技园建设的研究工作，埃及目前全国共有26个孵化器，2017年共成功孵化项目40个左右，每个进入孵化器的创新团队可获得20万埃磅启动资金；而埃及园区并非是零基础，艾因夏姆斯大学、开罗英国大学已有大学科技园雏形，此外，开罗近郊还有一座商务园区——智慧谷，集聚了一批信息技术类企业。

随后，我提出了一些关于埃及科技园区发展的建议。首先我向Sakr介绍中国科技园发展对改革开放产生巨大的促进作用，我们长城所服务的154个科技园区已经发展成为中国的创新创业高地，中国科技园的发展壮大，离不开地方政府和大学推动，离不开对各种形式创新创业的大力支持。而我认为埃及的创业还不够活跃，对创新创业的支持还不够，科研院应重点鼓励埃及年轻人创新创业，在科技园发展战略规划设计、众创空间建设、管理人才培养等方面要学习中国经验，而且要重点学习北京中关村的发展经验，要来中关村考察调研。Sakr教授非常赞同我的观点，表示科研院要尽快拟出一份与长城所在科技园建设方面的框架协议，详细列出埃及方面的需求，还提出要聘请我为埃及科研院发展科技园区方面的顾问。会谈结束后，我向Sakr赠送了中国的丝绸，希望埃及能够在"一带一路"倡议下，与中国在科技园建设方面取得良好的成果。

二、拜访艾因夏姆斯大学工程学院

3月18日中午，我拜访埃及著名学府艾因夏姆斯大学的工程学院，与院长 Omar Mohamed El Hosseiny 教授交流大学孵化器和科技园的建设经验。首先，Hosseiny 院长简要介绍了大学和工程学院的现状，然后重点介绍了工程学院的 iHub，这是一个包含孵化器在内的创新工程，鼓励学生进行技术创新和创业。入选 iHub 项目的创新创业团队将进入工程学院自办的孵化器，并获得来自埃及科研院的基金支持。目前工程学院的 7000 名学生中已经有 1000 多人参与 iHub 工程，iHub 工程在 2017 年已经成功孵化了 40 余个创业团队，工程学院计划在接下来的两年内孵化出 400 个创业团队，整合分散在各个教学楼的孵化器，集中打造一个 2000 平方米的孵化空间，同时艾因夏姆斯大学已经完成了新科技园的建设规划，预计 2018 年 5 月开工建设。

听了院长的介绍，我提出工程学院在孵化器和科技园发展方面的探索很好，但 2000 平方米孵化器和规划的新科技园还是显得深度不够，中国优秀的大学如清华、北大、北航等，都拥有总共 50 万平方米以上的孵化器和科技园区。我认为在大学科技园建设方面，一个工程学院不够，一个艾因夏姆斯大学也是不够的，应该联合开罗大学等高校共建埃及的大学科技园，我建议埃及各大学选派孵化器、科技园管理人员到中国的大学孵化器和大学科技园学习管理经验，我也可以联络组织中国高校中孵化器和科技园的管理人才来埃及交流经验。此外，我还建议艾因夏姆斯大学在科技园的战略规划、产业发展方向研究、管理人员培训等方面投入更多的关注，长城所愿意提供专业服务。我们双方约定将就此开展进一步探讨。

三、拜访应用科学研究城

3月19日中午，我拜访位于埃及亚历山大市的应用科学研究城，与研究城管理高层 Maha El Demellawy 教授等领导座谈。应用科学研究城对我的这次到访很重视，各领域研究所的所长陆续前来与我交流。Demellawy 教授向我介绍应用科学研究城概况，其位于亚历山大和开罗之间的工业区，集中了埃及 50% 的工业企业。研究城下设农业、生物医药、前沿科技、信息技术等 12 个研究所，以及负责对外交流和科技项目投资的职能部门，目前已经引进来自欧盟的新能源项目。

交流中，我重点向院长介绍中国的科研院所企业化改制情况。科研院所企业化改制在中国是非常成功的,许多院所改制后迅速成长为行业翘楚,甚至还出现了估值几十亿美元的上市公司。因此,科学研究城未来的发展方向不仅是建设自身的孵化器和科技园,关键还要考察中国的科研院所企业化改制,学习成功经验,利用自身在应用科学领域的研究优势,成为埃及科技创新的领头羊。

关于科学研究城向欧洲学习科技园建设经验情况,我向院长建议,欧洲科技园的成长速度很慢,科学城应该学习中国科技园的建设经验,借助科学城的研究基础和环境优势,迅速建成自己的科技园,而科学城职能部门的人员应当来中国参加科技园培训班,学习如何制定园区战略规划和打造创新创业体系。

四、拜访智慧谷

3月20日中午,我受邀参观位于开罗郊区的商业园区"智慧谷"。这个园区占地1万平方米,由智慧谷公司于2000年在开罗近郊的沙漠中建设完成。这个园区也是智慧谷公司与埃及信息部共建的,当时的信息部副部长拥有在硅谷工作和生活的经历,回到埃及后探索"硅谷模式",促成了智慧谷的诞生。目前园区入驻企业以信息科技企业为主,包括微软、西门子、华为等。园区重点打造优质的办公和生活环境,设施齐全,以出租物理空间、物业服务为主要收入,未来园区还将在扩建部分兴建学校、清真寺等生活设施,打造综合社区。

听完介绍,我认为智慧谷在自身建设方面是值得肯定的,但目前引进的企业太过传统,可以说是一些老旧企业,因此我建议智慧谷在未来发展新经济过程中,除了打造自己的孵化器和加速器外,还应该在引进新兴科技企业方面加大投入,吸引像Facebook这样的创新企业入驻,以及引进小米、滴滴等中国的创新型企业入驻,将智慧谷打造成为埃及的"硅谷",引领埃及新经济的发展。

五、埃及之行总结

这次埃及之行,我觉得收获很丰富,通过与埃及的对比,我感受到中国在科技园建设、科技创业、大学科技园、科研院所改革、新经济发展等方面是非常高效的,并取得了成功经验。

在3月20日离开开罗前,我向科研院的Shaimaa女士对此次埃及之行进行了总结。通过拜访埃及的大学、科研机构和商务园区,我深入了解埃及科技园区的发展现状,在建设科技园区和探索新经济方面埃及已经做了很多工作,但还远远不够。塞西总统如果想通过发展科技园区和新经济来带动埃及的全面复兴,我认为应该学习中国经验，与中国在科技园区和科技创新等领域进行深入合作。Shaimaa 女士非常认同我的观点，与我一起对双方的合作意向进行了梳理。另外，我还建议埃及科研院应当学习了解中国的火炬计划，我们长城所之前与泰国合作设计了泰版火炬计划，获得了泰国和其他东盟国家的好评，埃及也应当考虑制订本国火炬计划来推动埃及科技园的快速发展。

8 怎样在"一带一路"与发展中国家共建科技园

> 2015年3月31日,由科技部国际合作司、科技部火炬中心主办,长城战略咨询承办的"与发展中国家合作建立科技园座谈会"在长城所第一会议室召开,科技部国际合作司陈霖豪副司长、亚非处肖蔚,火炬中心国际处副处长磨坦、6个高新区的领导及相关专家、企业家出席了会议。会议就"国内园区在发展中国家建立科技园的情况""与发展中国家合作建立科技园下一步工作设想"等问题进行了深入的讨论。我结合参会专家的意见及我在东盟访问期间的体会,发表了我的看法。

一、硅谷的全球链接能力

《硅谷指数2010》提出全球链接能力是硅谷经济获得长足发展的核心原因。硅谷能够拥有庞大的经济规模,重要原因之一就是硅谷对新竹、班加罗尔、中关村等新兴区域的链接和辐射。硅谷把集成电路制造转移到了新竹、把软件外包转移到了班加罗尔。中国高新区和发展中国家高新区都面临着全球链接的问题。一个高新区向高端进行链接是为了得到更多的发展机会和思路。同时,它更多的全球链接应该理解成辐射,只有辐射才能够做大规模。对于中国相当多一流高新区和创新型高新区来说,形成区域辐射能力是扩大规模的主要方式。

20世纪90年代,中国批准52个国家级高新区。这个决策对做大中关村具有很大的价值。因为中关村的龙头企业"四方联"和许多知名大企业基本上都在全国高新区开办了自己的分公司。当分公司的规模扩大之后,中关村企业总部规模也随之扩大。可以讲,中关村的规模扩大是由全国链接造成的。

二、高新区如何响应"一带一路"倡议

中国提出"一带一路"倡议是主动应对全球化的一种战略安排。"一带一路"提出之后,为中国高新区提供了巨大机遇。现在,中国高新区在全球布局,应该从"一带一路"开始。可以说,现在中国高新区在"一带一路"上布局与全国50个高新区的布局有相似之处。首先,中国的高新区应该在"一带一路"上与发展中国家共建科技园区;其次,要通过共建科技园区将中国的企业带入"一带一路"。通过

共建科技园，既可为中国高技术企业走出去打好基础，为他们利用当地资源、扩大市场提供舞台，又可为发展中国家发展高技术产业提供援助。

三、与发展中国家共建科技园要重视软实力和民营企业的作用

与发展中国家共建科技园，应尽量避免政府以硬件投入为主的模式，要重视软实力。欧美国家在发展中国家的重要援助手段就是给予"软援助"。"软援助"是国家"软实力"的重要体现，是由欧美国家派本国的机构和专家来发挥作用，让受援国参与。在"一带一路"沿线发展科技园方面，中国也应该重视软实力的投入，首先是要进行规划、咨询、培训、人脉链接等"软援助"。如果中国想要增加"软援助"，就需要对全球的情况有着更加深入的了解。例如，中国在泰国有很多合作项目，欧盟在泰国也有很多项目。我觉得欧盟在泰国的项目大多数属于软投入。中国对东盟国家的科技援助不能只想着硬技术和硬投入，而是要支持更多的人、更多组织对东南亚国家进行深入了解，这才是中国今后工作的基础。

与发展中国家共建科技园，需要重视民营企业的力量。我们国家需要大国外交，在科技方面也是如此。最好的方法是让民营企业走在前面，政府在后面支持。美国对外援助最成功之处就是让非政府组织发挥作用。我们有很多从高新区退休的专家，如果把他们派往海外，成立类似发展中国家科技园志愿队的组织，我想一定大有益处并将会产生深远影响。

总之，我坚信如果科技部把与发展中国家共建科技园的事情促成，就会增加中国的软实力并为中国企业找到新的发展空间。

9 在"一带一路"上怎样开展科技园区合作

> 2017年9月24日,我参加了科技部和上海市政府主办,中国科学技术发展战略研究院等单位承办的2017年浦江创新论坛——"一带一路"创新之路建设专题研讨会。我做了"在'一带一路'上怎样开展科技园区合作"的发言,主要讲述了4点内容:第一,"一带一路"科技园区合作现状;第二,中国科技园区发展的经验与特点;第三,开展"一带一路"科技园合作的建议;第四,全球创业者免签倡议。

一、"一带一路"科技园区合作现状

科技园区合作已经成为"一带一路"国际科技合作的重要内容。国家出台了多项政策来推进"一带一路"沿线科技创新合作的深化,其中,2016年发布的《推进"一带一路"建设科技创新合作专项规划》明确了"一带一路"建设科技创新合作的近期目标,提出推进人才交流、技术转移、科技园区等国际科技创新合作平台建设,并鼓励企业建设研发中心、实施重点项目。此外,今年5月国家主席习近平出席"一带一路"国际合作高峰论坛时提出,启动"一带一路"科技创新行动计划,开展科技人文交流、共建联合实验室、科技园区合作、技术转移4项行动。

越来越多的"一带一路"沿线国家提出与我国开展科技园区合作的需求。其中包括蒙古、埃及、南非、伊朗、印度尼西亚、泰国、保加利亚等,希望借助中国经验和资源发展本国科技园园区,中国与这些国家关于科技园的合作已经蔚然成风。长城所在近5年"一带一路"沿线国家的科技园区合作中进行了诸多探索,包括对外支撑蒙古、南非、伊朗等国家开展科技园区合作,承办面向东盟国家的科技园区培训班等,对内服务我国高新区国际化发展与合作。

当前国际科技园区合作中主要有3股力量。第一股力量是国家级园区及园区平台公司,第二股力量是中国大型国企,第三股力量是民营创新创业促进机构。其中,国家级园区除了开展园区国别合作外,也在逐步探索"两国双园"合作新模式,现已与马来西亚和法国共建了姊妹园;中国的大型国企基于在国外投资建设大型项目的良好基础,进一步深化开展科技园和工业园的建设工作;中国大批的民营企业伴随工业地产的发展,在国外市场崭露头角,投建科技园、孵化园等,同时如长城所这类的社会智库也日渐成为科技园区规划和服务提供的主力军。

二、中国科技园区发展的经验与特点

中国在"一带一路"沿线合作开展和推进要讲好3个"中国故事",分别是中国园区故事、中国创业故事、中国IT故事。3个故事的根本是创业,这是中国改革开放40年的经验。有人说"要想富先修路",而修路钱正是来自于创业,中国的经验主要是创业,而且是以创业为主的创新。部分国家的问题不在于政府是否出钱去修路,因为出钱修路的做法各国都能做,只是快慢而已,重点是在于政府动员创业。中国政府对于动员创业在全球是一流的。而且中国近两年开始推进"双创"深化,在创业方面出台了许多重要政策,中国创新创业发展进一步受到世界的关注。

科技园区最大精髓是创业,科技园区合作应以创业孵化器为切入点。中国科技园区的发展大部分都起始于创业孵化器的建设,其后为天使投资和大学科技园的建设,现如今进入新阶段,众创空间开始蓬勃发展,而众创空间和孵化器的区别就在于众创空间致力于培养伟大的创业者和改变世界的创业者。此外,技术转移中心、联合实验室、瞪羚加速器、专业园区也是科技园区中的重要板块。

科技园区建设涉及规划、建设、运营3个阶段,过程极为复杂,一般10~20年才能初步成形,而科技园区的成功与否重点在于规划阶段。其中,规划阶段以开展国别需求调研、合作方案研究与园区发展规划为主;建设阶段以外方为主导进行开发建设,中方提供必要的支持;运营阶段以资源对接和服务企业为重点,探索建立长期合作促进机制。部分国外科技园区未能达到预期建设成效在于规划阶段未能打好基础。而中国在充分学习了新加坡建设科技园区的经验后已达到了较高水准,长城所曾对全球十大科技园做了统计和评估,其中八大科技园位于中国,另两个分别位于硅谷和以色列。

三、开展"一带一路"科技园区合作的建议

对于开展"一带一路"科技园区合作主要有三大建议。

第一,明确科技园区合作的定位。科技园园区合作是国家间的长期、综合性重大战略合作,国家间建立科技园区合作是国家间战略合作深化的结果,园区合作时间长、涉及面广,所以我建议与各个国家签订战略合作协议,在战略合作产出结果之后进一步开展更深层次的科技园区合作。

第二,建立推进"一带一路"科技园区合作的工作机制。建议科技管理部门将

其纳入工作议程、配备相应资源、出台总体规划、制定工作方案、采取有效措施。

第三，有效的科技园区合作需要双方多层次互动交流，形成共识。在科技园区合作中，思想交流、文化交流最为重要，科技园区合作不是一个简单的方式方法，是一个新经济的观念，因此各个国家应该在发展理念、合作方式、合作内容上，通过密切的沟通逐步消除分歧、建立共识，为科技园区开展长期稳定的合作奠定基础。

四、全球创业者免签倡议

总结来看，2017年中国最大的创新是"双创"深化，同时从全球范围来看，中国创业数量是全球第一的，因此我建议实行"全球创业者免签计划"，以进一步深化各国创新创业交流合作。

我在浦江创新论坛上曾3次提到"全球创业者免签倡议"。第一次，在"一带一路"定向分论坛的互动交流环节，就"一带一路"沿线国家人员流动问题，我提出实行创业者免签的建议，以进一步带动"一带一路"沿线国家在创新创业方面更深层次的交流合作；第二次，在浦江创新论坛午餐期间，与科技部原部长、浦江创新论坛发起人和主席徐冠华就论坛意义和实践中出现的问题进行了交流，就"全球创业者免签倡议"与徐冠华进行商讨；第三次，在《在"一带一路"上怎样开展科技园区合作》为主题的主旨演讲中，在总结环节再次提到"全球创业者免签倡议"，以欢迎全球创业者到中国来进行高端链接、开展培训和开拓商机。

10 硅谷是可以学习的

——2018年第六届"一带一路"科技园培训班学员交流会上发言

> 2018年8月10日下午,参加由科技部国际合作司主办、长城所承办的"一带一路"科技园培训班学员到长城所交流,来自泰国、菲律宾、老挝、柬埔寨、孟加拉、阿曼及格鲁吉亚等国23名学员参加了会议。我向学员们分享了我对科技园、创新创业发展的一些反思,并就科技园、孵化器和创新创业发展情况与学员们进行了深入交流。

一、硅谷是可以学习的

今年是中国改革开放40周年,科技园成立30周年,也是长城所成立25周年。我在反思之后认为,硅谷创新发展模式是可以学习的。大部分人的观点认为美国硅谷无法复制,但是通过多年的实践研究,我认为硅谷科技创新模式是可以学习的。十年前,我和赵慕兰老师去硅谷做了反复的调研,写了《硅谷—中关村人脉网络》。事实上,如何学习硅谷,不仅仅是写书,更多的是与硅谷建立人脉链接。每个发展中国家都应该做科技园区,与硅谷、中关村、深圳等地进行高端链接。比如我们长城所长期以来与泰国链接很多,泰国科技部部长曾经到访长城所,我和赵慕兰老师与他交流过怎么做科技园区。我们在泰国还搞了创业年,现在有很多中国人去泰国买房,进行投资,中泰两国在科技创新方面的联系越来越紧密。

二、创新来自创业,创业是创新的最好路径

科技源于创新,创新需将研发、创业和服务集于一体,其发展环境可以统称为创新创业生态。中关村每年建立4万多家企业,涌现出很多成功者,去年有70多家独角兽,而硅谷只涌现出60多家独角兽。发展中国家的创新之路与发达国家有所不同。发达国家的创新是投入很多钱搞科研,然后再转化开发。发展中国家没有那么多钱搞科研,就要鼓励创业,通过创业创造财富,有了钱再做研发。中国的中关村、深圳就是创业引发创新的成功案例,并且已经发生了多次迭代更新,第一代是联想、方正等企业,第二代是新浪、用友、百度,第三代是小米、滴滴、今

日头条等。

三、创业是中国的希望，也是全人类的希望

人类怎么解决贫富差距有各种各样的理论，但是创新是最根本的方法，希望各国可以吸取相关经验，长城所希望展开多种合作，讲创业故事，从中国的希望变成全人类的希望。

中国改革开放40周年，从最初的乡镇企业创业、留学生创业、全民创业到硬科技创业。同时，服务创业在延伸，从孵化器到众创空间，进而发展成创业空间聚集，出现了众多创业先驱。近5年，中国重点发展双创，每年创业企业高达500万家，中国在创业企业数量上是最多的。目前，我们长城所做了商业模式概念验证实验室，让创业者提升洞见力。因为只有有了洞见力，才能更好地发展创新。培训班下一站要去南宁，为了让学员学到东西，南宁未来要打造东盟众创空间，吸引东盟的创业者到南宁进行创业训练，而且还可以到中关村进行创业训练，希望培训人员多关注这件事。

四、与学员们交流关于中国创业目前的情况

格鲁吉亚

今年的培训班，位于中东欧地区的格鲁吉亚来了3位学员，分别来自格鲁吉亚创新署和自由大学。其中Zviad Sulaberidze先生还是一位有8年创业辅导经验的教师，平均每年成功辅导3个项目，主要是技术创新、商业模式创新项目。不过格鲁吉亚国家比较小，投资人选择方面会更加挑剔，因此数量上不多。他所在的自由大学重点发展农业科技，学校还设有中文课程，每年会与中国高校建立交流活动，他希望与长城所开展短期实习项目。

我对格鲁吉亚朋友说，格鲁吉亚一共300万人，今天就来了3个人，创新创业氛围很浓厚，希望未来可以与长城所多个部门展开合作，进行创业辅导，见世面，长见识。

菲律宾

今年菲律宾有3位来自科技部研究所的学员，他们希望能与中国开展多领域研发合作，包括化学、能源、生物等领域，也希望加强研发提高竞争能力，与中国企业合作加强推进国际化进程。目前菲律宾的园区主要以地产开发及出口加工为主，也存在一些孵化器，大多分散在大学机构等部门，菲律宾政府希望推动相关技术与

应用推广，服务与产品并行，推广领域包括 ITC、食品加工，希望把大学生的成果转化为产品推广出去。

我对菲律宾朋友说，2017 年菲律宾与中国科技园有过合作，菲律宾总统希望能确定在哪个园区与中国开展合作。这有点复杂，我认为科技园的合作应该在大学方面多层次开展，而不是只局限于建立科技园，应该加强大学推动合作的纽带作用，建立信任关系，更好地开展合作。

泰国

今年的泰国学员都来自大学，法政大学、清迈大学和帕尧大学。主要是孵化器负责人、科学园管理人员。泰国朋友向我介绍泰国北部有一些园区目前与清华大学已经有了合作，未来希望可以展开更多合作。

我对泰国朋友说，大学科技园是科技园的主要力量，今年我们发布的独角兽报告中，很多企业是来自大学科技园的，因此可以与中国大学多多展开合作，促进互利共赢。

11 共建园区共同体，寻找全球独角兽

——在 2020 年浦江创新论坛的在线发言

> 2020 年 10 月 21 日，应主办方要求，我远程参加了 2020 年浦江创新论坛，发表了题为"共建园区共同体，寻找全球独角兽"的演讲，探讨了"'一带一路'科技园区发展情况""全球独角兽企业""通过科技园区共同体寻找独角兽"等 3 个话题。

一、"一带一路"科技园区发展情况

长城所近十年以来一直在关注全球科技园区，2019 年发布《"一带一路"科技园区发展报告 2019》，今年形成《"一带一路"科技园区发展报告 2020》，同时每年都会到各国科技园区进行实地考察。中国科技园区一开始是学习美国硅谷，现在中国科技园区在发展中发挥很大作用，甚至"一带一路"沿线多国总统都曾提出希望向中国学习，希望与中国开展科技园区的合作。

为什么要在疫后讨论科技园区？这是因为科技园区在抗疫过程中异军突起，在全球都发挥了很大的作用。在中国抗疫过程中，几乎所有的抗疫解决方案、所有平台公司来自科技园区。全球亦如是，很多国家的科技园区都在积极参与抗疫。我们长城所在疫情期间也组织了几次国际科技抗疫的园区座谈会。

长城所从去年开始筹划"国际科技产业园区共同体"的试运行工作，今年准备举办"国际科技产业园区共同体"的成立大会。现有来自 20 多个国家的 40 多个成员单位作为共同体的发起方。国际科技产业园区共同体将组织年度论坛、定期发布科技园区研究报告，同时还会举办科技园区研讨会。

二、全球独角兽企业

独角兽是最新的经济现象，最近 10 年全球范围内才出现独角兽。2017—2020 年，长城所连续 4 年发布 4 期中国独角兽榜单。2019 年中国独角兽已有 218 家，这些独角兽呈现出前沿科技创新和平台公司的特点，他们是新场景的开拓者，也是新赛道的开拓者。

现在全球独角兽分布在 26 个国家，中国和美国最多，占了八成。目前很多国家都把怎样培育本国的独角兽企业作为关键问题。基于此，中国也应该参与世界各国培育独角兽的工作。我们做独角兽研究工作的目标就是想推动中国的新经济在全球的引领作用。

三、通过科技园区共同体寻找独角兽

独角兽在抗疫中发挥了作用，其在引领经济发展中也发挥了更大的作用。我们的目标是在今年发起这样一个倡议，即通过国际科技产业园区共同体，在全球寻找独角兽。我们长城所做了 4 年中国独角兽企业的研究，美国也有若干公司做了很多年的研究。我们今年想深化独角兽研究的原因是独角兽开辟了改变世界的新场景，开拓出全新的新赛道，这些都具有引领未来产业发展的作用和探索未来的功能。同时，我们长城所也想把自己的业务从在中国做科技园区研究和独角兽培育发展到全球。在此过程中，我们将通过国际科技产业园区共同体成员及国际伙伴网络，在全球范围内寻找（潜在）独角兽，并编制全球独角兽企业发展报告。这项工作可能会很复杂，能否干成也具有较高不确定性，我希望能够获得各界的支持，尤其是投资商、研究机构、各国使馆以及科技部都能给予支持，让中国的创新不再拘泥于强链补链，而是在全球开拓。

第四篇
新经济文化

第十二章
创新文化

本章导读

　　王德禄所长认为，创新生态最关键的作用是"从0到1"的生发能力，这种能力的源动力是创新文化。道生一，一生二，二生三，三生万物。创新的道，就是创新的基本规律和趋势，是基于规律的思想认知，是科学精神和创新文化。创新文化和思想是在创新生态各个主体之间循环流动、生生不息的初始能量，创新体制机制（制度和政策）的根基是创新文化，这些共同驱动着创新生态焕发出勃勃生机。中国要实现高水平自立自强，需要从跟随性创新转向原创（创新、创业和产业等方方面面），这不仅仅是大科学装置、实验室、创新平台等器物层面的安排，更需要关于原创的制度设计，以及更底层的思想解放和创新文化转型。其中关键在于市场机制，在于改变世界的梦想追求，在于科学家、创业者和企业家的创造力及自由的首创精神。

　　王所长认为，硅谷是创新全球化的引领地，硅谷模式及其创新文化是全球新经济发展的样板。本章首篇博文即是《对硅谷模式的新看法》。其他关于硅谷创新文化的论述散见于本章其他博文中。

　　本章收录的9篇博文围绕创新文化，集中体现了王所长多年的观察和思考，具体来看可以分为3个方面。

　　关于中国创新文化的历史渊源和演变，所长认为中国创新文化源头在于"三玄"（《周易》《老子》《庄子》）、儒家义利双行的义利观等传统文化，随着改革开放和全球化进程不断嬗变，在这个过程中受到了"五四"科学民主精神和全球新技术革命的深刻影响，相关文章有2篇，分别是《中关村文化是创业者的文化》和《新经济、新场景、新周易》。

　　关于中关村创新文化，是王所长长期以来观察、思考和阐述的重中之重。他认为，创业者文化是中关村创新文化的鲜明特征。相关博文有4篇，分别是《中关村创新文化的核心方向是原创》《中关村文化是创业者的文化》《中关村创新文化：创造人类美好的生活环境》《从联想事件说中国高技术产业发展规律》。

关于中国创新文化，相关博文有3篇，分别是《自主创新重在文化》《中国如何进行创新文化建设？》《一所大学激活一座城市》。

（撰写人：赵荣凯）

1 对硅谷模式的新看法

> 本文选自长城战略咨询 2009 年第 8 期企业研究报告《对硅谷模式的新看法》所长专栏。

硅谷的成功令世界效仿，关于硅谷模式的研究和评价也不断见诸书刊。然而，研究者很容易忽视一些被硅谷人司空见惯，或者认为是"理所当然"的事物。我和赵慕兰近期深入硅谷访谈，形成了以下新看法。

硅谷模式的灵魂是创业。自 1990 年以来，硅谷平均每年新创企业约 1.3 万家，死亡 1 万家。在持续优胜劣汰竞争中胜出的企业，构成硅谷创新型经济"大厦"的坚实地基。创业是硅谷模式的灵魂。

一流的斯坦福大学与一流的科技园相辅相成。斯坦福大学是硅谷人才和创新的源头，硅谷高技术产业销售收入有一半来自斯坦福大学的衍生企业；而斯坦福大学的知识创造和创新能力来源于开放式办学，其一半数量的教授为来自社会的咨询教授，学生的学籍管理更是开放和自由。

天使投资无处不在。同事、导师、朋友、同乡、同一协会中成员之间的信任都会成为创业者获得天使投资的基础；任何一个成功创业者也都会拿出一定数额的资金做天使投资。独特的信任文化和技术自信造就了硅谷的天使投资生态。硅谷崇尚的是系列创业家。系列创业家创办企业的目的不是由自己把企业做大，当创办的企业成功被兼并或上市后，创业者马上离开继续去创办新的公司。系列创业者是硅谷特有的人群，是创业投资者关注与追逐的焦点。

硅谷的创业者追求的是改变世界的商业模式。众多创业者在改变世界的商业模式的追求中，硅谷成为培育新兴产业的摇篮，每隔三四年硅谷必会出现一家改变世界的大公司，并带动一个新的产业发展。

硅谷因众多移民企业家而产生巨大的辐射力和影响力。移民企业家不仅推动了硅谷新兴产业的发展，而且辐射带动了世界其他新兴产业区域的产生，改变了世界经济地理版图。

总之，硅谷已经形成一个从创业到创新型经济发展的良性循环。而这种良性循环能否形成，是学习硅谷模式成功与否的基本判断标准。

2 自主创新重在文化

——在浦江创新论坛"中国高新区 20 年"分论坛上的讲话

> 2011 年 9 月 24 日，我第 4 次参加上海的浦江创新论坛。这个论坛是由科技部、上海市人民政府联合主办的，本次论坛的主题为"创新驱动发展"，共有 10 个分论坛。我参加了"中国高新区 20 年"分论坛，并在分论坛上作了"自主创新重在文化"的主题演讲，包括 3 个部分：一、根深蒂固的"跟随性创新"；二、硅谷"改变世界"的创新文化氛围；三、自主创新更需要文化自信。

下面是我的演讲全文。

一、根深蒂固的"跟随性创新"

中国高新技术产业开发区（以下简称"高新区"）发展的 20 年，国家和地方政府都对高新区的发展给予极大的关注，高新技术产业也在高新区里蓬勃发展。中国已确定了"自主创新"战略，但是在文化层面，多数决策者和研究者对于自主创新特别是原创的信心仍不足：第一，对自身发展创新还存在怀疑，认为跟踪和模仿国外的趋势发展一定没错，但是要做出世界一流的产业集群我们信心不足；第二，迷信国外的产品质量优于国内的产品质量，采用国外的产品，即使出了问题也可推卸责任；第三，对于原创规律的认识不够。原始创新发展就是将探索从已知领域扩展到未知领域，需要承担不断试错的风险。

二、硅谷"改变世界"的创新文化氛围

每五六年，硅谷总会出现"改变世界"的大企业，且硅谷能够不断诞生"改变世界"的原创产业。例如罗伯特·诺伊斯创办了 Intel 公司，催生了集成电路产业；史蒂夫·乔布斯创办了 Apple，推动了个人电脑产业的快速发展；拉里·佩奇与谢尔盖·布林创办了影响互联网产业发展的 Google；马克·扎克伯格创办了 Facebook，推动了 SNS 网站的兴起。

硅谷成功的基础是什么？是文化，是自信的文化。硅谷有一批拥有"改变世界"梦想的创业者，有一批志向做成世界第一的企业；有来自美国二百年来艰苦创业并

在二战后实现全面领先的历史传承；有天使投资、合理的产权制度和上市备案制等一系列创新制度安排。

这种创新的文化氛围，使得硅谷形成了从创业到创新型经济的三大循环：创业者和投资者之间形成人的循环，创业积累的财富和天使投资之间形成资金循环，大学的技术和企业的技术研发需求之间形成知识的循环。

三、自主创新更需要文化自信

如今改革开放30年，高新区发展20年，如果对创新发展进行预测的话，中国的前30年是以"跟随性创新"为主，后30年应以"原始创新"为主。在后30年能够产生改变人类生产与生活方式的新产业。我们需要有足够的文化自信，才能够为承担原创产业的风险做好准备，才能够深入推动自主创新，形成有利于自主创新的机制。

高新区发展的20年，为我们实现战略转型做好了准备，其中三大转变尤其重要。第一，创业的原动力应从"改变中国"向"改变世界"转变；第二，在产业方向上，由"高技术产业"向"原创型新兴产业"转变；第三，从发展模式上，应由"跟随性创新"向"原始创新"转变。中国高新区文化自信就是要树立"敢为天下先"的文化信心，培育具有"改变世界梦想"的创业者，培育世界一流的产业集群；树立"不以成败论英雄"的文化氛围，充分理解创新规律，鼓励冒险，宽容失败，敢于承担"原创"带来的风险，设计分担原创风险的机制；相信中国市场和中国创业者、企业家的创造力，不迷信国外、不被外来思想束缚，不一味依赖政府。

3 中国如何进行创新文化建设？

> 2012年8月8—9日，我应中国科协邀请参加了"中国科协创新文化建设研讨会"，本次会议由中国科协书记处书记王春法主持，国务院研究室社会发展司邓文奎司长、中国科学院自然科学史研究所袁江洋研究员、北京大学科学研究部周程副部长、清华大学科技与社会研究所肖广岭教授、中国科学院大学胡志强教授、中国社会科学院刘钢研究员、清华大学李正风教授等也应邀出席了会议。我在会上发表了3点看法：一是创新全球化对创新文化的新要求；二是创新文化与科学价值观；三是创新文化要实现新的突破。

一、创新全球化对创新文化的新要求

冷战结束以后，全球化是一个大方向。可以说，在制造业全球化阶段，中国得到了无穷多的好处，中国制造在全球崛起。金融危机以后，世界进入了创新全球化阶段，中国又该如何应对？中国能否从中得到好处？中国应该挑战什么，基于什么？我觉得这个是首要解答的问题。这个主题在创新全球化阶段存在的主要问题就是竞争。而今，资金、技术围着创业跑，已经不是围着制造跑。哪里创业活跃，资金就会流向哪里，技术就会支持哪里，创新就会在哪里发生。

从这个意义上说，我觉得中国在创新全球化阶段仍然具有很大的优势，这就是创业活跃。中国在世界范围内是创业最多的国家。现在中国不只是创业企业多，还有一个优势就是瞪羚企业多。瞪羚企业就是高技术创业企业走出了死亡谷，出现快速增长的企业。现在中关村是全球科技园区中IPO最多的地方，也就是瞪羚企业最多的地方、最好的地方。之所以这样说，是因为中关村新上市企业的数目连续4年都远远超过硅谷。在纳斯达克上市的中国企业数目也连续4年超过美国企业。

那么，中关村比硅谷强吗？那也不一定。中关村创业企业多、瞪羚企业多，然而并没有大企业。为什么没有大企业？中关村创业企业原创不够，中关村的创业文化与硅谷相比仍然有所欠缺。而硅谷的整个创业文化是改变世界。在硅谷，创业者获取天使投资、风险投资往往都有改变世界的梦想。我在硅谷参加硅谷年会时，会上演讲的嘉宾都来自瞪羚企业，都有改变世界的梦想，听了让人十分激动。现在中关村应该培养改变世界的创新文化。

二、创新文化与科学价值观

科学文化寓意创新,而当前中国面临自主创新的缺失。中国已迈入自主创新的发展阶段。我们今天所讨论的科学文化,实际上探寻的是科学所倡导的价值观,包括怀疑精神、独立思考等朴素而重要的价值观。这些价值观不仅关乎科学家个人的利益,更关涉中华民族发展的需要,尤其是在面对原创性问题时。

要实现真正的原创,首先必须拥有原创性的思想、独立的境界。在这个意义上我们必须进一步解放思想,培养独立思考的精神,尤其要推动科学领域的自主性。

科学巨匠如玻尔和爱因斯坦,在促进国际化和跨国合作方面发挥了积极作用。他们长期以来呼吁并付出了巨大努力。此外,1997年,联合国教科文组织和联合国开发计划署联合发布了《帕格瓦什宣言》,强调在全球化后,人类应秉持共同的价值观,尊重各民族独特的文化价值,同时更加注重人类共同遵循的普遍价值。

三、创新文化要实现新的突破

中国改革开放已经30多年,现在亟须进一步的解放思想,这不仅仅是政治的需要,也是经济发展的需要。我希望在科学文化建设中能再现当年"实践是检验真理的唯一标准"这种真正解放思想的全民共识。

创新文化的核心是科学自主性。科学自主性是科学社会学二十世纪七八十年代的主要研究领域,有相当多的研究成果。现在到了中国要全面推行科学自主性的时候了。

目前中国除了要做原创,还要做全球链接。全球链接就是向全球创新活跃的区域去链接。在链接过程中,中国不仅仅是链接的节点,还要争取在某些方面成为全球创新的中心节点,在全球化的新发展中发挥中国人应有的责任和贡献。

4 中关村创新文化的核心方向是原创

> 2013年10月30日,我参加了中关村创新文化发展促进会在裕惠大厦召开的务虚会。会上我主要就3个方面发表了意见:一、原创想法在中关村的重要性;二、社交化是中关村的最新发展趋势;三、"苗圃"是中关村创新文化的最新内容。并提出,中关村创新文化的核心是"容忍失败"、"宽容异端"和"鼓励原创"。

一、原创想法在中关村的重要性

要成立中关村创新文化发展促进会,在我看来是件非常好的事情。我认为这个协会要做的就是发展原创的文化。现在中关村涌动的原创力量非常大,到了有所突破的时候了。我们成立这个协会要做的最重要的事情就是把中关村原创文化发展起来。这个和总结历史不一样,和取得共识也不一样,它需要的是更超前的探索。

最近有两份文件,充分表达了原创的感觉。第一份文件是国务院出台的《关于促进信息消费扩大内需的若干意见》,用了3个新,叫"新产品、新服务、新业态"。这3样东西组合在一起是第一次,而且把"新业态"放在这样一个层次上来表达,非常有新意,"新业态"恰恰是中关村产业发展的核心。另一份文件是国务院进行注册制度改革的通知,在通知上也说了3个词,叫"新技术、新产业、新业态"。这种说法比前一种说法更准确,在这种说法中也表达了对产业创新的理解,这些都为中关村探索业态创新提供了新的视角。

最近我重温了纪录片《大国崛起》,这部片子里强调任何一个国家的崛起都是依托"观念领先"。国家要崛起,观念起着举足轻重的作用,观念必须要超越时代的限制,我们需要的就是这样的观念。

现在中国能不能崛起?在有些人看来,现在中国的情况很差;但有些人看来,中国的情况很好。我认为,现在存在很多这种"相互矛盾",正是在这种"相互矛盾"的时候,新的东西才能崛起。新的东西不是在风平浪静中出现,也不是在"你好我好"的和谐条件下出现,而一定是在矛盾交织得厉害的时候出现。我认为,中关村孕育着新的思想和认识。

我说说我最近的几件事情。一是对待创新上,中美应该说各有千秋。硅谷人敢干,而且干得比我们好很多,而我们中国人爱总结、爱思考。因此他们没有总结创新网络,也没有"知识经济大讨论",更没有现在中关村涌动的这种"社交化大讨论"。在对创新理论的理解上,中国人还是有自己的优势的。

二是中国文化不是一个反对创新的文化,中国文化一直重视理论创新,而且强调知行合一。现在我们打造"创新文化",也不仅仅是几个专家的意见和理论成果,更应该把中关村的创业者、企业家感受到的东西挖掘出来,和全世界的最前沿进行链接。从这个角度来说,我们协会一个独特的任务就是要去做文化上的突破,要去发掘最新的、最具时代特色的创新文化。

三是现在中国的GDP排名世界第二,那么下一步应该怎么发展?很多人认为还需要在科技上投入更多,真正成为一个科技大国。我觉得中国最需要的不仅仅是先进的科学技术,更需要的是超前的思想观念。现在中国最缺乏的就是原创思想,如果思想不超前,科技再厉害也没有用。我们协会要做的事情的核心就是要探索具有颠覆式创新的思想和文化。硅谷正是因为有"颠覆式创新"文化以及具备这种精神的创业者,才会诞生出Apple,诞生出Facebook。对于我们来说,"容忍失败"只能作为鼓励创新的底线,更加需要的是能够"宽容异端",宽容和自己不一致的观点。

四是上周我去以色列,访谈了当地很多家企业,有了一些新的认识。我认为,现在全世界的创新高地有两种:一是以(知识)创新为主的创新高地,二是以创业为主的创新高地。(知识)创新为主的创新高地以波士顿、剑桥为代表,创业为主的创新高地,全世界有三个,依次是:硅谷、中关村、以色列。以(知识)创新为主的创新高地和以创业为主的创新高地比较,到底谁代表了人类的未来?答案是以创业为主的创新高地。为什么这么说?因为现在从知识到创新之间的链条越来越短。像波士顿那样的模式,拿钱去单纯地做研究,这样的模式肯定是过时的;而硅谷的模式,会越来越在世界上起作用。

二、社交化是中关村的最新发展趋势

第二个问题是:中关村的未来是以社交化为核心的高技术社会。如果要问现在什么主题在中关村最热,那就是社交化。由于有了微博、微信、易信等,人和人之间的关系出现了新的变化,使得强联系和弱联系有了新的理解。

每一个人的强联系人就是经常见面的人,即家人、同事、同学,不会超过100个;弱联系人就是曾经的同事、曾经的同学和曾经认识的人,大概在千人以上。社交化的作用使得让原来的弱联系人的作用变得更加重要，还增加了很多新的网络上素未谋面的朋友。在社交平台上随时都会出现各种小小的圈子，这些圈子对同样话题关心，不仅围绕着兴趣，更是围绕着创新。

现在我们长城所里内部的社交网已经启动。原来你在干什么活，别人都不知道，要等你做出来报告大家才知道，这样的做法已经落伍了；现在你在干活，通过社交媒介，所有人都知道你在干什么，你干得好会被点赞，出了问题大家也纷纷出主意，大大提高了工作效率。现在很多公司都有自己的社交化改造方案，这是最大的议题。

我建议协会发起一次社交化研讨会，长城所可以联办。这是企业现在最关心的，任何传统企业在面对社交化的浪潮，都需要进行改革，长城所也一直在改革。社交化改革搞得最好的，我认为是以小米为代表的企业。小米的一切都是依托社交化完成的，这会给中国带来革命性的变化。我觉得，社交化完全会改变中关村对全中国、全世界的影响。

从理论来说社交化就是"高技术社会"，"高技术社会"是20世纪80年代的提法，是指"高技术、高接触、高情感"。"高接触"的意思是，人和人之间联络变得更快、更容易，出现了以共同兴趣点为核心的社交网络人脉圈。所谓的"高情感"指的不是传统意义上我请你吃个饭，你送我礼物这样的关系，"高情感"的内涵是人与人之间的信任，这种信任，不是建立在必须面对面交流的基础上，而是在"高接触"的社交化中找到的共识。基于彼此信任的"高情感"，让交易成本大大降低。

中国人比较封闭，见面开会都非常谨慎，但在网上都很健谈。如果我们今天开的是网络会议，肯定比在会场开会要热闹得多，发言的频率会很高。在我来看，中国在互联网上进行社交化的探索，有可能是世界第一的。因为线下的公共空间有限，就都在网上寻找公共空间。

三、"苗圃"是中关村创新文化的最新内容

第三要推动观念领先，政府应该干什么？最近科技部火炬中心发了一份文件，强调了"创业苗圃""孵化器""加速器"的重要性。什么是"苗圃"？李开复的创新工场、车库咖啡就是"苗圃"的表现形式。

我们很希望中关村能出现改变世界的大企业，这种企业怎样才会出现呢？这要求我们在改变创业环境上下功夫，要不断加大对创业环节的重视，在"从想法到创业"的阶段下更大功夫。中关村科技园成立以来，做了很多孵化器，现在又要做苗

圃，孵化器和苗圃有什么区别？苗圃就是做从想法到创业阶段的工作，孵化器就是做从创业到成功阶段的工作。在"从想法到创业"这个阶段，一方面要做苗圃；另一方面天使投资的作用日益增强，因为天使投资就是对想法进行投资的。

"苗圃"的最典型表现形式就是美国MIT的媒体实验室。中国一些官员和企业家看了之后，都感到非常吃惊，认为非常值得我们学习。现在中关村有"车库咖啡""创新工场"，这些都是"中国的苗圃"。可以说中国的苗圃是在中关村诞生的，而且会进一步产生很多不同类型的苗圃。我认为创业者经过了"苗圃"阶段，才有可能成为改变世界的创业者。

最后，原创是"创新文化"的根本，社交化是"创新文化"的核心，"苗圃"培养改变世界的创业者。我们协会就要在这3个方面起作用。

5 中关村文化是创业者的文化

> 2015 年 7 月 21 日，我参加了中关村创新文化发展促进会组织召开的"中关村文化软实力发展研究座谈会"。中关村创新文化发展促进会的主要成员都参加了座谈会，他们是上一届的会长夏颖奇，本届会长梅萌，以及廖国华、冯军、张小陵、赵弘、刘宪杰、冯秀英等。北京方迪经济发展研究院刘宪杰首先作了"中关村文化软实力建设研究"的报告，赵弘发表了补充意见。之后我对中关村文化问题发表了自己的看法。

一、什么是中关村文化

中关村文化应该包括什么？中关村文化不是院所文化，也不是大学文化，更不是居民文化。最能体现中关村文化的，以前是企业文化，现在是创业者文化。从 20 世纪 80 年代以来，一直是跨国公司在引领产业发展方向。近几年我一直在说，大国企、跨国公司都已经落伍了，不能引领产业了，现在的产业引领者是瞪羚，是创业者。中关村的知名度因创业而彰显。

要提中关村文化，也不能有太多中心化语言。现在是非中心化的时代，是创业者在唱主角的时代，不能用"引导创业"这样的语言。这样的语言是一种中心式的语言。创业文化代表中关村最先进的文化，是支撑中关村 30 年持续创新、活力无尽的文化。所以中关村文化永远都是创业者文化。

二、中关村文化要体现创业者有其股

中关村是中国知识分子解决"义利"问题最好的实践平台，这就是跳出纯学理之争，在市场经济中实现了"创业有其股、创业者控其股"这个"利"，同时达成了改变世界梦想这个"义"。中关村新一代创业者很好地解决了"义利"问题，不再陷于儒家"耻于谈利"这种千年以来"义利"之争的陷阱。中国几千年的历史中，个人利益和个人使命一直都解决不好，在中国文化中形成一个"义利"问题之结。20 世纪初，世界著名社会学大师马克斯·韦伯在《儒教与道教》一书中指出：重义轻利的儒家文化不能成为经济发展的推动力。而在当下，中国知识分子仍然没有把这个问题解决得很好，但中关村几代创业者很好地解决了这个问题。特别是新一代

创业者实现了创业者有其股，创业团队也采用合伙制，创业之初还具有改变世界的梦想。所以，如果把中关村文化总结成中关村企业家是只爱国、不谋私利的，这种总结是不合适的。

但是，现在只要创业就与大学院所有技术关系和产权关系，或者是人员隶属关系，这种"义利"问题仍然是一个深层次的制约因素。2010年、2011年我接受记者采访时就谈过这个问题：第一代创业者"难有其股"的困境，证明了"所有制之结"是中关村实行自主创新示范的一个制约因素。而现在这个问题仍然存在，中关村的大学和科研院所已成为新的"象牙塔"，很多科技人员已经不屑于下海创业。之所以出现这种现象，是和改革开放后出现的加强国有资产管理分不开的。本来国有资产管理的核心是国有企业，但现在这种国有资产管理的思路却延伸到大学和科研院所，延伸到科研经费，这一步步捆住了科研人员的手脚。这种现象说明在产权改革上的停滞，背后有传统"义利"观的影响。我认为在科研群体中，特别是在政府管理层面改变传统"义利"观，看来还是个比较漫长的过程。

三、科学与民主是"五四"留给中关村的传统

中关村文化是"五四"科学与民主精神在当代最好的体现，这种体现更多地将科学民主与市场经济高度凝聚。初创时期，中关村就提出"四自"原则——自筹资金、自由组合、自主经营和自负盈亏，这"四自"是科学与民主的最好体现。而中关村的政府管理机构（中关村管委会），在成立之初即确立了以企业家为主、政府的职责是服务于企业的宗旨。这是科学与民主的精神在政务改革中实现的一次突破。

中关村文化发展的过程是继承传统文化、开拓时代新貌、寻找自身特点的过程。在探索中，中关村人形成了对科学、民主更深的认识，并结合科学、民主，用实践理性来探索市场经济。中关村成为中国最理性的探索市场经济的地区，中关村文化也是科学、民主、市场经济在一个地区的高度凝结。

四、创业创新是改革开放和新技术革命带给中关村的成果

改革开放打开了中国的大视野，新技术革命确立了改革开放的大方向。改革开放后，中国真正看到了外面的世界，以正常的心态去面对外面的世界，尤其是看到激动人心的新技术革命，才有了今天中关村的创业创新。所以说，创业创新是中关村文化在新经济时代最重要的体现。

说到创业，自从中关村有了创业大街以后，也带动创新发生了真切的改变。就如我一贯强调的，研发搞得再好也不一定能出创新，有创业才有创新。这是中关村30年的核心经验。我认为，以（知识）创新为主的创新高地和以创业为主的创新高地相比较，以创业为主的创新高地更代表了人类的未来。前年从以色列回来后，我就感到，现在的世界有3个创业为主的创新高地，第一是硅谷，第二是中关村，第三是以色列。

说到创新，这一轮的中关村文化正是开放式创新。有人要问了，以前的改革开放不是已经有开放了吗？虽然都是开放，但内涵不同。开放式创新的开放是具体环境的开放。中关村创业大街是干什么的？它与以前的方式具体不一样在哪里？以前创业者在孵化器里一个小的房间开始自我创业，而创业大街的创业者要和各种人沟通。这种创业文化代表全球性的开放创新，而且是众包式创新。众包与分包的不同在于，众包是靠悬赏，来让全世界的人为自己帮忙找答案；而分包是把自己不擅长的事交给擅长的人来干。时代变了，中关村不但跟着变化，更引领着变化。中关村新一代创业者、中关村的瞪羚和独角兽都在引领着时代变化。

五、宽容失败是20世纪90年代中关村文化创新的关键

关于中关村文化之前也有很多总结，说法各异。但各种说法中，宽容失败都是前一轮中关村文化的关键词，而且各个高新区都在学习中关村宽容失败的文化。宽容失败无疑应该是中关村文化的典型内容，是核心。而现在的环境也是越来越宽容失败了。对于现在的中关村来说，"容忍失败"只能作为鼓励创新的底线，更加需要的是能够"宽容异端"，宽容和自己不一致的观点，这是颠覆式创新给中关村提出的新课题。

六、跨界颠覆是改变世界创业者的理想

中关村这一轮创业趋势更多地体现在颠覆式创新和改变世界的梦想。硅谷创新的本质，在于新技术和新商业模式，这正是硅谷近几十年来一个个神话诞生背后的共同逻辑。中关村在这一点上虽然与硅谷还有差距，但已经越来越接近。中关村人，包括创业者和天使投资人，基本上都在跨界颠覆路上奋力追赶着。跨越式创新一定要依托具有使命感的创业者，这是中关村过去少有的，也是中国人过去少有的。现在，小米的雷军等一大批创业者都在追求颠覆式创新，中关村创业者的使命感越来越强，梦想越来越大，出现瞪羚和独角兽的机遇也越来越多。

总之，中关村文化第一是科学民主，这是"五四"延续下来的传统；第二是创业创新，这是改革开放和新技术革命的成果；第三是宽容失败，这是20世纪90年代中关村文化创新的精髓；第四是跨界颠覆，这是当前改变世界创业者的理想。归结起来，中关村文化就是这16个字：科学民主、创业创新、宽容失败、跨界颠覆。

6 中关村创新文化：创造人类美好的生活环境

> 2018年3月29日上午，我应北京市海淀区政协邀请到北京市海淀区人民政府参加了《中关村创新文化研究》研讨会，出席会议的还有司法部原部长、海淀区区委书记张福森，科技日报社原社长张景安，盛景网联高级合伙人杨跃承，海淀区政协副主席、海淀区总工会主席胡淑彦，中关村创新研修学院院长柳进军等。我在会上发言，主要讲了3个方面：一、中关村创新文化研究是改革开放40年的重要议题；二、硅谷与中关村都是时代的产物；三、中关村已经是改变世界的创业者的沃土。

一、中关村创新文化研究是改革开放 40 年的重要议题

中关村创新文化是改革开放40年总结的一个重要议题，也是中国最伟大的议题之一。为什么这样说？这是我正式参加的第三次关于中关村创新文化的研讨会，第一次是2002年胡昭广组织的"中关村文化研讨会"，第二次是2015年夏颖奇组织的"中关村文化软实力发展研究座谈会"。这3次研讨会代表着3个时代，第一个是民营科技企业发展的时代，第二个是留学生创业的时代，第三个是瞪羚独角兽企业大量出现的时代。

为什么说中关村创新文化很重要？因为它是中国引领的重要文化议题。现在中关村的发展引起了国内外的高度重视。3月23日长城所联合科技部火炬中心、中关村管委会、中关村银行发布了《2017中国独角兽企业发展报告》和《2017中关村独角兽发展报告》，报告中显示，截至2017年12月31日，中国有独角兽企业164家，其中70家在中关村。中关村成为全世界独角兽企业最多的地区。大量独角兽企业的出现意味着中关村正在走向创业企业爆发成长、产业跨界、新经济在全球领先的新阶段。

二、硅谷与中关村都是时代的产物

硅谷是原子时代的产物，是美国原子弹研制成功以后，科学家从军事走向经济的产物。第二次世界大战以后，时任美国科学发展局主任的V·布什深刻认识到大科学将对人类生活产生更大的影响，于是他写了《科学：无尽的前沿》一书，率先

阐述了科学是第一发展动力的理念，他也亲自参与了大学教授从事咨询和创业的先例。他的博士研究生F·特曼毕业后到斯坦福大学开始了斯坦福研究园的探索，鼓励学生创业，开创了硅谷区域创新模式。另外一位物理学家K·T·康普顿在1946年开始了风险投资的探索。可以说，硅谷模式的探索适应了第二次世界大战以后科技全面走向经济的历程，而且这个历程是由先进的理念、创业、风险投资和科技园区组成的。

中国的中关村也是时代的产物。中国的改革开放、迎接新技术革命的动力和科技是第一生产力的探索诞生了中关村。陈春先等科学家在硅谷模式的吸引下下海创业，形成了中关村电子一条街，时任海淀区委书记的贾春旺、张福森对这一新生事物给予积极支持；胡昭广、王思红、赵慕兰从政府的角度，积极推动了中关村科技园区的发展，这是硅谷没有的；受钱学森影响比较大的宋健和李绪鄂，他们都亲自参加了中国的"两弹一星"工程，对大科学有着深刻的认识。他们在推动中关村的建设和中国火炬计划的设置方面起到了决策性的重要作用。正是从这个意义上来说，中关村的科技园区建设具有全球的、时代的意义。

如果总结中国改革开放40年的经验，有四大成功要素，即改革、开放、新技术革命、创业。中国改革开放的经验是创业引领了创新，包括创业、风险投资、技术转移、科技园区。在总结改革开放40年的时候，我感觉中国文化起了作用，尤其是中国劝农劝学劝业的传统，今天在座的张福森、张景安就是新一代劝创业的政治家的典型代表。

三、中关村已经是改变世界的创业者的沃土

从大的方面来说，中关村可以理解成3次创业高潮，第一次是民营科技企业创业，第二次是留学生创业，第三次是正在出现的改变世界的创业者。最新一轮创业高潮正是在全国"双创"大背景下出现的。由于"双创"，使得中关村的创新创业生态走向全球一流。中关村自从有了创业大街，有了众创空间，中关村的创业环境就有了根本的改变。中国独角兽企业出现比较多的领域是共享经济、平台经济和智能经济，中关村对几乎所有的行业都产生了影响，包括互联网金融、互联网教育、互联网医疗。可以说，改变世界的创业者在改变传统工业经济的运行体制。中关村独角兽企业的出现意义重大，产业跨界能推动新兴产业的发展，更为重要的是独角兽企业提出的供给侧新要求，是中国主要的改革方向之一。

创新创业生态的构成是新研发、新创业、新服务和新文化。中国最新的引领趋

势是前沿科技创业和硬科技创业。诺贝尔奖获得者到深圳去创业都成功了，这在其他任何地方都是做不到的，都没有成功。新研发是在重大研发项目刚投入的时候，企业家和投资人就参与到其中，中关村有很多这样的研发。我希望科学城的重点方向是新研发。新创业是变革式创业，改变世界梦想的创业者体现出了新时代，而且也体现出了在全球的引领作用。现在他们的引领作用刚开始，将来会有更大的发展空间。在这个过程中，民营企业起的作用越来越大。新服务机构、创新引领者在起作用。新文化是创造的文化，在某种意义上，中国对未来要倾注更多的精力，中关村文化也要更多的有未来感，在未来方向上下功夫。

我认为以中关村为代表的文化是创业为主的创新文化。尤其是欧洲和日本，都是研发带动经济发展，中国是创业带动经济发展。现在改变世界的创业者越来越多，有使命感的创业者也越来越多，中关村成了全球第二大创新创业高地。总结一下，中关村文化是改革开放、新技术革命、创业和中国传统文化。

此外，总结中关村创新文化就是总结价值观、总结新思想的来源、总结它们和制度创新及产业变革的关系。这一轮所谓的文化，一定有文化创新和文化自觉。

7　新经济、新场景、新周易

——纪念丘亮辉教授学术活动六十周年研讨会

> 下海创业 26 年，我创办了长城企业战略研究所，距离自然辩证法似乎越来越远。我在 2018 年参加了《自然辩证法通讯》复刊 40 年活动。2019 年 10 月 26 日，"新时代自然辩证法的创新与发展暨丘亮辉教授学术活动六十周年研讨会"把我拉回到在自然辩证法领域工作的经历中。我所创办的长城企业战略研究所的核心思想是要发展新经济，其中主要方式是研究新经济制度，包括新经济发展模式和文化生长。在我看来，工程哲学如何与新经济创新思想结合？如何为场景创新提供新思维？新时代的《周易》思想能否为新经济提供理论方向？这些是需要我们关注的几个方面。

一、自然辩证法与丘亮辉

20 世纪 80 年代末与 20 世纪 90 年代初，我参与了很多自然辩证法的工作，包括编辑《自然辩证法通讯》杂志，参与中国科学技术协会青年科技大会，参加和组织各种青年自然辩证法论坛。在这些活动中，丘亮辉表现出宽容的风格，几乎都是让年轻人去干自己喜欢干的事。自然辩证法在中国改革开放中是一个重要领域，而现在想来，自然辩证法也是一种关于《周易》的思考。丘亮辉说："每个时代都有自己独特的《周易》表现"，可以说，自然辩证法在二十世纪八九十年代起了重要的思想引领作用，而且我的老师几乎都是思想家，包括徐良英、戈革、金观涛和范岱年。总而言之，在自然辩证法领域内的活动经历大大提高了我的视野和洞见能力，为我之后从事咨询行业奠定了非常好的基础。

最近几年科学的发展，尤其是互联网的发展，极大地改变了人类的生产和生活方式，如智能手机已经进化成人的"第六感官"，人工智能将使人"永生"等。解释这些问题都需要自然辩证法参与其中，以此来探索人类未来发展的道路。

二、《周易》与新经济

将《周易》译成德语的是卫礼贤，卫礼贤在劳乃宣的帮助下，花费了 10 年才完成了翻译工作。弗洛伊德的学生荣格对这个工作给予了很高的评价，他认为中国人的灵敏的潜意识和强烈的直觉感是中国人与西方人不同的关键。

在全球化的进程中，在改革开放的推动下，中国经济之所以能够实现高速成长，我认为这也是和中国人的灵敏的潜意识和强烈的直觉感是分不开的。由于全球化使得产业快速变化，西方严谨的分析逻辑很难做出快速决策，而中国的企业家应对全球化的能力显得格外突出。去年我在上海创业论坛上强调，中国现在需要伟大的创业者，需要有想象力、洞见力、行动力的创业者，而《周易》对这些能力的培养有很大的帮助。中国传统文化中的"三玄"是《周易》《老子》《庄子》，它们是培养伟大创业者的重要工具。如果说《老子》《庄子》是2500年前的事，那么《周易》的传统已经有了5000年历史。

现在全球新经济发展很快，在国际上领先的2个国家：一个是美国，另一个是中国。中国在新经济中能不能拔得头筹，一方面要在科学前沿勇于探索，另一方面要积极探索《周易》的现代意义。

新思维和新经济，确实跟《周易》中体现的内容有一定的关联性。我从历史中发现，古时候的中国的科技一直比较先进，直到工业经济时代由于一些特殊原因而落后了两三百年，但是到了新经济时代又发生了脱胎换骨的变化。这其中，传统文化与《周易》的思想起源，给中国文化振兴带来了一定的内涵展示，这就是新周易、新经济，新思维。每个时代有每个时代的《周易》，孔子把《周易》做了总结，这是一个时代基础；老子和鬼谷子也是《周易》的大师，新经济时代的《周易》大师也要有人站出来，要做出原创。

三、场景创新与工程哲学

最近这一年，中国之所以在中美贸易战中稳如泰山，主要是由于中国新经济发展得很快，新旧动能转换得也很快。在新经济培育新动能方面，中国已经成为全世界创业最活跃的国家。

独角兽企业的出现是衡量新经济发展水平的主要指标。因为每个独角兽企业的出现都意味着产业实现了跨界，企业实现了爆发性成长，企业出现了改变世界的新场景。场景是改变世界新技术的新用法，是独角兽企业追求的核心领域。场景把创新相关的要素：人才、资本、技术、政策都集聚在一起，产生聚变，由此产生改变世界的颠覆式创新。因此独角兽企业所关注的场景创新与新赛道应成为各地中长期规划的新主题，场景创新也为探索方法论提出了新要求。

在新经济的发展过程中，中国抓住了社交化、"互联网+"和数据智能这3个重大机遇。从"互联网+"到现在的人工智能是一个历史发展的必然逻辑，也是一个新的机遇、新的阶段。现在各个地区、各个创业者、投资商都在塑造场景。比如，杭州提出未来要建设一个无证件的城市，只依靠人脸就能完全识别。而这仅仅只是一个例子，当前中国已经出现了改变世界的五大新场景，分别是：移动支付、共享出行、智能安防、新媒体、在线直播。我们正在进入人工智能时代，场景的作用更加显而易见。在人工智能领域最具有突破感的是独角兽企业，而且它们的作用越来越大，大到很多国家和地方都希望有一个人工智能企业来创造新场景引领经济发展。人工智能正在向多领域渗透，把人工智能当作核心来建设是非常正确的。

正如以上所述，如果我们把场景建设按照工程来理解，这会是新经济思想中的一个新变化。如果工程哲学能够和新经济思想结合，又能和场景创新结合起来，将会是一个非常大的突破。也正是在这个意义下，工程哲学显得特别有意义。场景创新不但需要大量的科学技术成果应用，更需要培育企业家的工程意识。现在想来，于光远当年强调人造自然的作用，也是对场景创新的一个预判。

8 一所大学激活一座城市

——在天津创新发展聚集区战略规划专家咨询会上发言

> 2020年7月22日上午，长城企业战略研究所组织召开了天津海河创新发展聚集区战略规划专家咨询会。本次会议邀请了教育部职成司原副司长刘占山、宁波市教育局原局长沈剑光、宁波财经学院原党委书记孙惠敏等多位教育领域资深专家，对海河创新发展聚集区规划建设提出了专业意见。我在会上发言，主要讲了4个方面：一是一所大学可以激活一座城市；二是互联网教育；三是抢占新赛道，培育伟大的创业者；四是创业教育成为新经济职业教育的新方向。

一、一所大学可以激活一座城市

新经济时代，大学改变城市已经有了更多的可能，清华大学、北京大学之于北京，浙江大学之于杭州，中国科学技术大学之于合肥，这样的例子比比皆是。听说天津要将海河创新示范区打造成创新创业高地，我很认同。当项目组调研回来说，那里还十分荒凉时，我想起20世纪90年代，做北京上地的规划，那里也是一片萧条。我说不用着急，关键是你的思想到不到位、规划到不到位。天津有非常好的教育资源优势，拥有南开大学和天津大学2所985高校，在我看来，仅南开大学、天津大学的任何一所就足以改变天津。天津海河创新发展聚集区建设，要思想解放、先行先试，重点推行教育的互联网化和创业教育，把南开大学、天津大学彻底激活，培育新一代伟大创业者，把十所职业学校提升为新经济的创业型大学，做创业教育活跃气氛。假如这么做了，天津就有可能迅速地改变现状，呈现出蓬勃的新发展气象。

二、互联网教育

创建天津海河创新发展聚集区，看起来是天津海河教育园区和津南区的事，实际上是整个天津乃至京津冀的事。产教融合、互联网教育要探索制度创新，制度创新一定要和各部委形成联合创新。天津市要以海河创新发展集聚区为主与教育部联合开展制度创新，探索互联网课程等获得教育部的认定试点资格，只要在海河教育园区的新经济教育、互联网教育项目，得到教育部的认可，天津就可以迅速崛起。现在中国基本可以走这条路，比如，银川在互联网医疗领域率先探索制度创新，国家卫生健康委在银川做互联网医疗试点。希望天津海河创新发展集聚区重视互联网教育发展。

三、抢占新赛道，培育伟大的创业者

天津大学和南开大学都有多个一流学科，涉及新材料、新能源、生物和信息技术等，怎样激活这2所大学在新经济时代开展新研发、创办新型研发机构，与企业家和投资商展开更深层的合作，创办更为超前的大学科技园。在新赛道中，有一些赛道科技含量更高，有更为强大的硬核科技，这些产业可以理解为未来产业，天津创新示范区要与南开大学、天津大学一起谋划几个未来产业，加强未来研究，强化场景创新在创造未来产业中的作用。氛围活跃、生态良好的区域最容易出现伟大创业者，伟大创业者所创办的优秀企业也出现了发展为独角兽企业的趋势，它们所在领域可能就是涌现出的新赛道。

四、创业教育成为新经济职业教育的新方向

创建天津海河创新发展聚集区要抢占新赛道。贵州的大数据，宁夏的互联网医疗、互联网教育等在疫情之下发生了很大的变化。天津要以海河创新聚集区为主，发展新经济，借助于互联网教育领域形成制度创新，营造良好的创新创业生态，赢得新赛道的"卡位战"。

2019年4月，长城企业战略研究所与宁波财经学院合作在宁波创办了长城商学院，每年招收200名学生，致力于培养新一代伟大创业者，办学效果非常好。孙惠敏作为教育企业家，把宁波财经学院从"一无所有"变成拥有2万名学生的创业学院，而且与不同的新经济企业合作成立了6个二级学院。中国的教育将来走向"一带一路"，走向整合，可以探索在海河创新聚集区建设"一带一路"教育创新中心。长城企业战略研究所在创业教育方向，尤其是在大学科技园方面不但有咨询经验，还有平台化探索，也希望和天津合作不只是规划，也要做实施和探索，把10所职业学校的经验总结出来向外推广，更好地发挥孙惠敏等企业家作用。

9 从联想事件说中国高技术产业发展规律[①]

> 最近网上的几段视频,把联想推上了舆论风口。作为中关村和中国民营科技企业发展的见证者,我想说改革开放以来,特别是中关村科技园区成立以来,探索了高技术产业发展的独特规律,走出了一条前所未有的、独特的发展道路。这个过程中,联想起了很大的作用。本文重点讲述高技术产业发展的3条规律:第一,"创业者有其股"是普遍规律;第二,"创业式创新"是以联想为代表的中关村企业走出的一条创新驱动发展之路;第三,"市场+政府"是中关村率先走出的具有中国特色的市场化改革及发展的成功经验。

一、"创业者有其股"是普遍规律

"创业者有其股"甚至"创业者控其股",这在全世界的风险投资和高科技创业领域已是普遍规律。中国的民营企业起步较晚,对这个规律的认识也较晚,但中关村在20世纪90年代就已经认识到了这个问题。

1994年,长城企业战略研究所与北京市新技术产业开发试验区(中关村科技园前身)办公室合作的第一个项目是中关村二次创业研究,其中要解决的一个重要问题就是产权问题。中关村的第一代创业者都是从高校和科研院所走出来的"穷书生",他们有知识、有智慧、能吃苦,也有开拓精神,但就是没钱。所以中关村第一代民营企业的启动资金大部分来自高校和科研院所。因此,创业贡献能否转换为产权从而被承认的问题一直困扰着中关村第一代创业者。比照硅谷模式,我们提出中关村的企业是风险企业,创业者几乎承担着全部的创业风险,其所拥有的资本主要是以知识、技术等为基础的人力资本,少量货币资本只是启动创业计划的"种子资金",而人力资本的评估只能是创业者之间或创业者与外部风险投资者之间谈判的结果。后来我结识了很多硅谷的风险投资家,发现他们因投资而持股的比例都不会超过1/3,而创业者往往持大股。在成熟的风险投资机制下,"创业者控其股"是一个常识。

二次创业研究从理论上回答了"创业者有其股"的问题,而历史上对中关村第一代创业者的产权欠账,却因国有资产管理制度改革的滞后,只有联想作为个案,

---

[①] 本文撰写于2021年12月。

通过财政部对中国科学院的授权得以解决。中国科学院从投资20万元的"种子资金"到收获了27亿元股权转让费，联想成为中关村第一代民营企业中唯一成功完成股权分置改革的企业，是中关村第一代民营企业家培育了"创业者有其股"的仅存硕果。

二、"创业式创新"是以联想为代表的中关村企业走出的一条创新驱动发展之路

在国家高新区建立30年的时候，我曾经总结过国家高新区的成功经验，第一条就是"创业式创新"。这个模式的渊源，可以追溯到20多年前。

20多年前的"柳倪之争"，最终以柳传志的"贸工技"的胜出和倪光南的离开而结束。然而这并不是一个结束，而是一个开始，是创业式创新道路成功的开始。以科技创新推动经济发展，真实地解决科技与经济"两张皮"的问题，靠的不仅是在实验室中研发的科技成果，更需要在市场中验证并实现技术迭代，通过创业把新技术带入经济领域实现其商业价值，这就是"创业式创新"。

发生"柳倪之争"时候的联想，首要使命是运用渐进式创新在市场竞争中生存和发展，而不是搞科研。现在，很多人拿联想与华为作比较，但业界人士都知道华为当年也是通过"渐进式创新"在市场上站稳脚跟之后，才逐步走上原始创新之路的。今天，我们拿不同企业之间的不同的发展战略选择去评价20多年前企业的生存之道的选择（况且当年两家企业的生存之道并无不同），显然是出现了基本的逻辑错误。

今天，如果把"贸工技"看作是只追逐经济利益，或者是当时不得已的求生之路，那就过于肤浅了。"贸工技"模式不仅让联想活下来并且做大做强，也为中国科技企业守住一片阵地，更重要的是它逐渐演变成成熟的、多样化的"创业式创新"的模式。这种模式以创业带动创新，以市场需求引领创新方向，它起源于美国硅谷，中关村通过学习借鉴而发展壮大，并且通过榜样的力量将其辐射到国家高新区，带动了中国新兴产业的发展。在如今的新经济时代，在科学发现与技术发明之间的距离、周期越来越短之时，"创业式创新"的模式更有其用武之地，"创业式创新"的创新驱动发展之路更加宽广。

三、"市场 + 政府"是中关村率先走出的具有中国特色的市场化改革及发展的成功经验

多年来，长城企业战略研究所一直在研究世界一流的高科技园区。在此过程

中,我们发现了中关村特有的成功经验——"市场+政府"。

中关村的企业是依市场规则而设立并发展,这已成为社会各界的共识。需要特别说明的是,在国家高新区设立管理委员会是中关村的原创,也是国家高新区的一大特色。二十世纪八九十年代,中关村的科技企业和整个中国一样,都是在向市场体制转型的过程中"摸着石头过河"。这期间,新的市场机制与传统的计划体制规则相碰撞的问题随时有可能出现。在当时要解决这些问题,往往面临着无前例可循、无规定可依的困境。在这种情况下,作为海淀区政府的派出机构——北京市新技术产业开发试验区办公室(中关村科技园区管委会的前身)成立了。该机构一成立,即着手在基层政府权限内改革具体的管理企业的制度,包括工商管理制度、财务会计管理制度、统计管理制度、出国人员管理制度等。更重要的是,有别于大部分政府机关以"管"为主的工作方式,试验区办公室更像一个服务机构,在法律允许的范围内为企业解决了很多困难,提供了很多便利,也出台了很多扶持政策。这些帮助为中关村科技企业的成长提供了当时最好的市场化发展环境,从而使中关村能够迅速崛起成为世界第二大科技园区。中关村的成功,其管理委员会的作用在全世界范围看都是独一无二的。后来在高新区设立管理委员会的模式也成为中国高新区的标配。

必须强调的是,中关村的成功经验,是政府在尊重市场经济规律的基础上,与市场形成合力的结果。如果不尊重市场规律,甚至采用计划经济的思维和管理方式,一味地用管制的手段去约束经济行为,就不会有今天的中关村。

四、结语

如今,改革开放已经40多年了,中国高技术产业也探索出了自身的发展规律,中关村正在举全国之力探索全球引领的科技园区之路。在这样的背景下,发生这次联想事件,说明中国的高质量发展和中关村的全球引领科技园区之路,仍有很多挑战。这就需要中关村更加注重建设先进的创新创业文化,更加注重发挥中国企业家的创新精神。

第十三章
中国传统文化与新经济

本章导读

近年来,王德禄所长关注文化传承和区域个性的关系,并且在咨询服务和智库服务实践中加以拓展,感悟颇多。基于长城企业战略研究所新经济咨询和智库研究的实践,他认为改革开放的成功可以归因于四大要素:改革、开放、新技术革命、创业。如果更深入地追问中国经济发展更底层的内在动力,我们会发现文化起到了很重要的作用,文化是四大成功要素的核心和纽带。

王德禄所长推崇王阳明思想。他认为王阳明思想的现代意义就在于对中国自主创新的启示,他的心学对当下的创业者和企业家极有意义,企业技术创新的核心是企业家精神。在企业家精神中,核心是敢于冒险,勇于创新,而这种敢于冒险、勇于创新的精神正是王阳明心学的核心。学习王阳明思想,首先是要"心大",企业家去改变世界,这就是有"心"的企业家要做的事情。同时,他认为王阳明思想中有2条路径,一是"格物致知",二是"知行合一"。如果说"格物致知"是王阳明那个时代的思想产物,那么"知行合一"就是王阳明思想的创造。

真正人与文化的联系是"心动"。王所长对2000多年前的齐国稷下学宫的智库模式钦佩有加。他认为那可能是世界智库的起源,也可能是世界上第一个智库。因此,他对于始创齐国稷下学宫的智者淳于髡格外充满想象力。因为淳于髡来自莱子国,而王德禄所长的祖籍黄县乃莱子国故地。这种历史和文化的联系,不是经验和线性的,而是想象和构建的,也是文化选择的结果。其中包含着文化自觉和价值取向,也有对职业角色的定位和把握。

长城企业战略研究所作为新经济时代下的咨询公司和民间智库,服务创业是我们最重要的任务之一。通过研究发现,在传统文化中蕴藏着许多与创业保持内在统一性的思想精华和方法论。王德禄所长行走在中国大地上,努力探寻当下中国新经济的文化延续和生机源头。他每到一个地方，一定会询问当地风土人情，也一定要去4个地方：博物馆、高新区、老街和创业大街。试图透过过去看今天，站在今天想过去、创未来。

王德禄所长关注新经济与区域经济和传统文化的关系。实际上，人与地域和文化的联系是真实的。所谓人是环境的产物，文化是人与环境相互作用的结果。他认为，胡适和陈独秀倡导的科学、民主是发展新经济的"源头活水"，合肥应该依托这两大区域的区域个性去大力发展新经济，紧跟成都和厦门全面转向新经济的步伐，以及北上深杭重点发展新经济的趋势，紧抓江浙沪产业转移和合肥综合性国家科学中心建设两大机会，发挥科学教育和基础科学研究领域优势，全力发展新经济。

王德禄所长一直关注齐国文化，欣赏齐国文化。尤其是齐文化的开放性、自由性、实用性，以及"以人为本"的思想等，都是值得探索和研究的。

在成都，他感悟到"易学在川"对发展新经济的价值；在西安，他感悟到道家"道生一"与当代创业"从零到一"的内在逻辑关联；在天津，他感受到洋务运动和劝业场在中国发展史中的地位，并预见其对天津新经济发展的影响。

关注中国传统文化及挖掘其于中国新经济发展的内在逻辑，是王德禄所长研究中国新经济的突出亮点与特色。

（撰写人：刘志光）

1 王阳明的现代意义

> 2013年7月30日,我的大学好友,中国哲学史专家朱晓鹏教授来京。刘志光、王素莉、朱晓鹏和我四人,像在大学时一样花了2个小时讨论我们感兴趣的话题,这次我们讨论的是王阳明的现代意义。我和朱晓鹏已经20多年未见面了,最近我对王阳明有点儿着迷,而朱晓鹏是浙江有名的王阳明研究学者,出版过关于王阳明的研究专著。刘志光趁他在北方开会的机会,专门安排了此次见面,在这次见面中,我谈了自己对王阳明现代意义的看法,朱晓鹏讲了他对王阳明的一些理解,刘志光、王素莉也分别谈了他们的想法。

一、我对王阳明的现代意义的理解

王德禄: 我认为王阳明的现代意义在于对中国自主创新的启示,他的心学对当下的创业者和企业家最有意义。中国当前正在建设以企业为主导的技术创新体系,而企业技术创新的核心是企业家精神。在企业家精神中,核心又是敢于冒险,勇于创新。而这种敢于冒险、勇于创新正是王阳明心学的核心。所以我常常说只有企业家才能把"心"做大,学习王阳明,首先是要心大。

王阳明成才的过程中,有一个很大的特点是想要"成圣",即怎么能够成为圣人。从现代的观点来看,当时的人们追求成圣就是现在人们追求改变世界。企业家去改变世界,这就是有"心"的企业家要做的事情。至于怎么改变世界,是要从兴趣,从思想出发。所以现在硅谷的创业者都怀揣一个梦想,那就是改变世界。他们有改变世界的思想,这就是"心",只有这样才能获得投资,才能实践伟大的想法。

在王阳明的思想中有2条路径,一是"格物致知",二是"知行合一"。如果说"格物致知"是王阳明那个时代的思想产物,那么"知行合一"就是王阳明思想的创造。

先说"格物致知",当时王阳明格竹子格了7天以致晕倒,只可惜那时中国没有出现科学技术,王阳明格竹子仍然是在理念上格,没有走出中国传统文化的禁锢。近代以来,人们将物理学称之为"格物学",实际上正是由于科学的兴起,真正的格物才有可能实现。现在科学技术变成了第一生产力,"格物致知"也应该成为商业模式创新。

另外一个就是"知行合一",王阳明最有名的一句话就是:一念发动处,便即是行了。王阳明的"知行合一"强调知识的创造过程和知识的应用过程是一致的。西方科学技术的发展在工业经济时代把知识创造的过程理解为基础研究、应用研究、产业发展3步。这3步在王阳明看来是"知先行后",是不对的。当进入知识经济时代后,硅谷也呈现出了"知行合一"的最新趋势,即基础研究越来越和应用研究、终端产品一体化。硅谷的很多创业者都是从基础研究出发,并且基础应用和概念验证不分家,有了新想法马上试试看。伟大的创业者和怀揣改变世界梦想的创业者往往想法非常独特,研究也相当基础,应用更是出人意料。现在这种创业者在中关村也越来越多,这种创业者体现了"知行合一"更好的新趋势。

"心"大能够改变世界,创业者的核心就是改变世界。这其中又需要用到2种方法,一是"格物致知",也就是商业模式创新,二是"知行合一",也就是原创,不是从基础到应用再到产品的线性过程,而是把最新的研究成果和想法应用到实践中。

二、王阳明的创新精神

朱晓鹏:我说一下我自己的感想。你为什么会对王阳明有兴趣?你最感兴趣的是他的创新精神,以及这个精神对中国企业发展的启示意义。在我看来王阳明是最有创新精神的,也是最有独立人格的。道家的东西我进行了十几年的研究,后来与中国社会科学院一起做了一项关于王阳明的课题,最后写了一本书。我就是这样开始研究王阳明的,并且我本身就对他有兴趣。王阳明对中国思想史,特别是浙江的思想史意义很重大,他很多东西深受道家的影响,融合了很多道家的思想。学术界对于这一点很认同,但还缺乏系统的研究,所以我现在致力于研究这个领域。

我觉得王阳明将儒释道结合得比较好,在很多知识分子身上也有体现,但我觉得在王阳明身上最突出。从创新精神和独立人格上讲,他也很突出。

王德禄:如果王阳明没有到江西,那可能就没有这么突出。江西当时就是蛮荒之地,因为这个蛮荒之地,让他脱离了儒家的约束,能够进行独立思考。

这一点在现在来看就是全球链接,想做一个伟大的人就一定要到处走,全球链接使得他有了更加独立的思考能力。我想,他如果在浙江或者山东,那可能就没有后来的成就了。正是因为王阳明到了贵州龙场,真正走出来了,才会这么突出。这一步不是可有可无的,而是必须的。

三、王阳明的独立人格

王德禄：晓鹏关于王阳明的《王阳明与道家道教》一书中写道："龙场悟道"的核心是王阳明自我意识的觉醒，发现了自己的独立人格。我认为这个判断很有价值。王阳明的心学发现了自我，发现了独立人格的价值，只有在独立人格的觉醒中，儒释道才能为我所用。

刘志光：王阳明的心学为知识分子的创新打开了空间。

朱晓鹏：我现在正在写第二本研究王阳明的著作，并且准备专门写一章关于独立人格的内容。我认为他的人格是非常突出的，而且他的人格不仅是有骨气，而且说到做到。他的故居上面提了一个"真三不朽"，三不朽分别是立功，立德，立言。人们评价他3项都做到了，而且都是标杆。这个现在也是众人对他的评价，这个评价他当得起，而且中国历史上找不出第二个人。

刘志光：人们认为，中国所谓"三不朽者"只有"二个半"人，即孔子、王阳明和半个曾国藩。

朱晓鹏：王阳明思想的生命力就是"知行合一"，独立人格的体现也在于"知行合一"。既有思想认识，同时又有实践。比如，他十几岁开始习武，后期一边读书，一边学习军事，参加边疆考察等，这些都是与实际结合起来的。包括后来考上进士以后，正值事业的辉煌期，他却托病隐居山里。这些都是一般人做不到的，但是他却做到了。尽管他后来也否定修炼，否定纯粹的静坐和特异功能等，他认为那些都是异术，作用不大，但是这些经历都融入了王阳明的独立人格。包括后来的贵州龙场，我们可以说贵州龙场是他独立人格的开端，但是仅有贵州龙场不够，还有后来在江西的独立思考等，这些都不能缺少，否则不会成就王阳明的思想和独立人格。

"致良知"是王阳明晚期的思想，说的是不承认权威，以自我的良知作为标准，所以这一点更彻底地凸显了他的独立人格。他认为任何外来标准都是人为设定，比如孔子等一些圣人，他们设定的"是非"不一定就是"是非"。王阳明认为"是非"是按我自身的良知去评判，而不是按圣人说的去判断。"致良知"是怀疑一切权威，用自己的标准立权威。凡事从自我的体验出发才能做出决断，任何外在的都只能作为参考。所以他的思想最本质的就是强调独立人格，以自己的思想，以自己的脑子来定是非。这点很好地体现在浙江的企业家身上，如温州、永嘉的分田到户，义乌模式等，这些都是独立人格的体现。

王德禄："致良知"就是怀疑精神，我原来没想到，我以前觉得"致良知"好像有点道德决定论，所以我对这个说法比较反感。关于心学，我理解为一个企业家应该心大，这个理解是对的么？

朱晓鹏：这个是道家的心大，王阳明当然"心大"，但我觉得你所说的更多归于道家。如果说学习王阳明的话这一点很值得学，而且浙江人的精神中能体现出来。不但是王阳明，还有南宋的陈亮，独立人格也非常突出，他和朱熹论战长达10余年。

王素莉：我去浙江考察的时候看到了很多优秀的企业家，我想或许是因为当地文化的孕育，所以在那里能充分体现出独立性。但是我那时没有想到"企业家品格"这个说法，因为这个问题在学术界很严重，影响了国外对中国学者能否做出学问的认知。那么企业家的独立人格究竟重不重要呢？我们今天再来看企业发展这个问题，企业家品格的作用就特别突出了。企业只有创新才能保持自己的竞争地位，所以我觉得这里面可以讲到"格物致知"和"知行合一"，以及"致良知"。一个企业真正的发展，不是行政能力所能概括的。企业发展的核心是企业家的品格，其在企业发展中有一种决定性的意义。

朱晓鹏：我认为一些企业之所以会倒闭，就是因为企业家没有独立人格。这样势必导致企业创新精神不够，那么所有的产品思路也都不是创新性的。

王素莉：企业家的品格和独立人格一直以来都是非常重要的问题，而且"致良知"最终的目标实际上是能打造一个强大、成功的企业，这是智慧的巅峰所在。

2　跨越千年看武汉："楚"与"酷"

> 2014年7月24—27日，我前往武汉。虽然武汉我已经来过多次，但这次我想找出不一样的感觉。因为最近我一直都在研究区域个性，所以更想从历史和区域个性的角度来挖掘武汉的独特魅力。这种独特魅力的最深厚的根基在楚文化之中，武汉的近代意义在于辛亥革命，它的现代意义在于新经济。我主要通过4个方面来说一说我的认识：一是看纪录片《楚国八百年》有感，二是在武汉和当地人交流，三是参观省博物馆——楚文化展，四是我的感想："楚"就是"酷"。

一、看纪录片《楚国八百年》有感

这次来武汉，有人推荐我看《楚国八百年》。于是，在动身前我几乎是"废寝忘食"地看完了这八集的纪录片。我觉得这部纪录片非常好，楚国自立国到公元前223年灭国，历经40几代君王，可以说整个中国文化至今仍受到楚文化的影响。学者任继愈认为，中华文明有四大渊源，分别是鲁文化、齐文化、楚文化和秦文化，并且还受到外来佛教文化的影响；四大渊源中，又以楚文化与佛教关系最为密切。由此可见，楚文化不仅是中华文化内部的顶梁柱之一，也是连接中国与世界的文化桥梁。

楚国在春秋时期一直被中原各国视为蛮夷，更加不受周王室的重视。可以说整个楚国的历史就是其"中原化"的历程，在这个过程中，楚国有几次比较重大的历史事件，如从楚国开国国君熊绎开始，便有了"不服周"的个性，与当时的天下共主周王室进行了多次战争，再到后来奠定楚国霸主地位的晋楚城濮之战，以及问鼎中原的楚庄王。楚国一步步从一个"南蛮"小国成为一个继齐、晋、秦之后令诸侯们刮目相看的中原大国。与此同时，楚国的文化也因此发展出自己的特点，是对中原鲁文化和齐文化的一种革新，如《楚国八百年》中就提到了楚国漆器和青铜器。楚国漆器和青铜器在春秋战国时期不仅十分发达，而且独具特色，表现出一种完全不同于中原文化的美感。

《楚国八百年》中对屈原的改革十分赞赏：屈原的改革如果能够成功，秦国就不可能打败楚国，而楚国会一统天下。我对这个结论不以为然，我更希望的是当时的楚国能够成功地抵抗秦国的扩张。这样的话，中国就能有多种不同的发展模式。在多元文明的冲突中，创新才能更多地涌现出来。

二、在武汉和当地人交流

来到武汉之后，我几乎在每个场合都在与人交流楚国历史和楚文化。

7月24日下午，我在光谷资本大厦一楼的路演中心会议室，与光谷的50多家瞪羚企业进行了座谈，我演讲的题目是"新经济在武汉呼唤瞪羚"。在演讲之前，我说了只有对楚文化进行思考，才能找到光谷崛起的历史依据。楚国是春秋战国时期中国文化发展的巅峰之地，在黑格尔的眼中，秦始皇统一中国后，中国文化就陷入了循环往复，历史就没有进步。2000年后，正是在武汉，这种循环被辛亥革命终结了，从而进入了一轮新的成长阶段。如果说当时屈原呼唤的是政治人才，现在我们呼唤的则是企业家，呼唤的是改变世界的瞪羚企业。而武汉能不能出现一批改变世界的瞪羚企业，就要靠大家的共同努力。

7月25日下午，我应邀来到东湖高新区，在"光谷大讲堂"上为东湖高新区的工作人员进行培训，做了题为《光谷的创新驱动之路——业态创新与社交化》的报告。我先谈到了光谷的区域个性，我认为有几点，首先是"不服周""九头鸟"的创业精神，中国的孵化器率先在光谷诞生，中国的创业一条街也率先在光谷诞生，创业为何在光谷这么火热？其中都蕴含了楚文化遗留下来的"不服周""九头鸟"精神。其次，武汉是全世界大学生人数最多的地方。波士顿是全球的知识巅峰，但总人口只有400多万，而武汉的大学生就有100多万，可以说是新型的90后人才最大的集聚地。现在各高新区都在挖掘自己的区域个性，光谷是在国家高新区中，第一个给自己的园区赋予独立产业特色的高新区，这为光谷打造世界一流高科技园区打下了很好的基础。

除了开会演讲之外，就是与当地人交流，主要有光谷高新区的李世庭主任、强主任、武汉菲仕的郑总，以及武汉智城的几位负责人。

李主任是湖北荆州人，他认为荆州人最能代表楚文化，因为荆州人身上真正继承了楚国人"不服周"的特点。楚国的都城郢都最早就是建立在荆州附近的。而直到现在荆州的方言里还有"不服周"的说法。

武汉智城的几位负责人都是武汉人，说起武汉时充满了自豪感。在他们看来，湖北人敢干、敢想、敢闯，但是对机遇的把控力不足。他们还告诉我当年刘备在诸葛亮的辅佐下大破曹军的战场就在离东湖不远的地方，只是时间久远，找不到什么遗址可供凭吊。

强主任和郑总都是从外地来武汉工作生活很多年的人，因此，他们的看法更客观，更具有代表性。他们认为楚国文化的精髓不在武汉，而在荆州、随州一带，不仅是因为楚国都城最早在此，更是因为这里是沟通南北的要道，可以直抵中原。他们还建议我去荆州看一看，那里有几间博物馆，能对楚国有更多的了解。

三、参观省博物馆——楚文化展

7月27日上午，是这次武汉之行的最后一天，在光谷高新区《今日光谷》杂志主编石昶博士的陪同下，我参观了湖北省博物馆。这是我这个月第二次参观博物馆。

湖北省博物馆的主题是"楚文化展"，看来湖北省也将楚文化作为自己最独特的个性。

在这里，我看到了一直都很想了解的楚国都城——郢都的复原模型。它位于湖北省荆州市北面离城8公里的纪南城。曾经有20个王以此作为都城，历时400多年，因此成了当时南方一个大都会，也是重要的商业中心。此外，由于它是长江中游水陆交通的中枢，因此成为兵家必争之地。公元前278年，郢都遭到秦国军队入侵，因而变成废墟。

再下来看的是湖北省博物馆的两大镇馆之宝——吴王夫差矛和越王勾践剑。吴王夫差和越王勾践分别是春秋时期与楚国相邻的吴国和越国的霸主，在历史上也留下了赫赫威名。但他们所用的武器最后却都是在楚国的墓葬中被发现，不禁给人以无尽的联想和思索。

我还参观了当年楚国民居的复原实物和出土的一些当时的生活器具。我感觉中国人的生活习惯早在2000多年之前就已经基本定格了。

四、我的感想："楚"就是"酷"

在这次来武汉的演讲中，多次提到我对武汉的看法，我认为楚国在春秋战国时期是中国文化发展的一个顶峰，楚国当时所代表的文化，本质是对中原文化的一种创新。怎么样来界定楚文化的创新？最好的界定就是"楚楚动人"，可以想见，春秋战国时期，"楚"和现在的"酷"一样，是活力和新颖的代名词。

但是这种灿烂的文化，被更蛮夷的秦国，以更野蛮的方式覆灭，开始了"车同轨、书同文"的专制时代。后来人往往对秦始皇的焚书坑儒进行否定，但对"车同轨、书同文"给予很多肯定。在我看来，在文化启蒙阶段开始的"车同轨、书同文"

是有害而无益的,因为中国文明可能出现更多的创新点都在"车同轨、书同文"中被扼杀了。从此中国的舞台上,只能上演帝王将相的故事。

1911年爆发的辛亥革命结束了自秦始皇以来的专制统治,从而又将中国历史推入到了一个新的阶段。作为辛亥革命的首义之地,武昌起义的成功既是一种偶然,又是冥冥中的一种必然。现在想来,与2000多年前的楚人"不服周"的精神是直接相关的。

这些都说明武汉在中国的地位是多么的重要,武汉是中国的经济、地理中心之一,现在最能代表这种特点的是武汉光谷,光谷是仅次于中关村的国家自主创新示范区。进入新经济时代,在古楚大地上出现了"光谷"这样的全球创新尖峰,这既是楚人精神的传承,也是新经济与武汉的区域个性结合的产物。在光谷涌现出众多的创业企业,在武汉成为全球大学生最多的城市,这些都意味着在中国崛起的过程中,光谷和武汉必将成为一支重要的力量。

3 成都区域个性:"易学在川"与"耍都"

> 2016年6月23日至26日,我在成都参加"建设世界一流高科技园区工作座谈会"和"2016世界一流科技园区圆桌会"并发言。在发言中,我提到成都的区域个性有2点:"易学在川"和耍都。会议结束后,我选择了一些景点,包括成都博物馆、锦里、耍都文化广场、宽窄巷子,去感受成都的区域个性。本来我要去青羊宫,可惜那里当时在大修,没有去成。

一、从历史发展看成都:易学在川

我在成都博物馆参观了《花重锦官城——成都历史文化陈列》展览,了解到成都是一座与道教渊源颇深的城市,在中国道教史上一直占有相当重要的地位。成都是道教创教开派的核心地区,沛国丰人张陵(张道陵)于成都大邑鹤鸣创五斗米道(亦称天师道),这标志着道教的正式创立,鹤鸣山成了中国道教发源地之一。青城山为四大道教名山,道教的发祥地之一,青城山的峰峦、溪谷、宫观皆掩映于丛林之中,体现出道家崇尚朴素自然的风格。成都城的建立也与"道"密切相关,先秦时期道家代表人物鬼谷子的学生张仪平定蜀国,和司马错建立了成都城。

我认为"道"最能体现成都的区域个性,道的核心就是事物运动变化所必须遵循的普遍规律。南怀瑾在青城山学习易经时曾提出"易学在川",易即变易,变易中有三易:恒易、简易和不易,世间万象的核心是"变",易经就是变化的学问。新经济条件下,成都的发展要追求"道",追求对规律的把握,挖掘其颠覆性的、根本性的变化,不能被手脚所束缚。

二、从日常生活看成都:耍都

成都人很会休闲,很会玩。玩麻将、看川剧、泡吧、逛街、品美食、农家乐度假……不仅会玩,而且玩得有品位、有创意。这次来成都,我发现有一个地方叫耍都文化广场,我认为这个地名非常能体现成都的区域个性。为此,尽管别人告诉我耍都文化广场是一个充满夜生活的地方,但是我仍坚持在白天去看了看耍都文化广场,以表达我对这个地方的兴趣。我还到锦里、宽窄巷子体验了地道的成都生活,在锦里,我到三国茶馆喝茶、吃午饭、掏耳朵。到了宽窄巷子,我发现大约每100

米就会有一个掏耳朵的店,在两椅之间的广告牌上写着:"三大令人快活似神仙之事:洗澡、捏脚、掏耳朵"。原来,这不仅是老北京人的乐趣,成都人也乐此不疲。在宽窄巷子,我找了一个老茶馆喝茶。据考证,中国和世界的茶叶文化最初起源于中国的巴蜀地区,确切来说是成都周边,我品尝了竹叶青,体验了传统茶文化。

成都号称是一座来了就不想离开的城市,是大家公认的"休闲之都",这几个地方就是成都生活的一个浓缩,确实能代表成都人休闲的生活方式,是体验和感受巴蜀文化不可错过的地方。休闲相对于忙碌,玩相对于劳动,休闲与成都人追求自由、追求创意的想法密切相关,在休闲文化的背后,成都创造了几十项中国第一乃至世界第一的历史文化记录,就是一个很好的佐证。

三、我的感想:创业与高端链接

在新经济条件下,成都应该如何发展新经济?我想一定要抓住"易学在川"和耍都这2个特点,开展创业与全球链接。

创业之所以能成功,根源也来自于想法,一个好的创业离不开新思想的引领。"易学在川"的核心是变化,要去追求变革的规律。成都的创业者更应该加强洞见能力,用伟大创业引领产业和社会变革。成都作为耍都,就要开动脑筋,把"耍"的东西做到极致,开展商业模式创新,创造一批改变世界的大企业。我认为,现在成都要做的是向创业之前的想法阶段进行延伸,越是新经济,越是全球化,就越能体现出想法的重要性。

6月26日下午,我去武侯祠,发现武侯祠充满了创业的氛围。让我感到比较意外的有3点:第一,主殿供奉刘备,两侧分别是关羽和张飞;第二,关羽穿的竟然是龙袍;第三,第三大殿又是三义庙。如此说来,武侯祠是创业的寺庙,创业三兄弟是里面的主角,"职业经理人"诸葛亮反而是配角。武侯祠中的三义庙是对桃园三结义故事的诠释。中国的每个酒桌上都有结义的情节。中国人在酒桌上都在讲究合伙创业。我认为,成都应该充分挖掘武侯祠的创业文化的特点。

其次,成都要做好全球链接,因为全球链接才能提升成都的发展水平,才能在全球化视野中寻找发展机会。所以成都应该和世界一流园区进行更密切的合作,深入与全球创新高地、世界一流高科技园区开展创业合作,让成都的创业者到全球创新高地走一走,也吸引全球的创业者到成都创业。未来成都全球链接的重点是以人为核心、以创业为动力、以创新生态联系为本质实现区域高端链接,出现能够改变世界的、伟大的创业者。

4 承续稷下学宫精神，实现跨越式发展

2016年12月9日上午，长城企业战略研究所济南业务中心在济南高新区举办了"首届稷下学宫论坛暨山东创新驱动发展座谈会"。参加这次论坛的嘉宾有济南高新区管理委员会发展战略与宣传策划局局长逄锦波、主任刘玉宝，淄博高新区管理委员会副主任张旭东、科技局副局长刘鹏，中国高新技术产业导报社副社长霍立峰。同时还有我的大学校友，中国石油大学原书记郑其绪、山东省经济和信息化委员会副主任张忠军、中国石油化工集团高级工程师李宝同、山东省环境保护科学研究设计院高级工程师孔宪珍、中国石油化工集团管道局山东办事处原主任王金龙、刘清华等。长城企业战略研究所参加本次论坛的还有刘志光、陈文丰、程宏、王玉安等。我在论坛上作了主题发言。

一、山东是智库的发源地，稷下学宫是智库的起源

我想讲一讲在济南业务中心开张典礼之前为什么要召开这次稷下学宫论坛。两周以前，我到济南大学参加了山东省的智库论坛，我当时演讲的题目是和"山东是智库的发源地"，会上我重点讲了稷下学宫是人类历史上第一个智库。最近几年，中国出现了"智库热"，智库正日益成为各地政府的重点工作，济南高新区正是基于发展智库的原因把长城企业战略研究所引入到山东。也正是这个原因，我们在济南业务中心开张之际，举办首届稷下学宫论坛，这算是对山东发展智库的一种积极响应。对于山东来说，发展智库最重要的目的是实现创新驱动。我们山东业务中心筹划2017年在山东的六大国家级高新区暨国家自主创新示范区中召开六场稷下学宫论坛。这6场论坛将是山东打造创新高地的重大举措。届时，我们将邀请来自硅谷、台湾、北京等世界各地的一流智库参加论坛。

稷下学宫历史厚重，始建于齐桓公，发展于齐威王，发达于齐宣王，距今已有2500多年的历史。稷下学宫规模之大、影响之广，聚集人才之多，是那个时代名副其实的世界第一。在人类文明的"轴心时代"，稷下学宫与古希腊的"雅典学院"交相辉映，成为东西方智慧文化发展的高峰。古希腊"雅典学院"带有更多教育特征，它实际上是欧洲第一所综合性学校和科学院。而稷下学宫则带有更多的资政启民等智库特征，是中国乃至世界上的第一个智库。学宫实行"官资民办"制度，由

齐国官方资助，由学宫"祭酒"自主管理具体事务，保持思想独立，允许"不治而议论""不任职而论国事"，制度性参与国家大事谋划、外交等活动，集中发挥"资政辅政、启迪明智、平衡分歧、举荐贤才"的智库功能，堪称世界智库发展的起源与典范。

二、稷下学宫对于大国崛起与世界和平仍然具有时代价值

如果说"雅典学院"是欧洲文艺复兴运动的思想的"原点"，稷下学宫则塑造了中国几千年来"思想独立、百家争鸣、求实发新、修齐治平"的智库精神和智库传统，从稷下学宫走出了孟子、荀子、邹子、申子、淳于髡等一大批熠熠生辉的文化巨擘，他们是中国智慧的"精神光源"。在春秋战国群雄并起的大环境下，穷兵黩武的"夫差模式"和有筋无骨的"偃王模式"最终都把国家引向歧途。而齐国则通过稷下学宫成功地将文治和武功有机结合，实现了辅弼相生，成为那个时代大国崛起与和平发展的经典案例。在当代世界多极化发展的大环境下，稷下学宫精神和稷下学宫模式实际上为中华民族的伟大复兴和世界和平提供了智慧。

三、中国怎么实现"弯道超车"

面对全球新一轮科技革命与产业变革的重大机遇和挑战，中国要实现"弯道超车"，必须要用好智库平台，以思想领先带动创新发展，聚天下英才而用之。

第一，"弯道超车"离不开创新驱动，这就需要着力发挥智库始终站在创新发展最前沿的优势，以敏锐的触角、战略新思维、深入的观察和坚实的前瞻性理论研究，为新经济发展提供新思想、新观点、新理念，为科学决策提供坚实的支撑。

第二，想要"弯道超车"，国家自主创新示范区和高新区是主力军。这就需要充分发挥智库的作用，以智库建设撬动创新资源集聚，为如何开展创新政策先行先试，激发各类创新主体活力，为打造具有全球影响力科技创新中心提供智力支撑。

第三，"弯道超车"要深入落实"一带一路"倡议。需要用好智库平台，"以软带硬"输出中国经验和中国模式，为如何深化国际合作提供可操作的解决方案。

第四，中国新经济崛起的核心是企业的非线性成长，表现形式就是瞪羚企业和独角兽企业，它们引领传统产业的颠覆式变革。但是瞪羚企业在成长中仍然不可避免会遇到很多问题和挑战，迫切需要发挥高端智库帮助其厘定发展战略，完善商业模式，应对各种市场风险。长城企业战略研究所20多年的咨询经验已经基本摸清规律：在别人专注发展工业经济的时候，我们发展新经济，别人要扩大经营时，我

们要创新性经营。我可能12月要去巴基斯坦参加世界创新性大会，我已经形成了有2个逻辑：第一是中国打破英国、法国这些国家的创新模式，有创新创业的新经济模式；第二就是中国有世界无与伦比的"发动机"，这个"发动机"是创业者。创业门类特别多，但是欧洲基本在削弱创业能力，东南亚地区还都是发展中国家，中国的创新创业氛围非常好，所以我对中国"弯道超车"有信心。

5 皖南：挖掘区域个性，发展新经济

> 2017年9月6日下午，刘志光、陈文丰、吉星星和我从北京出发，开启5天的安徽新经济文化之旅。这是我近10年第一次来到安徽，而且待了快一周。我在一个地方能待一周十分难得。在这一路中，我对安徽的区域个性有了更多了解。

一、安徽新经济文化之旅

这次到安徽来，一是受邀为新升级国家高新区主任培训班讲课，二是从新经济视角探索安徽的区域个性。在蚌埠讲完课之后，我们一路南下，经过了安徽16个地市中的8个，分别是蚌埠、淮南、合肥、安庆、池州、铜陵、宣城、黄山，重点到了蚌埠、安庆、宣城、黄山，其中对安庆和宣城做了深入接触。

这是我第一次来蚌埠，一下火车我就让接我的司机去一家当地特色的小吃——雪园小吃部，品尝了雪园馄饨和汤圆，这家店是一家百年老店，也是蚌埠市非物质文化遗产，我还品尝了当地特色的"烧饼夹里脊"，据说还有一首关于烧饼夹里脊的歌，在当地很是流行。

晚上我们入住了禾泉农庄的酒店。第二天我与陈文丰、吉星星乘坐观光车游览了禾泉农庄。这个农庄里种植着一大片高粱，还散养着孔雀、鸵鸟、鸡、鱼、马、鹿等各种动物。经过禹狄坊的时候，讲解员告诉我们这是一个酒坊，相传大禹治水三过家门而不入，大禹的女儿就把送给大禹的饭藏在一个树洞里，久而久之，这些饭就发酵成了酒。讲完课之后正好有车来接我们，我们就离开了蚌埠。

安徽建省较晚，建省以前与江苏省合称为江南省。清康熙六年，安徽建省，取当时域内两个重要城市安庆、徽州首字为省名，定安庆为省会。因地势区位不同，安徽大致分为特色鲜明的3个空间板块，皖南板块地处安徽南部、长江两侧，以安庆、黄山、池州、宣城、芜湖等城市为代表；皖北板块地处安徽北部、淮河两岸，以阜阳、蚌埠、亳州、淮南、淮北等为代表；皖中地区地处江淮之间，以合肥、滁州、六安为代表。从区域个性上看，安徽虽然建省时间较短，但其山河秀丽，历史悠久，文化璀璨，名人辈出。在新时期，安徽依托区位、文化和人才优势，爆发出较大发展潜力，合肥、芜湖等城市影响力日益增强，而安庆、徽州等历史文化名城

也将焕发出新的光彩。

二、安庆：桐城派的故乡

9月7号，我们从蚌埠一路奔波终于到了安庆。安庆是我这次到安徽来重点考察的一个地方，在这里我待的时间最长，了解得也最深入。刚到安庆的这天晚上，陈文丰的叔叔和婶婶请我们去长江野生鱼馆吃正宗的长江鱼。我们吃到了鳗鱼、江泥鳅，还有其他几种地道的长江鱼，味道非常鲜美。

9月8号上午，我们去了安庆的迎江寺，迎江寺门口两边各有一个重达3吨的船锚，据说是具有防止迎江寺随江东去的象征意义。迎江寺内有振风塔，取名"振风"，有"以振文风"的意思。我还参观了安庆的辛亥革命陈列馆，它就在迎江寺隔壁，原来安庆也是辛亥革命的一个重要战场，这是我来之前所没有想到的。我还专门到它的老街——倒扒狮街去看了看，但是这里没有开发，都是卖服装的，我有些失望，这和安庆历史文化名城的形象是不相符的。

9月8号上午，我本来是还要参观安庆博物馆的，但是博物馆的展品没有展出，所以我就顺道参观了中国黄梅戏博物馆。博物馆的讲解员告诉我们，黄梅戏以前是在民间流传的戏种，徽班进京为黄梅戏在安庆留出了演出空间，1952年地方戏汇演让黄梅戏在上海登上了大雅之堂。在黄梅戏博物馆和文庙都有严凤英的展览。当天晚上我们还去了再芬黄梅公馆听了黄梅戏《女驸马》《借丈夫》，剧情很简单，也很易懂，听起来很有意思。

我和安庆市委的副秘书长张翼还专门探讨了安庆的文化，我觉得在新经济时代，安庆要通过振兴文化发展经济。

9月8号下午，我们专门到安庆高新区进行了考察。我们在高新区管理委员会看了他们的沙盘。随后我们就安庆高新区的建设情况进行了交流，专门讨论了安庆高新区能否以打造安庆的新经济中心为目标，支撑安庆的新旧动能转换。

安庆在春秋时期就是古皖国封地，山称皖山，水曰皖水，城为皖城，安徽简称"皖"即由此而来。东晋风水家郭璞曾登临安庆盛唐山观望长江，所见地势优越、风光旖旎，有感而发"此地宜城"，因此安庆也被称为"宜城"。1147年，舒州德庆军改为舒州安庆军，安庆之名即始于此，含"平安吉庆"之意。1760年，乾隆将安徽布政使司迁治安庆府治，安庆正式成为安徽省的省会。安徽建省后一直是全国富庶的省份之一，省会安庆更是得到长足发展，与上海、南京、武汉、重庆并称为"长江五虎"。安庆自古重文兴教，文风昌盛。禅宗文化、桐城派文化等交相辉映，形成了浓郁的地方特色文化，孕育了姚鼐、方苞、陈独秀、赵朴初等众多历史文化名人。我认为在新一轮发展中，安庆要充分发挥本地的人才和教育优势，充分挖掘安庆深厚的历史文化底蕴，才能实现"弯道超车"，推动安庆崛起和发展。

三、徽州出了个胡适

由于时间紧张，去完安庆之后，我本来不再打算去绩溪了，但是刘志光坚持说今年是陈独秀和胡适到北京大学100年了，应该去看看。所以，我们又改变了行程直奔绩溪，一路经过池州、铜陵来到绩溪上庄镇的胡适故居。

在上庄镇，胡适故居是中等宅子，有好几户比它更大的古宅院。胡适故居共前后两进，前面是胡适的婚房和书房，后进是胡适妈妈的住所。胡适出生在上海，5岁时回故乡，在故乡受了9年传统教育，13岁到上海接受西式教育。后来又2次回到故乡，一次是留美之后回来结婚，另外一次是母亲去世。

到了胡适故居，我体会到胡适还是一个比较传统的中国人，尽管他在上庄镇住的时间并不多，但是这里才是他的家。我专门在他的书桌前和他的客厅照了相，我想这里是胡适萦绕一生的家乡印象。在去胡适故居的路上，盘山绕岭走了很长时间，我在想胡适要走出大山要多不容易呢？讲解员告诉我们，这里有句俗语：从这要走出大山，"不快不慢三天整"到余杭，再乘船前往上海。

来的路上我觉得这里山路太崎岖，感觉胡适像是大山里的野孩子，但是到了胡适故居后，感到上庄镇的文化气息很浓厚，讲解员说胡适小时候很文气，孩子们都叫他糜先生，连舞枪弄棒这样的事胡适也是浅尝辄止，不能尽情发挥孩童的天性。

胡适故居是国家重点文物保护单位，曾经单独申请的时候没有被批准，后来只好以上庄镇的古建筑群申报才被批准为国家重点文保单位。我本来还准备去胡适上学的地方和他父亲的宅子去看看，但是载我们来的司机孩子生病了，着急回去，所以我们参观了胡适故居之后就只好先离开这里，还是有些遗憾。

绩溪在古时由徽州府管辖，徽州当时下辖一府六县，直到辛亥革命后废府留县，徽州之名前后沿用长达780年，所辖六县也一直没有变动。这对徽州孕育出相对统一的文化起到了积极作用。徽州文化是极具地方特色的区域文化，是中国封建社会后期的典型标本，以徽商、徽派建筑等文化艺术形式共同构成的"徽学"与"敦煌学""藏学"并列为国学三大地方学科。

徽商在宋代开始活跃，全盛期则在明末清初。徽商与晋商齐名，是中国古代十大商帮之一。徽商兴起是因为处于贫困山区，种地无以生存，迫于生计便开始从事贩运和批发业务，经营品种广泛，主要是大宗商品，包括盐、茶、棉布、典当、文具笔墨等。

徽派建筑也是徽文化的重要代表。从安庆至绩溪的途中，在进入铜陵境内，逐渐能见到以粉墙黛瓦为特点的农家庭院。听说当年徽商在外经商成功之后，回到老家要重点修建房子，尤其是民居、祠堂和牌楼，非常具有特色。徽派建筑在中国建筑史上独树一帜，不仅在徽州地区，也在江西、浙江、江苏等周边地区有较大影响。

胡适先生一生信念坚定，对自由和民主始终没有怀疑过。他毕生着力提倡的民主、自由思想和理性主义帮助许多青年树立自主自由的人格，形成独立思考、尊重事实的思维方式。这种独立思考的精神与陈独秀先生不谋而合。同时胡适先生也讲究方式方法。早在1919年，胡适先生在北京"少年中国学会"做《少年中国之精神》的演讲时，就提出年轻人要"注重假设""注重证实"。1952年，胡适先生在台北市台湾大学作题为《治学方法》的演讲，提出了"大胆假设、小心求证"，体现了胡适先生求新的精神和求实的态度。发展新经济没有固定的方式方法，因此需要在实践中不断探索、不断调整，胡适先生留下来的方法仍然具有重要的价值。

四、讲究方法的桐城派文化

在来安徽的这几天，我都在看关于桐城派的书，每天都在琢磨。我了解到，桐城派主张文章要有"义"和"法"，"义"即言之有物，"法"即言之有序。可惜桐城派并没有把文章进行逻辑分类，所以"义"和"法"流于空泛。我很欣赏桐城派写文章的序，文章的序到现在仍然是中国文化走向原创的根本。但是怎么探索当代文章的序，是当代中国文化的重要命题。我认为，小说方面可以学习美国的POV（point of view），而报告方面，长城企业战略研究所正在探索微报告的逻辑结构，以及内参写作的三原则。

到了安庆之后，一听说有桐城派博物馆，我就坚持一定要去看看。第一天行程排得比较满，我没去成。于是第二天一大早我们就驱车前往桐城。在前往桐城派博物馆的路上，我们还顺便去了桐城六尺巷，"一纸书来只为墙，让他三尺又何妨。长城万里今犹在，不见当年秦始皇。"这里还有当年六尺巷的传说，但是已经不见当年张英、张廷玉父子宰相的痕迹。因为桐城派博物馆就在桐城文庙里面，所以我们顺道去文庙参观了一下。文庙在古代就相当于现在的公立学校。各地的文庙祭祀的神位都一样，中间是孔子，孔子后排左边是曾子、孟子，右边是颜回、子思，大殿左右两边还有"十二哲"，闵子骞、冉雍、子路、子贡、子夏、有若称"东哲"，冉耕、宰予、冉求、子游、子张、朱熹称"西哲"。

在桐城派博物馆参观的过程中，我十分关注桐城派的方法论，参观之后对桐城派写文章的方法论有了更多的了解，如义理、考据、因声求气、修辞求其诚，要求写文章要有内容，要有依据，要有一定的韵律，还要有感情在里面。所以我在桐城派"言之有物、言之有序"的基础上，提出"言之有新、言之有类"。"新"是在内容上要创新，如微报告的内容就是创新创业，内参的内容就是科学决策。"类"是不同文章的写作方法不尽相同，因此写作的时候必须加以区分。在桐城派博物馆，我还看到了完整的桐城派传承谱系。

五、独立思考的陈独秀

这次来安庆，我还重点参访了独秀园，独秀园中设有陈独秀纪念馆和陈独秀墓。在陈独秀墓的牌楼上，左边是民主，右边是科学。我原来觉得五四的传统更多地保留在北京和上海这样的大城市，没想到在安庆的独秀园能在这么显眼的位置看到科学与民主，看到这里我心里有一丝激动。

在参观中，我比较欣赏陈独秀先生说过的一句话，"我只注重我自己的独立思想，不迁就任何人的意见"，这种独立思想既是当前中国创新创业、发展新经济最重要的观念支撑，也是当前最为匮乏的一种资源。我也深深认为，陈独秀先生的一生也是此句话最鲜明的诠释和最生动的实践。所以，最后离开独秀园时，我留下了"独立思考、独秀中国"的留言，算是对陈独秀先生表达最崇高的敬意。我还买了2本关于陈独秀的书。一本是《陈独秀传》，这本书讲述了陈独秀的一生，另外一本是《兄弟碧血映红旗》，这本书讲述的是陈独秀的2个儿子——陈延年和陈乔年的故事。

陈独秀先生一生坎坷，少年风光，中年峥嵘，晚年凄凉。陈独秀先生一生的命运与其叛逆桀骜的性格有关，听说这种性格，是在少年时代就形成并显露出来。陈独秀先生年幼时父亲早亡，由祖父抚养其成人。其祖父古板严格，对少年陈独秀管教严厉有余、慈爱不足，导致陈独秀先生孤僻叛逆，脾气火爆。其祖父说过，这孩子长大后不成龙，便成蛇。真所谓性格决定命运，一点不差。讲解员给我们讲解了独秀园最早是由民间集资重建，现在成为国家重点文物单位，由政府代为管理。政府对陈独秀先生的评价正逐渐发生变化，这种变化也体现在对独秀园的管理和独秀故居的保留上，听说陈独秀先生在老自来水厂的故居得以保留，只是暂时以陈独秀先生两个儿子陈延年、陈乔年革命烈士的名义存在。

这次我到安徽来，是一次新经济文化之旅。我重点了解了三百年桐城派，百年胡适和陈独秀。桐城派是讲究文章逻辑的流派，在新经济发展中会重振雄风。胡适和陈独秀既是科学、民主、人权的倡导者，又是独立思考的大师，是新经济发展的源头活水。这次来到安徽，不虚此行！

6 在终南山上思考西安的区域个性

> 2018年10月26日下午,我到长城企业战略研究所西安业务中心参加西安新经济发展研究院揭牌仪式,并与西安的同事就如何挖掘和理解西安的区域个性进行了交流。今年以来,我一直在研究《道德经》。此次西安之行,我特意去了终南山,在老子当年讲经的楼观台拾级而上,并实地思考了创业的原理和西安的区域个性。这个部分主要讲4个内容:一是区域个性理论,二是古都与新经济发展,三是在西安的足迹与感悟,四是西安未来可能的产业爆发点。

一、区域个性理论

每到一个地方,就要去挖掘这个地方的区域个性,这是我们近年来一直坚持在做的事。这两年,我有了一些新的认识,特别重视对区域历史文化的挖掘。西安未来要发展什么,首先应当从它的历史文化中去寻找答案。希望下次到西安来,我能看到西安业务中心的书柜里有关于西安历史文化的书,还要请懂得西安历史的专家来作报告。

最近深入研究了新旧动能转换的有关问题,提出了实现新旧动能转换的四大机制:产业跨界融合,在传统产业中引爆增长;大企业平台化转型,使传统企业涌现新动能;发展"四新经济",助推爆发式成长;挖掘区域个性,打造创新创业生态。其中,前2个重点是围绕传统产业的转型重构做文章,后2个着重强调发展新经济。发展新经济,促进企业爆发式成长,首先需要以区域个性打造创新创业生态,这样区域个性就和创新创业生态发生了关系。一个好的创新创业生态,一定能体现基于当地历史文化的区域个性。创新创业生态进一步发展,将形成爆发式成长的新产业,从而进一步丰富了区域个性的内涵。如西安,只有通过挖掘区域个性,才能在西安寻找到产业爆发点。创新创业生态指的是研发、服务、创业这3个要素,但它在什么时候才能真正爆发成功?基本上是以出现产业爆发式成长的状态为标志。我们在西安挖掘区域个性,归根结底是要找到西安的伟大的创业者和改变世界的生产力,找到西安的产业爆发点。

二、古都与新经济发展

西安（古称长安）是世界四大古都之一，已有3100多年的建城史。中国历史中最强盛的时代几乎都在这里度过，周、秦、汉、隋、唐等13个王朝曾在此建都，历时2000多年。这里还是当时世界上屈指可数的人口超过百万的城市。丝绸之路开通后，长安成为东方文明的中心，史称"东长安、西罗马"。中国西安、埃及开罗、伊拉克巴格达等以传统农耕文明为主的地方，都很有希望发展成为新崛起的新经济之都。在工业文明时代，工业发展需要建工厂，需要联合去生产，传统农耕文明与这个体制是不吻合的，所以西安等古都基本上是没落的。然而在新经济时代，从某种意义上来说，古都的城市建筑、文明传承、人文气息恰恰是创意创新的源泉。凡是拥有古老文明的地方，在新经济时代都会有充足的发展机会和丰富的发展资源。因此，只有新经济才能将西安的古都文明焕发新意。当然，经过几千年的专制统治并在工业文明中经历了衰落，人们的思想可能在一定程度上被禁锢起来，需要一个重新激发他们的创造力和活力的过程。

三、在西安的足迹与感悟

我来过西安五六次，游览过丰镐遗址、终南山、大雁塔、陕西历史博物馆等景点，希望能在西安找到和新经济发展有关系的历史渊源。当年西汉张骞从这里出使西域，成就了西安这座国际化大都市，但据说现在已经没什么历史遗迹可供游览了。然而由国际化造就的包容开放，已经成为西安人的文化基因，这一点也可以从西安的人口构成侧面反映出来，目前，西安全市共有包括汉族在内的民族53个。在这些现存的历史遗迹中，我最看重的有以下2个：

第一个是丰镐遗址，这里曾经是周文王创制周礼的地方。西周时期，周文王在今西安城西南营建丰京，将臣民从岐山周原迁于此，又命子姬发（周武王）在沣水东岸营建镐京。前者为宗教、文化中心，后者为政治中心，合称"宗周"。武王灭商建立周王朝后，以丰镐为都，为西安作为都城之始。今天上午举行创新双月谈的会议厅，便是以丰京的核心区域灵沼命名的。孔夫子最欣赏的就是周文王，周文王在这里让中国进入了文明，把中国比欧洲更早地推向文明，因此我认为这个地方是中国文明的起源之地。

第二个是终南山，老子在这完成了《道德经》。《道德经》里一句经典的话是"道生一"。与此相同的是硅谷的一位著名投资人彼得·蒂尔，他出版的一本书，叫《从0到1：开启商业与未来的秘密》，书中认为创业过程就是"从0到1"的过程。对此，老子在2000年前就有了解答。道是规律；生是创业；一是创业成功。我最近看老子的书，约为5000字的《道德经》中有2000字都在说创业。由此来看，中国人对创业的理解是全球领先的，西安是全球新经济思想的领先之地，因为我们在终南山找到了创业的鼻祖。创业者要到终南山去学《道德经》，就像当年乔布斯到印度学瑜伽一样，静下心来才能完成伟大的创业。

四、西安未来可能的产业爆发点

现在西安正在做的事，就是打开西安人的脑洞，让西安人改变观念，变得敢想，去迎接新经济。首先，西安是千年古都，要在文化创意上出现更多的大企业。虽然在文化创意产业上，西安和北京、成都还差得很远，但是西安的资源比北京、成都多，所以说要把北京若干的文化创意独角兽企业请到西安来开拓发展空间，这样既能给独角兽企业本身带来新业务，同时也会给西安带来大的发展。其次是机器智能，人工智能时代不光是主机有智能，将来每一种机器都可能会有智能。西安未来发展要跨过目前的尴尬局面，就必须立足自身在科技、教育等方面的优势，进入到机器智能领域，这个领域将来我认为会有很多的爆发点。最后是现在说的硬科技创业。但是硬科技创业需要在基于人工智能的生态引导下，走出一条全新的孵化道路。中国创业孵化的形态，从最早的孵化器到后来的众创空间，最新的发展是人工智能时代的生态圈，打造一种能够很密切地联系产业上下游的生态关系。西安的硬科技创业，应该是和人工智能、大数据充分结合起来的。我们已经做了一个大数据平台，下一步要和百度合作，到西安来做创新创业大脑。上面谈的，都是能够体现西安区域个性的点，很有希望实现爆发式成长。

7　在新经济时代思考传统文化的价值

> 本文选自长城战略咨询2018年第8期企业研究报告《新经济与传统文化》所长专栏。

2018年是长城企业战略研究所成立25周年，作为中国本土成立最早的一批咨询机构之一，长城企业战略研究所深度参与了中国近25年的科技体制改革和新经济的发展。基于25年新经济咨询和智库研究的实践，我认为改革开放的成功可以归因于四大要素：改革、开放、新技术革命、创业。如果更深入地追问中国经济发展更底层的内在动力，我们发现文化起到了很重要的作用，文化是四大成功要素的核心和纽带。我认为新经济文化主要包括科学文化、民主文化及传统文化，其中科学文化及民主文化起到更为主导的作用，传统文化的作用排在此二者之后，但在新经济发展过程中，来自传统文化的若干优良传统正在被重新激活，并转化成新经济文化的有机组成部分，未来可能会发挥更重要的作用。

"道""释""儒"是中国传统文化的精髓，其中道家文化和新经济的关系更为紧密。道家的三部经典《易经》《道德经》《庄子》，都高度契合新经济的时代精神。其中，《易经》主张"化繁为简"，体现了适应于新经济的创造力。《道德经》里最经典的话是"道生一"，这与硅谷著名创业者、投资家彼得·蒂尔的《从0到1：开启商业与未来的秘密》有异曲同工之妙，可视为中国新经济时代的创业哲学。《庄子》则体现了中国人的想象力，而想象力又是创造力的基础，是中国走向全球引领所不可或缺的能力。此外，"释"文化中"普度众生"的理念和"儒"文化中"推己及人""和而不同"的理念，也都对中国的和平崛起以及与其他国家如何进行平等互利地交往给予了重要启示。

长城企业战略研究所作为新经济的咨询公司和民间智库，服务创业是我们最重要的任务之一。我们通过研究发现，在传统文化中蕴藏着许多与创业保持内在统一性的思想精华和方法论。从20世纪90年代初期邓小平等领导人鼓励民营企业家创业发展经济，到如今已在全国范围如火如荼开展的"双创"活动，这种"劝创业"可以说沿袭了中国历代"劝农""劝学""劝业"的传统，体现了政府对社会的导向作用和动员能力。王阳明心学倡导的"心即理""知行合一""致良知"则对创业者的价值观具有重要的指导意义。这两派思想在创业者群体中的影响力越来越大。此外,战国时期催生中国古代思想史上"百家争鸣"的稷下学宫,则给我们作为一家民间智库如何在保持自身独立性的同时发挥更大影响力以重要启示。

总之,在新经济时代,传统文化仍然堪称一座尚未充分挖掘的宝库。加强对传统文化的研究,对中国新经济的未来发展有巨大的思想价值!

8　合肥区域个性：为皖之中，科教先行

> 2020年1月9日晚上，我和陈文丰乘坐CA1845航班去合肥。抵达合肥后，我想起了淝水之战，这场战争是历史上著名的以少胜多的战役。第二天上午，我出席滨湖创新指数发布会期间参观了安徽创新馆，这是全国首座以创新为主题的场馆；午餐过后去参观了安徽名人馆，这里集中展示了安徽从远古、秦、汉、唐、宋、元、明、清到中华民国、中华人民共和国各个时期的名人轶事；晚上，我和陈文丰同合肥业务中心的同事们共进晚餐，听他们讲各自家乡的历史与特色。由此，我想到了合肥的两点区域个性：一是为皖之中，承东启西；二是重视科学教育，大行基础科学研究之道。

一、到合肥想起淝水之战

淝水之战，发生于383年，是东晋十六国时期北方的统一政权前秦向南方东晋发起的侵略吞并的一系列战役中的决定性战役，前秦出兵伐晋，于淝水（今合肥寿县境内）交战，最终东晋仅以8万军力大胜80余万前秦军。淝水之战是中国历史上著名的以少胜多的战例，拥有绝对优势的前秦败给了东晋，国家也因此衰败灭亡，北方各民族纷纷脱离了前秦的统治，分裂为后秦和后燕为主的几个政权。而东晋趁此北伐，把边界线推进到了黄河。历史学家普遍认为，1600多年前发生在合肥附近的淝水之战是决定中国能否实现交替性历史循环的关键一役。

我在滨湖创新指数发布会上演讲时提到了淝水之战，因为到合肥就想到了淝水之战，淝水之战是东晋抵御前秦南侵的著名战役，改变了中国南北发展格局，保住了江南发展的良好态势。如果淝水之战东晋没有击败胡人，很可能就没有后面的唐宋元明清，中国大局势就有可能发生改变。进入到现代也是一样，需要一个契机来推进改变。最近10年，合肥各项排名大步向前迈进，就是抓住了产业转移的重要机会，现在又获批成为综合性国家科学中心，若能把科学中心建好，则又是一个机会。

二、参观安徽创新馆

安徽创新馆是全国首座以创新为主题的场馆，将徽派古建筑和现代建筑巧妙结合，整个建筑外围呈圆形，3座建筑单体内侧边缘依"锯齿"状不规则设计，其中

1号馆分为3层,为创新成果展示区,着重体现展示窗口功能,围绕"创引擎""创智慧""创未来"三大主题框架,展示安徽创新发展的历史、资源、成果和未来。全馆以实物为主,辅以模型、数字沙盘和声光电等手段,充分展示了安徽省创新发展的最新成果、最靓特色、最杰出人才。参观之前,我最想看的是合肥综合性国家科学中心的几个大科学装置,尤其是全超导托卡马克这个大科学装置,然后想体验下科大讯飞的一些智能交互场景。

参观过程中,我先是体验了"点亮安徽创新",这里喻示着安徽的科技创新发展在全球都是亮眼的,然后我和全超导托卡马克这个大科学装置合了影,最后来到科大讯飞的展区,发现这里仅仅展示了一些智能语音产品,没有展示一些智能交互的设备。

参观完安徽创新馆,我觉得有2个遗憾:一是没有看到与中关村创业第一人陈春先相关的展览。陈春先创建了合肥等离子体物理所,建立了国内第一个托卡马克装置(6号),让合肥建设成为中国科学院的核聚变基地,合肥应该认识到陈春先的价值;二是没有体验到科大讯飞智能化的场景应用,我认为创新馆要打造更多的新经济场景,这样才更加符合它的定位。

三、参观安徽名人馆

午餐过后,我们参观了安徽名人馆。参观过程中,解说员向我们介绍了各时期安徽的主要名人。安徽名人馆是全国首家地方籍名人展馆、全国最大全息多媒体展厅、全国唯一声光电高科技场景,汇聚了从远古、秦、汉、唐、宋、元、明、清到中华民国、中华人民共和国,800多位安徽名人及特色文化风采。展示名人领域包括政治、军事、学术思想、科技、经济、娱乐等方面。

整个场馆分为八大展厅:一号展厅介绍了远古至先秦时期安徽文明曙光中庄子、老子等先祖;二号展厅介绍了秦汉至南北朝时期华佗、曹操等智慧先知;三号展厅介绍了隋唐至宋元时期包拯等文化繁荣时代的先贤;四号展厅介绍了明朝的开国先驱朱元璋和明朝的一些名人;五号展厅展示了清朝时期古徽州的文化艺术瑰宝;六号展厅介绍了晚清和民国时期李鸿章、刘铭传等变革先驱;七号展厅介绍了民国和新中国时期陈独秀、胡适等烽火中的先锋;八号展厅展示清朝至新中国期间徽剧、黄梅戏等艺术珍宝。

参观期间,我买了《珍贵的启示——对话安徽名人》一书。该书由安徽名人馆馆长程红所著,书中详细介绍了安徽各个时期800多位名人的故事。我对书中记载的胡适、陈独秀、刘铭传、周馥、华佗、嵇康、方苞、张英、张廷玉等名人的故事很感兴趣。

四、同合肥业务中心同事共进晚餐

晚上，我和合肥业务中心的同事们在一家徽菜馆共进晚餐，我点名要了臭鳜鱼这道徽菜名菜。合肥业务中心的 17 位同事中有 14 位是安徽人，涵盖皖北、皖中、皖南区域的 7 个地市，我让他们一一介绍了自己家乡的历史和特色。

其中，有 6 位同事来自合肥。合肥有个外号叫"霸都"，因为合肥下辖的庐江、包河、巢湖、瑶海、肥东、肥西、长丰 7 个县区的名字可以组成"江河湖海，东西长丰"，相当霸气。

还有 3 位同事来自亳州，亳州历史悠久，出了庄子、老子、华佗、曹操等许多历史名人，亳州的涡阳境内现在还有个老子庙，这让我想到去年写的《老子道德经到"一带一路"创业之都》和《老子〈道德经〉的九大创业规律》两篇博文，有机会一定要去那里看一看。

另外 5 位同事分别来自淮北、蚌埠、六安、安庆和池州。淮北以前是全国重要的煤炭基地，出了口子窖这样的好酒。史载蚌埠"古乃采珠之地"，所以也叫"珠城"，境内还有个大禹治水的"禹王庙"。六安金寨是著名的将军县，新中国成立初期授衔时有 59 名金寨籍的将军。安庆桐城有个六尺巷，让合肥做省会最早就是桐城人姚鼐提出来的，还出了著名的"桐城派"。池州风景优美，整个市 72% 的地方都是丘陵，境内的牯牛降原始大森林中还有一个著名的"长寿村"。

五、合肥区域个性

提到国内的一些城市，我们脑海中大多会浮起一些固有的印象，如北京"大气醇和"、上海"开阔雅致"、广州"生猛鲜活"、厦门"美丽温馨"、成都"悠闲洒脱"、武汉"豪爽硬朗"，但提到合肥时感觉没什么可以说的。近几年，我每年都会来合肥三四次，对合肥的了解也在逐渐加深，我认为合肥目前有两大区域个性：一是为皖之中，承东启西；二是重视科学教育，大行基础科学研究之道。

为皖之中、承东启西。安徽历史悠久，独立建省是在康熙六年。此前，安徽与江苏同属江南省。康熙六年，因江南省实力太强，税赋达全国 1/3，清朝廷忌惮，将江南一拆为二，以东西为界，东边为江苏，西边为安徽。同时，取安庆府和徽州府首字合为安徽，因属地内有"皖山""皖河"，故简称"皖"。合肥古称庐州，因东淝河与南淝河均发源于该地而得名。合肥做省会最早是清朝姚鼐提出来的，1952年，合肥正式成为安徽省会，毛泽东在1958年视察合肥时也提出"合肥不错，为皖之中"。皖北地区临近山东、河南，在古代属于中原地带，素以豪爽大方著称。皖南古为徽州地区，带有江南地区的秀美婉约特点。合肥居皖之中，承袭了中原地带的豪爽之性，又包容了江南地区的温婉特点。合肥虽处内陆地区，但区位优势明显，承东启西——向东可融长三角，西可入以武汉为主的长江中游城市群。在"八纵八横"时代已完成"米"字形高铁网络布局，区域交通优势尽显。在承接长三角产业转移方面有着得天独厚的优势，同时又能与中部的武汉、长沙、南昌形成产业错位发展，四城已初具"抱团"合作的规模效应。

重科教，大行基础科学研究之道。1970年，中国科学技术大学从北京搬迁至合肥，此后中国科学院合肥分院等一批国家级科研机构也随之而来，看似偶然，但无形中为合肥日后的崛起埋下了一颗希望的种子。21世纪以来，科学技术的作用愈发明显，一些技术催生出来的产业甚至能对国家抢占国际战略制高点发挥重大作用。目前合肥已汇集了中国科学技术大学、中国科学院合肥物质科学研究院等600余所高等院校和研究机构，以量子信息科学国家实验室、全超导托卡马克核聚变实验装置为代表的国家实验室和大科学装置超过10个，集聚了潘建伟、郭光灿等一批重磅科学家和以"哈佛八剑客"为代表的一大批海归人才，科大讯飞的智能语音、"墨子号"、量子计算机等重大科研成果闪耀全球，合肥更成为全国第二个综合性国家科学中心，合肥引领着智能语音、量子通信等战略性新兴产业的发展，长城企业战略研究所帮助合肥发掘的第一家独角兽企业科大国盾量子就属于量子通信领域。

胡适和陈独秀倡导的科学、民主是发展新经济的源头活水。我认为，合肥应该依托这两大区域个性大力发展新经济，紧跟成都和厦门全面转向新经济的步伐及北上深杭重点发展新经济的趋势，紧抓江浙沪产业转移和合肥综合性国家科学中心建设两大机会，发挥科教和基础科学研究领域优势，全力发展新经济。

9　天津区域个性：洋务运动、劝业场与商业文化

> 天津是一座古城，它自古得齐鲁之风、沐燕赵之韵，因其临海近都的地理特点，使这座城市与近代中国的命运息息相关。这些年，我每年都要来天津，除了业务，也花一些时间去一些景点，尤其是 2020 年，我去天津博物馆参观了"中华百年看天津"展览，萌发了写一写天津的区域个性的想法。长城企业战略研究所最近两年的独角兽企业报告都是在天津发布的。长城企业战略研究所在天津的业务中心开业也有 8 年了。我这篇博客共分 3 个部分：一、洋务运动为什么在天津；二、从劝业场到大学科技园；三、天津的商业文化与新经济。

一、洋务运动为什么在天津

2020 年 8 月，我到天津博物馆参观了"中华百年看天津"展览。展览陈列主要包括从 3 次大沽口之战到租界的建立与西方列强军事殖民统治、从三口通商衙门到特别市的建立、北方最大的工商业和港口城市等板块。洋务运动给我留下了最深刻的印象，天津正是在洋务运动中紧紧跟上了近代世界工业技术和经济模式变革的新趋势，实现了崛起。洋务运动是 19 世纪下半叶清政府洋务派开启的以"师夷长技以制夷、师夷长技以自强"为口号的自强运动和改良运动。在李鸿章主导的洋务运动中，天津开创了很多中国第一次的革新：开办新式学堂，培养了我国第一批留学生和最早的科学技术人员；兴办军事工业与民用工业，以机器制造、金属冶炼为主的天津机器局是当时中国乃至亚洲最大的近代兵工厂，以生产船舶和军火为主的大沽船坞是北方最早的船厂和重要的军火工厂。在军工企业的带动下，兴起了大批以采矿、冶炼、纺织、大规模航运等为代表的民用工业。

从本质上来看，洋务运动是国家在危难背景下推动的大规模自主创新，天津距离北京最近、最为可控，同时兼备通商港口，是推动经济开放与创新的最适宜之地。也正是这场大规模的自主创新将天津推向近代化之路，直接刺激经济发展，在 20 世纪 30 年代进入鼎盛时期，天津成为当时中国第二大工商业城市和北方最大的金融商贸中心。现在的天津已经不复当年之盛，甚至可以说是落后了。这两次来天津非常有感触，天津的发展就是来自于 20 世纪与世界的接轨和融合，以及在那

种碰撞下的忧患不安和改革创新，而到了当前新经济越来越活跃的阶段，天津大学和南开大学这2所"双一流"高校也未能很好地发挥出洋务运动时期教育对这个城市的带动作用。现在新经济的发展仍然需要进行全面的自主创新，开展新的创新探索、应用和再辐射，天津也仍然是探索新经济创新最合适的地方。天津要实现再崛起，核心是走新经济发展的自主创新之路。

二、从劝业场到大学科技园

劝业场是天津的一大亮点。20世纪初期，全国劝业运动达到高潮，劝业场作为劝业运动下的主要载体，现在大多已不复存在，天津劝业场是至今保留最完好的一个。在我看来，天津劝业场是天津个性的体现，一方面体现了天津的劝业氛围，同时也表明了天津具有创业的基因。天津劝业场成立于1908年，由矿场主高星桥和亲王载振联手创立，载振在晚清全国劝业运动中起到主导作用。1902年，载振被派为英皇加冕典礼专使，出访英国、法国、美国、日本等国家，他接触到各国政治、经济、社会生活情况，《清史稿》中记载："载振赴日本大阪观展览会，归请振兴商务，设商部，即以载振为尚书"。清光绪三十二年（1906年）清朝改革官制，"改商部为农工商部，仍以载振为尚书"。农工商部的主要任务就是"劝业"。光绪三十四年（1908年）后，各省陆续设置劝业道，劝业运动由此达到高潮。天津劝业场就是在这样的背景下建立的，创新化探索了"前店后厂"式的营业模式，在当时取得了极大的成功，缔造了天津的商业传奇，逐渐形成了以劝业场为中心的商业街。到现在天津的老人们还流传着"不到劝业场，枉来天津卫"的说法。回顾来看，可以说天津劝业场是劝业运动的大氛围与天津创业基因的集成产物。看今天的新经济发展，"劝业"与"创业"仍然是历史的起点，但当前天津的创业氛围不甚浓厚，要在新经济发展中走自主创新之路，关键还是要发挥出创业的基因特点，打造创业之城，赋予城市新动能。

在20世纪30年代，天津处于洋务运动的先锋地位，天津的劝业场成为这个时期的代表。到了21世纪，北京成为全国的创业中心，中关村创业大街成为新经济时代的创业高地。而天津并没有出现创业大街，甚至天津的大学科技园在全国也比较落后。新时代的创业者已经不是商业创业，而是大学生创业、科技创业。天津市市长廖国勋十分重视大学科技园，我对此非常赞赏。我希望天津能够打造新的创业高地，使劝业场和创业大街交相辉映。

三、天津的商业文化与新经济

2019 年，我利用到天津参加独角兽企业发布会的闲暇之余游览了南市食品街。我发现天津是一座具有商业文化基因的城市，市区的核心游览景点都围绕着商业街展开，五大道、南市、估衣街、古文化街、老城厢等古街道都有着历史变迁和发展的痕迹。

天津商业文化形成很早，最初主要是依海河之利，由盐商与儒家文化结合形成的盐商文化，至明清发展起来后，吸引了各地豪商迁居，促进商业汇集兴起，成为南北物流交汇的枢纽，也建成估衣街、针市街、粮店街、曲店街、缸店街、肉市口大街等带有特色名号的历史商业街。商业文化的基因尤其体现在至今仍流传的老字号中。自明代以后，天津出现了很多民营商号，如狗不理、桂发祥、十八街、崩豆张等。尤其令我惊喜的是，这次在南市发现一处名为德禄斋的煎饼馃子店，创始人与我同名。商业养艺术，经济与文化发展历来是相辅相成的，天津的相声、快板闻名全国。我认为天津的商业文化基因有很强的根植性，但同时又有很强的变迁性，与历史的每次变革都有紧密的交融，我很期待天津的商业文化与新经济发展的进一步糅合。

最近我在看一本书《富足》，内容是新经济到来后，人类的生存环境将得到极大的改善，人们的生产生活方式将产生巨大变革。最近我还得知，郭德纲的德云社在天津开张了。德云社是当下时代为人们制造快乐的优秀品牌之一，德云社的文化是基于天津的区域个性。我认为，天津应该发展这些文化创意产业，为中国的新经济发展作出自己的贡献。

10 博山：传统文化老城迸发新经济活力

> 2021年11月11日，我与刘志光在淄博游览了颜神古镇，了解到博山陶瓷、琉璃的发展历史与制作工艺。我们还考察了孝妇河科创走廊，受邀出席了"新经济赋能孝妇河科创走廊招商项目签约仪式"，对孝妇河科创走廊提出了3点意见：一是集中连片开发新经济活力区，二是提供专业有价值的科技创新服务，三是专注吸引潜在独角兽企业、哪吒企业进驻。这篇博客分为三个部分：一、千年陶琉古镇，文旅融合重拾生机活力；二、孝妇河科创走廊，聚力博山新经济发展；三、传承传统文化，厚培山城发展底蕴。

一、千年陶琉古镇，文旅融合重拾生机活力

博山陶瓷历史悠久，最早出现于新石器时代晚期，宋代已著称于世，明清时期发展鼎盛，是全国五大瓷都之一，"雨点釉""茶叶末釉"驰名中外，受大规模工业生产限制和《中华人民共和国环境保护法》要求所限，博山的陶琉传统技艺已经停止了。颜神古镇借文旅融合发展契机，将明清古建筑、周边陶琉工业遗迹进行艺术化升级改造，汇聚非遗传承人，重现传统陶琉古法手作工艺；打造特色咖啡厅、民宿，承载年轻人休闲娱乐需求。我提出要将那些见证数千年历史沧桑的古圆窑重新点燃，用古圆窑的热度激发传统文化传承、塑造博山特色区域个性。只有这样，博山的"新文旅"这把火才能越烧越旺，博山的传统文化才能够得以长久地保存和延续。

二、孝妇河科创走廊，聚力博山新经济发展

来到博山，我首先考察了孝妇河科创走廊，中午出席了博山"新经济赋能孝妇河科创走廊招商项目签约仪式"。签约仪式后，我作了发言，提出博山发展新经济就应该先打造自己的新经济活力区，集中爆发性成长企业，像是成都的新经济活力区就能实现一年50%的增长速度。尽管这件事刚刚开了个头，我希望博山能成为全国性的标杆。关于如何打造博山新经济活力区，我提了3点意见：

第一，要进行集中连片开发。孝妇河科创走廊现在是一块一块地开发，我认为不应该是这样滚动慢慢走，新时代的开发就应该连片集中进行。只有开发幅度够

大、开发程度够好,才能吸引到全国优秀企业。

第二,提供专业有价值的科技创新服务。现代经济形势发展到了一个跨越阶段,想要跟上时代、引领时代,应该进行彻底产业变革。在这里,我们要提供高效专业科创服务,营造出最好的创新创业生态,发挥创意与想象,助推传统产业实现颠覆性跨越。长城企业战略研究所专注于科技创业、创新服务,在许多地方打造了新经济活力区,参与了许多家独角兽企业的成长,希望以后能有密切合作。

第三,专注吸引潜在独角兽企业、哪吒企业进驻。新时代,我们要搞数字驱动企业,因为资本、土地有边际成本,而数字的边际成本是0,大规模投入生产要素,可以实现企业集中发展、爆发增长,这种企业在近5年内越来越多。抓住这样的潜在独角兽企业、哪吒企业,进驻博山新经济活力区,用有限的空间发展独特的新赛道,激活博山发展新动能,也让传统老城迸发新经济活力。

三、传承传统文化,厚培山城发展底蕴

晚饭期间,博山区区长路得芝问我有没有去过颜文姜祠,并诚邀我下次一定要来看看。听说颜文姜祠是全国仅存的三座唐代木质建筑物之一,其中的九脊七兽"无梁殿"在古代堪称尊贵,是全国重点保护单位,"颜文姜传说"被纳入山东省省级非物质文化遗产名录。传说颜文姜是周朝齐国人,生性善良,在丈夫病逝后,她就担起了照顾全家的重担,日夜劳作、十分辛苦,孝心诚意让神灵感动,送给她一眼泉水,省去日常担水的奔波之苦。但由于家人的贪婪好奇,触动神灵,引发了滔天洪水。为了拯救家人与百姓,颜文姜用身体挡住了奔涌的泉水,为此失去了生命,坐化为一尊女神。博山以颜文姜为代表的孝妇文化,源远流长,从东晋起历朝历代均有记载。颜神古镇因此得名。博山举办每年一届的"中国孝文化节""文姜庙会",一直努力在将孝妇文化发扬传承下去。

在博山感受孝妇文化和颜文姜的故事,使我对齐鲁文化的融合和淄博的文化个性有了更多的了解。在齐鲁交界地带,你会看到浓厚的儒家特色的文化。刘志光教授认为,博山的孝妇文化显示了比较强的儒家伦理特征,应该是从汉代之后开始强化和齐鲁文化融合的结果,也表达了博山区域文化的悠久历史和生命力。博山有春秋时期齐长城的遗迹,又是鲁菜的发源地,在这里真正能够体会"齐鲁"的含义。博山名人辈出,近现代以来是著名的工业基地,是全国的专业名城等,这些都需要去开掘和阐扬。

在新经济时代,人们应该解除思想上的束缚,使思想更加自由,真正地实现

"认知升维"。看来这样的使命在淄博还需要做很大的努力，要进一步开掘契合社会主义核心价值观的传统思想浸润山城人民心灵、厚培山城发展底蕴。我向参加晚宴的企业家们分享了我的感受，许多企业之所以愿意来山东办企业、开工厂，就是觉得齐鲁之地的传统文化孕育出了一批能吃苦、肯干事的忠诚员工，能够为企业的经营发展作出重要贡献，相信企业家们在博山扩大事业版图时，一定能获得惊人的收获。

后　记

本书是王德禄先生的博文精选集，由长城同仁负责编辑，长城战略咨询的两位创始合伙人武文生和刘志光担任主编，陈文丰、王奋宇、王志辉三位高级合伙人担任副主编。顾问赵慕兰担任主审，并依据王德禄所长对新经济认知的历史过程（而不是依据全书章节）写了导语。研发总监岳渤担任执行主编，负责策划与大纲的制定，以及博文篇目的精选、编辑和各章导读的指导。

各章的编审与导语的撰写，分别由长城战略咨询相关业务负责人负责：第一章编审是常务副总经理陈文丰，第二章编审是科技咨询总监袁硕平，第三章编审是研发总监岳渤，第四章编审是企业咨询总监马宇文，第五章编审是副总经理黄波，第六章编审是产业咨询总监郝坤，第七章编审是区域咨询总监曹善平，第八章编审是顾问赵慕兰，第九章编审是副总经理王志辉，第十章编审是副总经理程淑红、高新区咨询总监周涛、广东业务总监孔伟强，第十一章编审是副总经理王奋宇、国际业务部经理宋瑶，第十二章编审是副总经理赵荣凯，第十三章编审是长城战略咨询理事长刘志光。他们在各章的编审过程中贡献良多，负责各章篇目的选择和撰写章导读，形成全书知识图谱的统领。

单洁洁是本书的执行编辑，担负着工作组织、编辑汇稿和出版校对等大量工作。吴炜承担了本书的出版协调与对接工作，为本书的面世贡献了重要的努力。感谢这些人的辛勤工作与奉献，使得本书得以在长城战略咨询成立30周年之际问世。

"长城智库丛书"编委会

2023年7月